Praxismanagement

Das ZFA-Fachlexikon

Helmut Hagmeier, Johanna Kapp

D1699824

Autoren:

Helmut Hagmeier, Kusterdingen
Johanna Kapp, Tübingen

Copyright 2012 by Spitta Verlag GmbH & Co. KG,
Ammonitenstraße 1, 72336 Balingen, http://www.spitta.de
Printed in Germany

Projektmanagement: Tina Hauser M. A.
Covergestaltung: Johannes Kistner
Satz: Gertrud Keinath, Onstmettingen
Druck: Buch- und Offsetdruckerei Paul Schürrle, Stuttgart (Plieningen)
ISBN: 978-3-941964-21-1

Vorwort

Liebe Leserin, lieber Leser,

Das neue ZFA-Fachlexikon ist eine praxisnahe Grundlage für den fachlichen Umgang mit zahnmedizinischen Themen und verhilft mit seiner klaren dreiteiligen Gliederung zum Aufbau eines fundierten Fachwissens.

Die von uns getroffene Auswahl von über 3.600 Begriffen beinhaltet den erforderlichen Fachwortschatz für Mitarbeiterinnen in einer modernen Zahnarztpraxis. Sie orientiert sich an unserer jahrzehntelangen Erfahrung in der Zahnarztpraxis und dem Fachkundeunterricht an Berufsschulen und weiterführenden Fortbildungseinrichtungen.

Definitionen und Erklärungen von zahnmedizinischen Fachbegriffen, Abkürzungen, Behandlungsabläufen, dentalen Werkstoffen, zahnärztlichen Instrumenten, Medikamenten und Krankheiten des Zahnes gehören ebenso zu diesem Fachwortschatz wie Wissenswertes aus Anatomie, Pathologie und Röntgenkunde.

Zahlreiche Querverweise ermöglichen es, schwer erkennbare Zusammenhänge innerhalb von zahnmedizinischen Behandlungs- und Krankheitsabläufen selbstständig zu verfolgen.

Sehr umfangreiches, hochwertiges Bildmaterial unterstützt das Verstehen von Sachverhalten und stellt eine wertvolle Lernhilfe dar.

Das Fachlexikon beschränkt sich bei den Suchbegriffen nicht nur auf deutsche oder lateinische Fachbegriffe, sondern nennt in den meisten Fällen auch die international übliche englische Übersetzung.

Unterschiedliche Schreibweisen in lateinischer bzw. deutscher Sprache sind berücksichtigt.

Auf einen Anhang haben wir verzichtet, da sämtliche Abkürzungen und Maßeinheiten im Alphabet eingearbeitet wurden und dort mit vollständiger Bezeichnung und Erklärung zu finden sind.

Das Lexikon vermittelt Sicherheit beim Umgang mit der Fachsprache in der Ausbildung und der Fort- und Weiterbildung. Es dient als kompetentes Nachschlagewerk bei der täglichen Kommunikation im Behandlungsteam oder im Verwaltungsbereich. Darüber hinaus unterstützt es das fachlich korrekte Gespräch mit dem Patienten.

Wir wünschen allen Nutzerinnen und Nutzern beim Umgang mit unserem Fachlexikon viele neue Erkenntnisse über inhaltliche Zusammenhänge und fachlich spezifische Details durch Wort und Bild.

Helmut Hagmeier und Johanna Kapp

Die Autoren

Helmut Hagmeier,
Oberstudienrat

Ausbildung/Studium

1968–1971
Ausbildung Biologielaborant –
Dr. Karl Thomae/Boehringer Biberach

1972–1975
Studium der Berufspädagogik –
Fachgebiet Gesundheit/Zahnheilkunde

Studium der Germanistik

1975–2010
Lehrer für Zahnmedizinische Fachangestellte,
Gewerbliche Schule Tübingen

Ausschusstätigkeit

- Mitglied und Prüfungsvorsitzender im Prüfungsausschuss für Zahnmedizinische Fachangestellte der BZK Tübingen

- Mitglied im Prüfungsausschuss für Fortbildungen nach § 28 I „Gruppen- und Individualprophylaxe" und § 28 IIa „Situationsabformung und Provisorienherstellung" der BZK Tübingen

- Berufsbildungsausschuss der Landeszahnärztekammer Baden-Württemberg

- Mitglied der Bildungsplan-Kommission

Referenten- und Autorentätigkeit

- Kursleiter für Anpassungsfortbildungen in Zusammenarbeit mit der Landeszahnärztekammer Thüringen

- Fortbildungsreferent für Abrechnungs- und EDV-Lehrer

- Abrechnungsschulungen von Zahnärzten und Mitarbeiter/innen

- Autor für Fach- und Schulbücher im zahnmedizinischen Bereich

Johanna Kapp,
Dentalhygienikerin

Ausbildung/Studium

1976–1978
Ausbildung zur Zahnarzthelferin
in einer Praxis in Tübingen

1982
Aufstiegsfortbildung zur
Zahnmedizinischen Fachhelferin (ZMF) in Stuttgart

1994
Weiterbildung zur Dentalhygienikerin (DH) in Stuttgart

1997
Kontaktstudium „Lernen im Betrieb"
an der PH Ludwigsburg

2004–2005
Erwerb der Sachkenntnis zur Sterilgutversorgung,
Landesgesundheitsamt Baden-Württemberg

Ausschusstätigkeit

- Prüfungsausschussmitglied für ZAH/ZFA, Fortbildungen nach § 28, I – IIa,b,c, ZMF/ZMP und DH (bis 2004) in Tübingen und Stuttgart

- Berufsbildungsausschuss für zahnmedizinische Mitarbeiterinnen der LZK in Baden-Württemberg

Praxistätigkeit

1978–1989
Assistenz- und Prophylaxetätigkeit bei diversen Oberärzten und dem Ärztlichen Direktor der Konservierenden Abteilung am Zentrum für Zahn-, Mund- und Kieferheilkunde der Universität Tübingen (ZZMK)

seit 1989
Ausbildungsleiterin und Personalverantwortliche
für zahnmedizinische Mitarbeiterinnen am
ZZMK Tübingen

Hinweise zur Benutzung des ZFA-Fachlexikons

Stichworte
von A bis Z

Lexikalische Bedeutung
mit Beispielen und
verwendeten Abkürzungen

Vertiefung
mit zusätzlichen Infos

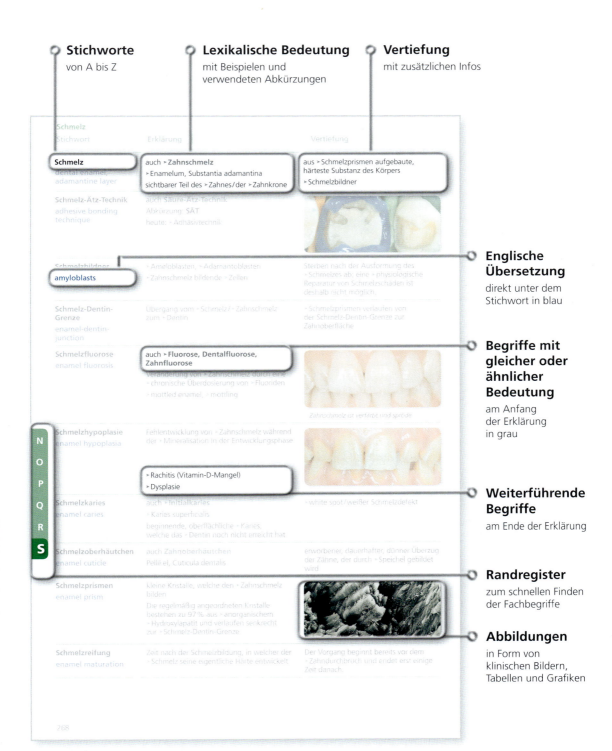

Schmelz		
Stichwort	Erklärung	Vertiefung
Schmelz
dental enamel,
adamantine layer	auch ▸ Zahnschmelz
▸ Enamelum, Substantia adamantina
sichtbarer Teil des ▸ Zahnes / der ▸ Zahnkrone	aus ▸ Schmelzprismen aufgebaute,
härteste Substanz des Körpers
▸ Schmelzbildner
Schmelz-Ätz-Technik
adhesive bonding
technique	auch Säure-Ätz-Technik
Abkürzung: SÄT
heute: ▸ Adhäsivtechnik	
Schmelzbildner
amyloblasts	▸ Ameloblasten, ▸ Adamantoblasten
▸ Zahnschmelz bildende ▸ Zellen	Sterben nach der Ausformung des
▸ Schmelzes ab; eine ▸ physiologische
Reparatur von Schmelzschäden ist
deshalb nicht möglich.
Schmelz-Dentin-
Grenze
enamel-dentin-
junction	Übergang vom ▸ Schmelz / Zahnschmelz
zum ▸ Dentin	▸ Schmelzprismen verlaufen von
der Schmelz-Dentin-Grenze zur
Zahnoberfläche
Schmelzfluorose
enamel fluorosis	auch ▸ Fluorose, Dentalfluorose,
Zahnfluorose
Veränderung von ▸ Zahnschmelz durch eine
▸ chronische Überdosierung von ▸ Fluoriden
▸ mottled enamel ▸ mottling	
Schmelzhypoplasie
enamel hypoplasia	Fehlentwicklung von ▸ Zahnschmelz während
der ▸ Mineralisation in der Entwicklungsphase
▸ Rachitis (Vitamin-D-Mangel)
▸ Dysplasie	
Schmelzkaries
enamel caries	auch ▸ Initialkaries
▸ Karies superficialis
beginnende, oberflächliche ▸ Karies,
welche das ▸ Dentin noch nicht erreicht hat	▸ white spot / weißer Schmelzdefekt
Schmelzoberhäutchen
enamel cuticle	auch Zahnoberhäutchen
Pellikel, Cuticula dentalis	erworbener, dauerhafter, dünner Überzug
der Zähne, der durch ▸ Speichel gebildet
wird
Schmelzprismen
enamel prism	kleine Kristalle, welche den ▸ Zahnschmelz
bilden
Die regelmäßig angeordneten Kristalle
bestehen zu 97 % aus ▸ anorganischem
▸ Hydroxylapatit und verlaufen senkrecht
zur ▸ Schmelz-Dentin-Grenze.	
Schmelzreifung
enamel maturation	Zeit nach der Schmelzbildung, in welcher der
▸ Schmelz seine eigentliche Härte entwickelt	Der Vorgang beginnt bereits vor dem
▸ Zahndurchbruch und endet erst einige
Zeit danach.

Zahnschmelz ist verfärbt und spröde

N O P Q R **S**

268

Englische Übersetzung
direkt unter dem
Stichwort in blau

Begriffe mit gleicher oder ähnlicher Bedeutung
am Anfang
der Erklärung
in grau

Weiterführende Begriffe
am Ende der Erklärung

Randregister
zum schnellen Finden
der Fachbegriffe

Abbildungen
in Form von
klinischen Bildern,
Tabellen und Grafiken

5

Stichwort	Erklärung	Vertiefung
Abbindeexpansion setting expansion	Werkstoffe können während des Abbinde-vorgangs Form und Volumen vergrößern, z. B. ▸Gips, ▸Amalgam.	Amalgam: Die Eigenschaft der Expansion verbessert den Randschluss einer Amalgamfüllung.
Abbindekontraktion shrinkage	Werkstoffe können während des Abbinde-vorgangs Form und Volumen verkleinern. ▸Polymerisationsschrumpfung ▸Kontraktion	Füllungskunststoffe, z. B. lichthärtende ▸Komposite, müssen mit einer ▸Schicht-technik verarbeitet werden, um die Schrumpfung/Kontraktion des Materials am ▸Kavitätenrand auszugleichen.
Abbindewärme maturing heat	Beim Abbindevorgang kann Reaktionswärme entstehen, die im ▸Mund beachtet werden muss.	z. B. bei ▸Kunststoffen für ▸provisorische ▸Krone/▸Brücke
Abbinden setting, constriction	• Aushärten, Verfestigen von flüssigen oder pastenartigen zahnmedizinischen Materialien durch chemische oder physikalische Vorgänge, z. B. ▸Abform-massen, ▸Gipse, ▸Zemente, ▸Komposite • Abbinden von ▸Blutgefäßen mit ▸Naht-material zur Stillung einer starken Blutung	
Abbindezeit setting time	Zeit, welche der vollständige Abbindevorgang benötigt ▸Abbinden	Verlängerung oder Verkürzung möglich; meist durch Temperaturveränderung der Anmischflüssigkeit
ABC-Schema ABC of resuscitation	neue Bezeichnung: ▸CAB-Schema	Sofortmaßnahmen zur Wiederbelebung/ ▸Reanimation bei Atem- und Herz-Kreislauf-Stillstand
Abdämmen dam up	Maßnahmen auf dem ▸Abformlöffel zur Verhinderung des rückwärtigen Abfließens von weichem ▸Abformmaterial	Verschluss der Löffelenden mit weichem, formbaren Wachs
Abdeckplatte cradle	▸Verbandplatte mechanischer Verschluss einer Operations-wunde bei möglicher ▸Nachblutung, z. B. ▸Gerinnungsstörung	
Abdruck impression	auch ▸**Abformung**	
Abflusskanal impression drain	auch **Abflussrinne** Bei der ▸Korrekturabformung werden zwischen den beiden ▸Abformungen Abflussrinnen in das ▸Abformmaterial eingeschnitten.	Abflussrinnen ermöglichen das Abfließen von überflüssigem Korrektur-Abform-material.
Abformlöffel impression tray	dient bei der ▸Abformung als Träger für ▸plastische ▸Abformmaterialien	Zum besseren Halt der Abformmasse im Abformlöffel besitzt dieser einen breiten, wulstigen Rand, z. B. ▸Rim-Lock-Löffel® oder ▸Perforationen, durch welche die Masse hindurchfließt und fest wird.
Abformlöffel, individuell impression tray, individual	wird benötigt, wenn ein ▸konfektionierter ▸Abformlöffel nicht ausreicht ▸Funktionsabdruck	Die spezielle Mundsituation erfordert einen separat geformten ▸Abformlöffel aus ▸Kunststoff, der auf einem Gips-modell hergestellt wird oder einen individualisierten ▸Konfektionslöffel.
Abformlöffel, konfektioniert impression tray, prefabricated	industriell vorgefertigter, genormter ▸Abformlöffel aus ▸Kunststoff oder Metall	wird üblicherweise zur Herstellung einer ▸Abformung verwendet

7

Stichwort	Erklärung	Vertiefung

Abformmaterial
impression material

▸ Plastisches Material härtet aus beim Anmischen mit chemischem ▸ Katalysator, Wasser oder bei Temperaturänderung.

Abformmaterialien besitzen unterschiedliche Werkstoffeigenschaften, nach denen sie in 4 Hauptgruppen eingeteilt werden:
▸ irreversibel-starr ▸ irreversibel-elastisch
▸ reversibel-starr ▸ reversibel-elastisch

Abformmaterial, elastisch
impression material, elastic

▸ reversibel-elastisch:
kann z. B. durch Wärme/▸ thermoplastisch in die ursprüngliche Form zurückgeführt werden, z. B. ▸ Hydrokolloide

▸ irreversibel-elastisch:
kann nicht in die ursprüngliche Form zurückgeführt werden,
z. B. ▸ Alginat, ▸ Elastomere (▸ Polyether, Polysulfide, ▸ Silikone)

▸ Rückstellvermögen

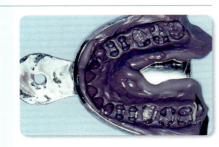

Abformmaterial, starr
impression material, stiff

reversibel-starr:
▸ Guttapercha, Stents, ▸ Kerr, ▸ Wachs
irreversibel-starr:
z.B. ▸ Gips, ▸ Zinkoxid-Eugenol-Pasten

Starre Abformmaterialien haben keine praktische Bedeutung mehr.

Abformpfosten
transfer coping, impression post

auch **Übertragungspfosten**
Zubehör zur Implantatprothetik:
Bei der Abformung für die prothetische ▸ Suprakonstruktion auf dem eingeheilten ▸ Implantat wird die Abdeckkappe vom Implantat entfernt und durch den Abformpfosten ersetzt. Dieser wird in der Abformung belassen und vom Zahntechniker im ▸ Labor durch einen Modellpfosten ersetzt.

Abformtechnik
impression technique

Um die Mundsituation möglichst detailgenau abzuformen, werden verschiedene Abformtechniken angewandt.

▸ Abformtechnik einzeitig-einphasig
▸ Abformtechnik einzeitig-zweiphasig
▸ Abformtechnik zweizeitig-zweiphasig

Abformtechnik einzeitig-einphasig
single phase impression

Die ▸ Abformung wird nur **einmal** in den ▸ Mund eingebracht, es wird nur **ein** Material verwendet.
Anwendung: z. B. Abformung mit ▸ Alginat

Abformtechnik einzeitig-zweiphasig
two phase impression

Die ▸ Abformung wird nur **einmal** in den Mund eingebracht, es werden **zwei** Materialien gleichzeitig angemischt.

▸ Doppelmischabformung

Abformtechnik zweizeitig-zweiphasig
two phase impression

auch ▸ **Korrekturabformung**
Die ▸ Erstabformung/▸ Vorabformung wird mit einem dickflüssigen bis knetbaren Material im ▸ Mund ausgehärtet, dann werden ▸ Abflussrinnen ausgeschnitten und für die Zweitabformung mit dünnerem Material vorbereitet.

Eine Variante dazu ist die ▸ Abformung mit Folie:
Wird bei der Erstabformung eine Trennfolie/Plicafol® zwischen Material und Arbeitsgebiet gelegt, erübrigt sich das Beschneiden. Für die Zweitabformung wird nur die Folie entfernt.

Stichwort	Erklärung	Vertiefung

Abformung

dental impression

auch **Abdruck**

Herstellung einer Negativform von Zähnen oder ►Kiefer, die anschließend mit ►Gips oder ►Kunststoff ausgegossen wird und als ►Modell dient

Abformungsarten:
- ► digitale Abformung/ optische Abformung
- ► Doppelmischabformung/ Sandwichabformung
- ► Funktionsabformung
- ► Korrekturabformung
- ► Situationsabformung/ anatomische Abformung
- ► Teilabformung

Abformwachs

impression/ inlay wax

auch **Gusswachs**

weiches Spezialwachs für die Herstellung eines Gussmodells, z. B. bei einer direkten ►Einlagefüllung

z. T. bei Mundtemperatur modellierfähig/ fließfähig

Abnahmeprüfung

acceptance inspection

Nach der Installation oder Reparatur eines ►Röntgengerätes muss vor dessen Inbetriebnahme eine Abnahmeprüfung erfolgen.

Durchführung:
Hersteller oder Lieferant (Depot)

---

abnehmbar

removable, detachable

aus dem ►Mund herausnehmbarer ►Zahnersatz

kann vom ►Patienten selbstständig entnommen und eingegliedert werden

Gegenteil: ►festsitzend

Abrasion

abrasion

Abrieb, Abnutzung der Zähne/►Zahnflächen/ ►Zahnhartgewebe

Ursachen:
- direkter Kontakt am ►Gegenzahn, z. B. ►Knirschen und Pressen (►Attrition)
- Kauen, z. B. von sehr harten Nahrungsmitteln (►Demastikation)
- ►Zahnpasten, die einen hohen ►RDA-Wert aufweisen
- falsche ►Putztechnik
- harte ►Zahnbürste
- Pulver im ►Pulverstrahlgerät bzw. falsche Handhabung des Gerätes

---

Abrasivität

abrasive property

Stärke des Abriebs/Schmirgelwirkung

► Abrasion

Absauganlage

suction unit

Gerät zum Absaugen von ►Aerosolen, Kühlwasser, Körperflüssigkeiten und z. B. Füllungsresten aus dem Mundraum des Patienten, um das Arbeitsgebiet sauber, übersichtlich und trocken zu halten

Bestandteil der zahnärztlichen Behandlungseinheit, meist im Mitarbeiterelement

---

Absaugkanülen

suction cannulas

Rohre mit unterschiedlichem Durchmesser, welche auf die Schläuche der ►Absauganlage aufgesteckt werden

Die Einteilung erfolgt nach der Funktion, z. B. als ►Speichelsauger, chirurgische ►Sauger, große Absaugkanüle.

---

absorbieren

absorb

aufnehmen, aufsaugen

►Absorption

►aspirieren, ►resorbieren

Absorption

Stichwort	Erklärung	Vertiefung

A B C D E F

Absorption absorption	„In-sich-Aufnehmen", z. B. die gleichmäßig verteilte Aufnahme eines Stoffes in einen anderen, beispielsweise das Lösen von Gas in Wasser	**Röntgenkunde:** Abschwächung von Strahlung/elektromagnetischen Wellen beim Durchdringen von Materie, z. B. des menschlichen Körpers beim Röntgenvorgang
Abstands-Quadrat-Gesetz inverse square law	**Röntgenkunde:** Die ▸Intensität der ▸Röntgenstrahlung nimmt mit dem Quadrat der Entfernung von der Strahlenquelle ab. Die bestrahlte Fläche wird mit dem Abstand im Quadrat von der Strahlenquelle größer. Beispiel: Bei doppeltem Abstand sinkt die Strahlenstärke auf ein Viertel, die bestrahlte Fläche vergrößert sich dabei um das Vierfache.	Strahlungsintensität 1 1/4 1/9 1 m 2 m 3 m
Abstrich smear	Materialentnahme von der ▸Haut oder Schleimhautoberfläche zu ▸diagnostischen Zwecken ▸Bürstenabstrich	Entnahme mit Abstrichnadel, Tupfer, Spatel, Papierspitzen, Bürsten; Auswertung im bakteriologischen oder ▸zytologischen ▸Labor ▸Bakteriologie
Abstützelemente anchor, support elements	Konstruktionen an herausnehmbarem ▸Zahnersatz, welche eine ▸Abstützung an den eigenen Zähnen ermöglichen	Auflagen an ▸Klammern, ▸Geschieben, ▸Stegen, ▸Teleskopkronen ▸Abstützung
Abstützung abutment (anchorage)	Kraftübertragung bei Belastung von ▸Zahnersatz (z. B. beim Kauen) auf die vorhandenen eigenen Zähne/▸Pfeilerzähne oder ▸Implantate und/oder die ▸Gingiva; auch bei ▸kieferorthopädischen Geräten ▸Abstützelemente	Das Abstützen während der Behandlung, z. B. an Zähnen, ▸Wange, ▸Kiefer, ermöglicht dem Behandlungsteam ein sicheres, exaktes und ermüdungsfreies Arbeiten.
Abszess abscess	abgekapselte Eiteransammlung in einem nicht vorgebildeten Gewebshohlraum; entstanden durch entzündliche Vorgänge Ursachen: • ▸apical durch ▸marktote Zähne • ▸parodontal durch entzündete ▸Zahnfleischtaschen/▸Parodontalabszess • ▸koronal beim Durchbruch von Zähnen/▸Weisheitszähnen ▸Eiter	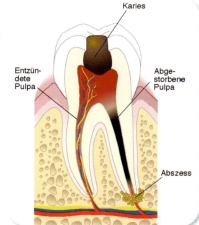 Karies Entzündete Pulpa Abgestorbene Pulpa Abszess
Abszesseröffnung abscess incision	auch **Abszessspaltung** ▸Inzision und ▸Drainage der Abszesshöhle	
Abusus abuse	Missbrauch	übermäßiger Gebrauch, z. B. von ▸Medikamenten, Alkohol, Nikotin, Genussmitteln Gegenteil: Usus (Gewohnheit)

10

Stichwort	Erklärung	Vertiefung
Abutment abutment	‣Verbindungselement zwischen ‣Implantat und ‣Suprakonstruktion, z. B. ‣Kugel-Knopf-Anker	Materialien: ‣Titan oder ‣Keramik als Aluminiumoxid-Keramik bzw. ‣Zirkonoxid-Keramik
Acetylsalicylsäure acetylsalicylic acid	Abkürzung: ‣ASS • ‣entzündungshemmendes ‣Analgetikum (Wirkstoff z. B. in Aspirin®) • fiebersenkendes ‣Medikament • Verwendung zur Infarktprophylaxe	Bei zahnärztlich-chirurgischen Eingriffen zu beachten, da die ‣Blutgerinnung herabgesetzt ist Gefahr der Nachblutung
Acidum acid	‣Säure chemische ‣Verbindung in wässriger Lösung, die einen ‣pH-Wert unterhalb von 7 besitzt; je kleiner der pH-Wert, umso stärker ist die Säure	Säuren reagieren mit ‣Basen/Laugen unter Bildung von Wasser und Salzen. Eine Base ist das Gegenstück zu einer Säure und vermag diese zu neutralisieren.
Acrylat acrylates	‣lichtpolymerisierender ‣Kunststoff	Dentalkunststoffe: z. B. Polyacrylatzement (‣Carboxylatzement), Basismaterial für ‣Prothesen
Actinobacillus actino-mycetemcomitans	neuer Name: ‣Aggregatibacter actinomycetemcomitans	‣Leitkeime, ‣Markerkeime
Adamantoblasten adamantoblasts	auch ‣**Ameloblasten** ‣Zahnschmelz bildende ‣Zellen	bilden vor dem ‣Zahndurchbruch den ‣Schmelz von der ‣Schmelz-Dentin-Grenze ausgehend bis zur Oberfläche des ‣Zahnes
Adamsklammer Adam's clasp	‣**Kieferorthopädie:** häufig benutztes, zweiarmiges ‣Halteelement an herausnehmbaren Apparaturen	
Adaptation Adaptation	auch **Adaption** Anpassung/Angleichen an veränderte Situation/Bedingung; Gewöhnung	z. B. beim Tragen einer ‣Totalprothese oder die Anpassung des Auges an Lichtveränderungen
Adapter adapter	Instrument zum Anpassen oder Andrücken von ‣Halteelementen an den ‣Zahn	Verwendung in der ‣Kieferorthopädie, z. B. ‣Bänder
adäquat adequate	angemessen, entsprechend, gleichwertig	dem aktuellen zahnmedizinischen Wissensstand entsprechend
Adhäsion adhesive power	„Klebekraft"; Anziehungskraft zwischen ‣Molekülen unterschiedlicher Stoffe an nahen Kontaktflächen	Zahnheilkunde: • Haftwirkung von ‣Schleimhaut und ‣Speichel mit der ‣Prothesenbasis • Haftmittel (Pulver, Creme) verbessern die Adhäsionskraft der ‣Vollprothese.
Adhäsiv adhesive	Haftvermittler, Kleber • Befestigung von ‣Kompositfüllungen durch Verankerung im ‣Dentin und ‣Zahnschmelz; ‣Adhäsivtechnik • Haftlack/Haftmittel auf dem ‣Abformlöffel verhindert das Ablösen des ‣Abformmaterials vom Löffel. ‣Primer	

11

Stichwort	Erklärung	Vertiefung

Adhäsivbrücke
maryland bridge

auch ▸**Maryland-Brücke,** ▸**Klebebrücke**

Schmetterlingsbrücke, Flügelbrücke

Festsitzende Brücke im Frontzahngebiet zum Ersatz eines Zahnes; „Brückenpfeiler" werden nicht als Kronen zirkulär beschliffen, sondern nur an den oralen Flächen präpariert, um dort die Metallflügel der Brücke durch ▸Adhäsivtechnik zu verankern.

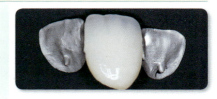

Adhäsivsysteme
adhesive system

Die Einteilung erfolgt nach Anzahl der ▸Applikationsschritte und der ▸Adhäsiv-Technik.

Mehr-Flaschen-Systeme:
▸Primer und ▸Bond werden in zwei aufeinander folgenden Arbeitsschritten aufgetragen.

Ein-Flaschen-Systeme:
▸Primer und ▸Bond werden in einem Arbeitsschritt aufgetragen; „All-in-one-Adhäsivsystem".

schmelz- und dentinkonditionierende Systeme:
▸Adhäsiv wird aufgetragen, nicht abgespült, sondern weiterbearbeitet.

Adhäsivtechnik
adhesive bonding technique

▸Ätz-Klebe-Technik zur Befestigung z. B. von ▸Füllungen/▸Komposit, ▸Inlays/Keramik, ▸Veneers, ▸Brackets, Glasfaserstifte im ▸Wurzelkanal

Nach dem Anätzen/Anrauen des ▸Zahnschmelzes mit ▸Konditionierer für Schmelz und ▸Dentin wird mit ▸Bonding/Haftvermittler, einem fließfähigen ▸Komposit, die ▸Restauration klebend befestigt.

frühere Bezeichnung:
▸Säure-Ätz-Technik/SÄT

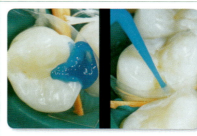

---

adjustieren
adjust

in die richtige Lage bringen, fein einstellen

▸Einschleifen der ▸Kaufläche, Einstellen des ▸Bisses im ▸Artikulator

---

Adontie
adontia

Zahnlosigkeit

▸Anodontie

Adrenalin
adrenalin, epinephrine

auch **Epinephrin**

▸Hormon aus dem Nebennierenmark

kann den Blut- und Speichelfluss/▸Sekretion durch Zusammenziehen von Gefäßen regulieren und hemmen

Zahnheilkunde:
meist Zusatzstoff zu ▸Lokalanästhetika wegen gefäßverengender Wirkung

---

**Adstringens,
Adstringenzien**
(Mehrzahl)

adstringent

auch **Adstringentia**

die ▸Schleimhaut gerbende/zusammenziehende Mittel

mit geringer blutstillender Wirkung

---

aerob
aerobic

bei Anwesenheit von ▸Sauerstoff lebensfähig
▸Aerobier

Gegenteil: ▸anaerob

Aerobier
aerobe

Organismen, die nur mit ▸Sauerstoff leben können

▸Bakterien, z. B. ▸Tuberkelbazillen

Gegenteil: ▸Anaerobier

Aerodontalgie
aerodontalgia

Höhenzahnschmerz

im Flugzeug oder beim Tauchen

Ursache: meist angesammelte Luft unter/in ▸Füllungen im ▸Zahn, die durch den Druckunterschied ▸Schmerzen auslöst

Stichwort	Erklärung	Vertiefung
Aerosol aerosol	feinste Verteilung von festen oder flüssigen Teilchen in Gasen/Luft	Zahnheilkunde: • feinstverteilter Wasserstaub/Sprüh-nebel aus dem Kühlwasser hoch-touriger ▸ Präparationsinstrumente; enthält Abriebteilchen, ▸ Blut, ▸ Speichel, ▸ Mikroorganismen • Mittel zur ▸ Sprühdesinfektion
Affinität affinity	Bestreben von ▸ Atomen eine Bindung einzugehen	
Agar-Agar agar-agar, gelose	aus Meeresalgen gewonnenes Geliermittel	Zahnheilkunde: ▸ Abformmaterial, z. B. in ▸ Hydrokolloid Mikrobiologie: Züchtung von ▸ Mikroorganismen auf Agar-Nährboden
Agglutination agglutination	Verklumpung, Verklebung von ▸ Zellen, z. B. ▸ Erythrozyten	wird ausgelöst durch den Kontakt z. B. roter ▸ Blutkörperchen mit entsprechenden ▸ Antikörpern
Aggregatibacter acti-nomycetemcomitans	Bakterium, das aggressive Formen von ▸ Parodontalerkrankungen auslösen kann	alter Name für: ▸ Actinobazillus actinomycetemcomitans ▸ Leitkeime, ▸ Markerkeime
Aggregatzustand aggregate state	physikalische Erscheinungsformen von Stoffen: fest, flüssig, gasförmig	abhängig von Temperatur und Druck
Ah-Linie palatinal vibration line	auch **A-Linie** Übergang vom harten zum weichen ▸ Gaumen	• An dieser Linie soll der ▸ dorsale Rand einer Oberkiefer-Totalprothese enden. • Abformung bei der Funktionsabformung durch „Ah"-Sagen oder Schluckbewe-gung (Anhebung des ▸ Gaumensegels)
AIDS Acquired Immuno Deficiency Syndrome	„erworbene" Immunschwäche-Erkrankung Das ▸ „Humane Immunschwäche-Virus" (▸ HIV) befällt im Körper für die Abwehr zuständige Zellen (T-Helferzellen) und programmiert diese um.	Zahnarztpraxis: mögliche Infektion durch Verletzung an ▸ kontaminierten ▸ Instrumenten, z. B. ▸ Kanülen; Schutz durch gewissenhafte ▸ Hygiene (▸ Desinfektion, ▸ Mundschutz)
Air-Flow-System airflow-system, air-polishing	▸ Pulverstrahlgerät zur Zahnreinigung: Ein Pulver-Wasser-Gemisch wird aus einer Düse mit Druck auf den ▸ Zahn gesprüht, um hartnäckige Farbbeläge (Nikotin, Kaffee, Tee, Rotwein) zu entfernen. Je nach Korngröße des Pulvers (Salze, Metall-oxide) ist der Abtrag mehr oder weniger stark. Sehr feinkörnige Pulver können auch ▸ subgingival eingesetzt werden.	anschließend lokale ▸ Fluoridierung
Air-Scaler air-scaler	Gerät zur ▸ Zahnsteinentfernung, dessen Einsätze durch Druckluft in Schwingungen versetzt werden	Ansätze sind ähnlich geformt wie ▸ Scaler
Aktinomykose actinomycosis	▸ Strahlenpilzerkrankung ▸ Infektionskrankheit, welche durch ▸ Bak-terien (Aktinomyzeten) hervorgerufen wird	Bildung von harten, blau-roten Schwel-lungen in der ▸ Haut von ▸ Wange und Hals ▸ Abszess- und ▸ Fistelentwicklung
Aktion zahnfreundlich toothfriendly sweets	Erkennungszeichen: ▸ Zahnmännchen mit Schirm; für Süßwaren-Produkte, die kaum eine Kariesgefahr darstellen	Info: www.zahnmaennchen.de

A
B
C
D
E
F

Stichwort	Erklärung	Vertiefung
Aktivator activator	▸funktionskieferorthopädisches Behandlungsgerät (herausnehmbar, passiv) zur Änderung der ▸Bisslage für ▸Oberkiefer und ▸Unterkiefer	▸Therapie z. B. von ▸Distalbiss, ▸tiefer Biss
aktive Platte active plate	auch **Schwarz-Platte** kieferorthopädisches, herausnehmbares Behandlungsgerät/Plattenapparatur zur Bewegung einzelner Zähne/Zahngruppen im ▸Oberkiefer und/oder ▸Unterkiefer Über eine Dehnschraube ist die Vergrößerung des ▸Kieferbogens möglich. Die aktive Platte wird umgangssprachlich auch als „Klammer" oder „Spange" bezeichnet.	
aktivieren activate	Erhöhen der Spannungskraft/Kraftwirkung von kieferorthopädischen Geräten oder ▸prothetischen Ersatzteilen	Hilfsmittel wie ▸Klammern, Federn, ▸Geschiebe, ▸Anker, Schrauben werden so eingestellt, dass Zähne bewegt werden (▸Kfo) oder Ersatzteile (▸Prothetik) angepasst sind.
Akupunktur acupuncture	Traditionelle chinesische Behandlungsmethode mit dünnen Nadeln, die an bestimmten Körperstellen/Akupunkturpunkten eingestochen werden. Bei Behandlung ohne Nadeln, nur mit Fingerdruck, spricht man von Akupressur.	Die ▸Stimulation der Akupunkturpunkte soll die Heilung von ▸Krankheiten fördern. **Zahnheilkunde:** z. B. ▸Schmerzausschaltung, Unterdrücken des ▸Würgereizes, Lösen von ▸Angstzuständen
akut acute	plötzlich beginnend, schneller/heftiger Verlauf	▸Spontanschmerz, z. B. bei ▸Pulpitis Gegenteil: ▸chronisch
Alginat alginate	▸Abformmaterial, ▸irreversibel-elastisch, pulverförmig, besteht aus Salzen der Alginsäure (Meeresalgen) • für ▸Situationsabformung • Pulver wird mit Leitungswasser angemischt. • dieses Material muss nach der ▸Abformung möglichst schnell in ein Modell ausgegossen werden, da Alginat sonst durch Wasserverdunstung schrumpft.	
alkalisch alkaline	auch **basisch** laugenhaft	▸pH-Wert über 7 bis 14 ▸Base
Alkohol alcohol	▸Äthanol	leicht entzündliche Flüssigkeit, ▸Gefahrensymbol beachten
Allergen allergen	Stoff, der im Körper eine ▸Allergie auslöst	**Zahnheilkunde:** z. B. ▸Lokalanästhetika, Materialien für ▸Zahnersatz oder Zahnfüllungen, ▸Latex-Handschuhe, ▸Watterollen
Allergie allergy, hypersensitivity	Überreaktion des Körpers auf einen bestimmten Stoff/▸Reiz (▸Allergen) Reaktion erfolgt nach Kontakt mit dem auslösenden ▸Allergen.	Allergiepass des ▸Patienten beachten/ ▸Dokumentation
allergisch allergic	überempfindlich von einer ▸Allergie herrührend	**Zahnheilkunde:** allergische Reaktion z. B. auf ▸Latex, Prothesenkunststoffe, ▸Lokalanästhetikum

Stichwort	Erklärung	Vertiefung

Alloplastik
alloplastic material
| Ersatz von fehlenden Gewebeteilen durch körperfremde (alloplastische), ►synthetisch hergestellte Stoffe

z. B. ►Kunststoffe, ►Keramik, Metall
| **Zahnheilkunde:**
z. B. Auffüllen von Knochendefekten, ►Augmentationen, ►Implantologie
Medizin:
künstliche Herzklappe, Hüftgelenk |

Alloy
alloy
| auch ►**Feilung**
Silber-Zinn-Kupfer-Legierung, pulverförmig
| ergibt zusammen mit ►Quecksilber das ►Füllungsmaterial ►Amalgam
►Trituration |

Alterszahnheilkunde
geriatric dentistry
| ►Gerostomatologie | **Medizin:**
Altersheilkunde, ►Geriatrie |

Alveolarfortsatz
alveolar process
| Processus alveolaris
Teil des Kieferknochens im ►Oberkiefer und ►Unterkiefer, der die Zähne trägt
| |

Alveolarkamm
alveolar ridge
| Kieferkamm nach Entfernung der Zähne | ►Alveolarfortsatz |

Alveolarkamm-atrophie
alveolar ridge atrophy
| Schwund des ►Kieferkamms
Ursachen:
nach Zahnverlust,
►Parodontalerkrankungen,
Alter
►Atrophie
| |

Alveolarknochen
alveolar bone
| Knochenbereich um das ►Zahnfach | |

Alveole
alveolus
| **Zahnheilkunde:**
►knöchernes ►Zahnfach im ►Alveolarfortsatz
Bestandteil des ►Zahnhalteapparates
Medizin:
►Lungenbläschen/►Gasaustausch
| |

Alveole, trocken
dry socket
| auch ►**dry socket**
Das ►Blutkoagulum ging nach der ►Extraktion verloren oder löste sich auf („leere" Alveole).
| Wundheilungsstörung:
Entstehung einer ►Entzündung (►Alveolitis, alveoläre ►Ostitis) |

Alveolitis
alveolitis
| ►Entzündung des ►Zahnfachs nach Entfernung eines Zahnes | Komplikation z. B. als ►Alveole, trocken |

Alveolotomie
alveolotomy
| chirurgische ►Revision und ►Resektion des ►Alveolarfortsatzes | häufig als ►präprothetische Maßnahme zur Verbesserung des ►Prothesenlagers |

Amalgam
amalgam, mercury alloy
| plastisches Füllungsmaterial aus ►Feilung/►Alloy (Silber-Zinn-Kupfer-Legierung) und ►Quecksilber; härtet selbstständig aus
für große ►Füllungen im ►Seitenzahngebiet; ►Politur nach frühestens 24 Stunden
| |

A
B
C
D
E
F

Stichwort	Erklärung	Vertiefung
Amalgamabscheider amalgam separator	Auffangbehälter für Amalgamreste in der zahnärztlichen Behandlungseinheit	verhindert das Einleiten von ▸Amalgam ins Abwasser; Rückgewinnung durch Aufbereitungsfirmen
Amalgambrunnen amalgam well	Gefäß zur Entnahme von zubereitetem ▸Amalgam	ohne Berührung mit den Fingern, z. B. mit einer ▸Amalgampistole
Amalgam-kondensation amalgam condensation	Stopfen, ▸Verdichten (Kondensieren) von ▸Amalgam in der ▸Kavität mit einem ▸Amalgamstopfer oder maschinell ▸Kondensation, vertikal	Das überschüssige ▸Quecksilber wird aus dem Füllungsmaterial herausgepresst und abgesaugt.
Amalgammischgerät amalgamator	auch **Amalgamrüttler** Mischgerät, in dem Kapseln mit vordosierter ▸Feilung und ▸Quecksilber durch Schwingungen trituriert (vermischt) werden	Elektrische Amalgam-Anmischgeräte (Amalgamator) für die Bestandteile des Amalgams (z. B. „Dentomat") sind heute weniger üblich.
Amalgampistole Amalgam gun	spritzenartiges ▸Instrument zum Aufnehmen und Einbringen von ▸Amalgam in die ▸Kavität	Entnahme des Amalgams aus einem ▸Amalgambrunnen
Amalgamstopfer condenser	▸Instrument zum Verdichten von ▸Amalgam beim Einbringen in die ▸Kavität ▸Amalgamkondensation	
Amalgamtätowierung amalgam tatoo	dunkle Verfärbungen von ▸Zahnfleisch/ ▸Mundschleimhaut um eine Amalgamfüllung herum	Einlagerung kleiner Amalgamteilchen
ambulant ambulant	nicht an einen bestimmten Ort gebunden Gegenteil: ▸stationär	z. B. ambulante Behandlung: Der ▸Patient verlässt nach der ▸Behandlung die medizinische Einrichtung/Praxis und verbleibt nicht über Nacht, z. B. im Krankenhaus.
Ameloblasten amyloplasts	auch ▸**Adamantoblasten**	▸Zahnschmelz bildende ▸Zellen
Amelogenesis imperfecta amelogenesis imperfecta	Störung bei der Entwicklung von ▸Zahnschmelz, genetisch bedingt ▸Schmelzdysplasie Symptome: ▸Zahnschmelz löcherig, verformt, rau, gelblich verfärbt	
Aminfluorid amine fluoride	organische Fluoridverbindung ▸Fluoride	Verwendung in der ▸Kariesprophylaxe als ▸Zahnpasta, ▸Gel, ▸Mundspüllösungen
Aminosäure amino acid	kleinster Eiweiß-Baustein ▸Eiweiß, ▸Proteine	„Essenzielle" Aminosäuren müssen mit der Nahrung zugeführt werden, da sie der Körper nicht selbst aufbauen kann.
Ampere ampere	▸physikalische Maßeinheit der elektrischen Stromstärke mit Formelzeichen **A** **Zahnheilkunde:** Angabe immer in **mA** = Milliampere	**Röntgenkunde:** Gehört zu den drei ▸Schaltdaten, die bei der Anfertigung einer ▸Röntgenaufnahme angegeben werden müssen.
Ampulle ampule, ampoule	zugeschmolzenes Glasgefäß, meist für ▸sterile Flüssigkeiten z. B. ▸Anästhesielösungen	Formen: kleines bauchiges Gefäß, Glasröhrchen ▸Zylinderampulle, ▸Karpule

Stichwort	Erklärung	Vertiefung
Amputation amputation	‣operatives Entfernen eines Körperteils **Zahnheilkunde:** • Entfernen der ‣Kronenpulpa, ‣Mortalamputation, ‣Vitalamputation • Entfernen von Zahnteilen, ‣Wurzelspitzenamputation, ‣Hemisektion	
Amylase amylase	Verdauungsenzym baut ‣Stärke und ‣Glykogen (Vielfachzucker) aus der Nahrung ab zu Malzzucker/‣Maltose (‣Doppelzucker) und ‣Traubenzucker/Glukose (‣Einfachzucker)	Produktion: • ‣Ohrspeicheldrüsen geben ‣Enzym in den Mundraum ab. • Bauchspeicheldrüse gibt Enzym in den Zwölffingerdarm ab.
anaerob anaerobic	ohne Anwesenheit von ‣Sauerstoff	‣Anaerobier Gegenteil: ‣aerob
Anaerobier anaerobe	‣Mikroorganismen, die ohne ‣Sauerstoff leben, sterben z. T. durch Sauerstoff ab, z. B. bestimmte ‣PA-Keime, ‣Legionellen, ‣Tetanuserreger. Gegenteil: ‣Aerobier	‣HealOzone® ‣Photodynamische Desinfektion ‣Ozontherapie
Analeptikum, Analeptika (Mehrzahl) analeptic	belebendes, anregendes Mittel	Anregung von ‣Atmung oder ‣Blutkreislauf, z. B. durch Koffein
Analgesie analgesia	Aufhebung der Schmerzempfindung ‣Schmerz	• durch ‣Medikamente, Einatmen von ‣Lachgas, auch Ablenkung beim Hören (Audioanalgesie) • durch Unterbrechung der Schmerzleitung, z. B. Verletzung
Analgetikum, Analgetika (Mehrzahl) analgesics, pain killer	Schmerzmittel ‣Medikament mit schmerzstillender oder schmerzlindernder Wirkung	zur ‣Behandlung von ‣akuten oder ‣chronischen ‣Schmerzen, ohne Beeinflussung des ‣Bewusstseins
Analgosedierung analgosedation	Herabsetzung der Schmerzempfindung durch intravenöse ‣Injektion von beruhigenden ‣Medikamenten und zusätzlicher ‣Lokalanästhesie ‣Sedativa	‣Patient behält das ‣Bewusstsein (schlafähnlicher Zustand), spürt aber keinen ‣Schmerz, kann selbstständig atmen und reagiert auf das Ansprechen durch den Behandler. Anwendung: z. B. bei sehr unruhigen/ängstlichen Patienten, Allgemeinleiden wie z. B. ‣Herz-Kreislauferkrankungen (Stressvermeidung) oder sehr langen ‣Behandlungen
analog analog	entsprechend, ähnlich	auch verwendet als Gegensatz zu ‣digital, z. B. in der ‣Röntgentechnik
Analyse analysis	systematische Untersuchung, bei der ein Ganzes in seine Bestandteile zerlegt und anschließend ausgewertet wird	**Zahnheilkunde:** ‣Gebissanalyse, ‣Funktionsanalyse, ‣Profilanalyse Gegenteil: ‣Synthese
analysieren analyze	etwas zergliedern, untersuchen, auswerten	‣Analyse

Stichwort	Erklärung	Vertiefung

Stichwort	Erklärung	Vertiefung
Anämie anaemia	▸Blutarmut, Blutleere, Blutmangel	Ursachen: Verminderung des roten ▸Blutfarbstoffes (▸Hämoglobin) und/oder der Anzahl an roten ▸Blutkörperchen (▸Erythrozyten)
anämisch anaemic	blutarm, blutleer die ▸Anämie betreffend	Zustand der Blutleere durch ▸Vaso-konstringentien als Bestandteil von ▸Anästhesielösungen
Anamnese medical history	Krankengeschichte Vorgeschichte einer aktuellen Erkrankung nach Angaben des ▸Patienten	im Arztgespräch ermittelt, z. B. ▸Allergien, ▸Infektionskrankheiten, ▸Stoffwechsel-erkrankung, ▸Schmerzen, ▸Medikamente
Anamnesebogen anamnesis	Formular mit Fragen zu früheren ▸Krankheiten und ▸Befunden des ▸Patienten dient dem Arzt zum Erkennen von Risikofaktoren	wird ausgefüllt bei der Aufnahme von neuen Patienten und in regelmäßigen Abständen überprüft ▸Risikopatient
anaphylaktischer Schock anaphylactic shock	lebensbedrohliche Überempfindlichkeits-reaktion des Körpers	Gefahr des Kreislaufversagens, ▸Notfallbehandlung
Anästhesie anaesthesia	Ausschalten der Schmerzempfindung durch Anwendung eines ▸Anästhetikums 	Zahnheilkunde: • **Lokalanästhesie** (örtliche/▸terminale Schmerzausschaltung): ▸Oberflächenanästhesie, ▸Infiltrationsanästhesie, ▸intraligamentäre Anästhesie, ▸Leitungsanästhesie • **Allgemeinanästhesie** (allgemeine/zentrale Schmerzausschaltung): ▸Narkose
anästhesieren anaesthetise	betäuben, unempfindlich machen	gegen ▸Schmerz, Temperatur und Berührung
Anästhesist anaesthesist	Facharzt für Anästhesieverfahren, Intensiv- und Notfallmedizin, Schmerztherapie	zuständig für die Narkoseüberwachung bei ▸operativen Eingriffen, z. B. von Körperfunktionen/Kreislauf
Anästhetikum, Anästhetika (Mehrzahl) anaesthetic	schmerzausschaltendes, betäubendes Mittel	• ▸Lokalanästhetikum: örtlich wirkendes ▸Medikament • ▸Allgemeinanästhetikum (▸Narkose): ▸Medikament versetzt in einen Zustand der ▸Bewusstlosigkeit.
Anastomose anastomosis	netzartige Verzweigungen/Verbindungen von ▸Blutgefäßen, ▸Lymphgefäßen und Nervenfasern	Zahnheilkunde: Ausschalten der Anastomosen (▸Nn. alveolares inferior) bei ▸chirurgischen Eingriffen in der Front des ▸Unterkiefers durch ▸Leitungs- und zusätzliche ▸Infiltrationsanästhesie
Anatomie anatomy	Lehre von Form und Bau des menschlichen Körpers, seinen ▸Organen und ▸Geweben	
anatomische Abformung anatomic impression, anatomic cast	Abformung von Zähnen und ▸Schleimhaut in natürlichem Ruhezustand	▸Situationsabformung

Stichwort	Erklärung	Vertiefung
Angina angina	▸Krankheit mit Engegefühl, Beengtheitszustand	• Halsentzündung, Mandelentzündung (Angina tonsillitis) • Gefäßkrankheiten mit Engegefühl, ▸Angina pectoris
Angina pectoris angina pectoris, chest pain	Brustenge anfallsweise starke ▸Schmerzen in der Herzgegend, Atemnot, Übelkeit, Todesangst	Verengung der ▸Herzkranzgefäße, ▸koronare Herzkrankheit ▸Notfall
ANGLE-Klassen Angle's classifications	Kieferorthopädie: nach dem Zahnarzt E. Angle benannte Einteilung der Gebissanomalien in drei Hauptklassen	Hauptklassen: Klasse I ▸Neutralbiss Klasse II ▸Distalbiss Klasse III ▸Mesialbiss
Angst anxiety	▸Phobie	z. B. Zahnbehandlungsangst
Angulus angle	Winkel	▸Angulus oris, ▸Angulus mandibulae, ▸Angulus infectiosus oris
Angulus infectiosus oris	▸Entzündung der ▸Haut in den ▸Mundwinkeln; schmerzhaft, schlecht heilend	▸Faulecken, ▸Rhagaden
Angulus mandibulae angle of mandible	▸Unterkieferwinkel	Übergangsbereich des ▸Unterkieferkörpers zum ▸aufsteigenden Ast des Unterkiefers
Angulus oris labial angle	▸Mundwinkel	▸Rhagade
Anion anion	negativ geladenes ▸Ion	Gegenteil: ▸Kation
Ankerkrone abutment, abutment tooth	auch ▸**Brückenanker** Befestigungsvorrichtung für ▸festsitzenden oder herausnehmbaren ▸Zahnersatz auf natürlichen Zähnen oder ▸Implantaten ▸Ankerzahn	Ankerelemente: ▸Kronen, ▸Doppelkronen, ▸Stege
Ankerzahn anchor(ing) tooth	auch ▸**Pfeilerzahn** ▸Zahn oder ▸Implantat, auf welchem ▸Zahnersatz abgestützt oder befestigt wird ▸Brückenanker, ▸Prothesenanker	
Ankylose ankylosis	Gelenkversteifung, Gelenkverwachsung	z. B. im ▸Kiefergelenk
Anode anode	positiver Pol/Pluspol einer elektrischen Stromquelle	Röntgenkunde: Kupferanode/Aufprallstelle der beschleunigten ▸Elektronen in der ▸Röntgenröhre Gegenteil: ▸Kathode
Anodontie anodontia	Zahnlosigkeit, angeboren	vollständiges Fehlen von Zähnen durch Nichtanlage der ▸Zahnkeime
anomal anomalous	auch abnormal entspricht nicht der ▸Norm, regelwidrig, unregelmäßig	▸Anomalie Gegenteil: normal

Stichwort	Erklärung	Vertiefung
Anomalie anomaly, deviation	Abweichung von der ›Norm ›Missbildung	Kieferanomalie: ›Lippenspalte, ›Progenie, ›Prognathie **Zahnstellungsanomalie:** Drehung, Kippung von Zähnen
anorganisch inorganic	chemische ›Elemente, Reaktionen und Verbindungen der unbelebten Natur	Gegenteil: ›organisch, organische ›Chemie
Ansteckung infection	›Infektion	›Infektionskrankheiten
Antagonist antagonist	Körper oder Organe mit entgegengesetzter Wirkungsweise 	Kieferschluss: Zahn-Aufbisszahn im ›Gegenkiefer, ›Gegenzahn **Nervensystem:** ›Sympathikus und ›Parasympathikus **Muskeln:** Armstrecker und Armbeuger
anterior anterior	Lagebezeichnung: der Vordere, vorderes, vorne gelegen	Gegenteil: ›posterior
anti- anti	Wortbestandteil mit der Bedeutung: gegen, entgegen	siehe die nachfolgenden Fachbegriffe
antibakteriell antibacterial	gegen ›Bakterien wirksam	wachstumshemmend, abtötend ›Antibiotika
Antibiotikum, **Antibiotika** (Mehrzahl) antibiotic/s	›Medikamente, welche ›Bakterien abtöten oder die Vermehrungsfähigkeit/Wachstum hemmen	Antibiotika sind natürliche oder künstlich nachgeahmte Stoffwechselprodukte von ›Bakterien, ›Pilzen und Pflanzen, z. B. ›Penicillin (Schimmelpilz)
Antibiotikaprophylaxe prophylactic antibiotic coverage	Vorbeugende Maßnahme zur Senkung der Infektionsgefahr, z. B. bei hohem ›Endocarditis-Risiko ›Infektion	›**präoperative Gabe:** vor einer ›Operation, um einer Infektion vorzubeugen ›**postoperative Gabe:** nach einer ›Operation, um eine Infektion zu verhindern
Antibiotikaresistenzen antibiotic resistance	›Medikamente wirken nicht mehr gegen ›Bakterien, da diese gegen bestimmte ›Antibiotika widerstandsfähig geworden sind.	›MRSA ›Resistenz
Antibiotikatherapie antibiotic therapy	mögliche ›Therapie bei schweren ›Parodontitis- Erkrankungen und entsprechender Analyse der ›Markerkeime	z. B. „Winkelhoff-Cocktail®" zur Behandlung einer ›akuten, aggressiven ›Parodontitis
Antigen antibody generating	körperfremder Stoff, welcher das ›Immunsystem des Körpers zur Bildung von ›Antikörpern anregt	z. B. ›Bakterien und deren Gifte
Antihypertonikum, **Antihypertonika** (Mehrzahl) antihypertensives	Mittel gegen zu hohen ›Blutdruck, blutdrucksenkende ›Arzneimittel	›Hypertonie

Stichwort	Erklärung	Vertiefung
Antikoagulans, Antikoagulanzien (Mehrzahl) anticoagulants	Mittel zur Hemmung/Herabsetzung der ▸Blutgerinnung z. B. ▸Marcumar, ▸Heparin	**Zahnheilkunde:** Gefahr der Nachblutung, z. B. bei Zahnextraktionen ▸Quick-Wert, ▸INR-Wert
Antikörper antibody	körpereigene Eiweißstoffe, welche als Reaktion auf den Reiz von ▸Antigenen (körperfremden Eiweißstoffen) gebildet werden	Antikörper sind Abwehrstoffe des ▸Immunsystems.
Antimykotikum, Antimykotika (Mehrzahl) antimycotics	Mittel gegen ▸Pilzerkrankungen ▸Mykosen	Antimykotika hemmen das Wachstum von ▸Pilzen ▸fungistatisch
Antiphlogistikum, Antiphlogistika (Mehrzahl) anti-inflammatory drug	Mittel gegen ▸Entzündungen wirken antiphlogistisch, z. B. ▸Cortison, Ibuprofen	Hemmung/▸Behandlung ▸lokaler Entzündungsprozesse
Antipyretikum, Antipyretika (Mehrzahl) antipyretic	Mittel zur Fiebersenkung, vor ▸Fieber schützende Mittel	wirken antipyretisch, z. B. ▸Acetylsalicylsäure (Aspirin®), Paracetamol
Antisepsis antisepsis	Zustand der Keimarmut ▸Antiseptikum	wird durch ▸Desinfektion erreicht, z. B. ▸Händedesinfektion
Antiseptik antiseptic	Methode zur ▸desinfizierenden Wundbehandlung	bei ▸akut infizierten oder ▸chronischen, schlecht heilenden ▸Wunden
Antiseptikum, Antiseptika (Mehrzahl) antiseptic	Mittel zur Keimhemmung bei ▸Wundinfektionen an ▸Haut oder ▸Schleimhaut ▸Antiseptik	**Zahnheilkunde:** ▸Spray, Spüllösungen, z. B. ▸CHX 0,2 %ig, ▸ChKM, ▸Wasserstoffperoxid (H_2O_2)
Antitoxin antitoxin	Gegengift; vom Körper gebildete ▸Antikörper, die vorhandene Gifte unschädlich machen, z. B. von ▸Krankheitserregern	▸Immunisierung ▸Toxin
Antrum antral	Hohlraum, Knochenhöhle	▸Cavum ▸Sinus
Antrum Highmori oroantral	auch ▸**Sinus maxillaris** ▸Kieferhöhle	▸Mund-Antrum-Verbindung
ANUG acute necrotizing, ulcerative gingivitis	Abkürzung für ▸akute ▸nekrotisierende, ▸ulzeröse ▸Gingivitis schwere, geschwürige Zahnfleischentzündung, heftiger Verlauf, auch mit ▸Fieber ▸nekrositierende Parodontalerkrankungen (NUG)	
Aorta aorta	▸Hauptschlagader, große Körperschlagader ▸Blutkreislauf	▸Arterie, welche den Körperkreislauf versorgt, ausgehend von der linken Herzkammer
Aortenklappe aortic valve	Herzklappe zwischen linker Herzkammer und ▸Aorta	▸Taschenklappe

Stichwort	Erklärung	Vertiefung
apathogen non-pathogenic	nicht krankmachend	Gegenteil: ▸ pathogen
Apatit apatite	Mineralienverbindung aus ▸ Calcium, ▸ Fluorid, Phosphat ▸ Mineralstoffe	Grundsubstanz der harten Körpergewebe: ▸ Knochen und ▸ Zahn ▸ Hydroxylapatit, ▸ Fluorapatit
Apex apex	Spitze	▸ Apex dentis
Apex dentis root apex	auch **Apex radicis dentis** ▸ Wurzelspitze eines ▸ Zahnes	Gebiet um das ▸ Foramen apicale/ ▸ Wurzelspitzenloch
Aphthe aphtha	runde, weißlich-graue Bläschen auf Lippen, Mundschleimhaut von rotem Hof umgeben, sehr schmerzhaft	Ursachen: Nahrungsmittel, Verletzung durch zahn- ärztliche Behandlung, Hormonhaushalt, Ernährungsdefizite, Stress
API API	Abkürzung für ▸ Approximalraum-Plaque-Index	▸ Index zur Beurteilung der ▸ Mundhygiene, ▸ Plaque-Indizes
apikal apical	auch **apical** an der ▸ Wurzelspitze, zur Wurzelspitze hin gelegen	Lage-/Richtungsbezeichnung am Zahn ▸ Apex dentis
apikales Delta apical delta	auch **apicales Dreieck** im Bereich der ▸ Wurzelspitze starke Verzweigung der ▸ Pulpa in Seitenkanäle ▸ Ramifikation	
apikales Granulom apical granuloma	abgekapseltes ▸ Granulationsgewebe an der ▸ Wurzelspitze als Folge einer ▸ apikalen ▸ Parodontitis	▸ Granulom
apikale Ostitis apical ostitis	▸ Entzündung des ▸ Knochens im Bereich der ▸ Wurzelspitze	▸ Ostitis
apikale Parodontitis apical periodontitis	▸ Entzündung des ▸ Zahnhalteapparates im Bereich der ▸ Wurzelspitze	▸ Parodontitis apicalis
Aplasie aplasia	Nichtausbildung eines ▸ Organs oder Körperteils, trotz vorhandener Organanlage	Zahnheilkunde: z. B. das Fehlen eines ▸ Zahnes
Apoplexie apoplexy	▸ Schlaganfall, Gehirnschlag	
Applikation application	Aufbringen, Einbringen, Verabreichen von Stoffen z. B. Applizieren von ▸ Medikamenten, ▸ Füllungsmaterialien	
Approbation medical license	staatliche Zulassung zur Ausübung von Heilberufen	als Arzt, Zahnarzt, Tierarzt, Apotheker

Stichwort	Erklärung	Vertiefung
approximal approximal / interproximal	benachbart, dem Nachbarzahn zugewandt	Lage-/Richtungsbezeichnung am Zahn ▸ Approximalfläche
Approximalfläche approximal surface	Seitenfläche eines ▸ Zahnes, die am Nachbarzahn die Kontaktfläche berührt	▸ mesial oder ▸ distal
Approximalkaries approximal / interproximal caries	auch ▸ **Interdentalkaries** ▸ Karies im ▸ Zahnzwischenraum, an der Kontaktstelle benachbarter Zähne Dieser Bereich ist schwer zu reinigen und deshalb stark kariesgefährdet. ▸ Prädilektionsstelle	
Approximalkontakt interproximal contact	Berührungspunkt zweier benachbarter Zähne am ▸ Zahnäquator	▸ Approximalraum
Approximalraum approximal space	auch **Interdentalraum** Raum zwischen zwei benachbarten Zähnen	▸ Zahnzwischenraum
Approximalraum-Plaque-Index Approximal Plaque Index	Abkürzung: ▸ **API** ▸ Index zur Überprüfung der ▸ Plaque im ▸ Zahnzwischenraum Zur Kontrolle der ▸ Mundhygiene wird der Plaquebefall im ▸ Approximalraum beurteilt und das prozentuale Ergebnis dokumentiert. ▸ Plaque-Indizes	
Aqua destillata aqua destillata	Abkürzung: **Aq. dest.** destilliertes Wasser	chemisch reines Wasser, weitgehend frei von Salzen, ▸ organischen Stoffen und ▸ Mikroorganismen Verwendung im ▸ Autoklav
Äquivalentdosis equivalent dose	Maß für die biologische Wirkung von ▸ ionisierender Strahlung	Röntgenkunde: Maßeinheit ▸ Sievert (**Sv**), wird meist angegeben in Millisievert (**mSv**)
Arcus alveolaris alveolar arch	Bogen, Rand Alveolarbogen Verlauf des vorderen äußeren Bogens des ▸ Alveolarfortsatzes von ▸ Ober- und ▸ Unterkiefer	
Arkansas-Stein Arkansas whetstone	Stein aus hellem Quarz Verwendung als feinkörniger Schleifkörper	Zahnheilkunde: z. B. Schleifen/Schärfen von ▸ chirurgischen ▸ Instrumenten in der ▸ Parodontologie, Glätten von Kunststofffüllungen
Arretierung locking	Klemmvorrichtung an medizinischen ▸ Instrumenten zum Feststellen von beweglichen Teilen, z. B. ▸ Arterienklemme, ▸ Nadelhalter auch rotierende Teile in ▸ Hand- und ▸ Winkelstücken, z. B. ▸ Bohrer	
Artefakt artifact	Kunstprodukt fehlerhafte, unerwünschte Darstellung, z. B. auf ▸ Röntgenaufnahmen	Zahnheilkunde: entstanden durch das Nichtentfernen z. B. von ▸ Prothesen, Haarklammern, Ohrschmuck

Stichwort	Erklärung	Vertiefung
Arteria carotis carotid artery	auch **Karotis** ▸ Halsschlagader, Kopfschlagader; verläuft beidseitig	gut tastbar zur Puls- bzw. Herzfrequenzmessung, z. B. bei Notfall
Arteria pulmonalis pulmonary artery	▸ Lungenschlagader / Lungenarterie; verläuft von der rechten Herzkammer zur ▸ Lunge	transportiert als einzige Arterie sauerstoffarmes ▸ Blut ▸ Blutkreislauf
Arterie artery	auch **Arteria** Schlagader ▸ Blutgefäß, welches das ▸ Blut vom Herzen wegführt z. B. ▸ Arteria carotis, ▸ Arteria pulmonalis	Die Arterien des ▸ Körperkreislaufes transportieren sauerstoffreiches Blut, die Arterien des ▸ Lungenkreislaufs führen sauerstoffarmes Blut. ▸ Blutkreislauf
arteriell arterial	die ▸ Arterien betreffend	z. B. arterielles ▸ Blut
Arterienklemme haemostatic forceps	auch **Gefäßklemme** ▸ chirurgisches ▸ Instrument zum Abklemmen von ▸ Blutgefäßen während eines Eingriffs	▸ Arretierung
Arteriole arteriole	kleinste ▸ Arterie	verzweigt sich in ▸ Kapillaren
Arteriosklerose arteriosclerosis	Verhärtung von ▸ Arterien, ▸ chronische ▸ Degeneration (Veränderungen) durch Einlagerungen an den Gefäßwänden ▸ koronare Herzkrankheit/KHK	führt zum Elastizitätsverlust und zur Einengung von ▸ Blutgefäßen – bis zum vollständigen Verschluss
Arthritis arthritis	Gelenkentzündung, ▸ akute oder ▸ chronische Gelenkerkrankung	Zahnheilkunde: Arthritis z. B. im ▸ Kiefergelenk
Arthrose arthrosis	Gelenkveränderung, ▸ chronisch-▸ degenerative, nichtentzündliche Gelenkerkrankung ▸ Gelenk	Zahnheilkunde: Kiefergelenkarthrose, „Abnutzungserscheinung" des Gelenkknorpels mit zunehmender Funktionsbehinderung
artifiziell artificial	künstlich entstanden, künstlich verändert	▸ Artefakt
artikulär articular	auch **articularis** zum ▸ Gelenk gehörend, das Gelenk betreffend	z. B. ▸ Processus articularis, ▸ intraartikuläre Injektion
Artikulatio joint	auch **Articulatio** ▸ Gelenk, ▸ Kiefergelenk	Anatomie: bewegliche Verbindung von zwei oder mehreren ▸ Knochen
Artikulation articulation	Zahnheilkunde: • Gleitbewegung des ▸ Unterkiefers unter ▸ Kontakt zu den Oberkieferzähnen beim Kauen und Schlucken • Bildung von Sprechlauten	
Artikulationspapier articulating paper	auch **Artikulationsfolie** Hilfsmittel zum Anfärben von ▸ okklusalen ▸ Kontakten Eingefärbtes Papier überträgt beim Zusammenbiss die Berührungspunkte. ▸ Okklusionsfolie	

Stichwort	Erklärung	Vertiefung
Artikulator articulator	Gelenksimulator, in den Modelle und Bissregistrate des ▸ Ober- und ▸ Unterkiefers eingesetzt werden, um die natürlichen Kiefergelenkbewegungen nachzuahmen. ▸ einartikulieren Hilfsmittel zur Anfertigung von ▸ Zahnersatz ▸ Registrat ▸ Simulator	
artikulieren articulate	etwas durch Worte oder Taten zum Ausdruck bringen	▸ Artikulation
Arzneimittel drug, pharmacon	auch ▸ **Medikament, Pharmakon** natürliche oder synthetische Stoffe, die zur Verhinderung, Heilung oder Erkennung von ▸ Krankheiten beitragen sollen	Einteilung in freiverkäufliche, rezeptfreie und rezeptpflichtige, vom Arzt verschriebene Arzneimittel z. B. ▸ Betäubungsmittel
Ascorbinsäure ascorbic acid	▸ Vitamin C	natürlich vorkommend z. B. in Zitrusfrüchten, Frischgemüse; auch synthetisiert
Äskulapstab Aesculapian staff	Der Äskulapstab mit Schlange gilt als Zeichen für medizinische Berufe.	Äskulap: griechischer Gott der Heilkunst
Asepsis asepsis	Zustand der Keimfreiheit ▸ keimfrei	ohne lebende ▸ Krankheitserreger
aseptisch aseptic	▸ keimfrei	▸ Asepsis
Aspartam aspartame	▸ Zuckerersatzstoff synthetisch hergestellter ▸ Süßstoff	häufiger Inhaltsstoff in Kaugummi und Soft-Drinks, keine ▸ kariogene Wirkung
Aspiration aspiration	Ansaugen, Einatmen, Verschlucken ▸ Absorption	• Ansaugen, z. B. von Flüssigkeit in eine Injektionsspritze • Einatmen/Verschlucken von Fremdkörpern in die ▸ Luftröhre/▸ Speiseröhre, z. B. ein ungesichertes ▸ Wurzelkanalinstrument
ASS	Abkürzung für ▸ **A**cetyl**s**alicyl**s**äure	z. B. Wirkstoff in Aspirin®
Assistenz assistance	Mithilfe, Unterstützung	unterstützende Mitarbeit bei der zahnärztlichen Behandlungstätigkeit durch Fachpersonal
Ästhetik aesthetic	Sinn für Schönheit, schön aussehend	**Ästhetische Zahnheilkunde:** zahnärztliche Maßnahmen zur ästhetischen Verbesserung z. B. durch ▸ Bleaching der ▸ Frontzähne, Korrektur von ▸ Schmelzdefekten/Zahnform mit ▸ Veneers
Asthma bronchiale asthma bronchiale	Atemnot ▸ chronische, entzündliche Erkrankung der Atemwege	Anfälle von Atemnot/Husten durch Verengung/Verkrampfung der Bronchialmuskulatur und vermehrte ▸ Sekretion von ▸ Schleim
Asymmetrie asymmetry	Ungleichmäßigkeit, z. B. Gesichtszüge, Kieferstellung	Gegenteil: Symmetrie

A
B
C
D
E
F

Stichwort	Erklärung	Vertiefung
Äthanol ethanol	auch **Äthylalkohol, Ethanol** ▸ Alkohol	• trinkbarer Alkohol, Zell- und Nervengift; schädigt das ▸ Zahnfleisch, weitet die ▸ Blutgefäße • ▸ Desinfektionsmittel/▸ Händedesinfektion, ▸ Flächendesinfektion • Lösungsmittel für ▸ Medikamente
Ätiologie aetiology, etiology	Lehre von den ▸ Krankheitsursachen und ihren auslösenden Faktoren	**Zahnheilkunde:** ▸ Bakterien und ▸ Säure führen zu ▸ Karies.
Atmung respiration	Respiration ▸ Gasaustausch	Unterteilung: äußere Atmung/Lungenatmung, innere Atmung/Zellatmung
Atom atom	kleinster Bestandteil eines ▸ chemischen ▸ Elementes	besteht aus elektrisch positiv geladenem Atomkern und negativ geladener Elektronenhülle
atraumatisch atraumatic	„ohne Verletzung", gewebeschonend ▸ Trauma	z. B. ▸ atraumatische Naht
atraumatische Naht atraumatic suture	▸ Nahtmaterial, bei dem Faden und ▸ Nadel miteinander verschweißt sind	▸ Naht mit geringer ▸ Läsion, da kein gewebsverletzendes Nadelöhr
Atrophie atrophy	▸ Schwund, Rückbildung eines ▸ Organs oder ▸ Gewebes, z. B. von ▸ Knochen, ▸ Muskeln ▸ Alveolarkammatrophie **Zahnheilkunde:** Schrumpfung und Schwund des ▸ Alveolarknochens, meist nach Zahnverlust oder bei ▸ Parodontopathien	
Attachment attachment	Befestigung, Anhaftung **Parodontologie:** Verbindung des ▸ Zahnes mit dem umgebenden knöchernen ▸ Zahnfach durch Bindegewebsfasern Lagern sich diese Fasern erneut an, spricht man von ▸ „new attachment". ▸ Gingiva propria	**Prothetik:** ▸ Verbindungselemente von ▸ kombiniertem Zahnersatz, z. B. ▸ Geschiebe, ▸ Riegel **Kieferorthopädie:** Anlagerung für ▸ Kfo-Elemente, z. B. ▸ Brackets, Haken
Attachmentverlust attachment loss	verminderte Anhaftung durch ▸ Zahnfleischtasche oder ▸ Rezessionen ▸ Gingivaatrophie	
Attest attest	ärztliche Bescheinigung in Schriftform	z. B. Gesundheitszeugnis, Arbeitsunfähigkeitsbescheinigung
Attrition attrition	Abrieb der ▸ Kauflächen (▸ Schmelz) durch direkten Zahnkontakt/Antagonistenkontakt	▸ Parafunktionen verstärken den Schmelzverlust ▸ Abrasion, ▸ Bruxismus
atypisch atypical	nicht der ▸ Norm entsprechend	z. B. Krankheitsanzeichen, ▸ Fieber Gegenteil: typisch

A
B
C
D
E
F

Stichwort	Erklärung	Vertiefung

Ätzmittel

caustic

auch **Ätzgel**
> Konditionierer

Zahnheilkunde:
> Phosphorsäure-Gel (30–40 %ig)
für die > Säure-Ätz-Technik

Ätzmuster

etching

durch > Ätzmittel in den > Zahnschmelz
eingeätztes, oberflächliches Muster
("retentives Ätzmuster"), welches die
Oberfläche vergrößert
> Säure-Ätztechnik

Durch die > Säure werden aus den
> Prismen im > Schmelz Kalkbestandteile
herausgelöst, in die zur Verbesserung der
Haftung von > Komposit-Füllmaterial das
> Bonding (flüssiger > Kunststoff) hinein-
fließt.

Aufbaufüllung

construction filling

• Zahndefekte werden so weit durch > Kunststoff oder > Zement ersetzt, dass der zer-
störte > Zahn anschließend zur Aufnahme
einer > Krone präpariert werden kann.

• Wiederherstellung der Zahnform nach
Verlust von Teilen der > Schneidekante
oder > Kaufläche

zur Stabilisierung evtl. zusätzliche Verwendung
von > parapulpären Schrauben oder Stiften

Aufbereitung

root canal preparation

> Wurzelkanalaufbereitung
> Instrumentenaufbereitung

> Endodontie
> Instrumentenkreislauf

**Aufbewahrungs-
fristen**

retention period

gesetzlich vorgeschriebene Fristen zur
zeitlichen Aufbewahrung von Behandlungs-
und Praxisunterlagen

Zahnheilkunde:
> Röntgenaufnahmen, > Modelle,
Belehrungen, > Dokumentationen,
Bescheinigungen

Aufbissaufnahme

occlusal radiography

> intraorale > Röntgenaufnahme, bei welcher
der > Zahnfilm waagerecht zwischen den
> Zahnreihen eingelegt wird

Darstellung von Fremdkörpern,
z. B. > Speichelsteine
> Zahnverlagerung

Zentralstrahl
Filmebene
Zentralstrahl
Schilddrüse

Aufbissplatte

bite plate

auch > **Bissführungsplatte**
> kieferorthopädisches Behandlungsgerät

Korrektur von > Kreuzbiss, > offener Biss

Aufbissschiene

bite guard splint

auch **Aufbissbehelf**

herausnehmbare Kunststoffschiene, die bei
bestimmten Muskel-Gelenk-Erkrankungen als
Aufbissbehelf getragen wird

Anwendung:
Kontaktänderung der > Zahnreihen von
> Ober- und > Unterkiefer, Entlastung der
> Muskulatur, z. B. als > Knirscherschiene,
Repositionsschiene, Okklusionsschiene

Aufbisstupfer

bite/
pressure sponge/
swab

> Tamponade aus > Gaze

wird nach der > Extraktion auf die > Wunde
gelegt und vom > Patienten für einige Zeit
durch Zubeißen fixiert

unterstützt den Vorgang der > Blutstillung

Stichwort	Erklärung	Vertiefung
Aufhellung translucence	**Röntgenkunde:** Stelle auf der ▸ Röntgenaufnahme, welche dunkler erscheint als die umliegende Abbildung	z. B. zur Kariesdarstellung Gegenteil: ▸ Verschattung / hellere Stelle
Aufklappung mucoperiosteal flap operation	Bildung eines ▸ Muko-Periost-Lappens und dessen Ablösung vom Kieferknochen vorbereitende Maßnahme für ▸ kieferchirurgische Eingriffe ▸ Osteotomie	
Auflage occlusal rest	auch **Auflageklammer** Klammerteile einer ▸ Prothese mit ▸ Metallbasis, welche in die ▸ Okklusionsfläche von Zähnen eingelassen sind	Abstützung der Prothese und Kraftübertragung auf den ▸ Zahnhalteapparat ▸ Klammerauflagen
aufsteigender Ast ramus mandibulae	▸ Unterkieferast	▸ Ramus mandibulae
Aufstellung set-up of the teeth	auch ▸ **Wachsaufstellung, Zahnaufstellung** Vor der Fertigstellung einer ▸ Prothese werden die Zähne in ein Wachsbett aufgestellt und dem Patienten zur Probe eingesetzt.	Möglichkeit zur Korrektur der Prothesenzähne, z. B. in Form, Farbe, Zahnstellung ▸ Wachseinprobe
Augenhöhle orbit, eye socket	▸ Orbita Bildung durch verschiedene Schädelknochen, z. B. ▸ Jochbein, ▸ Gaumenbein, ▸ Oberkiefer, ▸ Stirnbein	
Augennerv optic nerve	▸ Nervus ophtalmicus	erster Ast des ▸ Nervus trigeminus
Augenzahn cuspid	▸ Eckzahn	▸ Caninus
Augmentation augmentation	▸ operatives Verfahren zum Knochenaufbau, z. B. zur Erhöhung des ▸ Alveolarfortsatzes im Zusammenhang mit ▸ prothetischen oder ▸ implantologischen ▸ Behandlungen Ersatzmaterialien: körpereigener ▸ Knochen, Autoplastik, ▸ Alloplastik, ▸ synthetisches Material	
Ausblocken block out undercuts	einen Hohlraum oder eine unter sich gehende Stelle mit ▸ Wachs oder knetbaren Massen ausfüllen	z. B. vor der Abformung bei ▸ Brücken
Ausgießen effuse	Herstellung eines ▸ Modells durch das Auffüllen der ▸ Abformung mit aushärtendem Material	Auffüllmaterial: ▸ Gips, ▸ Kunststoff
Auskultation auscultation	Abhorchen, Abhören von Geräuschen, die im Körper entstehen mit Hilfe eines ▸ Stethoskops	**Zahnheilkunde:** Überprüfen des ▸ Kiefergelenks **Medizin:** Kontrolle von ▸ Herz, ▸ Lunge, Magen-Darm

Stichwort	Erklärung	Vertiefung
ausligieren remove	**Kieferorthopädie:** ▸ Bogen aus den auf den Zähnen befestigten ▸ Brackets herauslösen Gegenteil: ▸ einligieren	z. B. zum Austausch/Entfernung des Drahtbogens ▸ ligieren
Außenteleskop telescopic crown	auch ▸ **Sekundärkrone, Sekundärteleskop** Kronenteil, der am herausnehmbaren Teil einer ▸ Prothese/▸ Brücke angebracht ist Funktion: als ▸ Halte- und Stützelement	
autogen autologous	auch **autolog** im Körper selbst entstehend, selbst gebildet	z. B. körpereigenes ▸ Knochenersatz- material, ▸ Augmentation
Autoimmun- erkrankung autoimmune disease	Das ▸ Immunsystem eines Menschen bildet ▸ Antikörper gegen körpereigene ▸ Gewebe oder Stoffe und bekämpft diese „Fremdkörper".	Folgen: schwere Entzündungsreaktionen, z. B. bestimmte Rheumaformen, Muskelerkrankungen
Autoklav sterilizer	▸ Sterilisator, welcher mit Wasserdampf und Druck arbeitet Durch hohen Druck werden Temperaturen über 100 °C erzeugt. Der Autoklav arbeitet im Bereich 121 °C bis 143 °C, meist bei 134 °C. ▸ Dampfsterilisator ▸ Sterilisation	
autonom autonomous	selbstständig, unabhängig	▸ vegetatives Nervensystem; arbeitet unabhängig vom Willen
Autopolymerisation autopolymerization	▸ Kunststoff härtet von selbst aus. Mischung aus ▸ Basis und ▸ Härter	**Zahnheilkunde:** z. B. ▸ Prothesenkunststoff ▸ Polymerisation
avital avita	auch ▸ **devital** leblos, tot	**Zahnheilkunde:** ▸ marktot
Avitaminose avitaminosis	Vitaminmangelkrankheit ▸ Vitamine	z. B. ▸ Skorbut (Mangel an Vitamin C), ▸ Rachitis (Mangel an Vitamin D)
Avulsion tooth avulsion	Ausschlagen eines ▸ Zahnes	Herausreißen eines Zahnes aus der ▸ Alveole, meist durch einen Unfall ▸ Zahnrettungsbox
axial axial	in Richtung der Achse, ▸ Zahnachse	Lage-/Richtungsbezeichnung am Zahn
Axon axon	auch ▸ **Neurit**	langer Fortsatz einer ▸ Nervenzelle

A
B
C
D
E
F

Stichwort	Erklärung	Vertiefung

Baby-Bottle-Syndrom
Baby Bottle Syndrome

auch ▸ **Early Childhood Caries (ECC)**,
▸ **Nursing-Bottle-Syndrom**,

frühkindliche ▸ Karies an den ▸ Glattflächen der ▸ Frontzähne im ▸ Oberkiefer

Ursache: ▸ Nuckelflaschenkaries

Backe
cheek

auch **Wange**

▸ Bucca

Teil des ▸ Gesichtes unterhalb der ▸ Augenhöhlen, grenzt ▸ intraoral an die ▸ Seitenzähne

▸ bukkal, ▸ Mundhöhle

Backenzahn
cheek tooth,
grinder

▸ Seitenzahn

je ▸ Kieferhälfte ▸ Zahn 4 bis Zahn 8

• kleine Backenzähne/▸ Prämolar: Zahn 4, 5

• große Backenzähne/▸ Molar: Zahn 6, 7, 8

Bacteroides forsythus
bacteroides forsythus

auch ▸ **Tannerella forsythensis**

▸ Bakterium, das eine schwere ▸ Parodontitis auslösen kann

▸ Anaerobier

▸ Leitkeime

Bajonettzange
bayonet forceps

Wurzelrestzange zur ▸ Extraktion von Zahnwurzelresten im ▸ Seitenzahnbereich des ▸ Oberkiefers

▸ Branchen sind bajonettartig abgewinkelt und laufen spitz zu.

Bakteriämie
bacteremia

Eindringen von ▸ Bakterien in die Blutbahn, z. B. durch Verletzungen der ▸ Gingiva bei ▸ Zahnfleischentzündung

▸ Antibiotikaprophylaxe

gesundheitliches Risiko für ▸ Patienten mit geschwächtem ▸ Immunsystem bzw. Herzerkrankungen

▸ Endokarditis

---

bakteriell
bacterial

durch ▸ Bakterien entstanden, Bakterien betreffend

z. B. bakterielle ▸ Infektion

Bakterienflora
bacterial flora

Gesamtheit der ▸ Mikroorganismen, welche Körperoberflächen oder Körperhöhlen besiedeln, z. B. die ▸ Mundhöhle

haben zum größten Teil eine Schutzfunktion gegen ▸ Krankheitserreger

---

Bakteriologie
bacteriology

Wissenschaft von den ▸ Bakterien

Teilgebiet der ▸ Mikrobiologie

Bakteriostatika
bacteriostat

Mittel zur Hemmung von Wachstum und Vermehrung der ▸ Bakterien

z. B. ▸ Antibiotika, ▸ Desinfektionsmittel

---

bakteriostatisch
bacteriostatic

bakterienhemmend, keimhemmend

Wirkung von ▸ Bakteriostatika

ohne Abtötung von ▸ Bakterien

Stichwort	Erklärung	Vertiefung

Bakterium, Bakterien (Mehrzahl)

bacterium

einzellige ▸Mikroorganismen

„Stäbchen" im Raster-Elektronen-Mikroskop

Form:
- Kugel (▸Kokken)
- Stäbchen (▸Bazillen)
- Schrauben (Spirochäten)

Anfärbung zur mikroskopischen Bestimmung:
- ▸Gram-Färbung

Sauerstoffbedarf:
- ▸Aerobier
- ▸Anaerobier

---

bakterizid

bactericidal

bakterientötend

Zahnheilkunde:
Wirkung z. B. von ▸Chemotherapeutika, ▸Desinfektionsmitteln, ▸Ozon, ▸Wasserstoffperoxid (H_2O_2), ▸CHX (über 1 %)

Band

ligament, band

Kieferorthopädie:
Metallstreifen, der bei ▸festsitzenden ▸kieferorthopädischen Behandlungsapparaturen den ▸Zahn vollständig umgibt

über daran angebrachte Kfo-Vorrichtungen werden Kräfte auf den ▸Zahn übertragen

---

Bandsetzer

bandage

Kieferorthopädie:
▸Instrument zur ▸Applikation von ▸Bändern bei ▸festsitzenden ▸kieferorthopädischen Apparaturen

---

Bar

bar (pressure)

auch **Pascal**

gesetzliche Einheit für den Druck in der ▸Physik

Einheitenzeichen: **bar**

z. B. Druck im ▸Autoklav:
1 bar = 100.000 Pascal (Pa)

Basaliom

basalioma

auch **Basalzellenkrebs**

Hauttumor, kann ▸bösartig sein

Vorkommen meist im ▸Gesicht, an der Sonne ausgesetzten Hautstellen; bildet keine ▸Metastasen

---

Base

base

auch **Lauge**

chemische Verbindung mit ▸pH-Wert über 7 bis 14

ätzende Wirkung, z. B. Natronlauge (NaOH)

Zahnheilkunde:
▸Calciumhydroxid mit pH-Wert 12

Gegenteil: ▸Säure

Basic-Erosive-Wear-Examination

Abkürzung: **BEWE**

▸Index zur Überprüfung der Säuregefährdung der Zähne durch ▸extrinsische oder ▸intrinsische ▸Erosion

Grad 0: kein Verlust von ▸Zahnhartgewebe

Grad 1: beginnender Verlust der Oberflächenstruktur

Grad 2: ausgeprägter Verlust von ▸Zahnhartgewebe, weniger als 50 % der Oberfläche

Grad 3: schwerer Verlust von ▸Zahnhartgewebe, mehr als 50 % der Oberfläche

---

Basis

base

Fundament, Grundlage

z. B. Prothesenanteil, welcher der ▸Schleimhaut aufliegt

Unterkieferbasis/▸Unterkieferkörper

▸Schädelbasis

Basisbrücke

base bridge

▸Brücke, bei welcher die ▸Brückenglieder auf der ▸Schleimhaut aufsetzen

Verwendung meist im sichtbaren Bereich

Gegenteil: ▸Schwebebrücke

---

basisch

basic, alkaline

auch ▸**alkalisch**

laugenhaft

▸Base

Basisplatte

base plate

industriell vorgefertigte Kunststoffplatten zur Herstellung individueller ▸Abformlöffel, ▸Funktionslöffel, ▸Bissschablonen für ▸Bissregistrate

Aushärtung durch ▸Autopolymerisation oder ▸Lichtpolymerisation

Stichwort	Erklärung	Vertiefung
Bass-Methode Bass' method (of toothbrushing)	▸ Zahnputztechnik: Die ▸ Zahnbürste im Winkel von ca. 45° am Übergang ▸ Zahn – ▸ Gingiva in Richtung ▸ Zahnfleisch ansetzen und leicht rüttelnd auf der Stelle bewegen; dadurch reinigt und massiert sie im Bereich des ▸ Zahnhalses die bewegliche ▸ Gingiva auch im Innenbereich des ▸ Sulcus. ▸ modifizierte Bass-Methode: Nach dem Rütteln die gelockerte ▸ Plaque mit (kräftiger) Drehbewegung aus dem Handgelenk in Richtung ▸ Zahnkrone auswischen. zusätzliche Reinigung der ▸ Approximalräume	empfohlene Zahnputztechnik für Erwachsene zur ▸ Gingivitis- und ▸ Kariesprophylaxe besonders geeignet bei ▸ Parodontal-Erkrankungen, ungeeignet bei ▸ Patienten mit ▸ Rezessionen 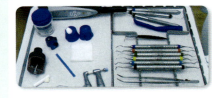
Bazillus, Bazillen (Mehrzahl) bacillus	auch **Bacillus** stäbchenförmige ▸ Bakterien, können ▸ Sporen bilden	Zahnheilkunde: z. B. ▸ Laktobazillen in der ▸ Mundhöhle, ▸ Aggregatibacter actinomycetem comitans bei schweren ▸ Parodontalerkrankungen
BD-Test	Abkürzung für ▸ Bowie-Dick-Test	▸ Prozessindikator
Befestigungskomposit	für ▸ Restaurationen aus ▸ Keramik, ▸ Komposit, Metall	▸ Komposit-Kleber ▸ Adhäsiv-Technik
Befestigungszement fastening	für gegossene ▸ Restaurationen aus Metall ▸ Krone, ▸ Brücke, ▸ Inlay	▸ Zement, z. B. ▸ Glasionomerzement, ▸ Zinkphosphatzement
Befund finding	Ergebnis einer ▸ Untersuchung; muss dokumentiert werden; wird dem ▸ Patienten mitgeteilt ▸ Befunderhebung ▸ Dokumentation	Zahnheilkunde: ▸ extraoral: Untersuchung z. B. von Kaumuskeln, ▸ Kiefergelenken, ▸ Lymphknoten ▸ intraoral: Untersuchung z. B. von Zähnen, ▸ Zahnhalteapparat, ▸ Mundschleimhaut, ▸ Zunge
Befunderhebung dental findings, assessment	▸ kieferorthopädisch: umfasst unterschiedliche Maßnahmen zur Erkennung und Beurteilung von ▸ Zahnfehlstellungen, z. B. durch ▸ Röntgenaufnahmen, ▸ Modellanalyse ▸ parodontologisch: Dokumentation des klinischen Befundes ▸ Parodontalstatus, z. B. ▸ Zahnbeweglichkeit, Sondierungstiefen, ▸ Rezessionen, ▸ Furkationsbefall, ▸ Sondierungsblutung ▸ röntgenologisch: Entscheidungshilfe bei der Behandlungsplanung bzw. bei weiterführenden ▸ Behandlungen	zur Einschätzung von Zeitpunkt, Umfang und Dauer einer Kfo-Behandlung im parodontalen ▸ Heil- und Kostenplan der gesetzlichen Krankenkassen geforderte Angaben ▸ Röntgenaufnahmen, z. B. ▸ intraoral (▸ Zahnfilm), ▸ extraoral (▸ Panorama-Schichtaufnahmen)
Behandlung therapy, treatment	alle Maßnahmen, die ▸ Krankheiten erkennen, heilen, lindern oder verhüten sollen Alle durchgeführten Behandlungsmaßnahmen müssen dokumentiert werden. Ohne Aufklärung und Einwilligung des Patienten ist jede ▸ Behandlung eine strafbare Körperverletzung.	
Behandlungseinheit unit	▸ Einheit	

Stichwort	Erklärung	Vertiefung
Behandlungsfehler malpractice	auch **Kunstfehler** liegt vor, wenn eine ‣ Behandlung nicht nach den aktuellen, allgemein anerkannten ärztlichen/zahnärztlichen Regeln erfolgt ‣ lege artis	Der Behandler haftet für das Fehlverhalten.
Behandlungsplan treatment plan	Festlegung aller geplanten ‣ therapeutischen Maßnahmen in schriftlicher Form, einschließlich der geschätzten Behandlungskosten ‣ Heil- und Kostenplan	Gesetzliche Kostenträger fordern vor Behandlungsbeginn meist einen Behandlungs- und Kostenplan, z. B. im Bereich ‣ Kieferbruch, ‣ Kieferorthopädie, ‣ Parodontologie, ‣ Zahnersatz.
Bein-Hebel Bein elevator	auch **Bein'scher Hebel** ‣ chirurgisches ‣ Instrument zum Abdrängen und Ablösen von ‣ Gingiva und ‣ Periodontium vor der ‣ Extraktion ‣ Hebel	
Belag dental plaque	‣ Zahnbelag • weicher Belag: ‣ Food debris, ‣ Materia alba, ‣ Plaque • harter Belag: ‣ Zahnstein, ‣ Konkremente • Farbbelag	 *Farbbelag*
benigne benign	gutartig Eigenschaft von ‣ Tumoren	Gegenteil: ‣ maligne
Beratung consultation	nach der ‣ Untersuchung geführtes Informationsgespräch mit dem ‣ Patienten dient der Aufklärung und ‣ Therapieentscheidung muss dokumentiert werden ‣ Dokumentation	
Bereitschaftsdienst standby duty/service	Verpflichtung des Arztes/Zahnarztes, während seiner sprechstundenfreien Zeit für die Versorgung von Patienten zur Verfügung zu stehen	z. B. Notdienst am Wochenende
beruflich strahlenexponierte Person person occupationally exposed to radiation	‣ strahlenexponierte Personen A und B	‣ Strahlenexposition
Berufsgenossenschaft employers' liability insurance association	Abkürzung: ‣ BG Träger der gesetzlichen Unfallversicherung des jeweiligen Berufsstandes ‣ BGW	Aufgaben: Verhinderung und Beschränkung von Arbeitsunfällen, ‣ Berufskrankheiten, beruflichen Gesundheitsgefährdungen www.bgw-online.de
Berufskrankheit occupational disease	Erkrankung aufgrund der speziellen, versicherten Berufstätigkeit	Die Bundesregierung erstellt eine verbindliche Berufskrankheiten-Liste.
Beruhigungsmittel sedative	‣ Sedativum ‣ Tranquilizer	‣ Sedierung

Stichwort	Erklärung	Vertiefung
beschleifen grind	Abtragen von ▸Zahnhartgewebe durch ▸Schleifkörper	zur ▸Präparation des ▸Kronenstumpfs für die Aufnahme einer künstlichen ▸Krone
Bestrahlung radiation	Anwendung meist zur ▸Strahlentherapie von ▸bösartigen Erkrankungen, z. B. ▸maligner ▸Tumoren	angewandt werden ▸ionisierende Strahlen, z. B. ▸Röntgenstrahlen
Betäubung anaesthesia	Ausschaltung der Schmerzempfindung ▸Anästhesie	▸Betäubungsmittel, ▸Narkose, ▸Analgesie
Betäubungsmittel narcotic	Abkürzung: **BtM** sehr starke ▸Schmerz- und ▸Beruhigungs-mittel, z. B. ▸Morphium	Verordnung nur auf speziellen Rezeptfor-mularen, Sucht- bzw. Missbrauchsgefahr, Grundlage: Betäubungsmittelgesetz
Betäubungsmittel-Verschreibungs-verordnung narcotic prescription order	Abkürzung: **BtMVV** Verordnung über das Verschreiben, die Abgabe und den Nachweis des Verbleibs von ▸Betäubungsmitteln	Vorschriften: Führung eines Betäubungsmittelbuches, Verwendung amtlicher Formulare
BEWE	Abkürzung für ▸**B**asic-**E**rosive-**W**ear-**E**xamination	
Bewusstlosigkeit unconsciousness	Ohne ▸Bewusstsein; jedes bewusste Geschehen ist ausgeschaltet, der Betroffene ist nicht ansprechbar. Körperliche Funktionen wie ▸Blutkreislauf oder ▸Atmung können weiterhin erhalten bleiben. lebensbedrohlicher ▸Notfall, ▸Erste-Hilfe-Maßnahmen ▸Koma ▸Ohnmacht	Ursachen: z. B. • Schlaganfall (▸Apoplexie) • ▸Herz-Kreislauf-Erkrankungen (z. B. Herzinfarkt) • allergischer Schock (▸anaphylaktischer Schock) • Über- und Unterzuckerung (▸Diabetes mellitus) • Krampfanfälle (▸Epilepsie) • Bluthochdruck (▸Hypertonie)
Bewusstsein consciousness	Fähigkeit, die Umwelt wahrzunehmen und mit ihr in Verbindung zu treten	Bewusstseinsstörungen beeinträchtigen die Wahrnehmung von äußeren ▸Reizen, Personen und der Umwelt.
BF	Abkürzung für ▸**B**iss**f**lügelaufnahme	▸intraorale ▸Röntgenaufnahme
BG	Abkürzung für ▸**B**erufs**g**enossenschaft	▸BGW
BGW	Abkürzung für ▸**B**erufs**g**enossenschaft für **G**esundheitsdienst und **W**ohlfahrtspflege	zuständig für Beschäftigte im Gesundheitswesen
Bi..., bi... bi	Wortbestandteil mit der Bedeutung: zwei, zweifach, doppelt	siehe die nachfolgenden Fachbegriffe
Bifurkation bifurcation	Gabelung/Wurzeltrennstelle eines zweiwurzeligen ▸Zahnes Vorkommen: ▸Molaren im ▸Unterkiefer, erste ▸Prämolaren im ▸Oberkiefer ▸Furkation	
Bikuspidat bicuspidate	zweihöckeriger ▸Zahn	▸Prämolar

Stichwort	Erklärung	Vertiefung
bilateral bilateral	zweiseitig, beidseitig	z. B. bilateral verkürzte ▸Zahnreihe mit Verlust der ▸Molaren
bildgebende Verfahren imaging diagnostics, diagnostic imaging	Diagnoseverfahren, durch deren Anwendung klinische ▸Befunde sichtbar gemacht werden	• ▸Röntgenstrahlung, ▸konventionell, ▸digital (▸DVT) • ▸Sonographie, Szintigraphie, ▸CT, ▸MRT, ▸Kernspintomographie
bimaxillär bimaxillary	▸Oberkiefer und ▸Unterkiefer betreffend, z. B. ▸kieferorthopädische Behandlungsgeräte	▸Aktivator
Bimsstein pumice stone	poröses Vulkangestein ▸Schleifmittel, ▸Poliermittel	**Zahntechnik:** als Bimssteinpulver zur ▸Politur von Kunststoffarbeiten/▸Prothesen
Bindegewebe connective tissue	Grundgewebe des Körpers Sammelbegriff für verschiedene Gewebe-typen mit unterschiedlichen Aufgaben: z. B. Grundgerüst und Schutzhülle für ▸Organe, Wasserspeicher, Abwehrreaktion gegen ▸Krankheitserreger	Es wird bei Neubildungen z. B. nach Verletzung zuerst gebildet und bei Bedarf zu weiteren ▸Geweben wie ▸Knorpel oder ▸Knochen spezialisiert. ▸Gewebe
Biofilm biofilm	dünne Schleimschicht, die fest auf Ober-flächen haftet und von ▸Mikroorganismen besiedelt ist, z. B. ▸Plaque	
Biokatalysator biocatalyst	Beschleuniger von biochemischen Reaktionen/Abläufen im Körper ▸Katalysator	z. B. ▸Enzyme/▸Fermente bei Verdauungsvorgängen
Biokompatibilität biocompatibility	Gewebeverträglichkeit Reaktion eines Körpergewebes auf körperfremde Stoffe/Werkstoffe	z. B. ▸Füllmaterial, Implantatmaterial
Biologie biology	Lehre vom Leben, den Lebewesen	Naturwissenschaft, die sich mit den Gesetzmäßigkeiten des Lebendigen beschäftigt
biologisch biological	naturgerecht, zur Biologie gehörend, die Biologie betreffend	▸Biologie
biologische Arbeitsstoffe biological agents	Stoffe, die von Menschen, Tieren, ▸Mikro-organismen stammen und ▸Infektionen hervorrufen können ▸Biostoffverordnung	**Zahnheilkunde:** Kontakt bei jeder ▸Behandlung möglich, z. B. durch ▸Aerosole, ▸Blutspritzer
Bionator bionator	▸kieferorthopädisches Behandlungsgerät, herausnehmbar, ▸passiv, für die gleichzeitige ▸Behandlung von ▸Ober- und ▸Unterkiefer	Korrektur: ▸Zahn- und Kieferfehlstellungen
Biopsie biopsy	Entnahme von Gewebeteilen aus einem lebenden ▸Organismus zur ▸histologischen Untersuchung	▸Probeexzision ▸Bürstenabstrich
Biostoffverordnung bio-material regulation	Abkürzung: **BioStoffV** „Verordnung über Sicherheit und Gesund-heitsschutz bei Tätigkeiten mit ▸biologischen Arbeitsstoffen"	dient dem Schutz der Beschäftigten vor ▸Gefahrstoffen, z. B. durch Erstellung eines praxiseigenen ▸Hygieneplans

A
B
C
D
E
F

Stichwort	Erklärung	Vertiefung
Bisphosphonate bisphosphonate	▸ Medikament bei Krebserkrankung und ▸ Osteoporose	mögliche Folgeerkrankung: ▸ Nekrosen des ▸ Kieferknochens nach kieferchirurgischen Eingriffen/▸ Implantate
Biss bite	▸ Neutralbiss, Regelbiss Berührung der ▸ Zahnreihen bei Kieferschluss, Normalbiss ▸ eugnather Biss/wohlgeformter Biss, ▸ Schlussbiss, ▸ Okklusion, ▸ Bissanomalien	
Bissanomalien occlusal disharmony	Abweichungen von der normalen Bisslage, ▸ Anomalie ▸ **Deckbiss** oder progener ▸ Zwangsbiss: Extreme Ausprägung des ▸ tiefen Bisses: Die OK-Frontzähne bedecken die UK-Frontzähne komplett. ▸ **offener Biss:** Die ▸ Zahnreihen treffen nicht aufeinander, meist im Frontzahngebiet. ▸ **lutschoffener Biss:** ▸ offener Biss als Folge z. B. des ▸ Daumenlutschens ▸ **Kieferanomalie:** ▸ Progenie, ▸ Prognathie	▸ **tiefer Biss:** Die oberen ▸ Frontzähne überragen die ▸ Unterkiefer-Frontzähne mehr als normal, d. h. um mehr als 2 mm.  *Kreuzbiss* **Kreuzbiss:** Beim Zusammenbiss kreuzen sich die Ober- und Unterkieferzahnreihen; dies kann ▸ frontal oder seitlich auftreten.
Bisserhöhung raising bite	auch **Bisshebung** Vergrößerung des Abstands von ▸ Unterkiefer zu ▸ Oberkiefer; als künstliche Anhebung eines abgesunkenen oder ▸ tiefen Bisses **Kieferorthopädie:** erfolgt durch ▸ therapeutische Maßnahmen, jeweils mit dem Durchbruch der ▸ Milchmolaren, der bleibenden ▸ Molaren und ▸ Prämolaren	**Prothetik:** erfolgt nach Zahnverlust oder starker ▸ Abrasion, z. B. durch ▸ Aufbissschiene und angepasstem ▸ Zahnersatz 
Bissflügelaufnahme bite-wing radiograph	Abkürzung: **BF** ▸ intraorale ▸ Röntgenaufnahme, bei welcher die ▸ Zahnkronen der ▸ Antagonisten sowie ein geringer Teil der ▸ Oberkiefer- und ▸ Unterkiefer-▸ Alveolarkämme abgebildet wird **Anwendung:** nur im ▸ Seitenzahnbereich zur Kariesfrüherkennung im ▸ Approximalraum	Der Patient fixiert den Film zwischen den ▸ Zahnreihen, indem er auf einen am Film befestigten „Flügel" beißt. 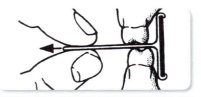
Bissführungsplatte bite (guide) plate	auch **Aufbissplatte** ▸ kieferorthopädisches Behandlungsgerät zur Bisserhöhung	im ▸ Seitenzahnbereich, z. B. bei ▸ frontalem und seitlichem ▸ Kreuzbiss, ▸ offenem Biss
Bissgabel bite fork	Bestandteil des ▸ Gesichtsbogens bei der ▸ Kieferrelationsbestimmung	▸ Funktionsanalyse

Stichwort	Erklärung	Vertiefung

Bisslage
bite

Stellung des ▸Unterkiefers zum ▸Oberkiefer im ▸Schlussbiss

Bissnahme
checkbite,
bite-taking

auch **Bissregistrierung**

Überbegriff für alle Maßnahmen, welche die ▸Relation des ▸Unterkiefers zum ▸Oberkiefer bestimmen, z. B. bei der Herstellung von zahntechnischen Arbeiten

Verfahren:
einfachste Form ist der ▸Wachsbiss, aufwändiger ist z. B. die ▸Stützstift-registrierung

▸Kieferrelationsbestimmung

Bissschablone
bite pattern,
base plate

auch **Registrierschablone**

wird zur Bestimmung und ▸Fixation des ▸Unterkiefers zum ▸Oberkiefer bei der Herstellung von ▸Prothesen benötigt

Auf einer Kunststoffplatte werden ▸Wachs-wälle aufgebaut, in denen der ▸Gegenbiss seine Abdrücke hinterlässt.

dient dem Zahntechniker zur korrekten Lagebestimmung der beiden ▸Kiefer

Bissschablonen für OK- und UK-Teilprothese

Bisswall
bite rim

▸Wachswall, zunächst für die ▸Bissnahme hergestellte ▸Wachsschablone; anschließend bei der ▸Wachsaufstellung als ▸Basis für die späteren Kunststoffzähne verwendet

Zwischenschritt für den Zahntechniker zur Herstellung einer ▸Totalprothese, da an dem Bisswall die Bisshöhe und Zahngröße eingezeichnet werden können

Black-Klassen
Black's classification

Unterteilung von ▸Kavitäten nach Lage und Ausdehnung in die Klassen I bis V und davon abgeleitete Regeln für die ▸Kavitätenpräparation

entwickelt durch den amerikanischen Zahnarzt G. V. Black (1832–1915)

Klasse I
Fissurenkavität bei Seitenzähnen bzw. Kavität des Foramen caecum bei Frontzähnen

Klasse II
approximale Kavität bei Seitenzähnen

Klasse III
approximale Kavität bei Frontzähnen ohne Beteiligung der Schneidekante

Klasse IV
approximale Kavität an Frontzähnen mit Beteiligung der Schneidekante

Klasse V
Zahnhalskavität

Bleaching
tooth whitening

Aufhellen der ▸Zahnfarbe durch Auftragen von ▸Wasserstoffperoxid oder der Wasserstoffverbindung ▸Carbamidperoxid, kosmetische Maßnahme

Schiene mit Bleaching-Gel

Durchführung:

bei ▸vitalen Zähnen:
in der Praxis (▸Chairside-Bleaching, In-Office-Bleaching, Power-Bleaching) oder zu Hause (▸Home-Bleaching) mit Hilfe einer ▸Trägerschiene

bei ▸devitalen Zähnen:
In der Praxis wird ▸Wasserstoffperoxid (bis zu 30 %) in den ▸Wurzelkanal eingebracht.

Stichwort	Erklärung	Vertiefung

Bleeding on Probing
Bleeding on Probing

auch ▸ Sondierungsblutung

Abkürzung: **BOP**

Beim ▸ Sondieren der ▸ Zahnfleischtasche mit einer stumpfen ▸ Sonde und definiertem Druck (20–25 g) bildet sich bei entzündetem ▸ Gewebe eine Spontanblutung.

Hinweis auf ▸ Entzündung im ▸ Zahnhalteapparat

Blei
lead

chemisches ▸ Element mit dem Symbol **Pb** (Plumbum)

Schwermetall

Verwendung im ▸ Strahlenschutz:
z. B. als ▸ Bleischürze, ▸ Bleischild

▸ Bleigleichwert

---

bleichen
bleach

▸ Bleaching

kosmetische Maßnahme

Bleigleichwert
lead equivalent

▸ Strahlenschutz:
Materialien müssen bei Verwendung im Strahlenschutz die gleiche abschirmende Wirkung gegen ▸ Röntgenstrahlen haben wie ▸ Blei mit einer vorgeschriebenen Dicke in Millimeter (mm).

Zahnheilkunde:
Der vorgeschriebene Wert in der ▸ Röntgenverordnung (RöV) beträgt mindestens 0,4 mm.

Bleischild
lead protective shield

Strahlenschutzschild

gezielter Schutz der ▸ Schilddrüse bei zahnärztlichen ▸ Röntgenaufnahmen

Schutzschild wird vom ▸ Patienten selbst eng am Hals gehalten.

Bleischürze
lead protective apron

▸ Strahlenschutz:
durch die ▸ Röntgenverordnung (RöV) vorgeschriebener ▸ Gonaden-Schutz bei zahnärztlichen ▸ Röntgenaufnahmen

▸ Bleigleichwert von 0,4 mm

Blut
blood

Körperflüssigkeit, die durch das Herz-Kreislauf-System im Blutgefäßsystem bewegt wird; besteht aus festen und flüssigen ▸ Blutbestandteilen

Aufgaben:
z. B. Transport von Gasen, Nährstoffen, körpereigenen Abwehrstoffen, Aufrechterhaltung der Körpertemperatur

---

Blutarmut
anemia

▸ Anämie

Durch zu wenig ▸ Blut können dessen Aufgaben im ▸ Gewebe nur eingeschränkt erfüllt werden, z. B. Sauerstoffversorgung.

Ursachen:
kurzfristige Blutleere, z. B. durch Gefäßverengung, Blutverlust, mangelhafte Blutbildung

---

Blutbestandteile
blood components

flüssige Bestandteile

▸ Blutplasma; setzt sich zusammen aus:
• ▸ Fibrinogen
• ▸ Blutserum

feste Bestandteile

• ▸ Erythrozyten (rote Blutkörperchen)
• ▸ Leukozyten (weiße Blutkörperchen)
• ▸ Thrombozyten (Blutplättchen)

Blut

Plasma (55%)
- Fibrinogen
- Serum

Blutzellen (45%)
- Erythrozyten
- Leukozyten
- Thrombozyten

Blutdruck
blood pressure

in den ▸ Arterien gemessener Druck, welcher durch das Pumpen des ▸ Herzens und dem damit verbundenen Bluttransport in den ▸ Blutgefäßen entsteht

Die entstehende Druckwelle fühlt man als ▸ Pulsschlag, z. B. am Handgelenk.

Blutdruck-Messung:
Gemessen wird der Blutdruck in Millimeter Quecksilbersäule (mmHg) und wird mit zwei Werten angegeben, z. B. 120/80 (systolisch/diastolisch).

Unterteilung:

systolischer Blutdruck:
Druck in den ▸ Arterien während der Anspannungsphase, wenn sich der Herzmuskel zusammenzieht

▸ Systole – oberer Wert

diastolischer Blutdruck:
Druck in den ▸ Arterien, welcher auch während der Entspannungsphase aufrecht erhalten wird, wenn ▸ Blut in die Herzkammern fließt

▸ Diastole – unterer Wert

Stichwort	Erklärung	Vertiefung
Bluter hemophiliac, bleeder	Person, die krankheitsbedingt länger und stärker blutet als dies normal der Fall ist	Bluterkrankheit: ➤ Hämophilie (Erbkrankheit)
Bluterguss haematoma	➤ Hämatom Durch eine stumpfe Verletzung von außen werden ➤ Blutgefäße im Inneren zerrissen und ➤ Blut tritt aus in das umliegende Körpergewebe.	Gewalteinwirkung, z. B. durch Verletzung, Stoß, Schlag oder bei einer ➤ Operation
Blutfarbstoff blood pigment	auch **roter Blutfarbstoff** Bestandteil der roten ➤ Blutkörperchen ➤ Hämoglobin	eisenhaltiger Farbstoff, kann ➤ Sauerstoff und ➤ Kohlendioxid binden und im ➤ Blut zu den Körperzellen bzw. zur ➤ Lunge transportieren ➤ Gasaustausch
Blutgefäße blood vessels	auch **Adern, Blutadern** röhrenförmige Gefäße, in denen das ➤ Blut durch den Körper fließt	➤ Blutkreislauf: ➤ Arterien, ➤ Arteriolen, ➤ Kapillaren, ➤ Venolen, ➤ Venen
Blutgerinnsel blood clot	auch **Blutpfropf, Blutkoagulum** Produkt, das bei der ➤ Blutgerinnung entsteht füllt z. B. die leere ➤ Alveole nach einer ➤ Extraktion	Gefahr: Fließt das Gerinnsel mit dem Blutstrom durch das Gefäßsystem, kann dieses verstopft werden. ➤ Thrombus, ➤ Thrombose
Blutgerinnung blood coagulation	Festwerden des flüssigen ➤ Blutes verhindert das Austreten des Blutes bei Verletzung des Blutgefäßsystems ➤ Fibrin, ➤ Fibrinogen	Gerinnungsvorgang: kompliziertes Zusammenspiel unterschiedlicher ➤ Zellen wie z. B. den ➤ Thrombozyten (Blutplättchen) und mehreren ➤ Gerinnungsfaktoren
Blutgerinnungs-störung coagulability disorders	Neigung des Körpers zu inneren und äußeren Blutungen, aber auch zu ungewöhnlich starker ➤ Blutgerinnung Test zur Überprüfung der Blutgerinnungsgeschwindigkeit: ➤ Quick-Wert, ➤ INR	Ursachen: • ➤ Hämophilie • ➤ Blutplättchen-Mangel • ➤ Medikament (➤ Antikoagulantium), welches die Blutgerinnung herabsetzt, z. B. ➤ Marcumar®, ➤ ASS®, ➤ Heparin
Blutgruppe blood group	erbliche Merkmale auf der Oberfläche von ➤ Erythrozyten Einteilung in vier Hauptgruppen: A, B, AB und 0 (Null), Untergruppen z. B. A1, A2; A1B, A2B	Bei der ➤ Bluttransfusion darf nur gruppengleiches ➤ Blut übertragen werden, da sonst die Gefahr einer ➤ Agglutination von roten ➤ Blutkörperchen besteht.
Blutkoagulum blood coagulum	auch ➤ **Blutgerinnsel, Blutpfropf**	➤ Thrombus
Blutkörperchen blood cell	auch **Blutzellen** feste Bestandteile des Blutes: ➤ Erythrozyten (rote Blutkörperchen) ➤ Leukozyten (weiße Blutkörperchen) ➤ Thrombozyten (Blutplättchen) ➤ Blutbestandteile	 *rote und weißes Blutkörperchen*

Stichwort	Erklärung	Vertiefung

A
B
C
D
E
F

Blutkreislauf
blood circulation

geschlossenes Gefäßsystem, in welchem das ▸Blut durch den Pumpvorgang des ▸Herzens bewegt wird.

Gliederung:

Körperkreislauf:
linke Herzkammer –> Aorta –> Arterien –> Arteriolen –> Kapillaren –> Venolen –> Venen –> Hohlvenen –> rechter Herzvorhof –> rechte Herzkammer

Lungenkreislauf:
rechte Herzkammer –> Lungenarterie –> Lunge –> Lungenvene –> linker Herzvorhof –> linke Herzkammer

Durch die Hintereinanderschaltung des Körper- und Lungengefäßsystems wird der geschlossene ▸Kreislauf gebildet.

- O_2-reiches Blut
- O_2-armes Blut

Blutpfropf
thrombus

auch ▸**Blutgerinnsel, Blutkoagulum**

▸Thrombus

Blutplasma
blood plasma

auch **Plasma**

flüssiger Bestandteil des ▸Blutes, nach der Entfernung der ▸Blutkörperchen

klare, gelbliche Flüssigkeit, darin gelöst sind ▸Eiweiße, ▸Nährstoffe, ▸Antigene/ ▸Antikörper, ▸Hormone, ▸Enzyme und ▸Fibrinogen als Bestandteil beim Ablauf der ▸Blutgerinnung

---

Blutplättchen
blood platelet

▸Thrombozyten

feste ▸Blutbestandteile, die zur ▸Blutgerinnung benötigt werden

---

Blutserum
blood serum

auch ▸**Serum**
▸Blutplasma ohne ▸Fibrinogen

Blutflüssigkeit nach dem Vorgang der ▸Blutgerinnung

---

blutstillende Mittel
hemostyptics

▸Hämostyptika

▸Blutstillung

Blutstillung
hemostasis

▸Hämostase

alle Vorgänge, die eine Blutung stoppen

körpereigene Abläufe:
▸Blutgerinnung und Bildung eines ▸Blutkoagulums

zahnärztliche Maßnahmen:
- ▸Tamponade/Ausstopfen einer ▸Wunde
- ▸Ligatur/Unterbinden eines ▸Blutgefäßes
- ▸Hämostyptika/medikamentös
- ▸Naht/Umstechen
- ▸Knochenbolzung

Bluttransfusion
blood transfusion

Übertragung von ▸Blut (Spender) oder Blutbestandteilen zu einem anderen Menschen (Empfänger)

Die entsprechende ▸Blutgruppe und der ▸Rhesusfaktor sind zu beachten.

Bei der üblichen, ▸indirekten Übertragung steht das gespendete ▸Blut als Blutkonserve zur Verfügung.

▸Infusion

Blutungs-Index
bleeding index

Möglichkeit, den Entzündungsgrad der ▸Gingiva zu beurteilen

Anwendung:
▸Papillen-Blutungs-Index (**PBI**),
▸Sulcus-Blutungs-Index (**SBI**)

▸Index

Stichwort	Erklärung	Vertiefung

Blutvergiftung
blood poisoning,
sepsis

> Sepsis

Gelingt es dem Körper nicht, in einen abgegrenzten Bereich eingedrungene > Mikroorganismen (meist > Bakterien) erfolgreich zu bekämpfen, breiten sich die Erreger und ihre Gifte über die Blutbahn im gesamten > Organismus aus.

Eine Blutvergiftung führt meistens zum Tod, wenn sie nicht umgehend behandelt wird.

Blutzucker
blood glucose

> Glukoseanteil im > Blut

wird durch das > Hormon > Insulin reguliert

Der Blutzuckerwert muss bei > Diabetes mellitus regelmäßig überwacht und künstlich gelenkt werden.

Die Messung erfolgt in > Blut oder Urin, z. B. im Schnelltestverfahren mit Teststreifen.

Bogen
bend,
curve

Kieferorthopädie:
Bei der > Multibandapparatur dienen die im Verlauf der > Behandlung mehrfach zu wechselnden Bögen als Führung, an der sich die Zähne ausrichten und neu einstellen.

Anwendung:
verschiedene Stärken und Formen, als vorgefertigte Bögen mit > Brackets oder > individuell hergestellt nach anatomischen Gegebenheiten, z. B. > Edgewise-Technik

> ligieren

Bogen in Brackets befestigt

bohren
drill

spanabhebender Vorgang durch > rotierende > Instrumente

> Bohrer

Bei hohen Umdrehungszahlen der > Übertragungsinstrumente muss mit Wasserspray gekühlt werden, um an der > Pulpa kein > Präparationstrauma auszulösen.

Gegenteil: > Schleifen

Bohrer
burs,
dental drill(s),
borer

> rotierendes Schneideinstrument zur > Präparation von > Zahnhartgeweben

besteht aus Metall,
evtl. beschichtet mit > Diamantsplittern

Bohrerformen:
z. B. > Birne, > Kugel, > Rosenbohrer, > Zylinder

> Übertragungsinstrumente:
> Handstück, > Winkelstück, > Turbine

Kugelform mit Diamantbeschichtung

Bond
bond,
bonding agent

auch **Bonding Agent**
> Haftvermittler

fließfähiges > Komposit, das nach der Benetzung mit > Primer > appliziert wird

> Adhäsivtechnik

Bonusheft
bonus booklet

von den gesetzlichen Krankenkassen eingeführtes Nachweisheft für regelmäßige Zahnarztbesuche; zur Reduzierung von Zuzahlungen bei > Zahnersatz durch den > Patienten

soll die Eigenverantwortung der gesetzlich Versicherten stärken und die regelmäßige Inanspruchnahme von zahnärztlichen Vorsorgeleistungen fördern

Bonwill-Klammer
Bonwill clasp

Doppelarmklammer mit > Auflage an herausnehmbaren > Teilprothesen

> Modellgussprothesen

BOP

Abkürzung für > Bleeding on probing

A
B
C
D
E
F

Stichwort	Erklärung	Vertiefung
Borste bristle	Teil der ▸Zahnbürste ursprünglich als Naturborste, bestehend aus Pferde- oder Schweinehaar, heute vor allem Kunststoffborsten Sonderform: ▸Filamente, d. h. ▸konisch zulaufende Kunststoffborsten mit mikrofeinen Enden	Viele Borsten zusammengefasst ergeben ein Borstenbündel/Borstenbüschel. ▸Zahnbürsten werden mit unterschiedlicher Härte der Borsten hergestellt: weich, mittel, hart.
Borstenfeld bristle field	Viele Borstenbüschel im Kopf der ▸Zahnbürste befestigt ergeben das Borstenfeld. ▸multitufted	Unterteilung in Kinder-, Erwachsenen- und Spezialzahnbürsten durch Länge, Breite und Zuschnitt der Borstenbüschel
bösartig malign	▸maligne	Eigenschaft von ▸Tumoren Gegenteil: ▸benigne
Bowie-Dick-Test Bowie Dick test	Abkürzung: **BD-Test** Dampfdurchdringungstest, z. B. als ▸Helix	dient als ▸Prozessindikator zur ▸Chargenkontrolle bei der ▸Sterilisation
Bracket bracket, braces	Kieferorthopädie: Befestigungselement für ▸Bogen bei ▸festsitzenden ▸Kfo-Geräten; werden meist auf der Außenfläche der Zähne befestigt Material: Edelstahl, ▸Gold/vergoldet, in ▸Zahnfarbe aus ▸Keramik, ▸Kunststoff	
Branchen branches	Greifarme von ▸Extraktionszangen auch bei ▸Klemme, ▸Nadelhalter, ▸Pinzette, Schere ▸Instrumente	 Zangenschloss Branchen Zangenmaul geöffnet (Vollzahnzange)
Brennfleck focus	Röntgenkunde: Aufprallstelle der beschleunigten ▸Elektronen auf der ▸Anode	Ort in der ▸Röntgenröhre, an welchem die ▸Röntgenstrahlung entsteht ▸Fokus
Bronchus, **Bronchien** (Mehrzahl) bronchia	Äste der sich verzweigenden ▸Luftröhre, welche über die beiden Hauptbronchien in die ▸Lunge münden	Über die Bronchien wird die Atemluft zu den ▸Lungenbläschen geleitet.
Bronchiolen bronchioles	kleinste Verzweigungen der ▸Bronchien	▸Lungenbläschen
brown spot brown spot	brauner Schmelzfleck; kennzeichnet eine beginnende, zum Stillstand gekommene und wieder ▸mineralisierte ▸Initialkaries Durch Farbeinlagerungen/Nahrungsbestandteile kann sich ein ▸white spot zum ▸brown spot verändern.	
Bruch fracture	▸Fraktur	▸Kieferbruch, Knochenbruch ▸Zahnfraktur ▸Wurzelfraktur

Stichwort	Erklärung	Vertiefung
Brücke bridge	festsitzender ▸Zahnersatz, mit dessen Hilfe Lücken zwischen den Zähnen geschlossen werden besteht aus ▸Brückenankern (Kronen), die auf ▸Brückenpfeilern/▸Pfeilerzähnen befestigt sind und einem oder mehreren ▸Brückengliedern	Brückenarten: • ▸Adhäsivbrücke/▸Klebebrücke • ▸Freiendbrücke • ▸Inlaybrücke • ▸Schwebebrücke • ▸Teleskopbrücke
Brücke, abnehmbar/ festsitzend removable bridge, fixed bridge	Einteilung nach Art der Befestigung **abnehmbare Brücke:** Die ▸Brückenpfeiler sind als ▸Teleskopkronen ausgeführt und die ▸Sekundärkronen können abgenommen werden. **festsitzende Brücke:** Die ▸Brückenanker (▸Kronen) werden mit ▸Zement auf den ▸Brückenpfeilern befestigt; meist bei kleineren Brücken und intaktem ▸Zahnhalteapparat der Brückenpfeiler.	 *Primär- und Sekundärkronen einer abnehmbaren Brücke*
Brücke, eingliedrig/ mehrgliedrig	Einteilung nach Anzahl der ▸Brückenglieder ▸**eingliedrig:** Eine ▸Zahnlücke wird durch ein einzelnes Brückenglied geschlossen.	▸**mehrgliedrig:** Eine ▸Zahnlücke wird durch mehrere Brückenglieder geschlossen.

eingliedrige Implantatbrücke

mehrgliedrige Brücke, noch unverblendet

Stichwort	Erklärung	Vertiefung
Brücke, einspannig/ mehrspannig	Einteilung nach Anzahl der ▸Brückenspannen ▸**einspannig:** Eine ▸Zahnlücke wird mit einem oder mehreren ▸Brückengliedern überspannt. ▸**mehrspannig:** Mehrere ▸Zahnlücken werden überspannt, zwischen denen jeweils ▸Brückenpfeiler in die Konstruktion einbezogen sind.	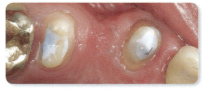 *präparierte Zähne zur Aufnahme einer einspannigen Brücke*
Brücke, geteilt sectional partial denture	zweiteilige Brücke Verbindung der Teile über ein ▸Geschiebe	Anwendung: bei unterschiedlicher Ausrichtung/Kippung der ▸Zahnachsen von ▸Pfeilerzähnen ▸Pfeilerdivergenz
Brücke, provisorisch temporary bridge	eine aus ▸Kunststoff hergestellte ▸temporäre/▸provisorische Brücke, die so lange getragen wird, bis die endgültige Brücke eingesetzt werden kann	
Brückenanker anchord chap, bridge abutment	▸Krone, die auf dem präparierten ▸Pfeilerzahn befestigt wird, um angelötete ▸Brückenglieder zu tragen ▸Pfeilerzahn ▸Ankerzahn	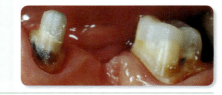

Stichwort	Erklärung	Vertiefung

A
B
C
D
E
F

Brückengerüst
bridge framework

▸ Metallgerüst

Material:
▸ Goldlegierung, ▸ NEM-Legierung

Brückenglied
bridge span,
pontic

auch **Brückenkörper**

ersetzter ▸ Zahn, welcher als ▸ Schwebeglied oder schleimhautgetragenes Brückenglied mit den ▸ Brückenpfeilern verbunden ist

• Brückenglied, schleimhautgetragen: künstliche ▸ Zahnkrone, die auf dem ▸ Zahnfleisch aufsitzt; ▸ Basisbrücke

• Brückenschwebeglied, nicht schleimhautgetragen: ▸ Schwebeglied, ▸ Schwebebrücke

• ▸ Freiendglied, auch Anhänger: ▸ Freiendbrücke

Brückenglied, unter dem mit Zahnseide gereinigt wird

Brückenkörper
teeth pontics

auch ▸ **Brückenglied**

Gesamtheit der ersetzten Zähne einer ▸ Brücke

Brückenpfeiler
bridge abutment

auch ▸ **Pfeilerzahn**

präparierter ▸ Zahn oder ▸ Implantat zur Befestigung eines ▸ Brückenankers (▸ Krone)

nimmt Druckkräfte/Kaukräfte auf, welche auf die ▸ Brücke einwirken, und überträgt diese auf den umgebenden ▸ Knochen

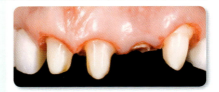

Brückenspanne

auch **Spanne**

durch ▸ Brückenglieder geschlossene ▸ Zahnlücke zwischen zwei ▸ Brückenankern

▸ Brücke

Brustkorb
thoracic

Thorax

oberer Teil des menschlichen Rumpfes, umschließt die Brusthöhle

begrenzt durch 12 Rippenpaare, Brustbein, 12 Brustwirbelkörper und im unteren Teil durch das Zwerchfell

Notfall: ▸ Thoraxmassage, ▸ CAB-System

Bruxismus
teeth grinding,
bruxism

durch ▸ Parafunktionen (▸ Knirschen, Pressen) verursachte, schädliche Auswirkungen an Zähnen/▸ Zahnschmelz, ▸ Parodontien, ▸ Kaumuskulatur, ▸ Kiefergelenken

Die Angewohnheit umfasst bewusstes wie unbewusstes Verhalten, sowohl nachts wie auch tagsüber.

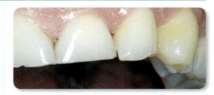

Bucca
bucca, cheek

▸ Backe, Wange

▸ buccal

Buccalis
buccal nerve

Kurzform für ▸ **Nervus buccalis**

▸ Nervus mandibularis

---

bukkal
buccal

auch **buccal**

zur ▸ Backe, Wange hin gelegen, wangenwärts

Lagebezeichnung im Befundschema, Flächenbezeichnung im ▸ Seitenzahnbereich

▸ Bucca

Stichwort	Erklärung	Vertiefung

Bulimie

bulimia

Ess-Brech-Sucht

nach unkontrollierbarem „Heißhunger" bewusst herbeigeführtes Erbrechen

Die erbrochene Magensäure führt zu
▸ Erosionen an den Zähnen, vor allem an den ▸ palatinalen Zahnflächen.

▸ Basic-Erosive-Wear-Examination

durch ständige Erosion geschädigte Kauflächen

Burning Mouth Syndrom

burning mouth syndrome

Mundbrennen, ▸ Zungenbrennen

brennende Schmerzen im Bereich von
▸ Zunge und ▸ Mundschleimhaut

können aus verschiedenen Gründen ausgelöst werden

Bürstenabstrich

brush biopsy

durch ▸ Abstrich gewonnenes Präparat von oberflächlich liegenden ▸ Zellen

einfaches Verfahren, um frühzeitig ein
▸ Mundhöhlenkarzinom zu erkennen

www.buerstbiopsie.de
www.sanfte-krebsdiagnostik.de

BuS-Dienst

Abkürzung für
Betriebs- und **S**icherheits-Dienst

arbeitsmedizinische Praxis, in welcher zahnmedizinisches Personal untersucht wird; von der zuständigen ▸ Berufsgenossenschaft gefordert

A
B
C
D
E
F

Stichwort	Erklärung	Vertiefung
Ca	• Abkürzung für ▸**C**arcinom (Krebsgeschwulst)	• Symbol für das chemische ▸Element ▸**Ca**lcium
CAB-Schema CAB of resuscitation	Sofortmaßnahmen zur Wiederbelebung/▸Reanimation bei Atem- und Herz-Kreislauf-Stillstand.	**C** Wiederherstellung der Kreislauf-funktion durch Herzdruckmassage (**C**irculation) **A** **A**temwege freimachen **B** **B**eatmung
CAD/CAM **CAD** Computer Aided Design **CAM** Computer Aided Manufacturing	**CAD** computergestützte Planung und Konstruktion eines Werkstückes **CAM** computergesteuerte Anfertigung eines Werkstückes **Zahnheilkunde:** Verfahren, welches direkt in der Zahnarzt-praxis die Herstellung von Keramikkronen, Keramikinlays oder ▸Brücken ermöglicht	▸CEREC®-Verfahren: Der ▸Zahnersatz wird ▸digital konstruiert und danach von einem Schleifgerät aus einem Keramik-klötzchen gefräst (z. B. CEREC®, Everest). Anschließend wird die fertige ▸Restaura-tion eingesetzt, poliert und kontrolliert. zusammen mit ▸digitaler ▸Abformung (z. B. CEREC®, Bluecam) möglich
Calcium calcium	auch **Kalzium** chemisches ▸Element mit dem Symbol ▸**Ca** Hauptbestandteil (▸anorganisch) von ▸Zahnhartgewebe und ▸Knochen als ▸Hydroxylapatit (Calcium-Phosphatver-bindung) verleiht es Stabilität und Festigkeit.	▸Mineralstoff (Erdalkalimetall), der vor allem über Milch/Milchprodukte in den Körper aufgenommen wird.
Calciumfluorid calcium fluoride	auch **Kalziumfluorid** chemische Formel: **CaF₂** fast unlösliche Fluoridverbindung entsteht als Deckschicht auf der Zahnober-fläche, wenn ▸Fluoride über Zahnpflege-mittel direkt auf den ▸Zahn gelangen	Die CaF_2-Deckschicht ist gegenüber ▸Säuren widerstandsfähiger als ▸Hydroxylapatit.
Calciumhydroxid calcium hydroxide	auch **Kalziumhydroxid** chemische Formel: **Ca(OH)₂** • regt ▸Odontoblasten zur ▸Dentinbildung an: ▸Reizdentin, ▸Tertiärdentin • Inhalt von ▸Medikamenten zur ▸indirekten oder ▸direkten ▸Überkappung der ▸Pulpa • wirkt ▸bakterizid • stark ▸alkalisch mit ▸pH-Wert 12	wird zur Anregung der ▸Odontoblasten eingesetzt, solange sie im ▸Wurzelkanal noch vorhanden sind Handelsformen: wässerige Lösungen, ▸Lacke, ▸Liner, ▸Zemente, ▸Kunststoff (lichthärtend)
Calciumphosphat calcium phosphate	auch **Kalziumphosphat** ▸Hydroxylapatit	wichtiger Bestandteil von ▸Knochen und Zähnen
Calciumsulfat calcium sulfate	auch **Kalziumsulfat** ▸Gips (**CaSO₄**)	▸Dentalgips für die Herstellung von Planungs- und Arbeitsmodellen
Calor calor	Wärme, Hitze	klassisches Zeichen einer ▸akuten ▸Entzündung

Stichwort	Erklärung	Vertiefung
Canalis, Canales (Mehrzahl) canalis	▸ Kanal, Rinne röhrenförmige Knochendurchgänge für ▸ Blutgefäße und Nervenbahnen	▸ Canalis mandibulae ▸ Canalis radicis dentis
Canalis mandibulae mandibular canal	auch **Canalis mandibularis** ▸ Unterkieferkanal	verläuft vom ▸ Foramen mandibulae bis zum ▸ Foramen mentale
Canalis radicis dentis root canal	▸ Wurzelkanal	enthält die ▸ Wurzelpulpa des ▸ Zahnes
Candida albicans thrush fungus	▸ Pilz (Sprosspilz) Erreger der Pilzerkrankung ▸ Candidose	Vorkommen in der ▸ Schleimhaut von ▸ Mundhöhle und Darm ohne Erkrankungen auszulösen
Candidose candidosis	auch ▸ **Soor** ▸ Infektion der ▸ Schleimhäute durch den ▸ Pilz ▸ Candida albicans weiße, abwischbare Beläge auf geröteter, leicht blutender Schleimhaut Ursache: geschwächte ▸ Immunabwehr, z. B. durch ▸ Chemotherapie, ▸ Aids, ▸ Antibiotika	
Caninus, Canini (Mehrzahl) canine tooth	Kurzform für ▸ **Dens caninus** ▸ Eckzahn	dritter, einwurzeliger ▸ Frontzahn
Caput articular head	Kopf Gelenkende bestimmter ▸ Knochen	▸ Caput mandibulae
Caput mandibulae head of mandible	auch ▸ **Condylus** ▸ Kiefergelenkkopf des ▸ Unterkiefers walzenförmige Verdickung am Gelenkfortsatz des ▸ Unterkiefers bildet mit der ▸ Kiefergelenkgrube des ▸ Schläfenbeins das ▸ Kiefergelenk	
Carbamid-Peroxid carbamide peroxide	Wasserstoffverbindung zum ▸ Bleichen von Zähnen ▸ Bleaching	Für ▸ internes ▸ Bleichen bei ▸ devitalen Zähnen werden hohe ▸ Dosierungen verwendet.
Carboxylatzement carboxylate cement	auch **Polyacrylatzement** als ▸ Unterfüllung, ▸ Befestigungszement für ▸ Inlays, ▸ Kronen, ▸ Brücken	▸ pH-Wert entspricht dem Mundmilieu, daher kein Säureschock, keine Wärme-entwicklung • Pulver: ▸ Zinkoxid, Magnesiumoxid • Flüssigkeit: wässerige Polyacrylsäure
Carcinom carcinoma	auch ▸ **Karzinom** Abkürzung: **Ca**	▸ bösartige (▸ maligne) Krebsgeschwulst
Caries caries	auch ▸ **Karies** ▸ Zahnfäule	▸ Karies und weitere Kariesbegriffe
Caries profunda deep caries	auch ▸ **Karies profunda** Abkürzung: **Cp** tiefgehende ▸ Karies	Behandlung: ▸ indirekte Überkappung

Carpule

Stichwort	Erklärung	Vertiefung

Carpule
cartridge

auch **Karpule**
➤ Zylinderampulle
an beiden Enden verschlossenes Glasröhrchen (z. B. mit Anästhetikum), welches in die ➤ Karpulenspritze eingelegt wird

Caruncula sublingualis
sublingual caruncle,
papilla

kleine Erhebung/➤ Papille in der ➤ Schleimhaut des ➤ Mundbodens, jeweils seitlich des ➤ Zungenbändchens
gemeinsame Öffnung der Ausführungsgänge von ➤ Unterzungenspeicheldrüse und ➤ Unterkieferspeicheldrüse

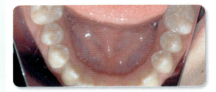

Carver
carver

➤ Instrument zum Schnitzen/Gestalten der noch ➤ plastischen ➤ Amalgamfüllung

Arbeitsende:
scharfkantig, spitz zulaufend

Catgut
catgut

auch **Katgut**
➤ resorbierbares, vom Körper auflösbares ➤ Nahtmaterial
aus Tierdarm bzw. meist Kunststofffäden

für ➤ chirurgische ➤ Nähte, die z. B. in tieferen Operationsbereichen nicht entfernt werden können

Cavum
cavum

Höhle, Hohlraum

➤ Cavum dentis, ➤ Cavum oris

Cavum dentis
dental cavity

auch **Cavum pulpae**
➤ Pulpahöhle

Hohlraum im ➤ Zahn, in welchem sich die ➤ Pulpa befindet

Cavum oris
oral cavity

➤ Mundhöhle

unterteilt in ➤ Mundvorhof und eigentliche ➤ Mundhöhle

CE
Commission Européenne/Europäische Gemeinschaft
European Community

EG-Konformitätszeichen als „Qualitätspass" für bestimmte Produkte
z. B. für ➤ Medizinprodukte

Das Produkt entspricht allen geltenden europäischen Richtlinien im Zusammenhang mit der Produktsicherheit.
➤ Medizinproduktegesetz

Cementum
tooth cement

➤ Wurzelzement
wird von ➤ Zementoblasten gebildet

➤ Zahnzement

Cerebellum
cerebellar

Kleinhirn

Cerebrum
brain, upper brain

➤ Gehirn

CEREC®
CEramic
REConstruction

➤ CAD/CAM
Nach diesem Herstellungsverfahren (Sirona Dental Systems) werden seit 1987 Keramikrestaurationen gefertigt.

cervical
cervical

auch **zervikal**
am ➤ Zahnhals, zum Zahnhals hin gelegen

Lage-/Richtungsbezeichnung am Zahn

Stichwort	Erklärung	Vertiefung
Cervix, Cervices (Mehrzahl) cervix	auch ▸**Collum** Hals	Kurzform für ▸**Cervix dentis**
Cervix dentis neck of tooth	auch ▸**Collum dentis** ▸Zahnhals	Übergangsbereich von der ▸Zahnkrone zur ▸Zahnwurzel
chairside chairside	während der ▸Behandlung in der Praxis hergestellt z. B. Zahnersatz/▸CEREC®, ▸Bleaching	Gegenteil: ▸labside (im ▸Labor hergestellt)
Charge charge	Serie eines Produktes mit gleichen Eigenschaften/Merkmalen, z. B. in Bezug auf die ▸Qualität. **Zahnheilkunde:** Sterilisationsdurchgang oder -ablauf	▸Medizinprodukte: In einem Herstellungsgang erzeugte Arzneimittelmenge; durch aufgedruckte Chargennummer können z. B. der Hersteller, Herstellungsdatum, Produktionsschritte nachvollzogen werden.
Chargenkontrolle lot checking	Überprüfung einer ▸Charge mit anschließender ▸Dokumentation des Ergebnisses	Im Kreislauf der ▸Instrumentenaufbereitung ist die Chargenkontrolle ein wichtiger Schritt vor der ▸Freigabe der ▸Instrumente zur Wiederverwendung.
Charters-Methode Charter's method of toothbrushing	▸Zahnputztechnik spezielle Massagetechnik für das ▸Zahnfleisch bei Zahnfleischerkrankungen und nach Zahnfleischoperationen	Der Zahnbürstenkopf wird mit der Borstenseite umgekehrt (in Richtung ▸Zahnkrone) am ▸Zahnfleisch angelegt und dieses dann mit den seitlichen Borstenteilen massiert.
Checkbiss check-bite	einfache Bissregistrierung ▸Bissnahme	meist mit erwärmter, weicher Wachsplatte
Checkliste check-list	Liste, auf der alle Punkte/Schritte eines Ablaufs vermerkt sind ermöglicht die Kontrolle auf Vollständigkeit	**Zahnheilkunde:** Verwendung im Rahmen des ▸Qualitätsmanagements, z. B. im Bereich der ▸Hygienemaßnahmen
Chemie chemistry	Lehre vom Aufbau, Verhalten und der Umwandlung von Stoffen sowie den dabei geltenden Gesetzmäßigkeiten.	Teilgebiete: z. B. ▸organische Chemie, ▸anorganische Chemie
Chemotherapeutikum, Chemotherapeutika (Mehrzahl) chemotherapeutic agent	aus chemischen Substanzen hergestellte ▸Medikamente, die ▸Krankheitserreger und Körperzellen (z. B. ▸Tumorzellen) gezielt im Wachstum hemmen oder abtöten können	Anwendung z. B. in der Krebstherapie
Chemotherapie chemotherapy	▸medikamentöse ▸Therapie von Krebserkrankungen mit ▸Chemotherapeutika	neben ▸Chirurgie und ▸Strahlentherapie die wichtigste Behandlungsmethode der Krebstherapie
Chipping chipping	auch **Keramik-Chipping** Verblendkeramik: oberflächliche Absplitterung/Ausscherung von Keramikteilen innerhalb des Verblendmaterials kann mit Reparaturset im ▸Mund repariert werden, dadurch keine Erneuerung der gesamten ▸Restauration notwendig	

A
B
C
D
E
F

Stichwort	Erklärung	Vertiefung
Chirurgie surgery	Lehre von der Behandlung krankhafter Veränderungen und Störungen im Körper durch ▸ operative Eingriffe	**Zahnheilkunde:** z. B. ▸ Mund-Kiefer-Gesichtschirurgie, ▸ Oralchirurgie
chirurgisch surgical	betrifft die ▸ Chirurgie	z. B. chirurgische ▸ Händedesinfektion, chirurgische ▸ Instrumente, chirurgischer Eingriff
ChKM	Abkürzung für ▸ **C**hlorphenol-**K**ampfer-**M**enthol	▸ Antiseptikum
Chlor chlorine	chemisches ▸ Element mit dem Symbol **Cl**	gehört zur Gruppe der ▸ Halogene / Salz-bildner, stechend riechendes Gas
Chlorhexidin chlorhexidine	Abkürzung: **CHX** Chlorhexidindigluconat ▸ Medikament zur ▸ Keimverminderung und ▸ Plaquehemmung Wirkung: ▸ bakteriostatisch bis ▸ bakterizid, dosisabhängig Darreichungsformen: z. B. ▸ Mundspüllösungen, ▸ Gel, ▸ Spray, ▸ Lacke mit Depotwirkung ▸ Antiseptikum	Anwendung: • im Bereich der ▸ Parodontalerkrankungen • zur Kariesbekämpfung • zur oralen ▸ Antiseptik, gezielte ▸ Keimverminderung vor ▸ operativen Eingriffen im ▸ Mund Nebenwirkungen (bei Langzeitanwendung): • bräunliche Verfärbungen von Zähnen, ▸ Zunge, Füllungen • Beeinträchtigung des Geschmacks • Veränderung der ▸ Mundflora
Chloride chloride	Verbindungen des chemischen ▸ Elementes ▸ Chlor, z. B. mit dem Metall ▸ Natrium	▸ Natriumchlorid (NaCl), ▸ Natriumhypochlorid (NaOCl)
Chloroform chloroform	früher häufig verwendetes Lösungsmittel, z. B. für ▸ Guttapercha bei der ▸ Wurzelkanal-füllung	Chloroform ist ein als gesundheits-gefährlich eingestufter ▸ Gefahrstoff.
Chlorphenol-Kampfer-Menthol camphorated and mentholated chlorophenol	Abkürzung: **ChKM** • ▸ Medikament zur ▸ Desinfektion von ▸ infizierten ▸ Wurzelkanälen bei ▸ akuter ▸ Entzündung oder ▸ Gangrän • schmerzlindernde Wirkung bei entzündetem ▸ Wurzelkanal	▸ Antiseptikum ChKM-Einlage auch bei entzündeter ▸ Alveole (▸ Alveolitis) möglich
Chromosomen chromosomes	Träger der Erbanlagen im ▸ Zellkern ▸ Gene	Der Mensch besitzt in jeder ▸ Zelle 23 Chromosomenpaare.
chronisch chronic	Krankheitsverlauf zieht sich lange hin; langsam verlaufend.	z. B. chronische ▸ Pulpitis, chronische ▸ Parodontitis apicalis Gegenteil: ▸ akut
CHX	Abkürzung für ▸ **C**hlor**h**e**x**idin	▸ Antiseptikum
CMD	Abkürzung für ▸ **C**ranio-**m**andibuläre **D**ysfunktion	
Cofferdam cofferdam	auch ▸ **Kofferdam**	zur absoluten ▸ Trockenlegung des zahnärztlichen Arbeitsfeldes
Collum collum	auch **Kollum** Hals	▸ Cervix
Collum dentis neck of tooth	auch ▸ **Cervix dentis** ▸ Zahnhals	Bereich der ▸ Schmelz-Zement-Grenze

Stichwort	Erklärung	Vertiefung
Collum mandibulae neck of mandible	▸Unterkieferhals	Teil des aufsteigenden ▸Unterkieferastes, auf dem das Gelenkköpfchen ansetzt
Collumfraktur condylar neck fracture	▸Bruch des ▸Unterkiefers am Halsteil des ▸Kiefergelenkfortsatzes (▸Collum mandibulae)	Abbruch des Gelenkkopfes (▸Condylus)
Coma coma	auch ▸**Koma**	tiefe ▸Bewusstlosigkeit
Compacta compact bone	auch ▸**Kompakta** äußere Schicht des ▸Knochens	▸Knochenaufbau
Compliance compliance	Bereitschaft des ▸Patienten, Empfehlungen/ Anordnungen des Arztes/Zahnarztes zu befolgen	**Zahnheilkunde:** z. B. Prophylaxeberatung, ▸Parodontal-behandlung, ▸Kieferorthopädie
Compomere compomere	auch ▸**Kompomere**	zahnfarbenes ▸Füllungsmaterial, Untergruppe der ▸Komposite
Composite composite	auch ▸**Komposit**	zahnfarbenes ▸Füllungsmaterial
Composite-Kleber cement	auch ▸**Komposit-Kleber**	Befestigung von ▸festsitzendem ▸Zahnersatz
Compule	Applikationshilfe als Aufsatz auf Appli-kationsspritzen; für chemisch härtende ▸Komposite ▸Füllungsmaterial wird durch die Spritze in die Compule gedrückt und kann von deren Spitze aus leichter in gewünschter Schicht-dicke in die ▸Kavität eingebracht werden. ▸Applikation	
Computer-tomographie tomography	Abkürzung: **CT** Schnittbild gebendes Verfahren	▸Tomographie
Concha nasalis nasal concha	▸Nasenmuschel ▸Nase	Gliederung in obere, mittlere, untere Nasenmuschel
Conditioner conditioner	auch ▸**Konditionierer** ▸Adhäsivtechnik	Lösungsmittel zur Entfernung der ▸Schmierschicht
Condylus mandibular condyle	auch **Kondylus**, ▸**Caput mandibulae** ▸Kiefergelenkkopf	wird vom Gelenkfortsatz des ▸Unterkiefers gebildet
Container container	Metallkassette, in welcher zahnärztliche ▸Instrumente sterilisiert werden	Im ▸perforierten Boden/Deckel wird ein Filter eingelegt, um die Dampfdurch-dringung zu sichern.
Cor heart	▸Herz	▸Angina pectoris
Corona dentis dental crown	▸Zahnkrone	in der ▸Mundhöhle sichtbarer Teil des ▸Zahnes bei gesundem ▸Parodontium
Corpus, **Corpora** (Mehrzahl) corpus	Körper	**Zahnheilkunde:** ▸Corpus mandibulae, ▸Corpus maxillae

Stichwort	Erklärung	Vertiefung
Corpus mandibulae body of mandible	▸Unterkieferkörper ▸Mandibula	waagerechter Anteil des ▸Unterkiefers ohne aufsteigende Äste bildet den ▸Alveolarfortsatz
Corpus maxillae body of maxilla	▸Oberkieferkörper ▸Maxilla	Oberkieferknochen mit ▸Kieferhöhle bildet den harten ▸Gaumen und den ▸Alveolarfortsatz
Corticalis cortical bone	auch **Kortikalis** Kurzform für **Substantia corticalis**	▸Knochenaufbau
Cortison cortisone	auch **Kortison** körpereigenes ▸Hormon der Nebennieren-rinde; wird als ▸Medikament bei schweren ▸Entzündungen und ▸Allergien verwendet	Zahnheilkunde: entzündungshemmendes Präparat bei ▸Gingivitis, ▸Pulpitis
Cover-denture-Prothese overdenture, overlay denture	auch **Deckprothese** Die Ausdehnung dieser ▸Teilprothese ent-spricht einer ▸Vollprothese. Noch vorhandene Restzähne (meist Zahn 1–3) werden über ▸Teleskopkronen (auch ▸Stege, ▸Stiftkappen) mit dem ▸Zahnersatz verbunden.	
Cp	Abkürzung für ▸Caries profunda	tiefgehende ▸Karies
CPITN Community Perio-don-tal Index of Treatment Needs	▸Parodontal-Index, der ähnlich wie der ▸PSI durchgeführt wurde Der CPITN wurde durch den PSI ersetzt.	▸Index zur Beurteilung des ▸parodontalen Zustandes
Cranio-mandibuläre Dysfunktion cranio-mandibular disfunction	Abkürzung: **CMD** Fehlfunktionen des Kausystems mit Bezug zu ▸Krankheitszeichen im Kopf-Hals-Nacken-bereich ▸Symptome: z. B. Muskelverspannungen, Knacken oder ▸Schmerzen im ▸Kiefergelenk, Artikulations-störungen, Ohrgeräusche/▸Tinnitus ▸Artikulation	Therapie: z. B. Veränderungen der ▸Okklusion, Schienentherapie, Stressabbau Sind z. B. durch ▸Parafunktionen Beschwerden in anderen Körperbereichen entstanden, lässt sich oft die Ursache nicht mehr erkennen.
Cranium cranium, skull	knöcherner ▸Schädel	Unterteilung in ▸Hirnschädel und ▸Gesichtsschädel
Cryotherapie cryotherapy	auch ▸**Kryotherapie**	örtliche Kältebehandlung, Kälteschockbehandlung
CT	Abkürzung für ▸Computertomographie	▸Tomographie
Curettage curettage	auch ▸**Kürettage**	▸operative Entfernung von ▸Gewebe durch Ausschabung
Cutis skin	auch **Kutis** ▸Haut	▸Derma
Cyclamat cyclamate	▸Zuckerersatzstoff ▸synthetisch hergestellt	▸Süßstoff z. B. in zuckerfreien Getränken

Stichwort	Erklärung	Vertiefung
d distal	Abkürzung für ▸distal von der ▸Mittellinie wegweisend	Lage-/Richtungsbezeichnung am Zahn
DAHZ German working group for hygiene in dentistry	Abkürzung für Deutscher Arbeitskreis für Hygiene in der Zahnmedizin ▸Hygiene www.schuelke.com	Hygienefachleute erstellen regelmäßig Empfehlungen für die praktische Umsetzung von gesetzlichen Hygienerichtlinien im „DAHZ-Hygieneleitfaden"
DAJ	Abkürzung für Deutsche Arbeitsgemeinschaft für Jugendzahnpflege Schwerpunkt: ▸Gruppenprophylaxe in Kindergarten und Schule	bundesweit tätiger Verein zur Erhaltung und Förderung der Zahn- und Mundgesundheit (seit 1949) www.daj.de
Dampfsterilisator moist heat sterilizer, autoclav	▸Autoklav	Hochdrucksterilisator, arbeitet mit gespanntem Dampf
Dappenglas dappen dish	kleiner, offener Glasbehälter mit einer spitzen oder runden Vertiefung, verschiedene Farben, auch als Einmal-Dappenglas aus ▸Kunststoff	zum Aufbewahren, Anmischen und/oder Anreichen von Materialien, z. B. ▸Alkohol, ▸Wasserstoffperoxid
Daumenlutschen thumb-sucking	Hauptursache von Kieferverformungen, auch allgemein Fingerlutschen oder Saugen an Gegenständen Durch Druck auf ▸Gaumen und ▸Frontzähne sowie Zug und Entlastung auf ▸Wangen und ▸Seitenzähne kann auf Dauer eine Verformung des ▸Oberkiefers entstehen, z. B. ▸offener Biss, ▸Protrusion, auch ▸Retrusion des Unterkiefers. ▸Lutschen, ▸Nuckeln	
Dazzler dazzler	▸Zahnschmuck aus Goldfolie	wird mit ▸Adhäsivtechnik auf die ▸Labialfläche eines ▸Zahnes aufgeklebt
De..., de... de	Wortbestandteil mit der Bedeutung: weg, entfernen	z. B. ▸devital, ▸Demineralisation, ▸Desensibilisierung
Deckbiss closed bite	▸Zahnfehlstellung Die oberen ▸Frontzähne verdecken beim Zusammenbiss die unteren ▸Frontzähne (fast) vollständig, oft verbunden mit einem ▸tiefen Biss.	
Deckprothese overdenture, overlay denture	▸Cover-denture-Prothese	▸Teilprothese mit ▸Teleskopkronen
Deep Scaling deep scaling	Entfernung von ▸subgingivalen ▸Konkrementen auf der Zahnwurzeloberfläche, erfolgt in der Tiefe einer ▸Zahnfleischtasche manuell mit ▸Küretten oder maschinell, evtl. unter ▸Lokalanästhesie ▸Kürettage/geschlossen	
Defekt defect, fault	Schaden, Beschädigung, Fehler	z. B. ▸kariöser Defekt
Defekt, keilförmig wedge-shaped lesion, wedge-shaped erosion	Verlust von ▸Zahnhartgewebe/▸Dentin im ▸Zahnhalsbereich	▸keilförmiger Defekt

A
B
C
D
E
F

Stichwort	Erklärung	Vertiefung
Defektprothese resection prosthesis	auch ▸**Resektionsprothese** ▸Zahnersatz, der gleichzeitig einen Kieferdefekt ersetzt oder überdeckt ▸Epithese, ▸Obturator	Zahnheilkunde: vor allem für den Verschluss bei ▸Gaumenspalten oder den Ersatz von Kieferteilen nach Unfällen, ▸Tumor-Operationen
Defibrillation defibrillation	auch **Elektrodefibrillation** Behandlungsmethode gegen Herzrhythmusstörungen, z. B. Kammerflimmern und Kammerflattern, welche zum Herz-Kreislauf-Stillstand führen	Beseitigung des lebensbedrohlichen Zustands z. B. durch Elektroschock/starke Stromstöße, wodurch die normale Herzaktivität wieder hergestellt werden soll ▸Defibrillator
Defibrillator defibrillator, cardioverter	Abkürzung: **Defi** Gerät zur Durchführung der ▸Defibrillation, z. B. mit automatisierten externen Defibrillatoren (AED-Geräte)	AED-Geräte sind besonders für Laienhelfer geeignet, da die ▸EGK-Analyse automatisch durch das Gerät erfolgt und die Bedienung über Sprachanweisung gegeben wird.
definieren define	Bedeutung eines Wortes/Begriffes genau beschreiben/festlegen, erläutern	▸Definition
Definition definition	möglichst eindeutige Beschreibung eines Begriffes oder Wortes	
definitiv definite	endgültig, abschließend	z. B. beim Legen einer ▸Füllung Gegenteil: ▸temporär, ▸provisorisch
Deformation deformation	Formänderung (negativ), Verunstaltung, ▸Missbildung	Zahnheilkunde: z. B. ▸Lippenspalte, ▸Gaumenspalte, ▸Dysgnathie, ▸Dysplasie
deformieren deform	verformen, entstellen, aus der Form geraten	▸Deformation
Degeneration degeneration	Entartung, Rückbildung, Verfall von ▸Geweben, ▸Organen	z. B. ▸Nichtanlage des ▸Weisheitszahnes Gegenteil: ▸Regeneration
degenerativ degenerative	durch ▸Degeneration bedingt	z. B. Funktionsverminderung durch Alterung, Fehlgebrauch, Verschleiß
degenerieren degenerate	sich zurückbilden, entarten	▸Degeneration
Dehnplatte orthodontic expansion plate	auch ▸**aktive Platte** herausnehmbares ▸Kfo-Gerät mit ▸Dehnschraube	zur Vergrößerung/Dehnung des ▸Zahnbogens bei ▸Engstand der Zähne
Dehnschraube expansion screw, jackscrew	in der ▸Dehnplatte verankerte Metallschraube zur Bewegung/Erweiterung der ▸Dehnplatte wird in bestimmten Abständen mit einem Schlüsselchen gedreht	
Dekubitus decubital ulcer	auch **Decubitus**	▸Druckstelle, Druckgeschwür
Delegation delegation of dental activities	Übertragung von Kompetenzen oder Aufgaben auf andere Personen Grundlage bildet der Delegationsrahmen (delegation guidelines).	Zahnheilkunde: Bestimmte Behandlungsleistungen können an fortgebildete Mitarbeiter/innen im Rahmen ihrer Fort- und Weiterbildung übertragen werden.

Stichwort	Erklärung	Vertiefung
delegieren delegate	Aufgaben auf einen anderen übertragen, jemanden beauftragen	▸Delegation
Demastikation demastication	starkes Abkauen der ▸Kauflächen der Zähne durch den schleifenden Effekt grober Nahrungsmittel Merkmal: Oberfläche der Zähne ist abgerundet. ▸Abrasion	
Demineralisation demineralization	Entkalkung des ▸Zahnhartgewebes durch Einwirkung von ▸Säuren, dadurch Verlust von ▸Mineralstoffen (▸Calcium- und Phosphat-Ionen) • **direkt** durch säurehaltige Getränke, Nahrungsmittel • **indirekt** durch ▸Bakterien in der ▸Plaque bei der Entstehung von ▸Karies Gegenteil: ▸Remineralisation	
Denaturierung denaturation	Veränderung der Molekülstruktur biologischer Stoffe z. B. ▸Eiweiß	Eiweißkörper „gerinnen" z. B. • im Magen durch Magensäure • durch hohe Temperaturen im ▸Autoklav • durch chemische Substanzen in ▸Desinfektionsmitteln
Dendrit dendrite	kurze, stark verzweigte Fortsätze einer ▸Nervenzelle ▸Neurit	dient der Aufnahme von ▸Reizen/ elektrischen Impulsen
Dens, **Dentes** (Mehrzahl) tooth	▸Zahn ▸Dens deciduus, ▸Dens permanens	Gesamtheit der Zähne: ▸Gebiss
Dens bicuspidatus bicuspid tooth	auch ▸**Dens praemolaris** kleiner ▸Backenzahn	▸Zahnkrone ist zweihöckerig
Dens caninus, **Dentes canini** (Mehrzahl) canine tooth	Kurzform: **Caninus** ▸Eckzahn	Anzahl: 4 (1 ▸Zahn pro ▸Kieferhälfte)
Dens deciduus, **Dentes decidui** (Mehrzahl) milk tooth, primary tooth	▸Milchzahn	Anzahl: 20
Dens in dente tooth within a tooth	▸Zahnanomalie: „Zahn im Zahn"	Das ▸Zahnbein ist nach außen verlagert und bildet somit eine Hülle um den ▸Schmelz, wodurch der ▸Zahn sehr empfindlich ist. seltene Zahnanomalie, vermutlich vererbt
Dens incisivus, **Dentes incisivi** (Mehrzahl) incisor tooth, cutting tooth	auch **Dens inzisivus** Kurzform: **Incisivus** ▸Schneidezahn	Anzahl: 8 (2 Zähne pro ▸Kieferhälfte)

A
B
C
D
E
F

Stichwort	Erklärung	Vertiefung
Dens molaris, Dentes molares (Mehrzahl) molar tooth, multicuspid tooth	Kurzform: **Molar** großer ▸Backenzahn Mahlzahn	• ▸Milchzähne Anzahl: 8 (2 Zähne pro ▸Kieferhälfte) • bleibende Zähne Anzahl: 12 (3 Zähne pro ▸Kieferhälfte)
Dens natalis, Dentes natales (Mehrzahl) natal tooth, predeciduous tooth	bereits bei der Geburt vorhandener ▸Milchzahn ▸Dentitio praecox	meist ▸Unterkiefer-Schneidezähne
Dens permanens, Dentes permanentes (Mehrzahl) permanent tooth	bleibender ▸Zahn Anzahl: 28 bis 32 Zähne (mit Weisheitszähnen)	
Dens praemolaris, Dentes praemolares (Mehrzahl) premolar tooth, bicuspid tooth	auch ▸**Dens bicuspidatus** Kurzform: ▸**Prämolar** Vormahlzahn, kleiner ▸Backenzahn	• ▸Milchzähne Anzahl: 0 • bleibende Zähne Anzahl: 8 (2 Zähne pro ▸Kieferhälfte)
Dens sapiens, Dentes sapientes (Mehrzahl) wisdom tooth, third molar tooth	auch **Dens sapientiae, Dens serotinus** ▸Weisheitszahn dritter ▸Molar	Anzahl: 4 (1 ▸Zahn pro ▸Kieferhälfte)
dental dental	den ▸Zahn betreffend, zum Zahn gehörend, vom Zahn ausgehend	▸dentogen ▸odontogen
Dentaldepot dental depot, dental shop	Großhandel für zahnärztlichen Bedarf	z. B. für Verbrauchsmaterialien, ▸Instrumente, Geräte, Technik-Service
dentale Volumentomographie dental volume tomography	auch ▸**digitale Volumentomographie**	Abkürzung: **DVT**
Dentalfluorose dental fluorosis	auch ▸**Fluorose** Veränderung des ▸Zahnschmelzes durch eine ▸chronische ▸Fluorid-Überdosierung weiße oder braune Flecken ▸mottled enamel	
Dentalgips gypsum, dental plaster	▸Gips	Material für ▸Zahntechnik und ▸Modellherstellung
Dentalhygieniker/in dental hygienist	Abkürzung: **DH** Aufstiegsfortbildung auf Grundlage der ▸ZFA-Ausbildung	Tätigkeitsschwerpunkte vor allem in der ▸Behandlung und Begleitung von ▸Patienten mit ▸PA-Erkrankungen Assistenz bei der Aus- und Fortbildung der ▸Zahnmedizinischen Fachangestellten

Stichwort	Erklärung	Vertiefung

Dentallabor
dental laboratory

zahntechnische Werkstatt zur Anfertigung/ Reparatur z. B. von ▸Zahnersatz, ▸Kfo-Behandlungsgeräten

als selbstständiges gewerbliches ▸Labor

Dentalphobie
phobia

auch **Oralphobie**
▸Zahnbehandlungsangst

▸Phobie

Dentikel
pulp stone

auch **Dentinkörnchen, Pulpastein**

rundliches Gebilde aus ▸Zahnhartgewebe, liegt innerhalb der ▸Pulpa

kann die Aufbereitung des ▸Wurzelkanals erschweren

Dentin
dentin

▸Zahnbein

knochenähnlicher Hauptbestandteil des ▸Zahnhartgewebes, welches die gesamte ▸Pulpa umschließt

Dentinarten:
- ▸Primärdentin
- ▸Sekundärdentin
- ▸Tertiärdentin oder ▸Reizdentin

Dentin wird im Bereich der ▸Zahnkrone vom ▸Schmelz, im Wurzelbereich vom ▸Wurzelzement überzogen.

Im Dentin verlaufen ▸Dentinkanälchen, in denen sich ▸Dentinliquor, Nervenfasern und ▸Odontoblastenfortsätze befinden.

Dentinadhäsiv
adhesive
dentin bonding

auch **Dentinhaftvermittler**
▸Primer

verbessert das Anhaften von ▸Komposit-füllungen am ▸Kavitätenrand

Dentinhaftung
adhesive dentin bonding

▸Dentinadhäsiv

wird auf den ▸Zahn aufgebracht, um als ▸Haftvermittler einen besseren Verbund zwischen ▸Komposit und ▸Dentin zu erreichen

▸Adhäsivtechnik bei:
▸Füllungen, ▸Veneers, ▸Teilkronen, ▸Keramik, ▸Kunststoff

Dentinkanälchen
dentinal tubules

Dentintubuli

Von der ▸Pulpa ausgehend bis zur ▸Schmelz-Dentin-Grenze durchziehen feine Kanälchen das ▸Dentin.

In ihnen befinden sich ▸Dentinliquor, ▸Odontoblastenfortsätze, ▸Nerven.

Funktion: Übertragung von ▸Schmerz, der entsteht, wenn auf eine Dentinwunde ▸Reize einwirken, z. B. heiß, kalt, süß, sauer, schleifen, bohren

Aufnahme mit Raster-Elektronen-Mikroskop

Dentinkaries
dentinal caries

▸Karies, die bis ins ▸Dentin hineinreicht; die kariöse Zerstörung des ▸Zahnschmelzes breitet sich entlang der ▸Dentinkanälchen breitflächig bis ins Dentin aus.

▸Karies media, ▸Karies profunda

Dentinkörnchen
denticle

▸Dentikel

▸Pulpastein

Dentinliquor
dentinal fluid

Gewebsflüssigkeit, welche die ▸Dentinkanälchen ausfüllt

Dentinogenesis imperfecta

Stichwort	Erklärung	Vertiefung
Dentinogenesis imperfecta dentinogenesis imperfecta	unvollständige Ausbildung von ▸Dentin; Verfärbungen; starke ▸Abrasion; ▸genetisch bedingt	▸Dysplasie ▸Zahndysplasie
Dentitio difficilis difficult dentition	auch ▸**Perikoronitis** erschwerter ▸Zahndurchbruch, z. T. verbunden mit ▸Gingivitis ▸Symptome: ▸Schwellung, Rötung, ▸Gingivitis	▸Weisheitszähne können oft durch ihre Lage und beengte Platzverhältnisse nicht komplett oder in richtiger Weise durchbrechen.
Dentitio praecox premature eruption, precocious dentition	auch **Dentitio natalis** vorzeitiger ▸Zahndurchbruch ▸Dentes natales	Die Milchschneidezähne sind bereits bei oder kurz nach der Geburt durchgebrochen; seltenes Vorkommen. Gegenteil: ▸Dentitio tarda
Dentitio tarda delayed eruption, retarded dentition	verzögerter ▸Zahndurchbruch bei der ersten und zweiten ▸Dentition möglich	mehr als zwei Jahre Verspätung zur normalen Durchbruchszeit Gegenteil: ▸Dentitio praecox
Dentition tooth eruption, dentition	▸Zahndurchbruch in die ▸Mundhöhle	• **erste Dentition:** Durchbruch der ▸Milchzähne • **zweite Dentition:** Durchbruch der bleibenden Zähne
dentogen dentogenic	auch **odontogen** zum ▸Zahn gehörend, vom Zahn ausgelöst	▸dental
Depot depot	Anhäufung, Anlagerung, Speicher	z. B. eines ▸Medikamentes im Körper/ in ▸Organen; Fett in der ▸Unterhaut
Derma skin	auch **Cutis / Kutis** ▸Haut	Dermatitis: ▸Entzündung der Haut Dermatologe: Hautarzt Dermatologie: Lehre von den Erkrankungen der Haut
desensibilisieren desensitize	unempfindlich machen meist gegen ▸Allergene	▸Desensibilisierung
Desensibilisierung desensitization	auch ▸**Hyposensibilisierung** Herabsetzen der Empfindlichkeit des Körpers, z. B. gegen allergische Reaktionen	**Zahnheilkunde:** z. B. bei überempfindlichen Zähnen/ Zahnflächen durch ▸Versiegelung von freiliegenden ▸Dentinkanälchen mit hochfluoridhaltigen Präparaten/Fluoridlacken ▸Desensitizer
Desensitizer desensitizer	Substanzen zur ▸Desensibilisierung	
Desinfektion disinfection	Entseuchung, Entkeimung Maßnahmen mit dem Ziel der Keimverminderung durch Abtötung oder Inaktivierung, d. h. ▸Keime in einen Zustand versetzen, dass sie nicht mehr ▸infizieren können 	**Zahnheilkunde:** • Desinfektion von ▸Abformungen, Werkstoffen • Desinfektion von ▸Absauganlagen und Ansätzen • ▸Händedesinfektion • ▸Hautdesinfektion • ▸Schleimhautdesinfektion • ▸Instrumentendesinfektion (▸Desinfektionsverfahren) • ▸Oberflächendesinfektion (▸Wischdesinfektion, ▸Sprühdesinfektion)

Stichwort	Erklärung	Vertiefung
Desinfektionsmittel disinfectant	auch **Desinfizientia, Desinfizienzien** Substanzen/Lösungen, mit denen auf chemischem Wege desinfiziert werden kann	wirksam gegen ▸Bakterien, ▸Viren, ▸Protozoen, ▸Pilze
Desinfektions- verfahren method of disinfection	• ▸physikalische Desinfektion: durch Hitze, z. B. im ▸Reinigungs- und Desinfektionsgerät (RDG) oder Strahlung/ UV-Licht (nicht in der Zahnarztpraxis) • chemische Desinfektion: mit ▸Desinfektionsmitteln wie ▸Alkohol, ▸Formaldehyd	▸Instrumentendesinfektion ▸Desinfektion
desinfizieren disinfect	mit geeigneten Maßnahmen ▸Keime vermindern	▸Desinfektion
Desmodont periodontal ligament	auch **Periodont, Periodontium** ▸Wurzelhaut	Bestandteil des ▸Zahnhalteapparates
Desmodontalspalt periodontal space	auch ▸**Parodontalspalt, Periodontalspalt** Spalt zwischen ▸Zahnwurzel und ▸Alveolarknochen, in dem sich das ▸Desmodont befindet	In den Desmodontalspalt wird bei der ▸Intraligamentären Anästhesie das ▸Anästhetikum injiziert.
desolat desolate	unerfreulich, furchtbar, trostlos **Zahnheilkunde:** stark zerstörter Gebisszustand, evtl. nicht mehr zu reparieren	
Desoxyribonuklein- säure desoxyribonucleic acid	Abkürzungen: DNS, ▸DNA ▸Molekül, das im ▸Zellkern aller Lebewesen als Träger der Erbinformation vorkommt	▸Chromosomen
Detergentien detergents	auch **Detergenzien** wasch- und reinigungsaktive Stoffe	**Zahnheilkunde:** z. B. ▸Tenside als Schaumbildner in ▸Zahnpasten
devital devitalized	auch **avital** abgestorben, leblos **Zahnheilkunde:** ▸marktot, ▸pulpatot Gegenteil: vital	
Devitalisation devitalization	auch **Devitalisierung** Abtöten der erkrankten, nicht zu erhaltenden ▸Pulpa	**Zahnheilkunde:** erfolgt durch chemische Mittel
devitalisieren devitalize	abtöten, die ▸Pulpa abtöten	▸Devitalisation, ▸Mortalamputation, ▸Mortalexstirpation
Dextrose dextroglucose	▸Einfachzucker Glukose	▸Traubenzucker, ▸Kohlenhydrate, ▸Zucker
DGHM	Abkürzung für **D**eutsche **G**esellschaft für **H**ygiene und **M**ikrobiologie ▸Hygiene www.dghm.de	Förderung des wissenschaftlichen Austausches auf den Teilgebieten der ▸Mikrobiologie

A
B
C
D
E
F

Stichwort	Erklärung	Vertiefung
DGUV	Abkürzung für **D**eutsche **G**esetzliche **U**nfallversicherung Spitzenverband der gewerblichen ‣ Berufsgenossenschaften und der Unfallversicherungsträger der öffentlichen Hand www.dguv.de	gesetzlicher Auftrag: Verhütung von Arbeits- und Schulunfällen, ‣ Berufskrankheiten und arbeitsbedingten Gesundheitsgefahren, Entschädigung von Verletzten, Angehörigen oder Hinterbliebenen
DGZMK German Academic Association of Dentistry	Abkürzung für **D**eutsche **G**esellschaft für **Z**ahn-, **M**und- und **K**ieferheilkunde www.dgzmk.de	wissenschaftliche Dachorganisation für alle Fragen rund um die ‣ Zahnheilkunde
Diabetes mellitus diabetes mellitus	„Zuckerkrankheit" Stoffwechselerkrankung, bei welcher der Zuckerspiegel im ‣ Blut durch einen Mangel an ‣ Insulin erhöht ist ‣ Diabetiker	Zahnheilkunde: • größere Probleme bei der ‣ Wundheilung • höheres Risiko, an ‣ Gingivitis und ‣ Parodontitis zu erkranken
Diabetiker diabetic	Person, welche an ‣ Diabetes mellitus erkrankt ist	Aufgrund der ‣ Anamnese muss während der ‣ Behandlung mit Zwischenfällen durch zu niedrigen Blutzuckerspiegel/ ‣ Hypoglykämie gerechnet werden.
Diagnodent® (Firma KaVo)	Gerät zur ‣ Kariesdiagnostik, das auf ‣ Laserfluoreszenzbasis arbeitet kann andere diagnostische Maßnahmen unterstützen, vor allem an schwer einsehbaren Stellen des ‣ Zahnes ‣ Diagnostik, ‣ Prädilektionsstellen	
Diagnose diagnosis	Erkennen und Benennen eines Krankheitsbildes	‣ Diagnostik
Diagnostik diagnostics	alle Untersuchungsmaßnahmen zur Erkennung eines bestimmten Krankheitsbildes	Zahnheilkunde: z. B. eingehende ‣ Untersuchung, ‣ Vitalitätsprüfung, ‣ Röntgenaufnahmen, ‣ Diagnodent®, ‣ Karies-Index, ‣ Perkussion, ‣ Bürstenabstrich ‣ Halitosis, ‣ Quickwert/‣ INR
diagnostizieren diagnosticate	ein Krankheitsbild an seinen Merkmalen erkennen und benennen ‣ Diagnose	‣ Diagnostik ‣ Symptom
Diamant diamond	Zahnheilkunde: zur Bearbeitung von ‣ Zahnschmelz Diamantinstrumente werden mit Diamantsplittern oder Diamantstaub belegt, z. B. ‣ Bohrer, ‣ Finierer, ‣ Polierer, ‣ Schleifer Kennzeichnung: • Größe und Körnung der Diamantsplitter werden nach ‣ ISO gemessen. • Farbmarkierungen von schwarz bis weiß kennzeichnen die Körnungsgröße. • Feinkorndiamanten sind mit besonders feinem Diamantstaub belegt.	
Diaphyse diaphysis	Knochenschaft mittlerer Abschnitt eines Röhrenknochens; zwischen den beiden ‣ Epiphysen gelegen	enthält die Markhöhle mit ‣ Knochenmark

Stichwort	Erklärung	Vertiefung

Diastema
diastema

auch ►Trema
►Zahnlücke, die ohne Zahnverlust entstanden ist; meist zwischen den oberen mittleren ►Schneidezähnen
Das „echte" Diastema ist erblich bedingt.
Ursachen:
z. B. ein zu tief ansetzendes ►Lippenbändchen oder ein besonders ausgeprägtes ►interdentales ►Septum

---

Diastole
cardiac diastole

Füllungsphase des ►Herzens
Das ►Blut wird aus den Vorhöfen in die Herzkammern gesaugt.

Blutdruckmessung:
Der 2. Wert bei der Angabe des ►Blutdrucks entspricht dem diastolischen Blutdruckwert.
Gegenteil: ►Systole

Diathermie
diathermy,
surgical diathermy

Gewebszerstörung durch Wärme
►chirurgische Diathermie:
Verfahren, bei dem hochfrequenter Strom zur Trennung oder lokalen Zerstörung von ►Gewebe eingesetzt wird
►Elektrotomie

Zahnheilkunde:
• bei chirurgischen Eingriffen als Skalpellersatz
• zur ►Blutstillung durch ►Elektrokoagulation mit dem ►Elektrotom

---

„Dicke Backe"
parulis, gumboil

Schwellung im Wangen- und Kieferbereich; entstanden durch Eiteransammlung im ►Gewebe

Ursachen:
►Parulis, ►Abszess,
►Parodontitis apicalis

Differentialdiagnose
differential diagnosis

Unterscheidung von ähnlichen/gleichen Krankheitsbildern bei der Diagnosestellung

durch unterschiedliche ►Symptome oder ►Krankheitserreger
z. B. ►Hepatitisformen: A, B, C, D, E, G

---

diffundieren
diffuse

eindringen, durchdringen

Zahnheilkunde:
z. B. Bleichmittel in Zahnhartgewebe, ►Lokalanästhetikum durch die ►Schleimhaut an ►sensible Nervenenden

---

diffus
nonspecific

unklar, unbestimmt, nicht abgegrenzt

z. B. ein unklarer ►Befund auf der ►Röntgenaufnahme, Patientenangabe bei der Lokalisation von ►Schmerzen

---

Digastricus
digastric muscle

Kurzform für **Musculus digastricus**

►zweibäuchiger Muskel

---

digital
digital

Erfassen von bildgebenden Daten, die elektronisch bearbeitet werden, z. B. bei der digitalen Fotografie

Zahnheilkunde:
►optische/digitale Abformung,
►digitales Röntgen
Gegenteil: ►analog

---

digitale Abformung
digital dental impression

►optische ►Abformung

►CAD/CAM

---

digitale Volumentomographie
digital volume tomography

auch **dentale Volumentomographie**
Abkürzung: **DVT**
Weiterentwicklung der ►Computertomographie/CT speziell für die ►Zahnheilkunde

Vorteile gegenüber CT:
• geringere ►Strahlenexposition
• kontrastreichere Darstellung des ►Gesichtsschädels
• dreidimensionale Abbildungen
►Tomographie

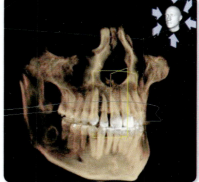

dreidimensionale Übersichtsaufnahme

A
B
C
D
E
F

Stichwort	Erklärung	Vertiefung

A B C D E F

digitales Röntgen
digital radiography

▸Röntgentechnik, welche anstelle des ▸Röntgenfilms einen strahlenempfindlichen ▸Sensor mit Kabelführung zum PC oder eine ▸Speicherfolie mit Auslesegerät verwendet

Die angefertigte Röntgenaufnahme wird nach der Belichtung auf einen Monitor übertragen.

Sensor mit Kabelführung

Vorteile gegenüber ▸analoger Röntgen-technik:
- geringere ▸Strahlenexposition
- schnelles Monitorbild
- Bildbearbeitung möglich
- keine Entwicklungsanlage nötig
- digitale Archivierung
- digitale Weitergabe der Röntgen-aufnahme

Nachteil:
Wenn keine Möglichkeit der Bildbetrach-tung am PC besteht, muss das Bild zur Weitergabe ausgedruckt werden.

DIN

Abkürzung für
Deutsches Institut für **N**ormung

weitere Organisationen:

DIN EN/CEN

Deutsches Institut für **N**ormung, Europäische **N**orm

▸**ISO**

Organisation für internationale Normung

Erarbeitung von ▸Normen und Standards für Medizin und Zahnmedizin, z. B.
- Standard-Einreibemethode für die ▸hygienische ▸Händedesinfektion
- ▸Symbole zur Kennzeichnung von ▸Medizinprodukten
- Röntgen-▸Konstanzprüfung
- Kennzeichnung von ▸Wurzelkanal-instrumenten

---

direkte Überkappung
direct pulp capping

▸medikamentöse ▸Behandlung einer punkt-förmig eröffneten ▸Pulpa mit dem Ziel, deren ▸Vitalität zu erhalten

Das ▸Medikament wird direkt auf die offene Pulpa gelegt.

Gegenteil: ▸indirekte Überkappung

▸Überkappung

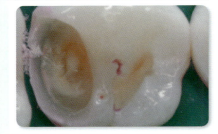

Disaccharid
disaccharide

▸Doppelzucker, z. B. ▸Maltose (Malzzucker), ▸Saccharose (Rohrzucker)

▸Zucker, ▸Kohlenhydrat

Discus articularis
articular disk

auch **Diskus artikularis**

Gelenkscheibe, Gelenkzwischenscheibe

unterteilt das ▸Kiefergelenk in eine obere und untere Gelenkkammer

besteht aus Knorpelgewebe und liegt zwischen dem ▸Condylus und der ▸Kiefergelenkgrube des ▸Schläfenbeins

---

Dislokation
dislocation

Verlagerung, Verschiebung aus der normalen anatomischen Lage heraus

z. B. von Knochenstücken bei ▸Fraktur/Kieferfraktur

---

disloziert
dislocated

verschoben, verlagert

▸Dislokation

---

disponiert
inclined

anfällig, veranlagt

▸Disposition

Gegenteil: ▸resistent

Disposition
disposition

Anfälligkeit, z. B. für die Entwicklung bestimmter Erkrankungen

kann vererbt oder erworben sein

Stichwort	Erklärung	Vertiefung
distal distal	Abkürzung: **d** von der ▸Mittellinie/Zahnbogenmitte wegweisend	Lage-/Richtungsbezeichnung am Zahn, z. B. ▸Zahnflächen, Füllungslagen Gegenteil: ▸mesial
Distalbiss disto-occlusion	auch **Rückbiss** Fehlstellung des ▸Unterkiefers, der weiter als normal ▸distal zurück liegt ▸Gebissanomalie	▸Angle-Klassen Gegenteil: ▸Mesialbiss
distal-exzentrisch disto-excentric	Röntgenkunde: Röntgen-Einstelltechnik, bei welcher der ▸Röntgentubus/▸Zentralstrahl nach ▸distal verschoben ist; dies ermöglicht die getrennte Darstellung mehrerer ▸Wurzeln/▸Wurzelkanäle eines ▸Zahnes. ▸exzentrisch	Der Zentralstrahl wird bei der ▸Röntgenaufnahme eines ▸Mundfilms von schräg hinten (▸distal) durch die ▸Zahnachse geführt. Gegenteil: ▸mesial-exzentrisch
Distalisierung distoplacement	Kieferorthopädie: Bewegung von Zähnen nach ▸distal	erfolgt mit herausnehmbaren ▸kieferorthopädischen Geräten Gegenteil: ▸Mesialisierung
Distanzhülse transmucosal attachment/abutment	Befestigung der ▸Suprakonstruktion nicht direkt auf dem ▸Implantat, sondern auf Metallhülsen; diese überbrücken während der Einheilungsphase den Abstand zwischen Implantat und geplanter Suprakonstruktion und verhindern, dass ▸Zahnfleisch zwischen Implantat und ▸Prothese gequetscht wird.	
disto- disto-	mehrflächige Lage- und Richtungsbezeichnungen in Verbindung mit ▸distal z. B. disto-bukkal, disto-labial, disto-okklusal	
Divergenz divergence	Abweichung, Unterschied **Zahnheilkunde:** ▸Pfeilerzähne, deren ▸Zahnachsen auseinander gehen	
divergieren diverge	auseinanderstreben, abweichen, auseinanderklaffen	▸Divergenz
DMF-S-Index dmf-s-Index decayed- missing- filled- surfaces- Index	▸Kariesindex entspricht ▸DMF-T, wobei statt der Zähne die betroffenen ▸Zahnflächen erfasst werden Der DMF-S-Index erlaubt genauere Aussagen zum ▸Kariesrisiko als der DMF-T-Index. Kennzeichnung: • bleibendes Gebiss: große Buchstaben • ▸Milchgebiss: kleine Buchstaben	DMF-S/dmf-s wird abgeleitet von: • D/d decayed (kariös) • M/m missing (fehlend) • F/f filled (gefüllt) • S/s surfaces (Zahnoberflächen) ▸DMF-T-/dmf-t

Stichwort	Erklärung	Vertiefung
DMF-T-Index dmf-t-Index decayed- missing- filled- tooth/teeth- Index	▸ Kariesindex internationaler ▸ Index zu statistischen Zwecken, z. B. zur Einschätzung des individuellen ▸ Kariesrisikos Kennzeichnung: • bleibendes Gebiss: große Buchstaben • ▸ Milchgebiss: kleine Buchstaben	DMF-T/dmf-t wird abgeleitet von: • D/d decayed (kariös) • M/m missing (fehlend) • F/f filled (gefüllt) • T/t tooth/teeth (Zahn/Zähne) ▸ DMF-S/dmf-s
DNA	Abkürzung für **D**esoxyribo**n**ucleic **a**cid	englische Bezeichnung für ▸ DNS
DNA-Sondentest	Test zur Untersuchung von ▸ Keimen, die eine aggressive ▸ Parodontitis auslösen können	▸ Markerkeime
DNS	Abkürzung für ▸ **D**esoxyribo**n**uklein**s**äure	
Dokumentation medical or treatment documentation	Aufzeichnung aller wichtigen Behandlungsdaten und -abläufe in den Behandlungsunterlagen, in Papierform oder elektronisch, z. B. ▸ Anamnese, ▸ Diagnose, ▸ Therapie, ▸ rechtfertigende Indikation Bestimmungen aus dem Behandlungsvertrag: Dokumentationspflicht, Aufbewahrungspflicht, Aufbewahrungsfristen	
Dolder-Steg Dolder bar	▸ Halte- und Stützelement in Stegform bei ▸ kombiniert herausnehmbar-festsitzendem ▸ Zahnersatz	industriell vorgefertigter ▸ Steg, wird den ▸ Geschieben zugeordnet
Dolor, **Dolores** (Mehrzahl) pain, ache	▸ Schmerz	Zeichen einer ▸ Entzündung
Dolor post extractionem	▸ Schmerz nach einer ▸ Extraktion	häufig ausgelöst durch die ▸ Infektion einer leeren, trockenen ▸ Alveole ▸ dry socket
Dolor post operationem	▸ Schmerz nach einer ▸ Operation	z. B. durch eine ▸ Infektion des ▸ Koagulums, welches die ▸ Wunde ausfüllt
Doppelkrone telescopic crown	auch ▸ **Teleskopkrone**, ▸ **Konuskrone** ▸ Außenteleskop ▸ Innenteleskop	
Doppelmisch-abformung composite impression, putty-wash impression	Zwei ▸ Abformmaterialien werden zeitgleich angemischt und einmal in den ▸ Mund eingebracht. ▸ einzeitig/zweiphasige Abformung ▸ Abformtechniken	
Doppelzucker disaccharide	Zweifachzucker ▸ Disaccharid besteht aus 2 Molekülen ▸ Monosaccharid	haushaltsüblicher Zucker aus Zuckerrüben/Zuckerrohr ▸ Kohlenhydrate, ▸ Zucker
dorsal dorsal	rückwärts, dem Rücken zugewandt	Gegenteil: ventral

Stichwort	Erklärung	Vertiefung
dosieren dose	▸ Dosierung	
Dosierung dosage	genaues Abmessen einer bestimmten Menge eines Stoffes	entspricht der ▸ Dosis z. B. eines ▸ Medikamentes, die im Rahmen einer ▸ Therapie gegeben werden soll
Dosimeter dose meter	Gerät zum Messen der ▸ Dosis von ▸ Röntgenstrahlen oder anderer ▸ ionisierender Strahlen ▸ Röntgendosimeter	wird von ▸ beruflich strahlenexponierten Personen auf der Berufskleidung getragen und im Rahmen des ▸ Strahlenschutzes regelmäßig ausgewertet
Dosis, **Dosen** (Mehrzahl) dosage	Menge eines Stoffes z. B. eines ▸ Arzneimittels oder von Strahlung/▸ Röntgenstrahlen	Therapie: Menge, die benötigt wird, um eine bestimmte Wirkung zu erreichen
Down-Syndrom Down's syndrome	auch ▸ **Trisomie 21** durch genetischen ▸ Defekt entstandene Erkrankung, bei welcher das ▸ Chromosom 21 in den Körperzellen dreimal vorliegt anstatt zweimal	Merkmale: eine unterschiedlich stark vorhandene geistige, evtl. auch körperliche Behinderung
Dragee coated pill	Darreichungsform von ▸ Arzneimitteln: ▸ Tablette, die mit einem glatten Überzug umhüllt ist	erleichtert das Schlucken, löst sich gezielt langsamer auf, z. B. erst im Magen- oder Darmmilieu
Drain drain, drain tube	auch **Drän** ▸ Gaze-, Gummi-, Kunststoffstreifen oder Kunststoffröhrchen werden als ▸ Drainage während einer Operation in eine große Wunde eingelegt.	Zahnheilkunde: z. B. Abfließen von ▸ Eiter aus einem ▸ Abszess Medizin: Bei großen ▸ Wunden münden die Drain-Röhrchen in Flaschen mit Unterdruck, wodurch ständig Wundflüssigkeit abgesaugt wird.
Drainage drainage	auch **Dränage** Ableitung von Wundflüssigkeit durch einen ▸ Drain	
Dreiecksklammer triangular clasp	▸ Halteelement an herausnehmbaren ▸ kieferorthopädischen Geräten	Befestigung im ▸ Interdentalraum
Droge drug	▸ Arzneimittel, Rausch- und Suchtmittel	meist aus Pflanzen/Pflanzenteilen, die durch Trocknung haltbar gemacht werden
Druckstelle pressure sore	auch **Druckgeschwür** ▸ Dekubitus Zahnheilkunde: sehr schmerzhafte ▸ Wunde durch das Abscheuern von Schleimhautschichten Medizin: Liegegeschwür bei lange bettlägerigen Patienten	Ursache: Überbelastung der ▸ Mundschleimhaut durch drückende ▸ Prothesen, ▸ Schienen, ▸ Kfo-Geräte Therapie: schmerzstillende, entzündungshemmende ▸ Medikamente, exakte Entfernung z. B. der scharfen oder zu hohen Kante
Druckverband pressure bandage	Drucktamponade, Kompressionsverband mechanische ▸ Blutstillung durch ▸ Aufbisstupfer, ▸ Tampon/Tamponade aus ▸ Gaze, meist mit blutstillendem Mittel getränkt	Die Drucktamponade wird in das Operationsgebiet eingebracht und der ▸ Patient beißt zu, bis die ▸ Blutung zum Stehen gekommen ist.

A

B

C

D

E

F

Stichwort	Erklärung	Vertiefung
Drüse glandula	‣ Glandula ‣ Organ, das ‣ Sekrete produziert und abgibt	‣ **Exokrine Drüsen** geben ihr Sekret an äußere und innere Oberflächen ab, z. B. ‣ Speicheldrüsen, Schweißdrüsen. ‣ **Endokrine Drüsen** geben ihr Sekret ins ‣ Blut ab, z. B. ‣ Bauchspeicheldrüse, Schilddrüse, ‣ Leber, ‣ Hirnanhangsdrüse.
dry mouth dry mouth	‣ Mundtrockenheit durch Speichelmangel	‣ Xerostomie ‣ Speichel
dry socket dry socket	‣ Alveole, trocken ‣ Alveolitis	leeres ‣ Zahnfach nach der ‣ Extraktion, kein ‣ Blutkoagulum vorhanden
dry-tips	Speichelabsorber Hilfsmittel zur ‣ relativen ‣ Trockenlegung	‣ Watterolle ‣ absorbieren
Dublieren duplication	auch **Doublieren** Herstellen einer Kopie eines Gipsmodells oder Gussteils (Duplikat) über eine ‣ Abformung	**Zahntechnik:** Verwendung des ‣ Modells zur Neuanfertigung von ‣ Zahnersatz
Durchbruchszeiten tooth eruption times	Ungefähre Zeitangaben, wann die ‣ Milchzähne und die bleibenden ‣ Zähne in die ‣ Mundhöhle durchbrechen	‣ Zahndurchbruch ‣ Dentition
DVT digital volume tomography	Abkürzung für ‣ **d**igitale **V**olumen**t**omographie	**Zahnheilkunde:** ‣ extraorale ‣ Röntgentechnik
Dysfunktion dysfunction	Fehlfunktion eines ‣ Organs oder Körperteils	**Zahnheilkunde:** Funktionsstörung des Kauorgans, z. B. ‣ Schmerzen oder Geräusche im ‣ Kiefergelenk ‣ Cranio-mandibuläre Dysfunktion
Dysgnathie dysgnathia	‣ Fehlstellung von ‣ Kiefer, Zähnen oder des gesamten ‣ Kausystems, angeboren oder erworben Fehlstellung angeboren: z. B. ‣ Progenie, ‣ Prognathie, ‣ ANGLE-Klassen Fehlstellung erworben: ‣ Habits	
Dysplasie dysplasia	Fehlentwicklung eines ‣ Gewebes, z. B. des ‣ Zahnhartgewebes ‣ Zahndysplasie ‣ Schmelzhypoplasie	

Stichwort	Erklärung	Vertiefung

Early Childhood Caries

auch ▸ **Baby-Bottle-Syndrom**, ▸ **Nursing-Bottle-Syndrom**

Abkürzung: **ECC**

frühe ▸ Milchzahnkaries

Die Ursachen der ▸ Kariesentstehung führen bei ECC schon in sehr frühem Kindesalter zu häufiger und intensiver ▸ Karies.

EBA-Zement

EBA-cement

Abkürzung für Ethoxibenzoeacid

▸ Befestigungszement, Unterfüllungsmaterial

Flüssigkeit: ▸ Eugenol und Ethoxibenzoesäure

Pulver: ▸ Zinkoxid

ECC

Abkürzung für ▸ Early Childhood Caries

Eckzahn

canine tooth, cuspid tooth

▸ Dens caninus

▸ Frontzahn, ▸ einwurzelig, dritter ▸ Zahn im ▸ Quadrant

Bricht meist als letzter Frontzahn im bleibenden ▸ Gebiss durch. Da oft die ▸ Prämolaren ebenfalls bereits durchgebrochen sind, können Platzprobleme im ▸ Kiefer entstehen.

Eckzahnführung

canine guidance, cuspid guidance

▸ Kontakt der ▸ Eckzähne des ▸ Ober- und ▸ Unterkiefers bei der seitlichen Kieferbewegung

Bei der Seitwärtsbewegung übernehmen die Eckzähne den horizontal ausgeübten Druck; Zähne im ▸ Seitenzahnbereich sind davor geschützt, da hier eine Aufhebung des Kontaktes entsteht.

Edelmetall

precious metal

Metall mit hoher ▸ Korrosionsbeständigkeit, z. B. ▸ Gold, Palladium, ▸ Platin, ▸ Silber

Zahnheilkunde:
Edelmetalle werden im ▸ Mund nie in Reinform verarbeitet, sondern immer als ▸ Legierungen.

Edgewise-Technik

edgewise technique

Kieferorthopädie:
festsitzende ▸ Kfo-Behandlungstechnik mit runden Drähten und Vierkantaußenbögen (▸ Bogen), bei welcher die Zähne im Ganzen parallel verschoben werden

Weiterentwicklung zur ▸ Straight-wire-Technik

Gegenteil: Light-wire-Technik, kippende Bewegung der Zähne

EDTA

Abkürzung für
Ethylene Diamine Tetra-Acetate
(Ethylendiamintetraessigsäure)

Zahnheilkunde:
- zur Spülung des ▸ Wurzelkanals in Kombination mit ▸ Natriumhyperchlorid (NaOCl)
- bei der ▸ Wurzelkanalaufbereitung zum Auffinden und Erweitern von Wurzelkanälen, zum Auflösen der ▸ Schmierschicht

---

EEG

Abkürzung für ▸ Elektroenzephalogramm

---

effektive Dosis

effective dose

Röntgenkunde:
Maß für das Risiko durch ▸ Strahlenbelastung, unter Berücksichtigung der unterschiedlichen Empfindlichkeit von ▸ Geweben/▸ Organen

Maßeinheit: ▸ Millisievert (**mSv**)

Grenzwerte in der ▸ RöV:
Festlegung der zugelassenen Strahlenbelastung für einzelne ▸ Organe und den ganzen Körper

▸ Kontrollbereich

Einartikulieren

mounting

▸ Fixieren der Gipsmodelle von ▸ Ober- und ▸ Unterkiefer in der korrekten Lage zueinander, in einem ▸ Artikulator

erfolgt meist durch den Zahntechniker im ▸ Dentallabor

▸ Artikulation

Stichwort	Erklärung	Vertiefung

A
B
C
D
E
F

Stichwort	Erklärung	Vertiefung
Einbetten embedding	**Zahntechnik:** Bei der Herstellung von ▸Zahnersatz wird das in ▸Wachs modellierte Werkstück (z. B. ▸Inlay, ▸Krone) in einen Spezialgips (Einbettmasse) eingebettet.	Durch Ausbrennen/Ausbrühen des Wachses entsteht ein Hohlraum, der mit dem endgültigen Material gefüllt wird, z. B. Metalllegierung.
Einbüschelbürste single-bristled toothbrush	▸Borstenfeld besteht nur aus einem Borstenbüschel. ▸Zahnbürste	Anwendung: Reinigung z. B. von ▸festsitzenden ▸Kfo-Apparaturen und ▸Sekundärkronen
Einfachzucker simple sugar	▸Monosaccharid, z. B. Glukose (▸Trauben-zucker), ▸Fructose (▸Fruchtzucker)	▸Kohlenhydrat, ▸Zucker
Eingliedern incorporation	endgültiges, dauerhaftes Einsetzen von ▸Zahnersatz in der ▸Mundhöhle des ▸Patienten	Das Eingliedern der ▸Restauration umfasst z. B.: • Anpassen/Einschleifen • Befestigen/Zementieren • Informationen zur Verwendung, Pflege
eingliedrig one pontic	eingliedrige Brücke Brücke mit nur einem ▸Brückenglied	▸Brücke
Einheit unit	maschinelle ▸Instrumente am zahnärztlichen Behandlungsplatz	Station für ▸Übertragungsinstrumente (▸Turbine, ▸Hand- und ▸Winkelstücke), ▸Mehrfunktionsspritze, ▸Ultraschallgerät
Einlage medical filling	auch **medikamentöse Einlage** im Rahmen einer ▸Wurzelkanalbehandlung Aufgaben: • ▸Desinfektion des infizierten ▸Wurzelkanals • schmerzlindernde, beruhigende Wirkung • Verschluss des aufbereiteten Wurzelkanals	▸Medikamente: • Lösungen mit ▸desinfizierender oder antibiotischer Wirkung z. B. ▸ChKM, ▸Chlorhexidin • ▸Pasten zur Anregung der ▸Odonto-blasten, z. B. ▸Calciumhydroxid
Einlagefüllung inlay	▸Inlay Füllung aus ▸Gold, ▸Keramik oder ▸Kunst-stoff, die außerhalb des ▸Mundes modelliert und ▸adhäsiv oder mit ▸Zement befestigt wird	
einligieren ligate	**Kieferorthopädie:** Einbringen des ▸Bogens in die auf den Zähnen befestigten ▸Brackets	▸ligieren Gegenteil: ▸ausligieren
Einmalhandschuhe disposable gloves	Schutzhandschuhe zum einmaligen Ge-brauch, meist keine ▸Desinfektion möglich	▸Handschuhe
Einmalspritze disposable syringe	▸Spritze zur einmaligen Verwendung, meist mit Kunststoffgehäuse	▸Spritzensysteme
Einphasenabformung single phase impression	▸Doppelmischabformung ▸Abformung eines ▸Kiefers mit nur einem Material oder mit zwei unterschiedlichen Materialien gleichzeitig ▸Abformungstechnik: einzeitig/zweiphasig	
Einprobe try-in, mock-up	Anprobe eines Werkstückes/▸Restauration vor der endgültigen Fertigstellung, z. B. große ▸Brücken oder ▸Prothesen Überprüfung der Arbeit auf richtigen Sitz, ▸Funktion, ▸Ästhetik	

Stichwort	Erklärung	Vertiefung
Einschleifen grinding, occlusal contouring	z. B. ►funktionelles Einschleifen Abtragen von störenden Anteilen auf der ►Kaufläche natürlicher oder künstlicher Zähne	zur Verbesserung von ►Okklusion und ►Artikulation
Einschnitt cut, section	Hineinschneiden in ►Gewebe, z. B. zur Eröffnung eines ►Abszesses	►Inzision
einspannig single-span	einspannige ►Brücke Brücke mit einer ►Spanne, welche eine durchgehende Lücke von einem oder mehreren fehlenden Zähnen durch ►Brückenglieder schließt	Gegenteil: ►mehrspannig
Einstückgussprothese model casting	auch ►**Modellgussprothese**	Abkürzung: ESG
Einwirkzeit reaction period	Abkürzung: **EWZ** Zeit, die ein ►Desinfektionsmittel benötigt, um seine volle Wirkung zu entfalten	Die EWZ ist abhängig von den unterschiedlichen Produkten und der ►Konzentration des Desinfektionsmittels. Angaben des Herstellers beachten!
einwurzelig one-rooted	►Zahn mit einer ►Zahnwurzel Gegenteil: ►mehrwurzelig	►Oberkiefer: ►Inzisivi, ►Canini ►Unterkiefer: zweite ►Prämolaren
Einzementieren cementation	►definitives Befestigen von ►festsitzenden ►Restaurationen	
Eiter matter, pus	►Pus Ansammlung von abgestorbenem ►Gewebe, ►Leukozyten und ►Eitererregern, die sich offen im Gewebe befinden Absonderung als gelbliche Flüssigkeit In den meisten Fällen deutet Eiterbildung auf eine ►bakterielle ►Infektion hin. Vorkommen: • ►Abszess • ►Empyem • ►Phlegmone	
Eitererreger pyogenic bacteria	►Bakterien, die ►eitrige ►Entzündungen verursachen	meist ►Staphylokokken, ►Streptokokken
eitrig purulent	►Eiter, z. B. eitrige ►Entzündung	►Pulpitis purulenta
Eiweiß protein	►Proteine aus ►Aminosäuren aufgebaute ►Makromoleküle gehören zu den Grundbausteinen aller ►Zellen	Der Körper spaltet das Nahrungseiweiß/Proteine im Verdauungsprozess auf in ►Aminosäuren und setzt diese teilweise zu körpereigenem Eiweiß zusammen, z. B. als ►Antikörper, ►Enzyme, ►Hämoglobin.
EKG	Abkürzung für ►Elektrokardiogramm	
Ekzem eczema	►Entzündung der ►Haut mit Juckreiz, nicht ansteckend ►Allergie, ►Kontaktallergie	häufig allergische Reaktion, z. B. auf zahnärztliche Materialien wie ►Handschuhe oder ►Abformmaterial

A
B
C
D
E
F

Stichwort	Erklärung	Vertiefung
Elastics elastics	Kieferorthopädie: ▸ intraorale Gummibänder werden so zwischen die Zähne gespannt, dass Druck- und Zugkräfte entstehen, welche die Zähne bewegen.	kleine hochelastische farbige Gummiringe (oder ▸ Ligaturen aus ▸ Kunststoff), mit denen der ▸ Bogen im ▸ Bracket befestigt wird; vereinfacht das ▸ Ligieren für ▸ Patienten und Kieferorthopäden
elastisch elastic	biegsam, dehnbar Gegenteil: ▸ starr	z. B. ▸ Abformmaterialien, die ein gutes ▸ Rückstellvermögen besitzen
Elastomere elastomer	Überbegriff für ▸ irreversibel-elastische ▸ Abformmaterialien: ▸ Silikone, ▸ Polyether, ▸ Polysulfide Anwendung: • ▸ Funktionsabformung • ▸ Doppelmischabformung • ▸ Korrekturabformung	Verarbeitung: Elastomere werden als Basispasten in unterschiedlicher ▸ Konsistenz mit einem ▸ Härter (Paste, Flüssigkeit) vermischt. Einteilung der Konsistenzen: ▸ light body, ▸ regular body, ▸ heavy body, ▸ putty
Elektroenzephalo-gramm electroencephalogram	Abkürzung: **EEG** Aufzeichnung von Gehirnströmen	Untersuchungsmethode in der ▸ Neurologie
Elektrokardiogramm electrocardiogram	Abkürzung: **EKG** Aufzeichnung der herzeigenen elektrischen Ströme	zur Diagnostik verschiedener Herzkrankheiten; gibt Auskunft über Herzrhythmus; Ableitung erfolgt an der Körperoberfläche
Elektronen electron	negativ geladene Teilchen eines ▸ Atoms	▸ Röntgenröhre
elektronisches Längenmessgerät endometry	auch ▸ **Endometrie** elektronische Bestimmung der Länge des aufbereiteten ▸ Wurzelkanals als Alternative bzw. Ergänzung zur ▸ Röntgenmessaufnahme Das Gerät misst über das eingeführte ▸ Wurzelkanalinstrument den elektrischen Widerstand im Wurzelkanal und zeigt an, wann das ▸ Foramen apicale erreicht ist. Die Anzeige erfolgt über das Display des Messgerätes oder über einen Signalton.	
Elektrotom electrotome	auch **Elektrokauter, Thermokauter** Gerät zur Durchführung der ▸ Elektrotomie	kleinflächiger Ansatz, erzeugt Hitze über 100° C
Elektrotomie elektrotomy	▸ Hochfrequenz-Chirurgie mit dem ▸ Elektrotom ermöglicht durch Hitzeentwicklung das Durchtrennen und Abtragen von ▸ Gewebe kann Blutungen aus kleinen eröffneten ▸ Blutgefäßen durch sofortiges „Verschmelzen" zum Stillstand bringen (▸ Koagulation) ▸ Diathermie	Besonderheiten: • Vorsicht bei ▸ Patienten mit ▸ Herzschrittmachern (ältere Modelle) • Metallinstrumente (z. B. zahnärztlicher Spiegel) dürfen nicht mit der heißen Arbeitsspitze in Berührung kommen, da sonst sofort eine Brandwunde entsteht.
Element element	chemisches Element: Grundstoff, der durch chemische Verfahren nicht weiter zerlegt werden kann	▸ Atom
Elevatorium elevator	stumpfes chirurgisches Instrument zum Lösen des ▸ Periost Im Gegensatz dazu ist das ▸ Raspatorium am Arbeitsende scharf.	

Stichwort	Erklärung	Vertiefung
Elongation tooth elongation	Herauswachsen/„Verlängerung" eines ▸Zahnes aus der ▸Alveole meist durch das Fehlen des ▸Antagonisten im Gegenkiefer	
elongiert elongated	herausgewachsen	▸Elongation
Elyzol®	▸Antibiotikum als ▸Gel zur Bekämpfung von parodontologischen ▸Markerkeimen	Das Metronidazol-Gel wird nach der ▸Kürettage in die ▸Zahnfleischtasche eingebracht.
Embolie embolism	Verstopfung eines ▸Blutgefäßes durch einen ▸Embolus	plötzlich eintretendes Ereignis, z. B. durch die Verschleppung eines ▸Blutgerinnsels; Vorkommen z. B. als Lungenembolie, Hirnembolie
Embolus embolus	das ▸Blutgefäß verstopfende ▸Blutgerinnsel, ▸Thrombus	▸Embolie
Embryo embryo	noch nicht geborenes Kind	Bezeichnung bis zum Ende der achten Schwangerschaftswoche, danach ▸Fötus/Fetus
Emphysem emphysema	Luftansammlung im ▸Gewebe	**Zahnheilkunde:** bei zu starkem Ausblasen eines ▸Wurzelkanals bzw. beim Spülen mit ▸H_2O_2
EMPRESS® pressed all-ceramic	Pressverfahren (Fa. Ivoclar) auf der Basis von ▸Glaskeramik zur Herstellung von z. B. ▸Kronen, ▸Inlays	
Empyem empyema	Ansammlung von ▸Eiter in einer natürlich vorhandenen Körperhöhle, z. B. in der ▸Kieferhöhle	▸Pus
Emulsion emulsion	fein verteiltes Gemisch zweier normalerweise nicht mischbarer Flüssigkeiten	z. B. ▸Arzneimittel für die äußere Anwendung (▸Salbe) Milch: Öl-in-Wasser-Emulsion
Enamelum dental enamel	auch **Substantia adamantina** ▸Zahnschmelz	äußere Schicht der anatomischen ▸Zahnkrone
Endo..., endo... end(o)	Wortbestandteil für: innen, innerhalb	siehe die nachfolgenden Fachbegriffe
Endobox endobox	Metallbehälter zur Aufbewahrung von ▸sterilen ▸Wurzelkanalinstrumenten und ▸Wurzelfüllmaterialien	Box muss steril gelagert werden.
Endodontie endodontics	Teilgebiet der ▸konservierenden ▸Zahnheilkunde, das sich mit der ▸Diagnose und ▸Therapie von Erkrankungen der ▸Pulpa und dem angrenzenden ▸Dentin beschäftigt	Endodontologie: Lehre von den Erkrankungen des Zahninneren ▸Endodontium, ▸Wurzelkanalbehandlung

A
B
C
D
E
F

Stichwort	Erklärung	Vertiefung
Endodontium endodontium	auch **Pulpa-Dentin-Einheit** Kurzform: **Endodont** anatomische Einheit von ▸Pulpa mit dem sie umgebenden ▸Dentin	reagiert auf äußere ▸Reize, z. B. ▸Karies oder Fehlbelastung Gegenteil: ▸Parodontium
endogen endogenic	zum Inneren des Körpers gehörend, von innen kommend/entstehend, z. B. Erkrankungen	Gegenteil: ▸exogen
Endokard endocardium	auch **Endocard** Herzinnenhaut ▸Endokarditis	sehr glatte, innerste Schicht der Herzwand, verhindert das Anlagern von ▸Thrombozyten
Endokarditis endocarditis, inflammation of the endocardium	auch **Endocarditis** ▸Entzündung der Herzinnenhaut ▸Endokard ▸Bakteriämie	Ursache: Eindringen von ▸Mikroorganismen (meist ▸Bakterien/▸Streptokokken) in die Blutbahn, was bereits durch das Zähneputzen erfolgen kann; schweres Krankheitsbild; kann je nach Vorerkrankung zum Tode führen.
Endokarditis-prophylaxe endocarditis prophylaxis	Vorbeugende Maßnahmen gegen eine Entzündung der ▸Herzinnenhaut, ausgelöst durch einen zahnärztlich-▸chirurgischen Eingriff Schaffung von ▸Antiseptik durch Mundspüllösungen, z. B. ▸Chlorhexidin	Gabe von ▸Antibiotika zur Abtötung eindringender ▸Krankheitserreger in die Blutbahn, nur bei besonders gefährdeten ▸Patienten
endokrin endocrinal	nach innen abgebend, absondernd, z. B. endokrine ▸Drüse	Gegenteil: ▸exokrin
Endometrie endometry	elektronische Bestimmung der Länge des ▸Wurzelkanals ▸elektronisches Längenmessgerät	in Verbindung mit einer ▸Wurzelkanalaufbereitung
endständig terminal	▸Lagebezeichnung: ▸distal gelegen, der letzte ▸Zahn in der ▸Zahnreihe im vollbezahnten ▸Gebiss die ▸Weisheitszähne	
Energiedosis absorbed dose	Röntgenkunde: Maß für die Strahlungsenergie, die von 1 kg Körpergewebe aufgenommen wird	Maßeinheit: ▸Gray (**Gy**) ▸Absorption
en face en-face	Ansicht von vorn, ins ▸Gesicht **Kieferorthopädie:** • **En-face-Aufnahme:** Foto oder ▸Röntgenaufnahme eines Gesichts oder ▸Schädels von vorne • **En-face-Analyse:** Beurteilung des Gesichts oder Schädels im Hinblick auf ▸Anomalien, z. B. fehlerhafte Proportionen Gegenteil: ▸en profil	

Stichwort	Erklärung	Vertiefung
Engstand crowding of teeth	auch **Zahnengstand** Der ›Zahnbogen in der Front ist zu eng/zu klein für die Größe der Zähne, welche dadurch schief oder gedreht stehen. • ›**primärer Engstand:** angeboren • ›**sekundärer Engstand:** erworben, z. B. durch zu frühen Verlust der ›Milchzähne	›kieferorthopädische ›Behandlung notwendig, da sonst: • beeinträchtigte ›Ästhetik • ›Kariesentstehung durch ›Schmutznischen • ›Parodontopathien im Alter
enossal intraossal	innerhalb des ›Knochens liegend, z. B. enossaler ›Abszess	Verankerung von enossalen ›Implantaten
en profil en-profil	Ansicht von der Seite, seitlich, im ›Profil **Kieferorthopädie:** • **En-profil-Aufnahme:** Foto oder Röntgenaufnahme eines ›Gesichtes oder ›Schädels von der Seite • **En-profil-Analyse:** Beurteilung des Gesichts oder Schädels im Hinblick auf ›Anomalien Gegenteil: ›en face	
Entkalkung decalcification	Entzug von ›Mineralstoffen, z. B. im ›Zahnschmelz, welcher dadurch kariesanfälliger wird ›Demineralisation	
Entwickler developer	auch **Entwicklerbad, Entwicklerlösung** **Röntgenkunde:** Die belichteten ›Silberbromidteilchen (AgBr) werden umgewandelt in schwarzes, metallisches ›Silber.	Die ›Röntgenaufnahme ist durch die chemische Lösung sichtbar geworden, aber noch lichtempfindlich. Es muss sich der ›Fixierer anschließen.
Entwicklungsautomat processor	**Röntgenkunde:** Gerät zur vollautomatischen Entwicklung von ›Röntgenaufnahmen, welches die frühere Handentwicklung abgelöst hat.	Der belichtete Film wird über Transportrollen durch die einzelnen Bäder geführt, wobei die ›Zwischenwässerung entfällt. ›Entwickler, ›Fixierer
Entwicklungsvorgang developing process	Die Bearbeitung der belichteten ›Röntgenfilme umfasst fünf Teilschritte: • ›Entwickler(-bad) • ›Zwischenwässerung • ›Fixierer(-bad) • Endwässerung • Trocknung	Die Teilschritte der Handentwicklung werden in der Dunkelkammer durchgeführt. ›Entwicklungsautomat
Entzündung inflammation	Abwehrreaktion des Körpers auf ›bakterielle, ›chemische, ›physikalische/›thermische und mechanische ›Reize, die mit bestimmten ›Entzündungszeichen abläuft • ›**akute Entzündung:** heftige, plötzlich auftretende Körperreaktion auf den Entzündungsreiz, z. B. bei ›Arthritis, ›Parodontitis apicalis, ›Pulpitis • ›**chronische Entzündung:** langsam verlaufende, sich entwickelnde, oft langwierige Entzündung, z. B. bei ›Arthrose, ›Parodontitis apicalis chronica, ›Pulpitis chronica	Fachbegriffe, die Entzündungen benennen, sind immer durch die Endung „-itis" gekennzeichnet.

A
B
C
D
E
F

Stichwort	Erklärung	Vertiefung
entzündungs-hemmend anti-inflammatory	z. B. entzündungshemmende ▸Medikamente	▸Antiphlogistikum
Entzündungszeichen signs of inflammation	▸Symptome einer ▸Entzündung: • ▸Ruber – Rötung • ▸Tumor – ▸Schwellung • ▸Calor – Wärme/Hitze • ▸Dolor – ▸Schmerz • ▸Functio laesa – eingeschränkte ▸Funktion	Die 5 Leitsymptome werden auch als Kardinalsymptome einer Entzündung bezeichnet und waren schon im Altertum/bei den Römern bekannt.
Enzym enzyme	auch **Ferment** Eiweißstoffe, die Stoffwechselvorgänge beeinflussen ▸Biokatalysator	Enzymnamen enden auf „-ase", z. B. ▸Amylase; werden teilweise vom Körper selbst gebildet oder mit der Nahrung aufgenommen (z. B. im Honig).
Epidemie epidemic disease	infektiöse Massenerkrankung, die zeitgleich in einem abgegrenzten Gebiet auftritt, z. B. bestimmte Grippeerkrankungen	Ausbreitung • in einem begrenzten Gebiet: Endemie • in weiten Gebieten (Völker, Welt): ▸Pandemie
Epidermis epiderm	äußerste Hautschicht, ▸Oberhaut	▸Haut
Epiglottis epiglottic cartilage	▸Kehldeckel verschließt die ▸Luftröhre beim Schluckvorgang	▸Kehlkopf
Epikrise epicrisis	Beurteilung einer überstandenen ▸Krankheit nach Ursache und Verlauf, evtl. ▸Prognose über weiteren Verlauf	meist in Form eines schriftlichen Berichtes
Epilepsie epilepsy, falling sickness	auch ▸**Fallsucht** Überbegriff für ▸Krankheiten, die anfallsweise Krampfanfälle und Bewusstseinsstörungen auslösen ▸Bewusstsein, ▸Epileptiker	**Zahnheilkunde:** ▸Medikamente, die bei Epilepsie verordnet werden, können eine ▸Hyperplasie der ▸Gingiva auslösen.
Epileptiker epileptic	Person, welche an ▸Epilepsie erkrankt ist	Aufgrund der ▸Anamnese muss das Risiko für einen Krampfanfall während der ▸Behandlung abgewogen werden.
Epiphyse epiphysis	Gelenkende eines Röhrenknochens, mit ▸Knorpel überzogen ▸Diaphyse	bildet mit anderen ▸Knochen ein ▸Gelenk, z. B. Oberschenkelknochen als Teil des Hüftgelenks
Epithel epithelial tissue	auch **Epithelgewebe** Deckgewebe, oberste Schicht von ▸Haut und ▸Schleimhaut	bedeckt äußere und innere Körperoberflächen
Epithelansatz epithelial attachment	Bezeichnung für das ▸Sulkusepithel, welches natürlicherweise mit dem ▸Zahnschmelz verwachsen ist	▸Gingiva
Epithelialisierung epithelization	Neubildung von Epithelgewebe bei der Heilung einer ▸Wunde	entwickelt sich aus unbeschädigten Randbereichen des ▸Epithels
Epithese epithesis	▸Defektprothese Gesichtsprothese zum Ersatz von Zähnen, ▸Schleimhaut, ▸Kieferknochen	▸Obturator ▸Zahnfleischmaske

Stichwort	Erklärung	Vertiefung

Epulis
peripheral odontogenic fibroma

➤ Geschwulst aus ➤ Granulationsgewebe, welche vom ➤ Parodontium eines ➤ Zahnes ausgeht

sitzt halbkugelförmig auf dem ➤ Alveolarfortsatz

meist ➤ gutartig, Entfernung durch ➤ Exzision

Ergonomie
ergonomics

Lehre von der menschlichen Arbeit

Sie befasst sich damit, die Arbeitsbedingungen dem Menschen anzupassen und den individuellen Gesundheitsschutz zu fördern.

Zahnheilkunde:
möglichst optimale Behandlungsposition sowie problemloser Zugriff auf ➤ Instrumente und Materialien und ausreichende Beleuchtung

---

ergonomisch
ergonomically

die ➤ Gesundheit nicht unnötig belastend, z. B. ergonomischer Arbeitsplatz

➤ Ergonomie

Erosion
erosion

Schädigung des ➤ Zahnhartgewebes nach häufiger direkter Säureeinwirkung; durch schnellen Abrieb der erweichten Zahngewebe

- ➤ **extrinsische Erosion:** durch ➤ Säure, die in den ➤ Mund eingebracht wird über Nahrungsmittel, z. B. Früchte, Essig, Cola, Obstsäfte
- ➤ **intrinsische Erosion:** durch Magensäure, die bis in die ➤ Mundhöhle gelangt
- ➤ Bulimie, Sodbrennen
- ➤ Basic-Erosive-Wear-Examination

BEWE Grad 3

Ersatzzähne
substitution tooth/teeth, succedaneous teeth

Bleibende Zähne (Zahn 1–5), welche bei der zweiten ➤ Dentition an die Stelle der ➤ Milchzähne treten und diese ersetzen

- ➤ Dentition
- ➤ Zahnentwicklung
- ➤ Zuwachszähne

---

erschwerter Zahndurchbruch
impeded eruption of teeth

➤ Perikoronitis, ➤ Dentitio difficilis
➤ Zahndurchbruch

Entzündung um die Zahnkrone des durchbrechenden Zahnes 48

Erstabformung
primary impression

auch **Vorabformung**

im Zusammenhang mit der Durchführung einer ➤ Korrekturabformung

➤ Abformung

Erste-Hilfe-Maßnahmen
first aid measures

Sofortmaßnahmen zur Wiederbelebung
➤ Notfall

➤ CAB-Schema

---

erworbene Immunschwäche
acquired immuno deficiency syndrome

➤ AIDS

➤ HIV

Erythem
erythema

begrenzte Rötung von ➤ Haut oder Mund-/ ➤ Schleimhaut durch gesteigerte Hautdurchblutung, ➤ Hyperämie

entsteht z. B. durch ➤ Infektion oder mechanischen Druck, z. B. durch ➤ Prothesen

Stichwort	Erklärung	Vertiefung
Erythrosin erythrosine	▸ Plaque-Färbemittel, rot, jodhaltig ▸ Revelatoren	Vorsicht bei ▸ Allergien auf ▸ Jod
Erythrozyten erythrocyte, red blood cells	rote ▸ Blutkörperchen runde, scheibchenförmige Zellen	Transport von ▸ Sauerstoff und ▸ Kohlendioxid im ▸ Blut ▸ Hämoglobin, ▸ Gasaustausch
ESG	Abkürzung für ▸ **E**instückgussprothese	▸ Modellgussprothese
essenziell essential, idiopathic	wesentlich, unverzichtbar, lebensnotwendig, z. B. ▸ Aminosäuren, Fettsäuren, ▸ Fluoride	Stoff, den der Körper nicht selbst herstellen kann
Ethylene Diamine Tetra-Acetate	▸ EDTA	
Eugenol eugenol	Hauptbestandteil von ▸ Nelkenöl; wirkt ▸ antibakteriell, ▸ anästhesierend	Zahnheilkunde: als ▸ Zinkoxid-Eugenol zur ▸ indirekten ▸ Überkappung
eugnath eugnathic	▸ Eugnathie	▸ Biss
Eugnathie eugnathia	Zahnheilkunde: ideales, anatomisch korrektes ▸ Gebiss, keinerlei ▸ Anomalien ▸ Neutralbiss: Zähne treffen bei der ▸ Okklusion regelgerecht aufeinander, die Kaukraft wird gleichmäßig auf den gesamten ▸ Kiefer verteilt. Gegenteil: ▸ Dysgnathie	
Evaluation evaluation	▸ systematische ▸ Untersuchung zur Bewer- tung/Beurteilung, z. B. im Hinblick auf die Zahnarztpraxis Dabei sollen Nutzen und Wert erfasst und eine objektive Darstellung erreicht werden.	Zahnheilkunde: Überprüfung von Untersuchungs- ergebnissen ▸ Qualitätsmanagement
evaluieren evaluate	etwas bewerten, beurteilen	▸ Evaluation
Ex..., ex... ex	Wortbestandteil mit der Bedeutung: aus, heraus, weg	siehe die nachfolgenden Fachbegriffe
Exanthem exanthema	Hautausschlag großflächig, ▸ akut auftretend	bei einer ▸ infektiösen Allgemeinerkrankung (z. B. Masern, Röteln) oder häufig als allergische Reaktion, z. B. auf ▸ Arzneimittel
Exitus exitus	allgemein: Ausgang	medizinisch: Tod
Exkavieren excavation	aushöhlen, entfernen von ▸ kariösem ▸ Dentin	▸ Instrumente: ▸ Rosenbohrer oder ▸ Exkavator
Exkavator dental excavator	▸ Handinstrument mit kleinem, scharfem, löffelförmigem Arbeitsende	dient zur Entfernung von kariösem ▸ Dentin

Exkochleation excochleation	Auskratzen von ▸ Gewebe in einem Hohlraum, z. B. einer Knochenhöhle	▸ chirurgischer Eingriff mit einem ▸ scharfen Löffel

Stichwort	Erklärung	Vertiefung
exogen exogenous	von außen in den Körper gelangend, z. B. ➤Krankheitserreger	Gegenteil: ➤endogen
exokrin exocrine	nach außen abgebend, absondernd, z. B. exokrine ➤Drüse	Gegenteil: ➤endokrin
Exostose exostosis	gutartiger Knochentumor, z. B. an der Innenseite des ➤Unterkiefers	selten im ➤Gaumen oder am ➤Alveolarfortsatz des ➤Oberkiefers
Expander expander	Trainingsgerät zur Stärkung der ➤Muskulatur ➤Lippenhalter	Zahnheilkunde: ➤Lippen- und Wangenexpander, Kunststoffspannrahmen zum selbstständigen Abhalten von Lippen und ➤Backen
expandieren expand	sich ausdehnen, vergrößern, erweitern	Gegenteil: ➤kontrahieren
Expansion expansion	Ausdehnung, Erweiterung Wärmeausdehnung, z. B. von Metallen ➤Abbindeexpansion	Kieferorthopädie: z. B. ➤Gaumennahterweiterung mit einer ➤Dehnplatte Gegenteil: ➤Kontraktion
Explantation explantation	Entfernen von ➤Implantaten, z. B. wegen Lockerung	Gegenteil: ➤Implantation
Exstirpation extirpation	vollständige ➤operative Entfernung eines erkrankten ➤Gewebes oder ➤Organs	Zahnheilkunde: Entfernung der lebenden oder abgestorbenen ➤Pulpa ➤Vitalexstirpation, ➤Mortalexstirpation
Exstirpationsnadel endodontic broach	auch ➤**Nervnadel** Kleininstrument mit Widerhaken zur Entfernung der ➤Pulpa aus dem ➤Wurzelkanal	
exstirpieren extirpate	herauslösen, herausreißen	➤Exstirpation
externus external	auch **extern** außen, äußerlich, der Äußere	Gegenteil: ➤internus, intern
extra... extra	Wortbestandteil mit der Bedeutung: außen, außerhalb	siehe die nachfolgenden Fachbegriffe
extrahieren extract	herausziehen, entfernen	➤Extraktion
extrakoronal extracoronal	außerhalb einer ➤Krone Gegenteil: intrakoronal	z. B. Teil eines ➤Geschiebes als ➤Patrize ➤mesial oder ➤distal an der Krone befestigt
Extraktion tooth extraction	auch **Zahnextraktion** Herausziehen, Ziehen eines ➤Zahnes ➤Zahnentfernung	
Extraktionstherapie serial extraction	➤Extraktion von bleibenden Zähnen im Rahmen einer ➤Kfo-Behandlung	z. B. bei zu wenig Platz im ➤Zahnbogen

A
B
C
D
E
F

Stichwort	Erklärung	Vertiefung
Extraktionszange extraction forceps	auch ›**Zahnzange** ›chirurgisches ›Instrument zur Entfernung von Zähnen Je nach ›Zahn und ›Zahngruppe werden unterschiedliche geformte Zangen verwendet: • ›Bajonettzange • ›Rabenschnabelzange • ›Wurzelzange	 *OK-Wurzelzange für Frontzahnbereich*
extraoral extraoral	außerhalb des ›Mundes	z. B. extraorale ›Röntgenaufnahme Gegenteil: ›intraoral
extrapulpär extrapulpal	außerhalb der ›Pulpa	Gegenteil: ›intrapulpär
extrazellulär extracellular	außerhalb der ›Zelle	›Polysaccharide/extrazellulär Gegenteil: ›intrazellulär
Extremitäten extremities	Gliedmaßen des Körpers	obere Gliedmaßen: Arme untere Gliedmaßen: Beine
extrinsisch extrinsic	von außen her, außerhalb eines ›Zahnes entstehend • ›Verfärbungen der Zähne • ›Bleichen der Zähne • ›Erosionen durch Nahrungsmittel Gegenteil: ›intrinsisch	
Extrusion extrusion	Zahnbewegung aus der ›Alveole/ aus dem ›Kiefer heraus Gegenteil: ›Intrusion	Ursachen: • Fehlen des ›Antagonisten/›Elongation • Zahnbetterkrankung/›Parodontopathie • ›traumatisches Herausschlagen • ›kieferorthopädische ›Behandlung
exzentrisch excentric	Abweichung vom Mittelpunkt, nicht im Zentrum liegend	Röntgenkunde: ›exzentrische Projektion
exzentrische Projektion excentric projection	Röntgenkunde: spezielle Einstelltechnik des ›Zentralstrahls, um z. B. ›Wurzeln oder ›Wurzelkanäle eines ›mehrwurzeligen ›Zahnes getrennt, d. h. ohne Überlagerung, darstellen zu können ermöglicht die Lagebestimmung eines ›retinierten Zahnes • ›mesial-exzentrisch • ›distal-exzentrisch Gegenteil: ›orthoradiale Einstellung	Der ›Zentralstrahl trifft nicht ›orthoradial (senkrecht) auf die Tangente des ›Zahnbogens, sondern ist verschoben nach ›mesial oder ›distal.
exzidieren excise	›operativ entfernen, ausschneiden	›Exzision
Exzision excision	Aus-/Herausschneiden von Körpergewebe, z. B. zur ›histologischen ›Untersuchung ›Probeexzision	Gegenteil: ›Inzision

Stichwort	Erklärung	Vertiefung
F	▸Symbol für das chemische ▸Element ▸**Fluor**	Zahnheilkunde: ▸Fluoride, ▸Fluoridierung
Facette facet	auch **Fassette** ▸Verblendung, Verkleidung aus ▸Keramik oder ▸Kunststoff in ▸Zahnfarbe an ▸Kronen oder ▸Brückengliedern ▸Veneer	
Fachzahnarzt dental specialist	▸Zahnarzt, der zum Grundstudium der ▸Zahnheilkunde noch ein Zusatzstudium in einem bestimmten zahnmedizinischen Fachgebiet absolviert hat	z. B. ▸Kieferorthopädie, ▸Oralchirurgie, ▸Parodontologie, ▸Kieferchirurgie, ▸Kinderzahnheilkunde
facial pertaining to the face	auch **fazial** dem ▸Gesicht zugewandt, zum Gesicht hin, zur Zahnaußenseite hin gelegen	Lage-/Richtungsbezeichnung am Zahn
Facialis facial nerve	auch **Fazialis** Kurzform für **Nervus facialis** ▸Gesichtsnerv	VII. ▸Hirnnerv, als ▸motorischer ▸Nerv für die ▸Mimik zuständig ▸Nerven
Facialisparese facial palsy, facial nerve paralysis	auch **Fazialislähmung** Lähmung des ▸Nervus facialis wird ausgelöst durch Unfälle, ▸Operationen oder ▸Krankheiten ▸Parese	▸Symptome: z. B. ▸Mundwinkel hängen herab, Mundschluss ist nicht mehr möglich, Augenlid schließt nicht vollständig; meist einseitig vorkommend, aber auch beidseitig möglich.
fakultativ optional	wahlweise, freigestellt, nicht verbindlich	Gegenteil: ▸obligatorisch
Fallsucht falling sickness	▸Epilepsie	krampfartige Anfälle
Färbemittel plaque indicators plaque disclosing tablets	auch ▸**Plaquefärbemittel** Revelator, Plaquerevelator zum Sichtbarmachen von ▸Plaque auf Zahnflächen 	Einfarben-Plaque-▸Indikatoren: färben ▸Beläge meist rot (z. B. mit ▸Erythrosin) oder blau ein Zweifarben-Plaque-▸Indikatoren: färben ▸Beläge zweifarbig ein, wodurch sich frische von alter Plaque unterscheiden lässt fluoreszierende Färbemittel: Anfärbung nur unter ultraviolettem Licht sichtbar
Farbring shade guide	Farbskala für den ▸Zahntechniker zur Bestimmung/Festlegung der ▸Zahnfarbe bei Prothetikarbeiten	unterschiedliche Farbringe für ▸Keramik und ▸Kunststoff
Fassette facet	auch ▸**Facette**	
Faszie fascia	auch **Fascia** Muskelhaut aus ▸Bindegewebe, welche die Muskelbündel umhüllt	▸Muskel

Stichwort	Erklärung	Vertiefung
Faulecke angular stomatitis, angular cheilitis	›Rhagade eingerissener, entzündeter ›Mundwinkel, Schrunde mit Verkrustung ›Angulus infectiosus oris	z. B. durch schlecht sitzende ›Prothesen oder ›Infektion bei ›Immunschwäche/ Allgemeinerkrankung häufig ›Candida albicans
Fausse route fausse route	auch ›**via falsa** = „falscher Weg" seitliches Durchstoßen der ›Zahnwurzel mit einem ›Wurzelkanalinstrument beim Aufbereiten des ›Wurzelkanals von schwer zugänglichen oder gekrümmten ›Wurzeln ›Perforation	
fazial facial	auch ›**facial**	Lage-/Richtungsbezeichnung am Zahn
Fazialis facial nerve	auch ›**Facialis** Kurzform für **Nervus fazialis**	›Gesichtsnerv
Fazialisparese facial palsy	auch ›**Facialisparese**	Lähmung des ›Nervus facialis
FDI	Abkürzung für ›Fédération Dentaire Internationale	›FDI-System
FDI-System chart system of teeth	internationales ›Zahnschema zum Benennen eines ›Zahnes in seiner Stellung im ›Kiefer und ›Zahnbogen Es werden zweistellige Zahlen angegeben, die getrennt gesprochen werden. Die erste Zahl benennt den entsprechenden ›Quadranten, die zweite Zahl den Zahn von 1–8, gerechnet ab der ›Mittellinie eines Kiefers. ›Zahnbezeichnungssysteme	Die ›Quadranten werden im Uhrzeiger- sinn durchnummeriert (rechts oben beginnend): • im bleibenden ›Gebiss von 1 bis 4 • im ›Milchgebiss von 5 bis 8 • vor die Kennzahl des Zahnes gestellt Beispiel: ›Zahn 13 (Zahn eins-drei): bleibendes Gebiss, erster Quadrant (rechts oben), dritter Zahn = ›Dens caninus (›Eckzahn)
Febris fever	›Fieber	Erhöhung der Körpertemperatur
Fédération Dentaire Internationale World Dental Federation	Abkürzung: **FDI** internationaler Fachverband der Zahnärzte	veranstaltet wissenschaftliche Kongresse mit dem Ziel, die Mundgesundheit zu fördern
Federrand spring edge	Präparationsrand bei ›Inlays	wird so an- oder abgeschrägt, dass er dünn am ›Zahn ausläuft und dadurch ein ›Randspalt verhindert wird
Fehlstellung teeth malposition	Einzelne oder mehrere Zähne stehen nicht in korrekter Position im ›Zahnbogen. Z. B. kann der ›Zahnbogen zu eng sein oder einzelne Zähne gedreht stehen. durch Platzmangel oder erblich bedingt	
Feilung filings, cut alloy	auch ›**Alloy** Silber-Zinn-Kupfer-Legierung, pulverförmig	wird bei der Herstellung von ›Amalgam mit ›Quecksilber vermischt
Ferment ferment	auch ›**Enzym**	›Biokatalysator

Stichwort	Erklärung	Vertiefung
Fernröntgen-seitenaufnahme far x-ray, teleradiogram	Abkürzung: **FRS** seitliche ▸ Schädelaufnahme wird zur Vermessung des ▸ Schädels im Rahmen der ▸ Kfo-▸ Diagnostik benötigt ▸ Fokus-Objekt-Abstand mehr als 1,5 m	
festsitzend fixed	**Prothetik:** ▸ Zahnersatz, der dauerhaft mit ▸ Befestigungszement eingegliedert ist, z. B. ▸ Kronen, ▸ Brücken **Kieferorthopädie:** Behandlungsgeräte, die durch ▸ Bänder und ▸ Brackets mit dem ▸ Zahn verbunden sind, z. B. ▸ Multiband-Apparaturen	Gegenteil: ▸ abnehmbar
FG friction grip	Abkürzung für: ▸ **F**riction **G**rip	Befestigungsmechanismus bei ▸ Übertragungsinstrumenten
Fibrillen fibrils	kleine, feinste Fasern des Muskel- und Nervengewebes	
Fibrin fibrin	entsteht bei der ▸ Blutgerinnung aus ▸ Fibrinogen unter Einwirkung von ▸ Thrombin	bildet ein Fasernetz, das die ▸ Wunde verschließt
Fibrinkleber fibrin seal	auch ▸ **Gewebekleber** bei großen ▸ Wunden an Stelle einer ▸ chirurgischen ▸ Naht bzw. bei Problemen mit der ▸ Blutstillung und der ▸ Blutgerinnung	**Zahnheilkunde:** Verschluss von ▸ Extraktions- und Operationswunden, Auffüllen von ▸ operativ entstandenen Knochenhöhlen, z. B. nach Entfernung von ▸ Zysten
Fibrinogen fibrinogen	im ▸ Blutplasma gelöster Eiweißkörper, Vorstufe von ▸ Fibrin	▸ Blutgerinnung
Fibrom fibroma, fibroid tumor	gutartiger ▸ Tumor aus ▸ Bindegewebe ▸ benigne	**Zahnheilkunde:** z. B. entstanden durch ▸ Habits oder den Druck schlecht sitzender ▸ Prothesen
Fibrosarkom fibrosarcoma	▸ bösartiger ▸ Tumor aus ▸ Bindegewebe	▸ maligne
Fibrozyten fibrocyte	▸ Zellen des ▸ Bindegewebes	spindelförmig
Fieber fever	Febris Erhöhung der Körpertemperatur	meist eine Abwehrreaktion des Körpers gegen eingedrungene ▸ Mikroorganismen ▸ Infektion
Filament thread, filum	Faden, Faser	**Zahnheilkunde:** ▸ Zahnbürste mit ▸ konisch zulaufenden ▸ Kunststoffborsten, die sehr dünn sind und an der Spitze mikrofeine Enden besitzen
Filmebene film plane	auch **Filmachse** **Röntgenkunde:** gedachte, senkrechte Linie durch einen ▸ Mundfilm	wird bei der ▸ Rechtwinkeltechnik benötigt zur Berechnung der ▸ Winkel-halbierenden

A
B
C
D
E
F

Stichwort	Erklärung	Vertiefung

A
B
C
D
E
F

Filmempfindlichkeit
film sensitivity,
film speed

auch **Röntgenfilmempfindlichkeit**
Röntgenkunde:
gibt an, welche ▸ Strahlendosis eine bestimmte Schwärzung auf dem Film erzielt

Einteilung der Empfindlichkeit erfolgt aufsteigend in den „Speed-Klassen" D, E, F, G

Filmentwicklung
film development

Röntgenkunde:
Bearbeitung des belichteten ▸ Röntgenfilms

▸ Entwicklungsvorgang

Filmhalter
film mount

Röntgenkunde:
Einstellhilfe für ▸ intraorale Aufnahmetechniken

▸ **Parallelltechnik:**
Filmhalter getrennt mit ▸ Visierring

▸ **Rechtwinkeltechnik:**
Filmhalter starr mit dem ▸ Röntgentubus verbunden

Filter
x-ray-filter

Röntgenkunde:
Schutzvorrichtung im ▸ Röntgentubus aus Metall, meist Aluminium

Der Filter hält weiche, langwellige Strahlung zurück, die den Körper nicht durchdringen kann; die ▸ Strahlenbelastung des ▸ Patienten wird reduziert.

---

finieren
finish

• Glätten der Kavitätenränder beim Präparieren

Schmelzbearbeitung zum exakten Anpassen der Ränder / ▸ Federränder einer ▸ Goldgussfüllung

• Ausarbeitung und Korrektur der Oberfläche einer Füllung

▸ Finierer

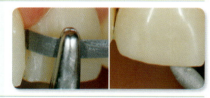

Finierer
finishing bur

bohrerähnliches ▸ Instrument aus Hartmetall mit feinen Längsrillen zur Oberflächenglättung

▸ finieren

Finierstreifen
finishing stripe

dünne Streifen zum ▸ Finieren im ▸ Approximalraum, z. B. von Füllungsrändern

Sie bestehen aus Metall, ▸ Kunststoff oder haben Leinenstruktur und sind körnig beschichtet.

Fissur
fissure,
enamel fissure

Einschnitt, Furche, Spalte
Zahnheilkunde:
Vertiefungen im ▸ Schmelz der ▸ Kauflächen; Fissuren sind ▸ Prädilektionsstellen für die Entstehung von ▸ Karies.

▸ Fissurenkaries

Fissurenkaries
fissure caries

▸ Karies in den Zahnfurchen der ▸ Prämolaren und ▸ Molaren, verstärkte Entwicklung in den ersten Jahren nach der ▸ Dentition

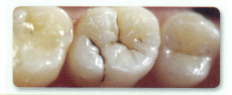

Da die ▸ Fissuren oft spalt- oder tropfenförmig in der Tiefe auslaufen, können sie bei der Reinigung mit der ▸ Zahnbürste schwer oder gar nicht erreicht werden.

Festgesetzte Speisereste und ▸ Plaque begünstigen eine schnelle ▸ Kariesentstehung.

▸ Fissurenversiegelung

Stichwort	Erklärung	Vertiefung

Fissurenversiegelung
fissure sealing

▸Prophylaxemaßnahme gegen
▸Fissurenkaries

Nach dem ▸Durchbruch des ▸Zahnes, möglichst vor der ▸Kariesentstehung in der ▸Fissur, wird diese gründlich gesäubert, angeätzt und mit einem dünnfließenden ▸Komposit ausgefüllt.

Fissurenversiegelung, erweitert
extended
fissure sealing

Besteht in der ▸Fissur bereits eine ▸Schmelzkaries, wird diese entfernt und die ▸Versiegelung wie eine ▸Füllung durchgeführt.
▸Sealer

Fistel
fistula, burrow

Ausführungsgang für Flüssigkeiten aus einem Hohlraum/Körperhöhle, durch ▸Gewebe hindurch an die Körperoberfläche

Zur Druckentlastung eines entzündlichen Prozesses, z. B. eines ▸Abszesses, kann dadurch der ▸Eiter abgeleitet werden.

Fistelgang
fistulous tract

auch **Fistelkanal**
▸Fistel

krankhaft entstandener, röhrenförmiger Ausführungsgang

Fistelmaul
fistulous opening

auch **Fistelöffnung**
▸Fistel

Mündung der Fistel an der Oberfläche/ Schleimhautoberfläche

Fixation
fixation, mounting

Befestigung, Verankerung

▸Schienung
▸intermaxilläre Fixierung

---

fixieren
fix

befestigen, festlegen, etwas festmachen

z. B. ▸Röntgenfilm in ▸Fixierer einlegen,
▸Schienung nach ▸Zahnfraktur

Fixierer
fixing bath

Fixierlösung, Fixierbad

Röntgenkunde:
Nach der ▸Filmentwicklung werden im Fixierer die unbelichteten ▸Silberbromid- teilchen herausgelöst.

Die ▸Röntgenaufnahme wird dadurch lichtunempfindlich und haltbar gemacht.
▸Entwickler

FKO

Abkürzung für ▸Funktionskieferorthopädie

FKO-Geräte

▸funktionskieferorthopädische Geräte

herausnehmbare, ▸passive ▸Kfo-Apparaturen, z. B. ▸Aktivator, ▸Bionator

Aktivator für den Unterkiefer

Flächenbezeichnung
surface of tooth

▸Zahnflächenbezeichnung

Lage-/Richtungsbezeichnung am Zahn

Stichwort	Erklärung	Vertiefung
Flächendesinfektion surface disinfection	▸Oberflächendesinfektion durch Sprühen oder Wischen kleine patientennahe Flächen durch Wischen/ Sprühen mit alkoholischen Lösungen nach jeder Behandlung größere Flächen im Behandlungszimmer durch Wischen nach Bedarf	
Flächenmerkmal typical feature	▸Krümmungsmerkmal ▸Zahnmerkmale	Zuordnung der Zähne in rechte und linke ▸Quadranten, aufgrund ihrer unterschied- lichen Krümmung nach ▸mesial oder ▸distal
Flaschenkaries Nursing-Bottle- Syndrom	▸Milchzahnkaries im Kleinkindalter durch zuckerhaltige Flaschennahrung ▸Nursing-Bottle-Syndrom, ▸Baby-Bottle-Syndrom, ▸Early-Childhood-Karies	
flexibel flexible	beweglich, biegsam, elastisch Gegenteil: starr	Zahnheilkunde: z. B. Aufbereitung von stark gekrümmten ▸Wurzelkanälen mit hochflexiblen ▸Wurzelkanalinstrumenten
Fließrate quantity of saliva	auch **Speichelfließrate** Bildung der ▸Speichelmenge in einer bestimmten Zeit	▸Speichelfluss ▸Speicheltest
floride Karies florid caries	„blühende", sich schnell entwickelnde und ausbreitende ▸Karies verstärkt an den ▸Glattflächen der Zähne	
Floss floss, dental floss	▸Zahnseide	Spezialzahnseide: ▸Superfloss

Flügelmuskel
pterygoid muscles
 	
	Musculus pterygoideus
	❶ äußerer Flügelmuskel,
	▸Musculus pterygoideus lateralis
	Ansatz: ▸Kiefergelenkfortsatz des ▸Unterkiefers
	Ursprung: ▸Keilbein
	Funktion:
	• einseitige ▸Kontraktion =
	  Seitwärtsbewegung des ▸Unterkiefers
	• beidseitige ▸Kontraktion =
	  Vorschub des ▸Unterkiefers
		❷ innerer Flügelmuskel,
		▸Musculus pterygoideus medialis
		Ansatz: Innenfläche des ▸Kieferwinkels
		Ursprung: ▸Keilbein
		Funktion:
		• Kieferschluss, leichter Vorschub
		  des ▸Unterkiefers
		
		▸Mundschließer-Muskeln

Fluid fluid	Flüssigkeit, z. B. ▸Sulcusfluid/Gewebsflüssig- keit aus dem ▸Zahnfleischrand	auch z. B. ▸Mundspüllösungen mit Bestandteilen zur ▸Fluoridierung
Fluktuation fluctuation	Zahnheilkunde: beim Abtasten fühlbare Bewegung einer Flüssigkeitsansammlung im ▸Gewebe	z. B. bei ▸Abszess oder ▸Zyste im Weichgewebe
Fluor fluorine	chemisches ▸Element mit dem Symbol **F** giftiges Gas aus der Gruppe der ▸Halogene	▸Fluoride

Stichwort	Erklärung	Vertiefung
Fluorapatit fluoroapatite	Verbindung, die beim Einlagern von ▸ Fluoriden in die Struktur der ▸ Schmelzprismen entsteht	erhöht die Säureresistenz des ▸ Schmelzes, beschleunigt die ▸ Remineralisation ▸ Apatit
Fluoreszenz fluorescence	Aufleuchten eins Stoffes unter Strahleneinwirkung ▸ Kariesdiagnostik: ▸ Laserfluoreszenzmessung	Röntgenkunde: fluoreszierende Stoffe werden z. B. als Innenbeschichtung der Metallkassetten für ▸ extraorale Aufnahmen (▸ OPG) verwendet ▸ Verstärkerfolie, ▸ Folienfilm
fluoreszieren fluoresce	leuchten, aufleuchten	▸ Fluoreszenz
Fluorid, **Fluoride** (Mehrzahl) fluoride	▸ Verbindungen aus ▸ Fluor und ▸ Elementen wie ▸ Natrium, ▸ Calcium, ▸ Zinn; auch in ▸ organischen Verbindungen wie ▸ Aminfluorid Diese Verbindungen haben andere Eigenschaften als das reine Element ▸ Fluor.	Zahnheilkunde: Verwendung in der ▸ Kariesprophylaxe; verlangsamen die ▸ Demineralisation und beschleunigen die ▸ Remineralisation
Fluoridanamnese fluoride anamnesis	Befragung des ▸ Patienten über seine bisherige Aufnahme von ▸ Fluoriden, um über die weitere ▸ Fluoridierung zu entscheiden	▸ Fluoride sollten vor allem im Kindesalter bis 6 Jahre genau dosiert eingenommen werden. ▸ Fluorose
fluoridieren fluoridate	mit ▸ Fluoriden anreichern	▸ Fluoridierung
Fluoridierung fluoridation	Anreicherung des ▸ Zahnschmelzes mit ▸ Fluoriden Das Zuführen von Fluoriden kann über unterschiedliche Wege und Methoden erfolgen: • ▸ Fluoridung, lokal • ▸ Fluoridung, systemisch ▸ Fluoridprophylaxe	
Fluoridierung, **lokal** fluoridation, regional	auch ▸ **extern** Fluoridpräparate werden vor allem direkt auf die Zähne (▸ Zahnkronen) aufgetragen, z. B. als ▸ Zahnpasta, Fluoridgel/Fluoridgelee, Fluoridlack, Fluoridlösung.	
Fluoridierung, **systemisch** fluoridation, systemic	auch ▸ **intern** ▸ Fluoride werden vor allem über die Nahrung aufgenommen, z. B. fluoridiertes Speisesalz, Getränke, Lebensmittel oder in Form von Fluoridtabletten.	Über die Körperflüssigkeiten erfolgt der Transport an ▸ Knochen und die noch nicht durchgebrochenen Zähne.
Fluoridprophylaxe fluoride prophylaxis	Verhütung von ▸ Karies durch vorbeugendes Aufbringen oder Einnehmen von ▸ Fluoriden Die ▸ Fluoridierung erfolgt: ▸ lokal/extern, ▸ systemisch/intern	

Stichwort	Erklärung	Vertiefung
Fluoridüberdosierung fluoride overdosage	akut: Fluorid-Vergiftung durch extrem hohe Mengen an ▸Fluoriden Eine solch hohe F-Aufnahme ist praktisch kaum denkbar.	chronisch: Bis zum Alter von 6–8 Jahren kann es beim ▸systemisch/internen Aufnehmen von ▸Fluoriden – über einen längeren Zeitraum – zur Überdosierung kommen. Dies zeigt sich erst nach dem Durchbruch der Zähne als ▸Fluorose. ▸Schmelzfluorose, ▸Mottling
Fluorose fluorosis, chronic endemic fluorosis	auch ▸**Dentalfluorose** Erscheinungsbild einer ▸chronischen Fluoridüberdosierung; je nach Dauer und ▸Intensität kommt es zu kleinen oder großen „weißen Flecken" im ▸Zahnschmelz; auch Knochendefekte bei sehr hoher Überdosierung.	
FMD	Abkürzung für ▸Full Mouth Disinfection	
Foetor ex ore offensive breath	auch **Halitosis**	▸Mundgeruch
Fokalinfektion focal infection	auch **Herdinfektion** von einem ▸lokalen Krankheitsherd ausgehende ▸Infektion anderer ▸Gewebe/▸Organe ▸Fokus	mögliche Ausgangsherde sind z. B. ▸Infektionen des Nasenrachenraumes, ▸Parodontitis, ▸devitale Zähne, vereiterte Zähne
Fokus focus, source of infection	Herd, Krankheitsherd eine ▸lokale Erkrankung im Körper, die an anderer, entfernter Stelle ebenfalls Erkrankungen auslöst ▸Fokalinfektion	Röntgenkunde: ▸Brennfleck auf der ▸Anode einer ▸Röntgenröhre, entstanden als Aufprallstelle der beschleunigten ▸Elektronen
Folienfilm screen film	Großfilm, der sich in einer Metallkassette zwischen zwei ▸Verstärkerfolien befindet Verwendung: ▸analoge, ▸extraorale Röntgentechnik, z. B. ▸Panoramaschichtaufnahme	Die Belichtung erfolgt zu ca. 95 % über das Aufleuchten der ▸Verstärkerfolien und nur gering über die ▸Röntgenstrahlen ▸Fluoreszenz
Follikel follicle	Säckchen, Bläschen ▸Zahnentwicklung ▸Zahnkeim	Zahnheilkunde: ▸Zahnsäckchen aus ▸Bindegewebe; umgibt den sich bildenden ▸Zahn im ▸Kieferknochen
follikulär follicular (cyst)	z. B. follikuläre ▸Zyste, welche aus den Resten des ▸Follikels entstanden ist	Lage an der ▸Zahnkrone
Fones-Methode Fones' method	auch ▸**Rotationsmethode** ▸Zahnputztechnik für Kinder Die ▸Borsten der ▸Zahnbürsten werden im rechten Winkel auf die ▸Zahnflächen aufgesetzt und in kreisenden Bewegungen über die Zähne geführt.	Kleinkindalter: ▸Kiefer gemeinsam in ▸Kopfbissstellung Schulalter: Kiefer getrennt
Fontanelle fontanelle, fonticulus	Knochenlücken am ▸Hirnschädel von Neugeborenen	schließen sich und verknöchern bis zum zweiten Lebensjahr

Stichwort	Erklärung	Vertiefung
food debris food debris	am ▸Zahn verbleibende Essensreste; bilden bei Nichtentfernung die Grundlage für weitere ▸Beläge	weiche ▸Zahnbeläge
Foramen, Foramina (Mehrzahl) foramen	Loch oder Vertiefung im ▸Knochen oder ▸Zahn	Durchtrittsstelle für ▸Blutgefäße und ▸Nerven
Foramen apicale apical foramen	▸Wurzelspitzenloch ▸Apex	Öffnung des ▸Wurzelkanals zur Versorgung der ▸Pulpa
Foramen caecum foramen caecum	auch **Foramen coecum**, „blindes Loch" Vertiefung z. B. in der ▸palatinalen Fläche der oberen seitlichen ▸Schneidezähne ▸Schmutznische ▸Prädilektionsstelle	
Foramen infraorbitale infraorbital foramen	Unteraugenhöhlenloch ▸Nervus infraorbitalis	▸Nervenaustrittspunkt am unteren Rand der knöchernen ▸Augenhöhle (▸Orbita); beidseitig
Foramen incisivum anterior palatine foramen	Schneidezahnloch	▸Nervenaustrittspunkt im ▸Gaumen hinter den oberen ▸Schneidezähnen
Foramen magnum great foramen	Hinterhauptsloch	größte Öffnung an der ▸Schädelbasis; Durchtrittsstelle für das ▸Zentralnervensystem
Foramen mandibulae mandibular foramen	Unterkieferloch Einstichstelle für die ▸Leitungsanästhesie im ▸Unterkiefer (▸Nervus alveolaris inferior)	▸Nervenaustrittspunkt in den ▸Unterkieferkanal; beidseitig an der Innenseite des ▸aufsteigenden Unterkieferastes
Foramen mentale anterior maxillary foramen	▸Kinnloch ▸Nervus mandibularus	▸Nervenaustrittspunkt des ▸Nervus mentalis an der Außenseite des ▸Unterkiefers; beidseitig zwischen dem ersten und zweiten ▸Prämolaren
Foramen palatinum accessory palatine foramen	**Foramen palatinum majus:** großes Gaumenloch **Foramen palatinum minor:** kleines Gaumenloch	▸Nervenaustrittspunkte im ▸Gaumenbein; beidseitig in Höhe der ▸Weisheitszähne
Foramen supraorbitale supraorbital foramen	Augenhöhlenloch	▸Nervenaustrittspunkt am oberen Rand der knöchernen ▸Augenhöhle (▸Orbita)
Formaldehyd formaldehyde	farbloses Gas, stechender Geruch, gesundheitsschädlich	wurde früher als ▸Desinfektionsmittel für Großflächen eingesetzt, z. B. in Krankenhäusern
Formalin formalin	wässrige Lösung von ▸Formaldehyd (35 %ig)	zur Haltbarmachung von ▸biologischem Untersuchungsmaterial, z. B. Gewebeproben für die mikroskopische ▸Analyse
Fornix mucolabial fold	▸Umschlagfalte	tiefster Punkt zwischen ▸Alveolarfortsatz und ▸Mundvorhof
forte double-strength	stark, kräftig	Zusatzbezeichnung bei ▸Arzneimitteln, Hinweis auf erhöhte ▸Dosierung des Wirkstoffes

A
B
C
D
E
F

Stichwort	Erklärung	Vertiefung
Fortsatz process	►Processus	►Kiefergelenkfortsatz, Knochenfortsatz
Fossa fossa	Grube, Pfanne Bestandteil eines ►Gelenks	z. B. ►Fossa mandibularis
Fossa mandibularis articular fossa of mandible	Gelenkgrube am ►Schläfenbein ►Kiefergelenkgrube	als Lager für den Gelenkkopf des ►Unterkiefers
Fotostat-Aufnahme	Fotografien in der ►Kieferorthopädie: • ►En-face-Aufnahme • ►En-profil-Aufnahme	dienen der Beurteilung des ►Profils bei Beginn der ►kieferorthopädischen ►Behandlung
Fötus fetus, foetus	auch **Fetus** noch nicht geborenes Kind	Bezeichnung nach Ende der achten Schwangerschaftswoche, davor ►Embryo
Fragment fragment	Bruchstück Teil eines gebrochenen ►Zahnes, z. B. ►Zahnkrone, ►Wurzelspitze ►Fraktur	
Fraktur fracture, break	Bruch ►Kieferbruch ►Wurzelfraktur ►Zahnfraktur im Kronenbereich	
frakturiert fractured, broken	gebrochen	►Fraktur
Frankfurter Horizontale Frankfurt horizontal plane	auch **Deutsche Horizontale** **Röntenkunde:** Bezugslinie für das Einstellen der Kopfposition des ►Patienten bei der Anfertigung einer ►Panoramaschichtaufnahme (PSA); erfolgt mit Hilfe eines Lichtstrahls	Die gedachte Linie verläuft durch den tiefsten Punkt des Randes der ►Augenhöhle und den höchsten Punkt des äußeren Gehörgangs.
Fräsator bur sterilizer	Desinfektionsgefäß für ►Bohrer mit Siebeinsatz und Deckel	►Desinfektion
Fräse fraise, reamer	►rotierendes Schneideinstrument aus Metall zur spanabhebenden ►Bearbeitung, z. B. von ►Zahnhartgewebe, ►Knochen (►Lindemannfräse) Werkstücke wie ►Prothesenkunststoffe, Metalle	
Freiendbrücke cantilever bridge	auch **Anhängerbrücke, Extensionsbrücke**	►Brücke zum Ersatz eines fehlenden ►Zahnes, bei welcher das ►Brückenglied nur an einer Seite auf einem ►Brücken- anker abgestützt ist
Freiendglied cantilever span	►Brückenglied, das hinter dem letzten ►Brückenanker liegt	►Freiendbrücke

Fresszellen

Stichwort	Erklärung	Vertiefung

Freiendlücke
free-end gap

verkürzte ▸Zahnreihe durch das Fehlen der ▸distalen ▸Zähne

wird ▸mesial von einem natürlichen Zahn begrenzt

Gegenteil: ▸Schaltlücke

Freiendprothese
distal extension denture

▸Teilprothese, die mit ▸Freiendsattel endet

Gegenteil: ▸Schaltprothese

Freiendprothese ab Zahn 35 und Zahn 45

Freiendsattel
free-end saddle

▸Teilprothese, bei welcher die ersetzten Zähne nicht auf beiden Seiten von natürlichen Zähnen begrenzt sind

▸Freiendprothese

Gegenteil: ▸Schaltsattel

Freigabe von Medizinprodukten

letzter Schritt im ▸Instrumentenkreislauf

darf nur von ausgebildetem Personal ausgeführt werden

Freilegung
tooth exposure

Zahnheilkunde:
Aufschneiden von ▸Mundschleimhaut, evtl. auch von ▸Knochen

• damit z. B. ein verlagerter ▸Zahn in die ▸Mundhöhle durchbrechen kann, auch im Zusammenhang mit ▸Kfo-Behandlung

• zur Vorbereitung eines ▸Implantats für die Aufnahme der ▸Suprakonstruktion

freigelegtes Implantat

Frenektomie
frenectomy

auch **Frenulektomie**

▸chirurgische Durchtrennung eines ▸Lippen- oder ▸Zungenbändchens

z. B. bei ▸Diastema oder zur Vorbereitung eines ▸Prothesenlagers

Zustand nach Frenektomie zwischen Zahn 11 und 21

Frenulum
frenulum

kleines Bändchen/Schleimhautgewebe

▸Frenulum buccale, ▸Frenulum labii, ▸Frenulum linguae

Frenulum buccale
buccal frenulum

▸Wangenbändchen

▸Schleimhautbänder

Frenulum labii
labial frenulum

▸Lippenbändchen

▸Schleimhautbänder

Frenulum linguae
lingual frenulum, frenulum of tongue

▸Zungenbändchen

▸Schleimhautbänder

Frequenz
frequency

Anzahl von Schwingungen je Zeiteinheit

Einheit: Hertz (**Hz**), z. B. 1 Hz = 1 Schwingung pro Sekunde

Zahnheilkunde:
▸Schall-, ▸Ultraschallgeräte, ▸oszillierende/schwingende ▸Instrumente

Fresszellen
carrier cells

▸Phagozyten

Körperzellen, die an der ▸Phagozytose beteiligt sind

Einteilung: ▸Makrophagen, ▸Mikrophagen

Funktion: „fressen" im Rahmen der Immunabwehr eingedrungene ▸Mikroorganismen

Stichwort	Erklärung	Vertiefung
Friction Grip friction grip	Abkürzung: **FG** Befestigungsmechanismus am ▸ Schaft von ▸ rotierenden ▸ Instrumenten	bei ▸ Diamanten und ▸ Bohrern in ▸ Turbine und ▸ Schnellläufer
Friktion friction	Haftkraft, Haftreibung	z. B. von ▸ Halteelementen oder ▸ Geschieben
frontal frontal	von vorne, zur Stirnseite gelegen	Lage-/Richtungsbezeichnung am Zahn
Frontzahn anterior tooth/teeth	Dens anterior Überbegriff für die ▸ Schneide- und ▸ Eckzähne eines ▸ Kiefers	
Frontzahngebiet front tooth region, anterior region	Bereich von ▸ Zahn 3 bis 3, jeweils in ▸ Ober- und ▸ Unterkiefer umfasst ▸ Schneidezähne und ▸ Eckzähne	wird im ▸ Mundvorhof von den ▸ Lippen umschlossen
Frontzahnstufe overjet, overbite	auch **Frontzahnüberbiss** Im normal verzahnten ▸ Gebiss haben die ▸ Schneidekanten der oberen ▸ Frontzähne zu den unteren Frontzähnen einen Abstand von ca. 2 mm.	▸ Überbiss
Frontzahntrauma anterior tooth trauma	Durch Stoß oder Schlag auf die ▸ Frontzähne können Zahnteile abbrechen oder Zähne komplett ausgeschlagen werden. Behandlung: ▸ Zahnrettungsbox, ▸ Reimplantation Vorbeugung: ▸ Zahnschutz, z. B. bei entsprechenden Sportarten	
FRS	Abkürzung für ▸ Fernröntgenseitenaufnahme	
Früherkennungs-untersuchung early detection examination	Abkürzung: **FU** zahnärztliche Früherkennungsuntersuchung eines Kindes vom 30. bis 72. Lebensmonat	dient der Erkennung von Zahn-, Mund- und Kieferkrankheiten und der Vorbeugung von ▸ Karies und ▸ Gingivitis ▸ dmf-t Index
Frühkontakt premature contact	auch **Vorkontakt** zu früher ▸ Kontakt eines ▸ Zahnes oder einer Zahngruppe beim Zusammenbeißen und Kauen	Durch die zu große Belastung entstehen Schmerzen oder ▸ Parafunktionen; auch eine Schädigung des ▸ Parodontiums ist möglich.
Fruktose fructose	Fruchtzucker ▸ Einfachzucker/▸ Monosaccharid	▸ Zucker, ▸ Kohlenhydrat
Füllung filling	▸ Restauration eines ▸ Defektes im ▸ Zahnhartgewebe durch ▸ Präparieren einer ▸ Kavität und Einbringen von ▸ Füllungsmaterialien ▸ Kavitatenpräparation ▸ minimal-invasiv	

Stichwort	Erklärung	Vertiefung

Füllungsmaterialien
filling materials

Einteilung:

- ⊳ plastische Materialien:
  ⊳ Amalgam, ⊳ Glasionomerzement,
  ⊳ Komposite
- ⊳ starre Materialien:
  ⊳ Goldlegierungen, ⊳ Keramik, ⊳ Komposite;
  zur Herstellung von ⊳ Inlays
- metallische Materialien:
  ⊳ Amalgam, ⊳ Goldlegierungen
- zahnfarbene Materialien:
  ⊳ Glasionomerzement, ⊳ Komposite,
  ⊳ Keramik

Verwendung:

⊳ **definitive,** auch endgültige Materialien, als Dauerfüllung geeignet

⊳ **provisorische,** auch ⊳ temporäre Materialien, als Zwischenlösung, z. B. bis zur endgültigen ⊳ Eingliederung von ⊳ Zahnersatz oder während einer ⊳ Wurzelkanalbehandlung, Beispiele: ⊳ Zinkoxid-Materialien, ⊳ Zemente, ⊳ provisorische ⊳ Kunststoffe

---

Full-Mouth-Disinfektion
Full-Mouth-Disinfection

Abkürzung: **FMD**

vollständige ⊳ Desinfektion der gesamten ⊳ Mundhöhle: ⊳ Schleimhäute, ⊳ Zunge, ⊳ Zahnfleischtaschen, ⊳ freiliegende Wurzeloberflächen, ⊳ Rachen, ⊳ Mandeln

meist im Rahmen einer ⊳ Parodontitis-Behandlung, möglichst innerhalb von 24 Stunden mit ⊳ Chlorhexidin-Präparaten

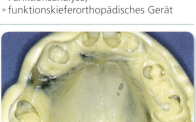

Functio laesa
functio laesa

gestörte, eingeschränkte Funktion eines Körperteils oder ⊳ Organs, z. B. durch eine ⊳ Entzündung

⊳ Entzündungszeichen

Zahnheilkunde:
eingeschränkte Kaufunktion bei ⊳ Kieferbruch, ⊳ Kieferklemme bei akuter ⊳ Dentitio difficilis

---

Fungi
mycetes

Pilze

verursachen Pilzerkrankungen

⊳ Mykosen

⊳ Candidose

Zahnheilkunde:
Haut-/Schleimhautpilze, z. B. ⊳ Candida albicans

⊳ Medikamente: ⊳ Antimykotika, wirken ⊳ fungistatisch, ⊳ fungizid

---

fungistatisch
myostatic

pilzhemmend

⊳ Antimykotika

Wirkung von ⊳ Medikamenten, welche das Wachstum und die Vermehrung von Pilzen hemmen

---

fungizid
fungicidal

pilzabtötend

⊳ Antimykotika

Wirkung von ⊳ Medikamenten, welche Pilze abtöten

Funktion
function

Tätigkeit, Aufgabe, Wirkungsweise

von bestimmten ⊳ Organen, z. B. ⊳ Speicheldrüsen, ⊳ Kiefergelenk

---

funktionell
functional

wirksam aufgrund seiner ⊳ Funktion

⊳ Funktionsanalyse,
⊳ funktionskieferorthopädisches Gerät

Funktionsabformung
functional impression

⊳ Abformung eines ⊳ Kiefers mit Bewegungen; zur Herstellung eines genauen ⊳ Funktionsrandes an einer ⊳ Teil- oder ⊳ Totalprothese

Während die Abformung langsam aushärtet/abbindet, wird der ⊳ Kiefer mit ⊳ Lippen, ⊳ Zunge und allen ⊳ Schleimhäuten aktiv und ⊳ passiv bewegt, um alle Stellungen der ⊳ Muskulatur abzuformen.

Dazu wird ein ⊳ individuell hergestellter ⊳ Abformlöffel verwendet.

⊳ Funktionslöffel

A
B
C
D
E
F

Stichwort	Erklärung	Vertiefung

Funktionsanalyse
functional analysis

auch **Funktionsdiagnostik, funktionelle** ▸ **Gebissanalyse**

Das Zusammenwirken von Zähnen, ▸ Kiefergelenk und ▸ Muskulatur beim Bewegen und Kauen wird gemessen und im ▸ Artikulator ausgewertet.

Verfahren zur Überprüfung des ▸ funktionellen Zustandes des ▸ Kausystems und der Ermittlung von ▸ Parafunktionen

Anwendung vor der Herstellung von neuem ▸ Zahnersatz oder zur Funktionsverbesserung des vorhandenen

---

Funktionskieferorthopädisches Gerät
functional orthodontia

Abkürzung: ▸ FKO-Geräte
▸ passive ▸ Kfo-Geräte:
▸ Aktivator,
▸ Bionator

Bionator

Funktionslöffel
functional impression tray

speziell hergestellter ▸ Abformlöffel für die ▸ Funktionsabformung

---

Funktionsrand
valve border

auch **Ventilrand**

Abschlussrand einer ▸ Totalprothese, welcher der ▸ Umschlagfalte anliegt

Der Funktionsrand ist entscheidend für den Sitz/Halt der ▸ Prothese.

▸ Funktionsabformung

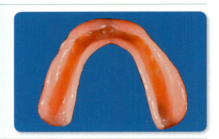

Furkation
root furcation

Gabelung, Aufteilungsstelle der ▸ Zahnwurzeln bei ▸ mehrwurzeligen Zähnen

▸ Bifurkation, bei zweiwurzeligen Zähnen,
▸ Trifurkation, bei dreiwurzeligen Zähnen

Furkationsbefall
denuded furcation, furca involvement

Freiliegen der ▸ Furkation durch ▸ Knochenabbau bei fortgeschrittenen ▸ Parodontalerkrankungen

▸ Furkationssonde, ▸ Sondierung

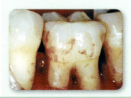

Die Einteilung des Knochenabbaus erfolgt in drei Graden:

Grad I:
▸ Furkation bis zu 3 mm in ▸ horizontaler Richtung sondierbar

Grad II:
▸ Furkation mehr als 3 mm in ▸ horizontaler Richtung sondierbar, jedoch nicht durchgängig

Grad III:
▸ Furkation durchgängig sondierbar

Furkationssonde
naber's probe

auch **Naber-Sonde**

speziell geformte ▸ Sonde, um einen eventuellen ▸ Furkationsbefall zu untersuchen

Furkationsbefall Grad III, Sonde durchgängig sichtbar

Stichwort	Erklärung	Vertiefung
Galenik galenism	Lehre von der Zubereitung und Herstellung von ▸Arzneimitteln sowie deren Darreichungsform, z. B. als ▸Tablette, Pulver, ▸Salbe, Injektionslösung	Teilgebiet der ▸Pharmakologie; befasst sich mit Fragen nach dem Wirkstoff, der optimalen Wirksamkeit, ▸Toxizität (Giftigkeit), Verträglichkeit, Sicherheit
Galle bile	auch **Gallenflüssigkeit** wird in den Leberzellen produziert und in der Gallenblase gesammelt	Abgabe in den Zwölffingerdarm, dient der Fettverdauung
Galvanokrone electroformed crown	▸Krone aus unedlem Metall (▸NEM), die in einem Tauchbad mit einer dünnen Goldschicht galvanisiert, d. h. vergoldet wird. ▸Galvanotechnik	 *Galvanomatrizen in einem ZE-Gerüst*
Galvanotechnik electroplating procedure	Technik zur Herstellung von ▸Zahnersatz aus reinem ▸Gold oder ▸Keramik, was die ▸Biokompatibilität erhöht ▸Galvanokrone Verwendung: ▸Inlays, ▸Onlays, ▸Kronen, ▸Doppelkronen, kleinere ▸Brücken	
Gammastrahlung gamma radiation	auch **γ-Strahlung** radioaktive, kurzwellige ▸Strahlen, ähnlich der ▸Röntgenstrahlung gehört zum unsichtbaren Bereich der ▸elektromagnetischen Wellen	Anwendung: ▸Sterilisation von eingeschweißten Einmalprodukten durch die Industrie Medizin: ▸Strahlentherapie
Ganglion, **Ganglien** (Mehrzahl) neural ganglion	Nervenknoten/Anhäufung von ▸Nervenzellen, Teilungsstelle eines Nervs	▸Ganglion trigeminale
Ganglion trigeminale trigeminal ganglion	auch **Ganglion Gasseri** Nerventeilungsstelle des ▸Nervus trigeminus (V. Hirnnerv) in seine drei Hauptäste	 Nervus trigeminus Ganglion des Nervus trigeminus (Ganglion trigeminale)
Gangrän gangrene	auch **Wundbrand** ▸eitriger, fauliger Zerfall von ▸Gewebe ▸Gangränbehandlung, ▸gangränös	Zahnheilkunde: faulige Zersetzung von abgestorbenem Pulpengewebe durch ▸Infektion mit Fäulnisbakterien, übler Geruch
Gangränbehandlung gangrene treatment	▸Wurzelkanalbehandlung, bei welcher der infizierte ▸Wurzelkanal und seine ▸Seitenkanäle durch ▸medikamentöse Einlagen vom ▸Gangrän gesäubert und ▸desinfiziert werden.	▸Medikamentöse ▸Einlagen müssen in mehreren Sitzungen erneuert werden, um ausreichende Keimverminderung zu erreichen. ▸Keimverminderung
gangränös gangrenous	mit Gangränbildung verbunden	▸Gangrän

G
H
I
J
K
L

Stichwort	Erklärung	Vertiefung

Gasaustausch
gas exchange

äußerer Gasaustausch,
äußere Atmung, Lungenatmung:

In den ›Lungenbläschen wird ›Sauerstoff von den roten ›Blutkörperchen ins ›Blut aufgenommen und ›Kohlendioxid (CO_2) abgegeben.

innerer Gasaustausch,
innere Atmung, Zellatmung:

›Sauerstoff wird von den roten ›Blutkörperchen an die Körperzellen abgegeben, ›Kohlendioxid (CO_2) ins ›Blut aufgenommen und ausgeschieden.

Gaster
stomach

Magen

Hohlorgan aus Muskelgewebe, das mit einer ›Schleimhaut ausgekleidet ist

Teil des Verdauungsapparates

Magensaft enthält Salzsäure, dadurch
›erosionsbedingte Zahnschäden

›Bulimie

Gastritis
inflammation of the stomach

›Entzündung der Magenschleimhaut

Symptome:
z. B. Übelkeit, Völlegefühl, ›Schmerz, Erbrechen, evtl. ›Mundgeruch

---

Gates-Bohrer
Gates-Glidden drill

›Bohrer zur Erweiterung der Wurzelkanaleingänge

›Wurzelkanalinstrumente

Gaumen
palate

Palatum

obere Abgrenzung der ›Mundhöhle, innerhalb des ›Oberkiefer-›Zahnbogens gelegener Knochenverbund, der mit ›Schleimhaut überzogen ist

Gliederung: Die beiden Gaumenabschnitte werden voneinander abgegrenzt durch die ›Ah-Linie.

Harter Gaumen, Palatum durum:
Vorderer Bereich des Gaumens, als Trennung zwischen Mund- und Nasenraum; wird gebildet aus den ›Gaumenfortsätzen des Oberkieferknochens, den ›Gaumenbeinen (›paarig) und dem ›Zwischenkiefer.

Weicher Gaumen, Palatum molle:
Das ›Gaumensegel im hinteren Bereich des Gaumens, zwischen hartem Gaumen und ›Rachen gelegen; besteht aus einer mit ›Schleimhaut überzogenen Muskelschicht und endet mit dem ›Zäpfchen.

Gaumenbein
palate bone

›Os palatinum

›paariger ›Knochen im ›dorsalen Bereich des harten ›Gaumens

Die Gaumenbeine bilden zusammen mit den ›Gaumenfortsätzen des Oberkieferknochens und dem ›Zwischenkiefer den ›harten Gaumen und damit die Abgrenzung von ›Nasenhöhle und ›Mundhöhle.

Gaumenbogen
palatine arch

Schleimhautfalten, die in Bogenform beidseitig vom ›Zäpfchen aus nach unten verlaufen

Unterscheidung:
Vorderer und hinterer Gaumenbogen; dazwischen liegt auf beiden Seiten jeweils die ›Gaumenmandel.

Stichwort	Erklärung	Vertiefung
Gaumenbügel palatal bar	auch ▸**Transversalbügel** Anteil der ▸Teilprothese aus Metall, der beide ▸Kieferhälften miteinander verbindet im ▸Unterkiefer: ▸Unterzungenbügel	
Gaumenfalten palatine rugae	im vorderen Teil des harten ▸Gaumens 4–6 quer verlaufende Schleimhautfalten	werden manchmal in der ▸Totalprothese nachgebildet
Gaumenfortsatz palatal shelf, palatine process	Processus palatinus Teil des ▸Oberkiefers, der die knöcherne Grundlage des harten ▸Gaumens bildet	Der Gaumenfortsatz gehört zu den vier Fortsätzen des ▸Oberkiefers.
Gaumenloch palate hole	▸Foramen palatinum	Unterscheidung: kleines und großes Gaumenloch
Gaumenmandel palatine tonsil	Tonsilla palatina liegt zwischen den beiden ▸Gaumenbögen, ▸paarig	wirkt als ▸Lymphknoten, dient der Abwehr von ▸Krankheitserregern in der ▸Mundhöhle
Gaumennaht palatine suture	▸Sutura palatina mediana In der Mitte des ▸Gaumens verläuft in Längsrichtung die Gaumennaht, an der beidseitig die ▸Gaumenbeine, die ▸Gaumenfortsätze des ▸Oberkiefers und der ▸Zwischenkiefer zusammengewachsen sind.	Um den ▸Gaumen bei einer ▸Kfo-Behandlung zu verbreitern, kann eine ▸Gaumennahterweiterung durchgeführt werden, bei der die knöcherne Gaumennaht aufgedehnt / aufgesprengt wird.
Gaumennaht-erweiterung maxillary expansion, palatal expansion	auch **Gaumennahtsprengung** Abkürzung: **GNE** ▸kieferorthopädische oder kieferorthopädisch-▸chirurgische Dehnung der mittleren ▸Gaumennaht	zur Verbreiterung des ▸Oberkiefers bei zu geringem Breitenwachstum
Gaumenplatte palate plate	Abdeckung des ▸harten Gaumens, aus ▸Kunststoff oder Metall **Prothetik:** bildet bei ▸Zahnersatz die ▸Prothesenbasis, z. B. bei einer ▸Totalprothese **Kieferorthopädie:** Verwendung als Gaumenverschluss bei einer ▸Gaumenspalte, bevor bei Säuglingen die ▸operative Abdeckung möglich ist **Kieferchirurgie:** dient als ▸Obturator nach Unfall oder ▸operativem Eingriff am ▸Gaumen, z. B. nach Tumoroperation	
Gaumensegel soft palate	Velum palatinum muskulärer, beweglicher Teil des weichen ▸Gaumens	Ansatzlinie des Gaumensegels ist die ▸Ah-Linie, als Übergang vom harten zum weichen Gaumen
Gaumenspalte cleft palate	Uranoschisis, Palatoschisis Fehlbildung des ▸Gaumens; die Oberkieferknochen (▸Gaumenbeine und ▸Gaumenfortsätze) sind bei der Geburt an der ▸Gaumennaht nicht zusammengewachsen. Die bestehende Öffnung zwischen ▸Mundhöhle und ▸Nase macht einem Säugling das Saugen ohne ▸Gaumenplatte unmöglich.	Die Spaltbildung kann zur Beeinträchtigung beim Essen, Trinken und Sprechen führen. Ein ▸operativer Verschluss der Gaumenspalte kann ab einem Alter von 4 Monaten erfolgen. ▸Lippen-Kiefer-Gaumenspalte

G
H
I
J
K
L

Stichwort	Erklärung	Vertiefung
Gaumenzäpfchen palatine uvula	auch **Zäpfchen** ▸Uvula	▸distal gelegene Schleimhautausbuchtung, in der Mitte des weichen ▸Gaumens
Gaze gauze	weiches, grobmaschiges Baumwollgewebe	Verwendung: Medikamententräger, Verbandsmaterial
GBR **G**uided **B**one **R**egeneration	Abkürzung für ▸Gesteuerte Knochenregeneration	
Gebiss natural dentition	Gesamtheit der Zähne ▸**Milchgebiss:** 20 ▸Milchzähne; entsteht mit der ersten ▸Dentition **bleibendes Gebiss:** 28–32 Zähne; entsteht mit der zweiten ▸Dentition	
Gebissanalyse bite analysis	auch ▸ **Funktionsanalyse, funktionelle Gebissanalyse** ▸Analyse	umfassende ▸Untersuchung von Zähnen, ▸Kiefer und deren Funktionsweise Grundlage zur Planung der ▸Behandlung
Gebissanomalie abnormal occlusion	Überbegriff für alle Fehlentwicklungen von Zähnen oder Kieferanteilen	▸Dysgnathie ▸Anomalie
Gefahrstoff hazardous substance	Stoff oder Stoffzubereitung, bei deren Handhabung Gefahren für die ▸Gesundheit entstehen können ▸Sicherheitsdatenblatt	Produkt muss vom Hersteller entsprechend gekennzeichnet werden: ▸Gefahrstoffbezeichnung, ▸Gefahrstoffsymbol www.bgw-online.de
Gefahrstoff-bezeichnung safety markings, hazard note	Angaben auf der Verpackung eines ▸Gefahrstoffes über die Gefährlichkeit dieses Stoffes	zusätzlicher Aufdruck: ▸Gefahrstoffsymbole / Gefahren-piktogramme, Sicherheitsratschläge
Gefahrstoffsymbol hazard symbol	auch **Gefahrenpiktogramm** Warnzeichen auf der Verpackung eines ▸Gefahrstoffs Gefahrenklassen: ❶ physikalisch-chemische und Umweltgefahren ❷ Gesundheitsgefahren ❸ Brand- und Explosionsgefahren	Das jeweils zum Symbol gehörende Signalwort „Achtung" oder „Gefahr" gibt den Grad der Gefährdung an. Beispiele:
Gefahrstoff-verordnung Ordinance on Hazardous Substances	Abkürzung: **GefStoffV** ▸Gefahrstoffverzeichnis	zum Schutz von Beschäftigten vor Gefährdung der Gesundheit und Sicherheit internationale Kennzeichnung: ▸GHS
Gefahrstoffverzeichnis hazardous substances register	▸Dokumentation aller ▸Gefahrstoffe, die in einer Zahnarztpraxis verwendet werden.	Das Verzeichnis muss regelmäßig aktualisiert werden.
Gefäß vessel	▸Blutgefäß, ▸Lymphgefäß	

G
H
I
J
K
L

Stichwort	Erklärung	Vertiefung
Gegenkiefer counter bite	auch **Gegenbiss** ▸ Kiefer, der dem anderen gegenüberliegt **Zahntechnik:** auch Gegenkiefermodell zur Nachahmung der Mundsituation bei der Bearbeitung des Arbeitsmodells	
Gegenzahn opposing tooth	auch **Gegenbeißer** z. B. Zahn-/Aufbisszahn im ▸ Gegenkiefer	▸ Antagonist
gegossen cast	durch Ausformen von erhitztem, flüssigem Metall entstanden	**Zahnheilkunde:** ▸ Stiftaufbau, ▸ Goldgussfüllung, ▸ Klammer, ▸ Wurzelstiftkappe
Gehirn brain	Cerebrum Bestandteil des ▸ Zentralnervensystems/ZNS	Lage: im Hirnschädel Einteilung: ▸ Großhirn, Kleinhirn, Hirnstamm, verlängertes Mark
Gel gel, jelly	gallertartige, zäh-elastische Masse mit hoher ▸ Viskosität	in Verwendung als Träger von ▸ Arzneimittel: z. B. ▸ Fluorid-Gel, ▸ Ätzmittel bei ▸ Säure-Ätz-Technik, Gel bei Sportverletzungen
Gelatineschwamm gelatin sponge	schwammartige ▸ Tamponade zur ▸ lokalen ▸ Blutstillung	▸ resorbierbar
Gelbsucht jaundice	Ikterus gelbliche Verfärbung der ▸ Haut, ▸ Schleimhaut, Lederhaut des Auges	Begleitsymptom bei einer Leber-erkrankung, z. B. ▸ Hepatitis
Gelenk articulation, joint	bewegliche Verbindung zwischen zwei Teilen **Hinweis:** Alle Begriffe zu „Gelenk" siehe unter „Kiefergelenk".	**Zahnheilkunde:** ▸ Kiefergelenk, ▸ Verankerungselement an ▸ festsitzendem ▸ Zahnersatz
Gen gene	Erbfaktor, Erbanlage	Träger der Erbinformation in den ▸ Chromosomen
Genese genesis	Entstehung, Entwicklung z. B. einer Erkrankung	▸ Pathogenese
Genetik genetics	Lehre von der Vererbung	Aufbau und Funktion von Erbanlagen/ ▸ Genen und deren Weitergabe/Verer-bung an die Folgegeneration
genetisch genetical	erblich bedingt, die ▸ Gene betreffend	▸ Genetik
genetische Erkrankung hereditary disease	Erbkrankheit	z. B. ▸ Down Syndrom, ▸ Dysgnathie, ▸ Dysplasie
genetischer Schaden hereditary damage	Veränderungen an den ▸ Genen ▸ Mutationen; treten erst bei der nachfolgenden Generation auf	▸ Strahlenschaden ausgelöst z. B. durch ▸ ionisierende Strahlung wie ▸ Röntgenstrahlung
Geniohyoideus geniohyoid muscle	Kurzform für ▸ **Musculus geniohyoideus** ▸ Kinn-Zungenbein-Muskel	▸ Mundöffner-Muskel
Geriatrie geriatric medicine	Altersheilkunde	Alterszahnheilkunde: ▸ Gerodontologie

G
H
I
J
K
L

Gerinnung

Stichwort	Erklärung	Vertiefung
Gerinnung clotting, coagulation	►Blutgerinnung	►Blutgerinnsel
Gerinnungsfaktoren blood clotting factor	körpereigene Stoffe, die am Ablauf der ►Blutgerinnung beteiligt sind	►Prothrombin, ►Thrombin ►Fibrinogen, ►Fibrin
Gerinnungsstörung coagulation defect	►Blutgerinnungsstörung	►Hämophilie
Gerinnungszeit clotting time	Zeit, bis das flüssige ►Blut gerinnt	Überprüfung der Blutgerinnungszeit: ►Quick-Wert, ►INR
Germ tooth germ	►Zahnkeim	►Germektomie
Germektomie tooth germectomy	►operative Entfernung eines im Kieferknochen liegenden ►Zahnkeims	►Germ
Gerodontologie dental geriatrics, geriatric dentistry	auch **Gerostomatologie** Alterszahnheilkunde beschäftigt sich mit den ►physiologischen und ►pathologischen Veränderungen im Alter	z. B. Zahnverlust, verstärkter ►Knochen-abbau, verminderte Feinmotorik mit eingeschränkter ►Mundhygiene
Gerüst framework	►Metallgerüst erhöht die Stabilität von ►Zahnersatz	Material: z. B. ►Zirkonoxid, Metalle/►Legierungen
Gerüsteinprobe try-in of framework	Überprüfung des ►Metallgerüstes vor der Fertigstellung des ►Zahnersatzes. Zusätzliche Sitzung erforderlich bei größeren oder komplizierten ►Brücken und ►Prothesen	
Geschiebe attachment	►Verankerungselement meist bei ►kombiniertem ►Zahnersatz wie unterteilten ►Brücken, ►Teilprothesen 	Bestandteile: ►**Matrize**, an der ►Krone des ►Pfeilerzahnes ►**Patrize**, am ►herausnehmbaren Prothesenteil Geschiebearbeiten sind ►ästhetisch, da die ►Kronen verblendet werden und keine ►Klammern zu sehen sind.
Geschmack taste	auch **Geschmacksempfindung**, **Geschmackssinn** wird vor allem über die ►Papillen/►Geschmacks-knospen der ►Zunge wahrgenommen	Geschmacksrichtungen der Zunge: süß, sauer, salzig, bitter, umami (fleischig, herzhaft)
Geschmacksknospen taste buds	auch **Geschmackspapillen** befinden sich hauptsächlich auf dem Zungenrücken in speziellen ►Papillen	Wallpapillen, Blattpapillen, Pilzpapillen; reagieren auf Substanzen, die im ►Speichel gelöst sind. ►Geschmack
Geschmacksstörung anomaly of taste	Die Wahrnehmung der Geschmacks-richtungen ist eingeschränkt oder verändert.	mögliche Ursachen: zu wenig Speichelbildung; ►Krankheiten; ►Medikamente, z. B. ►Chlorhexidin; Tragen einer ►Totalprothese

G H I J K L

Stichwort	Erklärung	Vertiefung

Geschwulst
tumor,
new growth

➤ Tumor

krankhafte Wucherung von ➤ Zellen
im ➤ Gewebe

➤ benigne

➤ maligne

Geschwür
ulcer

Ulkus

entzündeter oder ➤ eitriger Zerfall von
➤ Gewebe an der Oberfläche von ➤ Haut
oder ➤ Schleimhaut

Zahnheilkunde:
meist geschwürige Veränderungen
des ➤ Zahnfleisches

➤ ANUG,
➤ Decubitus / Druckgeschwür

Gesicht
face

vorderer Teil des Kopfes

gebildet durch den ➤ Gesichtsschädel
und aufgelagerte Weichteile

Gesichtsbogen
facebow

Prothetik:
Übertragungsbogen;
zur ➤ Bissregistrierung, für eine schädel-
bezogene Montage des Oberkiefermodells
im ➤ Artikulator

Kieferorthopädie:
➤ Headgear;
➤ Bogen mit ➤ extraoraler ➤ Abstützung,
kieferorthopädisches Behandlungsgerät

Übertragungsbogen

Gesichtslähmung
facial paralysis

➤ Facialisparese

➤ Nervus facialis

➤ Parese

Gesichtsmuskulatur
facial muscles

➤ mimische ➤ Muskulatur

bestimmt den Gesichtsausdruck eines
Menschen

Gesichtsnerven
facial nerves

➤ Nervus facialis (VII. Hirnnerv)

➤ Nervus trigeminus (V. Hirnnerv)

gehören zum ➤ peripheren Nervensystem,
führen ➤ sensible und ➤ motorische Fasern

jeweils als ➤ Hirnnerven-Paare vorhanden

Gesichtsschädel
craniofacial

Viscerocranium

Teil des ➤ Schädels, der den knöchernen Teil
des ➤ Gesichts bildet

➤ Os

Gegenteil: ➤ Hirnschädel

Gesichtsschmerz
facial pain

meist durch ➤ Entzündung des
➤ Nervus trigeminus

➤ Trigeminusneuralgie: blitzartig auf-
tretender, starker ➤ Schmerz, einseitig

Gesichtsspalten
facial clefts

Überbegriff für angeborene Fehlbildungen im
➤ Gesicht, einseitig und doppelseitig

Vorkommen: als ➤ Lippen-, ➤ Kiefer- und
➤ Gaumenspalten; auch in Kombination

**Gesteuerte
Geweberegeneration**
Guided Tissue
Regeneration

Abkürzung: ➤ GTR

Bei tiefen ➤ parodontalen ➤ Defekten wird
eine nicht-➤ resorbierbare Folie oder ➤ Mem-
bran auf die Wurzeloberfläche aufgebracht.

Die langsamer wachsenden ➤ Wurzelhaut-
und ➤ Knochenzellen haben dadurch Zeit
zur Neuentstehung und werden nicht von
den schneller wachsenden Bindegewebs-
und Epithelzellen verdrängt.

Die Folie, z. B. ➤ Gore-Tex®, wird später
➤ operativ wieder entfernt.

Durch dieses Verfahren kann verloren
gegangenes ➤ Gewebe des ➤ Zahnhalteapparates wieder aufgebaut werden.

➤ New Attachment

G
H
I
J
K
L

Stichwort	Erklärung	Vertiefung
Gesteuerte Knochenregeneration *Guided Bone Regeneration*	Abkürzung: ▸GBR Auffüllen eines ▸Defektes im ▸Knochen mit ▸Knochenersatzmaterial, z. B. zum Wiederaufbau des ▸Alveolarkammes Dazu wird neben dem Knochenersatzmaterial eine nicht-▸resorbierbare Folie oder ▸Membran so in die ▸Wunde eingelegt, dass die Ausheilung im Schutz der Folie erfolgen kann. Die Folie, z. B. ▸Gore-Tex®, wird später ▸operativ wieder entfernt.	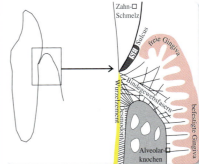
Gesundheit *health*	Zustand des vollständigen körperlichen, geistigen und sozialen Wohlergehens und nicht nur das Fehlen von ▸Krankheit oder Gebrechen	Definition der ▸Weltgesundheitsorganisation (WHO)
Gesundheitsvorsorge *health care*	Maßnahmen zur Vorbeugung von ▸Krankheiten	▸Prophylaxe, ▸Prävention
Gewebe *tissue*	Verbund von ▸Zellen, die den gleichen Aufbau und die gleiche Aufgabe haben	Einteilung: ▸Epithel, ▸Binde- und Stützgewebe, Muskelgewebe, Nervengewebe
Gewebekleber *tissue glue*	auch ▸**Fibrinkleber**	Verwendung als ▸Gel oder ▸Spray
Gewebstod *necrosis*	▸Nekrose lokales Absterben von ▸Gewebe/▸Zellen	Ursachen: ▸Infektionen, mangelnde Blut-/Sauerstoffversorgung, äußere Einflüsse wie Verbrennungen, Verätzung, Verletzungen; auch durch ▸Druckstellen von ▸Prothesen, ▸Schienen
GHS	Abkürzung für ▸**G**lobal **H**armonisiertes **S**ystem	internationale Kennzeichnung für ▸Gefahrstoffe
Gingiva *gingiva, gum*	▸Zahnfleisch	Einteilung: ▸Gingiva marginalis, ▸Gingiva propria
Gingiva marginalis *free gingiva*	auch **freie Gingiva** • umschließt den ▸Zahnhals als ▸Zahnfleischrand/Zahnfleischsaum • liegt den Zähnen girlandenförmig an • Bildung der ▸Interdentalpapille • geht über in die Gingiva propria (▸befestigte Gingiva), Abgrenzung durch die ▸gingivale Furche • rillenförmige Vertiefung zwischen freier Gingiva und Zahnoberfläche ▸Sulkus	Zahn-☐ Schmelz freie Gingiva Sulcus Bindegewebsfasern Wurzelzement Desmodont befestigte Gingiva Alveolar-☐ knochen
Gingiva propria *attached gingiva*	auch **attached Gingiva, befestigte Gingiva** • mit dem ▸Alveolarknochen fest verbunden, nicht verschiebbar • getüpfelte Oberflächenstruktur, ▸Stippelung • geht in der ▸Umschlagfalte über in die bewegliche ▸Mundschleimhaut (▸Mukogingivalgrenze)	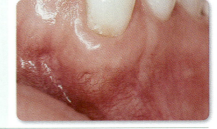

Stichwort	Erklärung	Vertiefung
Gingivaatrophie gingival atrophy	▸Zahnfleischschwund Rückgang des ▸Zahnfleisches und damit Freiliegen von ▸Zahnhals und ▸Zahnwurzel mögliche Ursachen: • parodontale Erkrankungen • ▸Gingivarezession • langsamer Rückgang auch altersbedingt möglich	
Gingivaformer gum moulder	Beim eingeheilten ▸Implantat werden nach ▸Freilegung des Implantats, zur Vorbereitung der späteren ▸Abformung, kleine Schrauben (Gingivaformer) in das Implantat eingeschraubt, dadurch lagert sich die umgebende ▸Gingiva optimal an das ▸Implantat an.	
Gingivahyperplasie gingival hyperplasia	Wucherung von ▸Zahnfleisch mit Bildung von ▸Pseudotaschen Ursachen: • durch bestimmte ▸Medikamente, z. B. ▸Hydantoine • ▸hormonell bedingte ▸Entzündungen, ▸Schwangerschaftsgingivitis • ungenügende ▸Mundhygiene	
gingival gingival	zum ▸Zahnfleisch gehörend, das Zahnfleisch betreffend	▸Gingiva
Gingivalrand gum margin	auch **Gingivalsaum** ▸Zahnfleischrand	▸Gingiva marginalis
Gingivalrandschräger hatched excavator	▸Handinstrument zum Glätten von ▸approximalen Schmelzrändern im ▸gingivalen Bereich nach der ▸Präparation einer ▸Füllung Arbeitsende: schräg, scharf geschliffen	
Gingivalsaum gingival margin	▸Gingiva marginalis	▸Gingivalrand
Gingivarezession gingival recession, recession of the gums	▸Schwund von ▸Zahnfleisch ohne Entzündungsvorgänge Ursachen: • meist falsche ▸Putztechnik • ▸Parafunktionen • zu hoch ansetzende ▸Schleimhautbänder ▸Gingivaatrophie	
Gingivatransplantat gingival graft	▸Schleimhauttransplantat	**Parodontologie:** Verpflanzung von ▸Schleimhaut aus dem Gaumen- oder Wangenbereich; zur Abdeckung von freiliegenden Zahnwurzelflächen

G
H
I
J
K
L

Stichwort	Erklärung	Vertiefung
Gingivektomie gingivectomy	‣chirurgische Einkürzung von ‣Zahnfleisch-taschen, z. B. bei ‣Parodontitis marginalis ‣Gingivahyperplasie	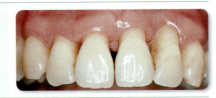
Gingivitis inflammation of the gums	‣Zahnfleischentzündung	‣Schwangerschaftsgingivitis, ‣Gingivitis simplex, ‣Gingivitis ulcerosa
Gingivitis simplex catarrhal gingivitis	‣Zahnfleischentzündung, einfach heilt ohne Geweberverlust wieder aus Ursache: unzureichende ‣Mundhygiene	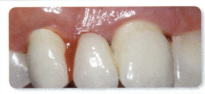
Gingivitis ulcerosa ulcerating gingivitis	‣Zahnfleischentzündung, mit Bildung von ‣Geschwüren ‣Symptome: sehr schmerzhaft, starker ‣Mundgeruch, schlechter Allgemeinzustand, evtl. mit ‣Fieber ‣ulzerös, ‣ANUG	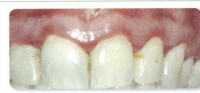
Gingivoplastik gingivoplasty	‣ästhetische Ausformung von ‣Zahnfleisch	meist im Zusammenhang mit ‣Gingivektomie
Gips gypsum	auch **Dentalgips** ‣Calciumsulfat ($CaSO_4$) **Zahntechnik:** für die Herstellung von Planungs- und Arbeitsmodellen	Gipsarten: Abformgips, Alabastergips (auch Weißgips), Hartgips, Spezialhartgips, Superhartgips ‣Modell
Gipstrimmer gypsum grinder	auch **Gipsschleifer** Schleifgerät zur Bearbeitung und Formgebung von Gipsmodellen	meist unter Wasserkühlung ‣Gips
GIZ glass ionomer cement	Abkürzung für ‣**G**las**i**onomer**z**ement Füllungs- und Befestigungszement	

Glandula,
Glandulae (Mehrzahl)
gland,
salivary gland
	‣Drüse
	‣Organ, welches ‣Sekrete produziert und diese an die ‣Haut/‣Schleimhaut oder in die ‣Blutgefäße abgibt
	z. B. Hormondrüse, Talgdrüse, Schweißdrüse, Tränendrüse
		Zahnheilkunde:
		• große Speicheldrüsen,
		paarig angelegt:
		  ‣Glandula parotis
		  ‣Glandula sublingualis
		  ‣Glandula submandibularis
		• kleine Speicheldrüsen:
		am ‣Gaumen und auf der ‣Zunge

Glandula parotis parotic, parotid gland	‣Ohrspeicheldrüse, ‣paarig ‣seröser ‣Speichel	‣Glandula, ‣Speicheldrüse
Glandula sublingualis sublingual gland	‣Unterzungenspeicheldrüse, ‣paarig ‣muköser und ‣seröser ‣Speichel	‣Glandula, ‣Speicheldrüse

G
H
I
J
K
L

Stichwort	Erklärung	Vertiefung
Glandula submandibularis submandibular gland	▸ Unterkieferspeicheldrüse, ▸ paarig, ▸ muköser und ▸ seröser ▸ Speichel	▸ Glandula, ▸ Speicheldrüse
Glasfaserstift glass fiber pin	▸ Wurzelkanalstift für einen ▸ Stiftaufbau Befestigung: ▸ adhäsive Verklebung mit ▸ Komposit im ▸ Wurzelkanal	Vorteile: • hohe ▸ Ästhetik durch ▸ Transluzenz • geringe Bruchgefahr
Glasionomerzement glass ionomer cement	Abkürung: **GIZ** Füllungs- und Befestigungszement Zusammensetzung: • **Pulver** aus gemahlenen Glaspartikeln; angereichert mit ▸ Fluoriden und Aluminium • **Flüssigkeit** aus wässriger Lösung der ▸ Polycarbonsäure; kein „Säureschock" für die ▸ Pulpa	Verwendung: • ▸ Füllungsmaterial für ▸ Zahnhalsfüllungen, ▸ Aufbaufüllungen, evtl. Milchzahnfüllungen • ▸ Unterfüllungsmaterial • ▸ Befestigungszement Das Kapselsystem ermöglicht das notwendige, exakte ▸ Dosieren der Bestandteile.
Glaskeramik glass ceramic	Überbegriff für Werkstoffe aus ▸ mineralischen Massen **Zahnheilkunde:** Verwendung als ▸ Presskeramik und Schleifkeramik, z. B. EMPRESS® ▸ Zirkoniumoxid	
Glattflächen smooth surfaces	Außen- und Innenflächen der Zähne	Außenflächen: ▸ vestibulär oder ▸ buccal und ▸ labial Innenflächen: ▸ oral oder ▸ lingual und ▸ palatinal
Global Harmonisiertes System	Abkürzung: **GHS** System zur Einstufung und Kennzeichnung von ▸ Gefahrstoffen (Chemikalien)	Kennzeichnung erfolgt durch ▸ Gefahrstoffsymbole (Piktogramme). www.umweltbundesamt.de
Glossa tongue	auch **Lingua** ▸ Zunge	▸ lingual
Glossitis inflammation of the tongue	Zungenentzündung ▸ Entzündung der Zungenschleimhaut	Ursachen: • z. B. ▸ Infektionskrankheiten • ▸ Immunschwäche • Verletzungen, ▸ Allergien
Glukose grape sugar, glucose	▸ Traubenzucker	▸ Einfachzucker
Glykogen glycogen	Speicherform von ▸ Kohlenhydraten wird in der ▸ Leber und ▸ Muskulatur aus ▸ Glukose gebildet und gespeichert ▸ Polysaccharid	dient als Energiespeicher und zur Aufrechterhaltung des Blutzuckerspiegels zwischen den Mahlzeiten
Gnathologie gnathology	Lehre von der ▸ Funktion des Kauorgans	Teilgebiet der ▸ Prothetik, welches das Zusammenwirken von ▸ Muskeln, ▸ Gelenken, Kieferknochen, ▸ Okklusion und ▸ Parodontium bewertet
GNE maxillary expansion	Abkürzung für ▸ **G**aumen**n**aht**e**rweiterung	

G
H
I
J
K
L

Stichwort	Erklärung	Vertiefung
Gold gold	chemisches Element mit dem Symbol **Au** (Aurum) weiches, gelbes ▸ Edelmetall	**Zahnheilkunde:** als ▸ Legierung für ▸ Inlays, ▸ Kronen, ▸ Brücken unlegiert für ▸ Goldhämmerfüllungen
Goldgussfüllung gold cast inlay	auch **Gussfüllung** ▸ gegossene ▸ Einlagefüllung aus ▸ Gold meist im ▸ indirekten Verfahren im ▸ Labor hergestellt ▸ Inlay	
Goldhämmerfüllung gold foil compaction	auch **Goldklopf- / Goldstopffüllung** Goldfolie/Blattgold oder Goldschwämmchen werden in kleinen Stückchen erhitzt und in ▸ plastischer Form in die ▸ Kavität gestopft/gehämmert; für kleine ▸ Kavitäten. kein ▸ Befestigungszement notwendig, heute ungebräuchliche Methode, da sehr aufwändig	
Goldlegierung gold-based alloy	▸ Edelmetall ▸ Legierung ▸ Füllungsmaterialien	Zahngold: mundbeständige, hochgoldhaltige Goldlegierung, ▸ hohe Korrossions-beständigkeit
„Goldstandard" gold standard	optimale, allgemein anerkannte Methode zur Beurteilung einer Erkrankung und/oder einer erfolgreichen ▸ Behandlung	▸ „state of the art"
Gonaden gonads	▸ Keimdrüsen: Eierstock, Hoden	▸ Gonadenschutz
Gonadenschutz gonadal shield	Schutz der ▸ Gonaden vor Schädigungen durch ▸ ionisierende Strahlen, z. B. ▸ Röntgenstrahlen ▸ genetischer Schaden	**Zahnheilkunde:** z. B. durch ▸ Bleischürze, ▸ Bleischild
Gore-Tex®	nicht ▸ resorbierbare, gewebefreundliche Kunststoff-Folie/▸ Membran	**Zahnheilkunde:** ▸ Gesteuerte Geweberegeneration
Gracey-Küretten Gracey curets	▸ Handinstrumente zur ▸ Kürettage bei der ▸ Parodontalbehandlung ▸ Instrumente mit unterschiedlicher, den ▸ Zahnflächen angepasster Krümmung ▸ Küretten	
Graduierung graduation, scale	stufenweise Einteilung, ▸ Markierung, Kennzeichnung, z. B. eines Messinstrumentes **Zahnheilkunde:** graduierte ▸ Sonden, z. B. ▸ WHO-Sonde mit schwarzer Markierung bei Sondierungstiefe von 3,5–5,5 mm ▸ Parodontaler Screening Index (PSI)	

G
H
I
J
K
L

Stichwort	Erklärung	Vertiefung
Gram-Färbung Gram's stain	Einfärbung von ▸Bakterien zur Einteilung unterschiedlicher Bakterienarten	Unterscheidung: • **grampositive Bakterien** violette Einfärbung, z. B. ▸Streptokokken, ▸Laktobazillen • **gramnegative Bakterien** rote Einfärbung, z. B. Kolibakterien/Darmbakterien
Granulat granular powder	Körnchen, grobes Pulvergemisch	Darreichungsform von ▸Arzneimitteln
Granulationsgewebe granulation tissue	bei der ▸Wundheilung und bei ▸Entzündungen neugebildetes ▸Bindegewebe ▸Granulom	Das ▸Gewebe hat ein körniges Aussehen und ist von vielen ▸Blutgefäßen durchzogen.
Granulom granuloma	▸apicale Parodontitis Ansammlung von ▸Granulationsgewebe als Reaktion auf eine ▸chronische ▸Entzündung **Zahnheilkunde:** z. B. ▸apicales Granulom an der ▸Wurzelspitze eines ▸devitalen Zahnes	
Granulozyten granulocytes	eine Form der ▸weißen Blutkörperchen Untergruppe: ▸Mikrophagen	▸Phagozytose: ▸Fresszellen bekämpfen bei ▸Entzündungen eingedrungene ▸Bakterien.
Gravidität pregnancy	▸Schwangerschaft	▸Schwangerschaftsgingivitis
Gray gray	Abkürzung: **Gy** ▸physikalische Maßeinheit der ▸Energiedosis, die durch ▸ionisierende Strahlung, z. B. ▸Röntgenstrahlen, entstanden ist	**Röntgenkunde:** Maßeinheit: 1 Gy = 1J/kg (▸Joule/Kilogramm) ▸Energiedosis: 1 Gy entspricht der ▸Äquivalentdosis 1 Sv
grazil gracile	zierlich	z. B. ▸gegossene ▸Klammern im sichtbaren Bereich
Grübchen groove	kleine Vertiefungen auf den ▸Kauflächen	ähnlich ▸Fissuren
Grund-instrumentarium basic instruments	▸Handinstrumente: zahnärztlicher Spiegel/ ▸Mundspiegel, ▸Sonden, zahnärztliche ▸Pinzette grundsätzlich bei jeder ▸Behandlung/ ▸Untersuchung	
Gruppenprophylaxe group prophylaxis	Eine Zielgruppe mit ähnlichem Gebisszustand wird gemeinsam über ▸Prophylaxe-Maßnahmen aufgeklärt.	Die Maßnahmen sollen flächendeckend in Kindergärten und Schulen durchgeführt werden. Gegenteil: ▸Individualprophylaxe
GTR **G**uided **T**issue **R**egeneration	Abkürzung für ▸Gesteuerte Geweberegeneration	
Guedel-Tubus Guedel pattern airway	Gummirohr zur Offenhaltung der Atemwege eines Bewusstlosen z. B. bei einer ▸Narkose	gehört zur Grundausstattung eines zahnärztlichen Notfallkoffers ▸Tubus

G
H
I
J
K
L

Stichwort	Erklärung	Vertiefung
Guided Bone Regeneration	▸ Gesteuerte Knochenregeneration	Abkürzung: ▸ GBR
Guided Tissue Regeneration	▸ Gesteuerte Geweberegeneration	Abkürzung: **GTR**
Gummipolierer rubber polisher	▸ maschinell betriebene, rotierende ▸ Polierer aus Gummi in verschiedenen Formen und Größen ▸ Politur	
Gussklammer cast clasp	auch **Modellgussklammer** ▸ gegossene ▸ Klammer an der ▸ Metallbasis einer ▸ Teilprothese z. B. Doppelarmklammer	
Gutachten medical report	Beurteilung einer zahnärztlichen Arbeit anhand von Unterlagen oder durch ▸ Inspektion im ▸ Mund des ▸ Patienten	Erstellung durch Gutachter/Sachverständige, die von Krankenkassen, KZVen oder Zahnärztekammern benannt werden
gutartig benignant	▸ benigne Eigenschaft von ▸ Tumoren	Gegenteil: ▸ maligne
Guttapercha gutta-percha	kautschukähnliches Naturmaterial (Baumharz), ▸ plastisch bei Erwärmung **Zahnheilkunde:** Verwendung bei der ▸ Wurzelkanal-behandlung als ▸ Wurzelfüllmaterial ▸ Guttapercha-Stifte	
Guttapercha-Stifte gutta-percha cone	genormte Stifte nach ▸ ISO-Größen, ▸ Füllmaterial für aufbereitete ▸ Wurzelkanäle ▸ Guttapercha, ▸ Kondensation, lateral/vertikal	Das Abfüllen erfolgt überwiegend mit Guttapercha-Stiften und einer erhärtenden Wurzelkanal-Füllpaste ▸ Sealer
Gy	Abkürzung für ▸ **G**ray	▸ physikalische Maßeinheit der ▸ Energiedosis

G
H
I
J
K
L

Stichwort	Erklärung	Vertiefung
H	Symbol für das chemische ‣Element ‣Wasserstoff	Abkürzung für **H**ydrogenium
Haargefäße capillaries	‣Kapillaren kleinste, sehr dünne ‣Blutgefäße	‣Gas- und Stoffaustausch in der ‣Lunge und allen ‣Geweben des Körpers
Haarzunge black hairy tongue	Lingua nigra schwärzliche Verfärbung des Zungenrückens und Ausbildung von fadenförmigen Verlängerungen der Zungenpapillen	mögliche Ursachen: • Medikamentengabe, z. B. ‣Antibiotika • intensiver Gebrauch von ‣Mundspüllösungen, z. B. ‣Chlorhexidin
Habit habit	• Fehlfunktion der Zähne, der ‣Lippen und/oder der ‣Zunge • schlechte Gewohnheit, z. B. ‣Zungenpressen, ‣Knirschen, ‣Daumenlutschen, ‣Lippenbeißen	mögliche Schädigungen: • am ‣Zahnhartgewebe • ‣Zahnstellungsanomalien • Belastung des ‣Zahnhalteapparates ‣Parafunktionen
habituell habitual	gewohnheitsmäßig, regelmäßig	z. B. habituelle ‣Okklusion, normaler Zusammenbiss der Zähne
Haderup-Zahnschema Haderup's system, chart system of teeth	auch **Haderup-System** Kennzeichnung der Zähne: • Zähne von der Mittellinie aus durchnummerieren, ‣Milchzähnen zusätzlich eine 0 (Null) voranstellen • Oberkieferzähne mit + (Plus) kennzeichnen, Unterkieferzähne mit – (Minus) • ‣Quadranten an der Stellung des Plus-/Minuszeichen erkennbar; es steht immer ‣mesial von der Zahnbezeichnung.	Bleibende Zähne Oberkiefer 8+ 7+ 6+ 5+ 4+ 3+ 2+ 1+ +1 +2 +3 +4 +5 +6 +7 +8 8– 7– 6– 5– 4– 3– 2– 1– –1 –2 –3 –4 –5 –6 –7 –8 rechts Unterkiefer links Milchgebiss Oberkiefer 05+ 04+ 03+ 02+ 01+ +01 +02 +03 +04 +05 05– 04– 03– 02– 01– –01 –02 –03 –04 –05 rechts Unterkiefer links **Beispiel:** -03 = Milcheckzahn, unten links 3+ = bleibender ‣Eckzahn, oben rechts
Haftlack adhesive, bonding agent	Lösung, mit der ein ‣Abformlöffel vor der Verwendung von ‣elastischem ‣Abformmaterial eingestrichen oder besprüht wird ‣Adhäsiv	verbessert die Haftung des Materials an der Löffelwand verhindert das Ablösen vom Löffel bei der Entnahme aus dem ‣Mund
Haftmittel adhesive	Hilfsmittel, die für eine bessere Haftung von ‣Totalprothesen sorgen sollen	z. B. Haftcreme, Gel, Pulver, Haftpolster/Vliesmaterial
Haftvermittler primer	‣Adhäsiv Befestigung von ‣Kompositfüllungen ‣Adhäsivtechnik ‣Konditionierer	
Haken hook	‣Instrumente zum Abhalten von: ‣Backe, ‣Zunge, ‣Mundwinkel, Wundrändern aller Art	• ‣Middeldorpf-Mundhaken/‣Wundhaken mit gelochtem Arbeitsteil • ‣Langenbeck-‣Wundhaken mit schmalem, stumpfem Arbeitsteil • kleinere Haken mit abgewinkelten, rechenartigen, scharfen Enden; zum Abhalten der Wundränder • Fotohaken für ‣dentale Fotografie
Haken-Scaler hook scaler	‣Scaler mit kurzer, abgewinkelter Schneide	‣Zahnreinigungsinstrument zur Entfernung von ‣supragingivalem ‣Zahnstein

G

H

I

J

K

L

Halbwinkeltechnik

Stichwort	Erklärung	Vertiefung

Halbwinkeltechnik

bisection angle technic

auch **Winkelhalbierungstechnik**

Anwendung bei ▸intraoralen ▸Röntgen-aufnahmen mit dem Ziel der größengleichen Darstellung des ▸Zahnes

Röntgenkunde:
Der ▸Zentralstrahl wird im rechten Winkel (90°) auf die gedachte ▸Winkelhalbierende zwischen ▸Zahnachse und ▸Filmebene ausgerichtet. Der ▸Patient hält den Film meist selbst.

Sonderform: ▸Le-Master-Technik

▸Röntgenaufnahmetechniken

Halimeter

halimeter

Messgerät, um ▸Mundgeruch objektiv festzustellen

Das Gerät misst in der Ausatmungsluft die flüchtigen Schwefelwasserstoff-Gasverbindungen, die einen schlechten Geruch verbreiten.

Halitosis

halitosis, bad breath

auch **Foetor ex ore**

Überbegriff für alle Arten von ▸Mundgeruch

Halogene

halogens

chemische ▸Elemente:
▸Brom, ▸Chlor, ▸Fluor, ▸Jod

Salzbildner, d. h. reaktionsfreudige Nichtmetalle, die mit Metallen zu Salzen reagieren

---

Halogenleuchte

halogen lamp

▸Polymerisationslampe für die Aushärtung von lichthärtendem ▸Komposit

▸Lichtpolymerisation

Hals

neck

▸Collum

▸Zahnhals

Halsschlagader

carotid, common carotid artery

▸Arteria carotis

verläuft beidseitig Richtung Kopf zur Blutversorgung des ▸Gehirns

Neben der Schlagader am Handgelenk ist dies die beste Stelle, um den ▸Puls zu fühlen.

Halteelemente

retaining elements

Überbegriff für alle ▸Verankerungselemente

Funktion:
- Befestigung von herausnehmbarem ▸Zahnersatz im teilbezahnten ▸Gebiss
- Befestigung von ▸kieferorthopädischen Geräten

Kieferorthopädie:
▸Klammern, z. B. ▸Adamsklammer, Dreiecksklammer

Prothetik:
z. B. ▸Geschiebe, ▸Klammern, ▸Stege, ▸Teleskop- oder ▸Konuskronen, ▸Riegel

---

Häm..., häm...

hema

Wortbestandteil mit der Bedeutung:
▸Blut

siehe die nachfolgenden Fachbegriffe

---

hämatogen

hematogenic

aus dem ▸Blut stammend, von Blut gebildet, über das Blut verbreitet

▸Hämatologie

Hämatologie

hematology

Lehre vom ▸Blut und den ▸Krankheiten des Blutes sowie der blutbildenden ▸Organe

---

Hämatom

hematoma

▸Bluterguss

Blutaustritt ins ▸Gewebe

Stichwort	Erklärung	Vertiefung
Hämoglobin hemoglobin, blood pigment	▸Blutfarbstoff, roter Blutfarbstoff	▸Erythrozyten
Hämophilie hemophilia	Bluterkrankung, bei welcher die ▸Blutgerinnung gestört ist	▸genetisch bedingte Erkrankung, hauptsächlich bei Männern ▸Bluter
Hämostase hemostasis	▸Blutstillung	▸physiologischer Vorgang, ▸Blutgerinnung
Hämostatika hemostatic	auch **Hämostyptika** ▸blutstillende Mittel	meist ▸lokal in einer ▸Wunde angewandte Präparate
Hämostyptika hemostyptic	auch ▸**Hämostatika**	▸blutstillende Mittel
Handbissnahme hand guided bite-taking	▸horizontale ▸Kieferrelationsbestimmung, durchgeführt von Hand mit Hilfe von ▸Bissschablonen/Registrierschablonen; einfache Methode im zahnlosen ▸Kiefer	Gegenteil: ▸Stützstiftregistrierung als aufwändige ▸Kieferrelationsbestimmung
Händedesinfektion hand disinfection	▸Keimverminderung auf der Oberfläche der Hände, durch Einreiben mit meist alkoholischen ▸Desinfektionsmitteln	▸**hygienische Händedesinfektion:** zur Verhinderung der Keimübertragung vor, während und nach Patientenkontakt ▸**chirurgische Händedesinfektion:** vor einem chirurgischen Eingriff zur Verringerung der ▸Hautflora des Behand- lungsteams; zum Infektionsschutz des ▸Patienten

G
H
I
J
K
L

Schritt 1

Handfläche auf Handfläche,
zusätzlich gegebenenfalls die
Handgelenke

ca. 5 Sekunden

Schritt 2

Rechte Handfläche über linkem
Handrücken –
und umgekehrt

ca. 5 Sekunden

Schritt 3

Handfläche auf Handfläche
mit verschränkten, gespreizten
Fingern

ca. 5 Sekunden

Schritt 4

Außenseite der verschränkten
Finger auf gegenüberliegende
Handflächen

ca. 5 Sekunden

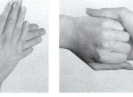

Schritt 5

Kreisendes Reiben des rechten
Daumens in der geschlossenen linken Handfläche – und umgekehrt

ca. 5 Sekunden

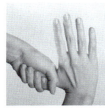

Schritt 6

Kreisendes Reiben mit geschlossenen Fingerkuppen der rechten
Hand in der linken Handfläche –
und umgekehrt

ca. 5 Sekunden

Händedesinfektionsmittel in die hohlen, trockenen Hände geben und **über 30 Sek.** nach den
6 Schritten bis zu den Handgelenken einreiben (Bewegungen jedes Schrittes 5mal durchführen).
Nach dem 6. Schritt werden einzelne Schritte bis zur angegebenen Einreibedauer wiederholt.
Darauf achten, dass die Hände die gesamte Einreibezeit feucht bleiben.
Im Bedarfsfall erneut Händedesinfektionsmittel entnehmen.

Stichwort	Erklärung	Vertiefung
Händehygiene hand hygiene	umfasst Maßnahmen zur ►Hände-desinfektion und ►Händereinigung	►Hygiene
Händereinigung hand cleaning	Waschen der Hände mit Wasser und Seife **Zahnarztpraxis:** vorrangig sollte eine ►Händedesinfektion stattfinden, die schonender ist als die Händereinigung	

Handinstrument hand instrument	Überbegriff für zahnärztliche ►Instrumente, welche durch die Hand des Zahnarztes bewegt werden Gegensatz: ►maschinell betriebene Instrumente	►Wurzelkanalinstrumente, z. B. ►Reamer und Feilen, gibt es als Handinstrumente wie auch als maschinell betriebene Instrumente.
Hand-Röntgenaufnahme hand radiograph	auch **Handwurzelaufnahme** ►Röntgenaufnahme der Hand/Handwurzel im Rahmen der ►Diagnostik bei der ►Kfo-Behandlung Dient als Grundlage für eine individuelle ►Wachstumsanalyse: Die Verknöcherung von Handknochen ermöglicht Vorhersagen über das zu erwartende Wachstum und dient damit der Festlegung des günstigsten Behandlungsbeginns.	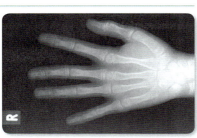
Handschuhe gloves	auch **Schutzhandschuhe** Schutz der Hände vor ►Kontakt mit Körperflüssigkeiten, ►Blut, ►infektiösem Material bei unterschiedlichen Arbeiten in der Zahnarztpraxis **Einmal-Handschuhe:** zur einmaligen Verwendung; können meist nicht desinfiziert werden: • ►unsterile Handschuhe: für den Einmalgebrauch bei den meisten zahnärztlichen Behandlungen; werden keimarm vom Hersteller angeboten • ►sterile Handschuhe: zum Einsatz bei ►chirurgischen Eingriffen und bei hohem Infektionsrisiko **Haushaltshandschuhe:** z. B. zur ►Aufbereitung von ►Instrumenten oder Bearbeitung von ►Amalgamabscheidern	►DGZMK: Das Tragen von Handschuhen bei der zahnärztlichen ►Behandlung ist ►obligat und gehört zur ►persönlichen Schutzausrüstung (PSA). Anforderungen: fest, flüssigkeitsundurchlässig, allergenarm, puderfrei bevorzugtes Material: ►Latex, Polyethylen, PVC, Nitril, Vinyl 
Handstück handpiece	gerades ►Übertragungsinstrument für ►Bohrer; Verwendung vor allem in der ►Zahntechnik, aber auch bei ►chirurgischen Eingriffen, z. B. ►Wurzelspitzenresektion Gegenteil: ►Winkelstück	
Härter catalyst	Um abbindende ►Kunststoff- oder ►Abformmaterialien auszuhärten, benötigt man einen ►Katalysator als Härter.	Aushärtung erfolgt durch Vermischen mit ►Katalysator (Paste/Flüssigkeit) oder durch ►Lichtpolymerisation.

Stichwort	Erklärung	Vertiefung
Hartmetallbohrer carbide bur	›Bohrer mit besonders harter, aber spröder Schneide	zur Bearbeitung von ›Zahnschmelz geeignet; Verwendung auch als ›Fräsen oder ›Finierer
Harvard Zement® Harvard Cement	›Zinkoxid-Phosphatzement	›Befestigungszement für ›Kronen, ›Brücken, ›Inlays, ›Unterfüllungszement ›provisorischer Kavitätenverschluss
Hasenscharte harelip, cleft lip	umgangssprachliche Bezeichnung für ›Lippenspalte	›Lippen-Kiefer-Gaumenspalten
Hauptschlagader aorta	›Aorta	›Blutkreislauf
Haut skin	Cutis, ›Derma Aufbau: ›Oberhaut und Lederhaut bilden gemeinsam die Haut. Die Unterhaut/›Subkutis liegt unter der Cutis und bildet das Unterhautfettgewebe.	Schutzfunktion: • vor Kälte, Hitze, Strahlung • gegenüber Druck, Stoß, Reibung • bei chemischen Schädigungen • vor dem Eindringen von ›Mikroorganismen • vor Verlust von Wasser und Wärme
Hautdesinfektion skin disinfection	Vor ›Injektionen muss die ›Haut ›desinfiziert werden, da sonst ›Mikroorganismen von der Haut in die Einstichwunde verschleppt werden. **Zahnheilkunde:** z. B. bei ›extraoraler ›Leitungsanästhesie	• alkoholisches Hautdesinfektionsmittel aufsprühen, einwirken lassen (nach Herstellerangaben) • trocknen lassen, Injektion durchführen ›Desinfektion
Hautflora skin flora	Sammelbegriff für alle ›Mikroorganismen, die auf der ›Haut vorkommen	›Hautdesinfektion
Hautpflege skin care	Im medizinischen/zahnmedizinischen Bereich werden die Hände durch Chemikalien/Desinfektionsmittel stark beansprucht; auch sind sie durch das Tragen von ›Handschuhen meist feucht. Eine intensive Hand-/Hautpflege ist besonders wichtig und muss auf den ›individuellen Hauttyp abgestimmt sein.	Hinweis: ›Unfallverhütungsvorschriften der Berufsgenossenschaft beachten
Headgear orthodontic headgear, night brace	**Kieferorthopädie:** kieferorthopädische Apparatur; über eine Kopfkappe und/oder ein Nackenband ›extraoral verankerter ›Bogen als ›Abstützung bei ›Kfo-Behandlung Anwendung: z. B. zur ›Distalbewegung von ›Molaren ›Gesichtsbogen	
HealOzone® **Fa. KaVo**	Verfahren der Kariesbehandlung mit ›Ozongas, ohne Bohrereinsatz	Anwendung: z. B. bei ›Fissuren- und Glattflächenkaries oder Milchzahnbehandlung bei ängstlichen Kindern Voraussetzung: nur für oberflächliche, kleine ›kariöse Stellen, die noch nicht lange bestehen

G H I J K L

Stichwort	Erklärung	Vertiefung

heavy body
heavy body

➤Abformmaterial mit zähfließender ➤Konsistenz

Verwendung: als festere ➤Komponente bei der ➤Doppelmischabformung
Gegenteil: ➤light body

Hebel
dental elevator

➤chirurgisches ➤Instrument; zum Lockern der Zähne bei ➤Zahnextraktionen
Einteilung:
• gerade Hebel, z. B. ➤Beinscher Hebel
• gebogener Hebel, z. B. ➤Krallenhebel; vor der ➤Extraktion zum Abdrängen des ➤Zahnfleisches und zum Lösen der ➤Sharpey-Fasern

• paarige Hebel, z. B. ➤Flohr, Barry; zum Entfernen von Zähnen, vor allem von ➤Wurzelresten

Hedström-Feile
Hedström file,
H-type file

➤Instrument zum Aufbereiten des ➤Wurzelkanals; spiral- oder korkenzieherartige, schneidende Oberfläche

Heidemannspatel
Heidemann's spatula

➤Handinstrument; doppelendig; an einem Arbeitsende über die Spatelkante, am anderen über die Fläche abgewinkelt

Verwendung:
➤Applikation von ➤Füllungsmaterialien und Ausarbeiten/Glätten von ➤Füllungen

Heilanästhesie
salutary injection

➤Lokalanästhesie zur vorübergehenden Betäubung bei ➤chronischen ➤Schmerzen; meist ohne ➤Vasokonstringens

Die Schmerzleitung im Bereich der ➤Wurzelspitze soll unterbrochen werden, z. B. bei einer ➤Pulpitis.

Heil- und Kostenplan
therapeutic and cost schedule

Abkürzungen: **HKP, HUK**
• Kostenvoranschlag des Zahnarztes für eine geplante ➤Zahnersatz-Behandlung
• Abrechnungsformular für die durchgeführte ➤Prothetik-Behandlung

Der HKP muss der gesetzlichen Krankenkasse zur Begutachtung vorgelegt werden, welche über die Kostenerstattung entscheidet.

Heißluftsterilisator
hot-air sterilization

Gerät zur ➤Sterilisation
arbeitet mit trockener, heißer Luft (180°–200°C)
➤Sterilisator

Sterilisationsgut:
hitzebeständige Gegenstände, z. B. Glasgeräte, Porzellan; wird zunehmend vom ➤Autoclav verdrängt
entspricht nicht mehr den EU-Richtlinien

Heliobakter pylori
heliobacter pylori

➤Bakterium (stäbchenförmig)
verursacht ➤Enzündungen der Magenschleimhaut, Geschwürbildung im ➤Magen und Zwölffingerdarm

Vorkommen auch im ➤Speichel

Helix
helix

➤Prüfkörper für ➤Sterilisatoren und ➤RDG
langer (ca. 1,5 m), dünner, aufgewickelter Schlauch, den der Dampf bei der ➤Sterilisation im ➤Autoklav durchdringen soll
speziell für die Kontrolle bei der Aufbereitung von ➤Übertragungsinstrumenten der Klasse ➤"kritisch B"

Mit einem ➤Indikatorstreifen am Ende des Schlauchs kann nachgewiesen werden, dass die Dampfdurchdringung ausreichend war und damit die ➤Sterilisation gesichert ist.
Die Helix-Technik wird auch als ➤PCD verwendet (➤Bowie-Dick-Test).

Hemi..., hemi...
half

Wortbestandteil mit der Bedeutung: halb, halbseitig

➤Hemisektion

Hemisektion
tooth hemisection

Durchtrennung eines ➤devitalen, ➤mehrwurzeligen ➤Zahnes, um einen nicht erhaltungswürdigen Zahnteil zu ➤extrahieren (Teilextraktion)

Der erhaltungswürdige Zahnteil verbleibt im ➤Mund und dient z. B. als ➤Stützpfeiler für eine ➤Brücke.
Bleiben nach der Hemisektion beide Zahnteile erhalten, handelt es sich um eine ➤Prämolarisierung.

G
H
I
J
K
L

Stichwort	Erklärung	Vertiefung
Hepar liver	▸Leber	▸Hepatitis
Heparin heparin	Mittel zur Hemmung/Verzögerung der ▸Blutgerinnung	▸Antikoagulans
Hepatitis inflammation of the liver	▸Leberentzündung, ▸Gelbsucht Ursachen: z. B. Alkoholabusus (Missbrauch), Leberzirrhose/Leberschrumpfung, ▸Tumor, ▸Viren Hepatitisformen: Hepatitis A, B, C, D, E, G	**Zahnheilkunde:** als ▸Infektionskrankheit vor allem durch ▸Viren ausgelöste Hepatitis ▸Hepatitis-Schutzimpfung
Hepatitis-Schutzimpfung hepatitis vaccination	▸Impfung gegen ▸Hepatitis B mit gleichzeitigem Schutz gegen Hepatitis D	auch als Kombinationsimpfung gegen Hepatitis A und B ▸Immunisierung, aktiv
Herderkrankung focal infection	auch **Herdinfektion** Eine ▸lokale Erkrankung im Körper löst an anderer Stelle ebenfalls Erkrankungen aus. ▸Fokus	**Zahnheilkunde:** z. B. können ▸devitale Zähne als „Herd" für Allgemeinerkrankungen in Frage kommen
Herpes herpes	▸Infektionskrankheit der ▸Haut/▸Schleimhaut durch das ▸Herpes-simplex-Virus verursachte Erkrankung mit Bläschenbildung	Befallene Stellen sind empfindlich, schmerzen und jucken. ▸Herpes simplex
Herpes labialis cold sore, fever blister	Lippen-Herpes ausgelöst durch das Herpes-simplex-Virus	Symptome: kleine, nässende Bläschen oder eitrig-blutige Krusten an den Lippen/in der Mundregion
Herpes simplex oral herpes	Erkrankung von ▸Haut/▸Schleimhaut nach ▸Infektion durch Herpes-simplex-Virus	▸Herpes ▸Herpes labialis
Hertz hertz	Einheitenzeichen: **Hz** ▸physikalische Maßeinheit für ▸Frequenz	Anzahl von Schwingungen je Zeiteinheit: 1 Hz = 1 Schwingung pro Sekunde
Herz heart	Cor faustgroßer Hohlmuskel im Brustraum, der für den ▸Blutkreislauf verantwortlich ist	pumpt das ▸Blut durch die ▸Blutgefäße, wirkt als Druck- und Saugpumpe ▸Diastole, ▸Systole
Herzdruckmassage cardiac massage	▸Notfall-Maßnahme bei Herzstillstand mit gleichzeitiger Beatmung ▸CAB-Schema	Bei der ▸Thoraxmassage wird der ▸Brustkorb und mit ihm das ▸Herz so stark zusammengedrückt, dass dadurch ▸Blut in den ▸Blutkreislauf gepumpt wird.
Herzinnenhaut endocardium	innerste Schicht der Herzwand ▸Endokard	▸Endokarditis
Herzinnenhaut-entzündung inflammation of the endocardium	▸Endokarditis	▸Endokarditisprophylaxe
Herzkranzgefäße coronary artery	▸Koronararterien ▸Gefäße, die den Herzmuskel mit ▸Blut/▸Sauerstoff versorgen	Sind Herzkranzgefäße geschädigt, handelt es sich um eine ▸koronare Herzkrankheit (KHK). ▸Angina pectoris
Herz-Kreislauf-Erkrankungen cardiovascular diseases	Zusammenfassung einer großen Gruppe von Krankheitsbildern, die sowohl das ▸Herz als auch sämtliche ▸Gefäße des Körpers betreffen; z. B. Herzinfarkt, Herzinsuffizienz, Schlaganfall	**Zahnheilkunde:** zu beachten bei ▸operativen Eingriffen, da häufig ▸Antikoagulantien eingenommen werden, welche die ▸Blutgerinnung verändern können

G
H
I
J
K
L

Herzschrittmacher

Stichwort	Erklärung	Vertiefung
Herzschrittmacher pacemaker	Gerät, das in der Nähe des ▸Herzens eingepflanzt wird und mit elektrischen ▸Impulsen den Herzmuskel anregt ▸Herzschrittmacherpass	Zahnheilkunde: Gefahr, dass ein Herzschrittmacher durch den Einsatz von zahnärztlichen Behandlungsgeräten wie ▸Elektrotom oder ▸Ultraschall ausfallen oder in seiner ▸Funktion beeinflusst werden kann
Herzschrittmacherpass pacemaker pass	Ausweis für Träger eines ▸Herzschrittmachers	eingetragene Daten: z. B. Funktionsweise, Schrittmacherfrequenz, Elektrodentyp
heterogen heterogenic	auch ▸**inhomogen** uneinheitlich, verschiedenartig	Gegenteil: ▸homogen
Hg	▸Symbol für das chemische ▸Element ▸Quecksilber	flüssiges Metall als Bestandteil von ▸Amalgam
Hidden Caries hidden caries	▸versteckte ▸Karies ▸Dentinschicht weist kariöse Schädigung auf, obwohl der darüberliegende ▸Zahnschmelz unbeschädigt erscheint; besonders betroffen sind die ▸Fissuren der ▸Backenzähne.	Diese Karies ist oft nur durch ▸Röntgenaufnahmen oder ▸Laserfluoreszenz-Messung zu erkennen.
Hinterhauptsbein occipital bone	Os occipitale	Teil des ▸Hirnschädels
Hinterhauptsloch great occipital foramen	▸Foramen magnum	größte Öffung an der ▸Schädelbasis
Hirn brain	auch ▸**Gehirn**	▸Zentralnervensystem
Hirnanhangsdrüse pituitary gland, hypophysis	Hypophyse Hormondrüse, ▸Drüse, endokrin	gibt ▸Hormone ab, welche die ▸Funktionen der anderen Hormondrüsen steuern
Hirnnerven cerebral nerves	12 Hirnnervenpaare entspringen direkt aus dem ▸Gehirn gehören zum ▸peripheren ▸Nervensystem	Zahnheilkunde: V. Hirnnerv/▸Nervus trigeminus, VII. Hirnnerv/▸Nervus facialis ▸Ganglion trigeminale
Hirnschädel braincase	Neurocranium wird aus ▸Schädelbasis und ▸Schädeldach gebildet	bildet zusammen mit dem ▸Gesichtsschädel den ▸Schädel ▸Os
Hirtenstab shepherd's crook	▸Instrument zum Entfernen von ▸festsitzenden, künstlichen ▸Zahnkronen	Der Stab besitzt zwei gebogene Enden, von denen eines am ▸Kronenrand angesetzt wird und auf das andere mit einem Bleihammer geklopft wird, bis sich die ▸Krone löst.

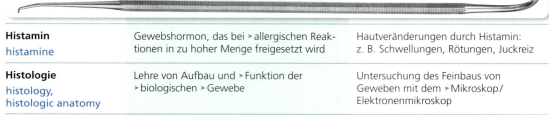

Histamin histamine	Gewebshormon, das bei ▸allergischen Reaktionen in zu hoher Menge freigesetzt wird	Hautveränderungen durch Histamin: z. B. Schwellungen, Rötungen, Juckreiz
Histologie histology, histologic anatomy	Lehre von Aufbau und ▸Funktion der ▸biologischen ▸Gewebe	Untersuchung des Feinbaus von Geweben mit dem ▸Mikroskop/ Elektronenmikroskop

G
H
I
J
K
L

Stichwort	Erklärung	Vertiefung
histologisch histological	›die Histologie betreffend z. B. Untersuchung des Aufbaus von ›Gewebe, um Veränderungen festzustellen	Laboruntersuchung eines verdächtigen Gewebes (z. B. ›Tumor, ›Geschwulst) auf ›benigne oder ›maligne Eigenschaften ›Exzision, ›Probeexzision
HIV human immuno-deficiency virus	Abkürzung für ›Humanes Immunschwäche Virus ›Virus, welches die Erkrankung ›AIDS auslöst. mehrjährige ›Inkubationszeit	 *ANUG beim AIDS-Patienten*
HKP	Abkürzung für ›Heil- und Kostenplan	
Hochfrequenz-Chirurgie electrosurgery	Verwendung von hochfrequenten Strömen (Hitzeentwicklung) zur gezielten Durchtrennung und Entfernung von ›Gewebe	›Elektrotomie ›Kauterisation
Höcker cusp, tubercle of crown of teeth	auch ›**Zahnhöcker** Erhebung oder Spitze auf der ›Kaufläche der ›Molaren und ›Prämolaren	
Hohlkehlpräparation groove preparation	Prothetik: häufige ›Präparationsform zur Herstellung einer künstlichen ›Zahnkrone, meist ›Verblendkrone Der Übergang von ›Krone zum ›Zahn ist glatt und stufenlos. Gegenteil: ›Stufenkrone	
Hohlbohrer trepan drill, hollow drill	auch **Hohlzylinderbohrer** ›Trepanbohrer	›Masseran-Besteck
Hohlmeißelzange spur crusher, spur crushing clamp	›Knochenknabberzange mit hohlmeißelartigen ›Branchen	›Luer-Zange
Hohlnadel cannula	›Kanüle	›Injektion
Holzkeil wood block	›Interdentalkeil	Hilfsmittel beim Legen einer ›approximalen ›Füllung
Home-Bleaching home-bleaching	›Bleichen von Zähnen, das im häuslichen Bereich stattfindet ›Bleaching	Durchführung in der Zahnarztpraxis: Chairside-Bleaching, In-Office-Bleaching, Power-Bleaching
homogen homogeneous, undifferentiated	gleichartig, gleichmäßig verteilt, einheitlich	Gegenteil: ›inhomogen, ›heterogen
homolog homologous	auch **allogen** übereinstimmend, gleich	›Knochenersatzmaterial

G

H

I

J

K

L

Stichwort	Erklärung	Vertiefung
Honorar fee	Bezahlung/Vergütung für freiberuflich erbrachte Leistungen, z. B. des ▸Zahnarztes	freie Berufe: Anwälte, Autoren, Ärzte, Architekten, Künstler
horizontal horizontal	waagrecht	Gegenteil: ▸vertikal
horizontale Zahnputztechnik horizontal toothbrush, scrubbing	auch **Schrubb(er)technik** ▸Zahnputztechnik im Kleinkindalter geeignet; das ▸Borstenfeld wird waagrecht über die ▸Zahn-/▸Kauflächen geführt. Im Jugend- und Erwachsenenalter entstehen bei zu hohem Druck Schäden am Zahn und ▸Zahnhalteapparat. Die Reinigungsleistung in den ▸Interdentalräumen im ▸oralen und ▸vestibulären Bereich ist nicht ausreichend.	
Hormon hormone	▸Sekret, welches von ▸endokrinen ▸Drüsen produziert und direkt ins ▸Blut abgegeben wird	beeinflusst gezielt Abläufe des ▸Stoffwechsels im Körper ▸Adrenalin, ▸Insulin
hormonell pertaining to hormones	von ▸Hormonen ausgehend, durch Hormone ausgelöst	z. B. Regulierung des ▸Blutzuckerspiegels
Hospitalismus hospitalism	Überbegriff für ▸psychische und ▸physische Schädigungen, die z. B. durch den Aufenthalt im Krankenhaus (Hospital) auftreten können	Hospitalismus, infektiös: z. B. Krankenhaus-Infektionen durch ▸Hospitalismuskeime
Hospitalismuskeim Hospitalism germ	Erreger von ▸Infektionen, die im zeitlichen Zusammenhang mit einem Aufenthalt im Krankenhaus vorkommen	meist als Nosokomialkeime bezeichnet ▸MRSA
Humanes Immunschwäche Virus human immunodeficiency virus	Abkürzung: **HIV**	▸Virus, welches die Erkrankung ▸AIDS auslöst
Hydantoin hydantoin	Medikamentengruppe; wird bei ▸Epilepsie eingesetzt **Zahnheilkunde:** Nebenwirkung in Form der ▸Gingivahyperplasie	
Hydro…, hydro… hydro	Wortbestandteil mit der Bedeutung: Wasser	siehe die nachfolgenden Fachbegriffe
Hydrogenium hydrogen	chemisches Element mit dem Symbol **H** ▸Wasserstoff	▸ Wasserstoffperoxid (H_2O_2)
Hydrokolloid hydrocolloid	▸thermoplastisches ▸Abformmaterial; wird durch Erwärmung gelförmig und erstarrt durch Kälte ▸reversibel-elastisch auf ▸Agar-Agar-Basis Verwendung: ▸Abformung präparierter Zähne, hohe Detailschärfe	Verarbeitung: • Vorbereitung in unterschiedlich temperierten Wasserbädern • wassergekühlter Speziallöffel • Doppelmischabformung

Stichwort	Erklärung	Vertiefung
hydrophil hydrophilic	wasserfreundlich, wasserlöslich, evtl. auch quellend	Gegenteil: ▸hydrophob
hydrophob hydrophobic	wasserabstoßend, nicht in Wasser löslich	Gegenteil: ▸hydrophil
Hydroxylapatit hydroxylapatite	▸anorganische Grundsubstanz von ▸Knochen und Zähnen; besteht hauptsächlich aus ▸Calcium und ▸Phosphat	Durch Austausch mit ▸Fluoriden kann Hydroxylapatit an der Oberfläche des ▸Zahnschmelzes zu härterem ▸Fluorapatit umgewandelt werden.
Hygiene hygienics	Lehre von der ▸Gesundheit des Menschen; auch Gesundheitspflege, Gesundheitsfürsorge	Überbegriff für alle Maßnahmen, welche der Vorbeugung gegen die Entstehung und Verbreitung von ▸Krankheiten dienen
hygienisch pertaining to hygiene	die ▸Hygiene betreffend	
hygienische Händedesinfektion hygienic hand disinfection	Maßnahme zur Unterbrechung des Übertragungsweges von ▸Krankheitserregern	▸Händedesinfektion, hygienisch
Hygienekette hygienic chain	lückenloses Aneinanderreihen aller ▸Hygienemaßnahmen im medizinischen/ zahnmedizinischen Bereich, um ▸Infektionen oder Kontaminationen zu verhindern	Die Durchführung der erforderlichen Maßnahmen erfolgt auf der Grundlage des ▸Hygieneplanes.
Hygienemaßnahmen hygienic measures	alle nötigen Vorkehrungen, um die ▸Hygienekette aufrecht zu erhalten	▸Hygieneplan
Hygieneplan hygiene guidance plan	für jede Zahnarztpraxis ▸individuell aufgestellter Plan mit allen notwendigen ▸Hygienemaßnahmen ▸Hygienekette	von der ▸Berufsgenossenschaft für Gesundheitsdienst erstellte Richtlinie über Maßnahmen zur ▸Desinfektion, Reinigung, ▸Sterilisation, Entsorgung, www.bgw-online.de
hygroskopisch hygroscopic	wasseranziehend, feuchtigkeitsbindend auch „Feuchtigkeit aus der Luft"	**Zahnheilkunde:** z. B. das Pulver von ▸ZNO-Zement, ▸Dentalgips
Hyper…, hyper… super	Wortbestandteil mit der Bedeutung: über, über der Norm, zu viel	siehe die nachfolgenden Fachbegriffe Gegenteil: ▸Hypo…
Hyperämie hyperemia	vermehrte Durchblutung im ▸Gewebe ▸Erythem	Anzeichen am Beginn einer ▸akuten ▸Entzündung, z. B. einer ▸Pulpitis
Hyperästhesie hyperesthesia	▸Überempfindlichkeit von ▸Nerven	**Zahnheilkunde:** ▸sensible Zahnnerven, z. B. auf ▸thermische ▸Reize (kalt/heiß)
Hyperdontie supernumerary tooth, polyodontia	auch **Hyperodontie** ▸Zahnüberzahl	angeborene Mehranlage von Zähnen Gegenteil: ▸Hypodontie
Hyperglykämie hyperglycemia	zu hoher ▸Blutzuckerspiegel; krankheitsbedingt, z. B. bei ▸Diabetes mellitus	Gegenteil: ▸Hypoglykämie
Hyperplasie hyperplasia, quantitative hypertrophy	Vergrößerung, Wucherung von ▸Gewebe, z. B. ▸Gingivahyperplasie	

G
H
I
J
K
L

Stichwort	Erklärung	Vertiefung
hyperplastisch hyperplastic	die ▸ Hyperplasie betreffend	zu viel an ▸ Gewebe; gewuchert, vergrößert
Hypersalivation hyperptyalism	übermäßige ▸ Speichelmenge ▸ Salivation	z. B. durch ▸ Medikamente, ▸ Stomatitis, Hormonumstellung, Anblick/Kauen von Nahrung Gegenteil: ▸ Hyposalivation
Hypersensibilität hypersensibility	▸ Überempfindlichkeit	▸ Hyperästhesie
Hypertonie high blood pressure	Bluthochdruck Krankheitsbild mit ▸ chronisch erhöhtem ▸ Blutdruck im ▸ arteriellen ▸ Blutgefäßsystem Gegenteil: ▸ Hypotonie	Definition der ▸ WHO: ▸ systolischer ▸ Blutdruck = höher als 140 mmHg und/oder ▸ diastolischer ▸ Blutdruck = höher als 90 mmHg
Hyperventilation overventilation	übermäßig beschleunigte, flache ▸ Atmung	Folge: Veränderung des ▸ Blutes; kann zu Muskelkrämpfen führen, da zu viel ▸ Kohlendioxid (CO_2) ausgeatmet wird
Hyperzementose hyperplastic cementum	übermäßige Entwicklung von ▸ Wurzelzement meist im ▸ apikalen Bereich	z. B. durch längere ▸ Überlastung eines ▸ Zahnes oder ▸ lokale, ▸ chronische ▸ Entzündung
Hypnose hypnosis	schlafähnlicher Bewusstseinszustand, künstlich herbeigeführt	**Zahnheilkunde:** z. B. bei ▸ Patienten/Kindern mit ▸ Zahnbehandlungsangst
Hypnotika hypnotic	▸ Schlafmittel	
Hypo…, hypo… hypo	Wortbestandteil mit der Bedeutung: unter, unter der Norm, zu wenig, unzureichend	siehe die nachfolgenden Fachbegriffe Gegenteil: ▸ Hyper…
Hypodontie hypodontia	▸ Zahnunterzahl ▸ Oligodontie	angeborenes Fehlen von einzelnen Zähnen Gegenteil: ▸ Hyperdontie
Hypoglykämie hypoglycemia, glucopenia	zu niedriger ▸ Blutzuckerspiegel, Unterzucker, z. B. bei ▸ Diabetes mellitus	Erste Hilfe: sofortige Gabe von ▸ Glukose (▸ Traubenzucker) Gegenteil: ▸ Hyperglykämie
Hypophyse hypophysis	▸ Hirnanhangsdrüse	Hormondrüse
Hypoplasie hypoplasia	Unterentwicklung von ▸ Geweben/ ▸ Organen; ▸ genetisch bedingt	z. B. ▸ Zahnanomalien, ▸ Zahnunterzahl, ▸ Schmelzhypoplasie
Hyposalivation hypoptyalism	auch ▸ **Oligosalie** verminderte ▸ Speichelmenge ▸ Salivation	Mundtrockenheit, z. B. durch ▸ Medikamente Gegenteil: ▸ Hypersalivation
Hypotonie arterial hypotension	zu niedriger ▸ Blutdruck im ▸ arteriellen Blutgefäßsystem	Gegenteil: ▸ Hypertonie
Hz	Einheitenzeichen für ▸ Hertz	▸ Frequenz

G
H
I
J
K
L

Stichwort	Erklärung	Vertiefung
I	Abkürzung für ▸Incisivus	Anwendung in der ▸Zahnformel
i.a.	Abkürzung für • ▸intraarteriell • ▸intraartikulär	▸Injektionsart
IA	Abkürzung für ▸intraligamentäre Anästhesie	▸Lokalanästhesie
iatrogen iatrogenic	durch eine ärztliche/zahnärztliche Maßnahme entstanden; meist negativ verwendet; wenn Gesundheitsschäden oder ▸Krankheiten durch die ▸Behandlung entstehen **Zahnheilkunde:** z. B. überstehende Füllungsränder	
i.c.	Abkürzung für intracutan, ▸intrakutan	▸Injektionsart
IDZ	Abkürzung für Institut der Deutschen Zahnärzte www.idz-koeln.de	betreibt für die Berufspolitik der deutschen Zahnärzte praxisbezogene Forschung und wissenschaftliche Beratung
Ikterus icterus	auch **Icterus** ▸Gelbsucht	Zeichen einer ▸Leberentzündung ▸Hepatitis
i.m.	Abkürzung für ▸intramuskulär	▸Injektionsart ▸muskulär
Imaging imaging	auch **Digital Imaging** bildgebendes Verfahren Begriff für das Bearbeiten von elektronisch gespeicherten Bildern am PC, z. B. zur Demonstration der ▸Behandlung von ▸Zahnfehlstellungen	Möglichkeit, dem ▸Patienten das Behandlungsergebnis bereits im Vorfeld am Computer zu demonstrieren/ simulieren
immediat immediate	sofort, unmittelbar	▸Immediatprothese
Immediatprothese immediate denture	▸Sofortprothese ▸Vollprothese, die sofort nach ▸Extraktion der letzten Zähne eingegliedert wird Herstellung erfolgt bereits vor der ▸Zahnentfernung; kann nach der Ausheilungsphase als Dauerprothese verwendet werden.	
Immobilisierung immobilization	Ruhigstellung, z. B. durch ▸Schienung, ▸Ligatur, Gipsverband	**Zahnheilkunde:** ▸Kiefer/▸Kiefergelenk bei ▸Fraktur, ▸Luxation
immun immune, resistant	unempfindlich, unempfänglich z. B. gegen bestimmte ▸Krankheitserreger	▸Immunisierung
Immunglobuline immunoglobulins	auch **Immunkörper** Abwehrstoffe des ▸Immunsystems	▸Antikörper

G
H
I
J
K
L

Immunisierung

Stichwort	Erklärung	Vertiefung

Immunisierung
immunization,
vaccination

auch **Immunisation**

▸Impfung

Einbringen eines ▸Antigens, das eine
Antikörperreaktion im Körper auslöst

Folge:
bewirkt eine ▸Immunität des Körpers
gegen bestimmte ▸Infektionserkrankungen

aktive Immunisierung:
Einbringen/▸Injektion eines abgeschwächten
oder abgetöteten ▸Antigens in den Körper;
der Körper macht die ▸Krankheit in milder
Form durch und bildet dabei ▸Antikörper,
z. B. ▸Hepatitis-B-Impfung.

passive Immunisierung:
Einbringen des vorgebildeten ▸Antikörpers
in den Körper; der Körper wird selbst
nicht krank, der Impfschutz beginnt
sofort, hält aber nur wenige Wochen,
z. B. ▸Hepatitis-A-Impfung.

▸Simultanimpfung

Immunität
immunity

Unempfindlichkeit, Abwehrbereitschaft des
Körpers gegen bestimmte ▸Krankheitserreger

angeborene Immunität:
Infektionsabwehr bei Säuglingen

erworbe Immunität:
nach Erstkontakt bzw. durch ▸Immunisierung

Immunreaktion
immune reaction

„Antigen-Antikörper-Reaktion"

Produktion von ▸Antikörpern als Reaktion
des ▸Immunsystems des Körpers auf
eingedrungene Fremdpartikel

▸Antigene

Immunschwäche
low immunity

Verminderung der Abwehrfähigkeit des
Körpers gegenüber ▸Krankheitserregern

z. B. ▸chronische/▸akute ▸Krankheiten
wie ▸AIDS, Stress

Immunsuppression
immunosuppresion

Unterdrückung der körpereigenen Abwehr
durch ▸Medikamente

meist nach ▸Transplantationen, damit das
fremde Körperteil nicht abgestoßen wird

Durch die fehlende/verminderte
Abwehrkraft ist der ▸Patient anfälliger
für ▸Infektionen.

▸Immunreaktion

Immunsystem
immune system

körpereigene Abwehr, die fremde
Stoffe/▸Antigene erkennt und vernichtet

Ausscheidung eingedrungener ▸Mikro-
organismen, fremder Substanzen und
Zerstörung körpereigener, fehlerhafter
▸Zellen

---

impaktiert
impacted

eingeschlossen, eingekeilt, von ▸Knochen
umschlossen

z. B. impaktierter ▸Zahn

Zahn kann nicht in die ▸Mundhöhle
durchbrechen, z. B. aus Platzmangel zum
Nachbarzahn oder wegen falscher Lage.

Impfstoff
vaccine

▸Antigen,

▸biologisch oder gentechnisch hergestellt

meist aus abgetöteten/abgeschwächten Erregern

▸Impfung:
zur ▸spezifischen Aktivierung des
▸Immunsystems, gegen einen bestimmten
▸Krankheitserreger

Impfung
vaccination

auch **Schutzimpfung**, ▸**Immunisierung**

Gabe eines ▸Impfstoffes zur Immunisierung

Einteilung:
• ▸aktive Immunisierung/Impfung
• ▸passive Immunisierung/Impfung
• ▸Silmultanimpfung/kombinierte Impfung

Implantat
implant

künstliches Material, welches in den Körper
eingepflanzt wird; dient der Verankerung von
Einzelzähnen oder ▸Zahnersatz

Zahnheilkunde:
künstliche ▸Zahnwurzel, z. B. in Form
einer Schraube, die in den Kieferknochen
eingepflanzt wird

meist aus ▸Titan, auch ▸Zirkoniumoxid

G
H
I
J
K
L

Stichwort	Erklärung	Vertiefung
Implantatfreilegung uncovery of the implant	Das unter der ▸Schleimhaut im ▸Knochen eingeheilte ▸Implantat wird ▸operativ freigelegt für die Aufnahme der ▸Suprakonstruktion. ▸Freilegung	
Implantation implantation	auch ▸**Insertion** Einsetzen eines ▸Implantats in ein präpariertes Knochenlager ▸Sofortimplantation	
Implantatkrone implant crowne	▸Krone, die auf ein ▸Implantat aufgeschraubt wird	▸Suprakonstruktion
Implantatprophylaxe implant prophylaxis	auch **Implantatreinigung** erfolgt durch sorgfältige ▸Mundhygiene; wenn nötig auch ▸professionelle Zahnreinigung mit ▸Kunststoff- oder ▸Karboninstrumenten dabei mögliche Abnahme der ▸Suprakonstruktion beachten	
implantieren implant	eine künstliche ▸Zahnwurzel in den Kieferknochen einbringen ▸Implantation	
Implantologie implantology	Lehre vom Einpflanzen ▸alloplastischer Materialien zum Ersatz von körpereigenem ▸Gewebe	Fachbereich, der sich wissenschaftlich und praktisch mit ▸Implantaten und der ▸Implantation beschäftigt
imprägnieren impregnate	tränken, überziehen eines Gegenstandes mit einer Schutzschicht	Zahnheilkunde: ▸CHX-Lack als ▸Schutzlack gegen ▸Karies, ▸Fluorid-Lack gegen überempfindliche Zahnhälse
Impression impression	Medizin: Eindruck, Vertiefung im ▸Gewebe	Zahnheilkunde: z. B. bei einer schleimhautgetragenen ▸Prothese
inaktiv inactive	untätig, unwirksam, ruhend	Gegenteil: aktiv
incisal incisal	auch ▸**inzisal** zur ▸Schneidekante hin	Lage-/Richtungsbezeichnung am Zahn
Incision incision	auch ▸**Inzision**	▸Einschnitt ins ▸Gewebe
Incisivus, Incisivi (Mehrzahl) incisor, incisive tooth	auch ▸**Inzisivus** Kurzform für ▸**Dens incisivus**	▸Schneidezahn ▸Frontzahn

G
H
I
J
K
L

Stichwort	Erklärung	Vertiefung
Index, Indizes (Mehrzahl) index	Messzahl, Maßangabe, die ins Verhältnis zu anderen Maßangaben gesetzt wird und damit einen Verlauf (z. B. Krankheitsentwicklung) beschreibt und vergleichbar macht	Zahnheilkunde: ▸Kariesprophylaxe, z. B. ▸API, ▸DMFT ▸Parodontologie, z. B. ▸PBI, ▸SBI, ▸PSI
Indikation indication	Anzeige, Anzeichen, dass eine bestimmte Behandlungsmaßnahme notwendig ist	zur ▸Therapie: z. B. ▸chirurgischer Eingriff zur ▸Diagnose: z. B. ▸Röntgenaufnahme Gegenteil: ▸Kontraindikation
Indikator indicator	Substanz, die z. B. durch Farbumschlag eine chemische oder physikalische Reaktion anzeigt	z. B. ▸Prozess-Indikator (▸Helix), ▸Indikationsstreifen für ▸pH-Wert
Indikatorstreifen indicator strip	Papierstreifen, mit dem z. B. der ▸pH-Wert einer Lösung gemessen werden kann, auch zur ▸Chargenkontrolle durch Farbumschlag bei Dampfeinwirkung ▸Indikator ▸Helix	
indirekt indirect	nicht direkt, auf Umwegen	▸Inlay/indirektes Verfahren indirekte ▸Überkappung
indirekte Überkappung indirect pulp capping	▸medikamentöse ▸Behandlung einer gefährdeten, noch nicht eröffneten ▸Pulpa mit dem Ziel, deren ▸Vitalität zu erhalten Das ▸Medikament (▸Calciumhydroxid-Präparat) wird auf die noch vorhandene, dünne Dentinschicht gelegt. Gegenteil: ▸direkte Überkappung	▸Überkappung
indirekte Unterfütterung indirect relining	Das nicht exakt sitzende ▸Prothesenlager muss dem Zustand des ▸Kiefers durch ▸Abformung und Modellherstellung neu mit ▸Kunststoff angepasst werden.	▸Unterfütterung
Individualprophylaxe individual prevention	Abkürzung: IP Maßnahmen auf allen Gebieten der zahnmedizinischen ▸Prophylaxe, die aufgrund der ▸individuellen Mundsituation eines ▸Patienten notwendig werden Gegenteil: ▸Gruppenprophylaxe	
individuell individual	auf eine bestimmte Person bezogen, nicht allgemeingültig	Zahnheilkunde: für die ▸anatomische Situation eines ▸Patienten im ▸Mund angefertigt, z. B. individueller ▸Abformlöffel Gegenteil: ▸konfektioniert
indiziert indicated	angezeigt, notwendig, begründet ▸Indikation	Gegenteil: ▸kontraindiziert
Infarkt infarct	Absterben einen ▸Organs oder ▸Gewebes durch Verstopfen einer ▸Arterie, z. B. durch einen ▸Thrombus	z. B. Herzinfarkt ▸Nekrose
Infektion infection	auch **Infekt** Ansteckung, Aufnahme/Eindringen und Vermehren von ▸Krankheitserregern in den Körper, z. B. ▸Bakterien, ▸Viren, ▸Pilze	▸Sekundärinfektion ▸Superinfektion ▸Infektionsweg

Stichwort	Erklärung	Vertiefung
Infektionskrankheit infectious disease	‣Krankheit, welche durch eine ‣Infektion ausgelöst wird z. B. ‣Hepatitis, ‣Tuberkolose, ‣AIDS	**Zahnheilkunde:** z. B. ‣Karies und entzündliche Zahnfleischerkrankungen (‣Parodontitis)

Phasen einer Infektionserkrankung

Inkubationszeit		Prodromalstadium Infektionskrankheit		Rekonvaleszenz
10 Tage	2 Tage	7 Tage		10 Tage
0	10 12		19	Tage

Stichwort	Erklärung	Vertiefung
Infektionsquelle source of infection	auch **Infektionsherd** Ausbruchsstelle, Ausgangsstelle einer ‣Infektionskrankheit, z. B. erkrankter Mensch	‣Herderkrankung, Herdinfektion ‣Infektion
Infektions-schutzgesetz Infection Protection Act	Vorbeugung, frühzeitige Erkennung und Verhinderung der Weiterverbreitung übertragbarer ‣Krankheiten	Abkürzung: **IfSG** ‣Meldepflicht
Infektionsweg way of infection	Übertragungsweg/Übertragungsart von Infektionserregern: • ‣Kontaktinfektion • ‣Schmierinfektion • ‣Tröpfcheninfektion	Jede ‣Infektionskrankheit hat ihre Erreger und deren charakteristischen Übertragungsweg. ‣Infektion
infektiös infectious	ansteckend Eigenschaft, ‣Krankheitserreger übertragen zu können; mit Krankheitserregern behaftet sein	‣Infektion
inferior inferior	‣Lagebezeichnung: unterhalb gelegen Gegenteil: superior/oberflächlich gelegen	z. B. ‣Nervus alveolaris inferior; verläuft im ‣Unterkieferkanal und versorgt die Zähne/‣Zahnfächer des ‣Unterkiefers
Infiltrat infiltrate	Substanz, die in das Körpergewebe eingelagert oder eingespritzt wird ‣Infiltration	z. B. ‣Medikamente, Flüssigkeiten wie ‣Anästhetikum/ ‣Infiltrationsanästhesie
Infiltration infiltration	das Eindringen fester oder flüssiger Substanzen in ‣biologisches ‣Gewebe	z. B. auch das Wachsen von ‣malignen ‣Tumoren in gesundes Nachbargewebe hinein; Ansammlung von Abwehrzellen im Gewebe bei entzündlichen Prozessen
Infiltrationsanästhesie infiltration anaesthesia	Form der ‣Lokalanästhesie Einspritzen eines ‣Anästhetikums unter die ‣Schleimhaut im zu betäubenden Bereich, z. B. in das Gebiet der ‣Wurzelspitze ‣Anästhesie ‣Infiltration	Wirkungsweise: Das ‣Anästhetikum ‣diffundiert durch das ‣Gewebe/‣Knochen und betäubt die Endverzweigungen von Nervenfasern. hauptsächliche Anwendung im gesamten ‣Oberkiefer; im ‣Unterkiefer maximal bis Zahn 5
infiltrieren infiltrate	eindringen, einspritzen, durchdringen	‣Infiltration
infizieren infect	anstecken, sich anstecken ‣Krankheitserreger übertragen	‣Infektion
Inflammation inflammation	auch **Inflammatio** ‣Entzündung	‣Entzündungszeichen

G
H
I
J
K
L

Stichwort	Erklärung	Vertiefung
Infra…, infra… infra	Wortbestandteil mit der Bedeutung: unter, unterhalb	Gegenteil: ▸Supra…
Infraktur infraction	auch **Infraktion** unvollständiger ▸Bruch, z. B. Zahn- oder ▸Knochenbruch	▸Fraktur
infraorbital infraorbital	unterhalb der ▸Augenhöhle ▸Orbita	▸Foramen infraorbitale, ▸Nervus infraorbitalis Gegenteil: ▸supraorbital
Infrarotbestrahlung infrared radiation	▸Bestrahlung mit Infrarotlicht zur Wärmetherapie	nur zur ▸lokalen Erwärmung der obersten Körperschichten
Infusion infusion	Einbringen von größeren Flüssigkeitsmengen über Tropfflaschen in eine ▸Vene	zur Flüssigkeits- und Arzneimittelgabe, z. B. ▸isotonische Kochsalzlösung/ NaCl-Lösung Nährlösungen zur Ernährungstherapie unter Umgehung des Magen-Darm- Traktes, z. B. ▸Glukoselösungen
Inhalation inhalation	Einatmen von Gasen/Dämpfen	▸Inhalationsnarkose
Inhalationsnarkose inhalation anaesthesia	Durchführung als ▸Intubationsnarkose über einen ▸Tubus, z. B. ▸Guedel-Tubus ▸Inhalation, ▸Narkose	Das gasförmige ▸Betäubungsmittel wird zusammen mit ▸Sauerstoff eingeatmet. ▸Anästhesist erforderlich
inhalieren inhale	etwas einatmen	▸Inhalation
Inhibitionsschicht inhibition layer	oberste Schicht nach dem Aushärten von ▸Komposits wird durch die Aufnahme von ▸Sauerstoff langsamer abgebunden oder nicht aus- gehärtet und muss durch ▸Politur entfernt werden	
inhomogen inhomogeneous	auch ▸**heterogen** ungleich verteilt, uneinheitlich	Gegenteil: ▸homogen
initial initial	am Anfang, beginnend	z. B. ▸Initialkaries
Initialbehandlung initial treatment, initial therapy	auch **Initialtherapie** Vorbehandlung/Vorbereitung der ▸Paro- dontalbehandlung; danach werden über den Parodontalbefund die eigentlichen ▸Therapiemaßnahmen festgelegt.	z. B. ▸Zahnsteinentfernung/▸PZR ▸akute Gingivitisbehandlung Ausschaltung von ▸Reizfaktoren ▸Mundhygiene: Anleitung und Motivation
Initialkaries incipient caries, initial caries	auch **Initialläsion** Kariesfrühstadium nur oberflächliche ▸Schmelzkaries, erkennbar als weiße Verfärbung, ▸white spot ▸reversibel; kann bei guter ▸Mundhygiene durch den ▸Speichel ▸regeneriert werden; auch durch ▸lokale ▸Fluoridierung (mit niedrig dosiertem ▸Fluorid)	

Stichwort	Erklärung	Vertiefung
Injektion injection	Einspritzen, Einbringen von Flüssigkeit ins ▸ Gewebe	**2-zeitig fraktionierte Injektion:** Aufteilen des ▸ Anästhetikums in mehrere, zeitlich getrennt verabreichte Portionen
Injektionsart form of injection	Unterscheidung nach dem Ort der ▸ Injektion: • ▸ intraarteriell • ▸ intrapulpär • ▸ intraartikulär • ▸ intravenös • ▸ intrakutan • ▸ subkutan • ▸ intraligamentär • ▸ submukös	▸ Lokalanästhesie ▸ Kanüle
injizieren inject	einspritzen eine ▸ Spritze geben	▸ Injektion
inkompatibel incompatible	unverträglich z. B. ▸ Arzneimittel, ▸ Anästhetikum	Gegenteil: ▸ kompatibel
Inkorporation incorporation	Einsetzen, Eingliederung	**Zahnheilkunde:** ▸ Zahnersatz, ▸ Implantat
inkorporieren incorporate	eingliedern, einsetzen	▸ Inkorporation
Inkubationszeit incubation period	Zeitraum von der ▸ Ansteckung mit einer ▸ Infektionskrankheit bis zu ihrem Ausbruch/bis zum Auftreten von ▸ Symptomen	ist bei unterschiedlichen Erkrankungen unterschiedlich lang
Inlay inlay	▸ Einlagefüllung ▸ Füllung aus ▸ Keramik, ▸ Kunststoff oder ▸ Gold (Gussfüllung, ▸ Goldgussfüllung) ersetzt einen Teil der ▸ Kaufläche und bezieht dabei die Höckerspitzen nicht mit ein 	Herstellungsverfahren **direktes Verfahren:** Herstellung ohne ▸ Abformung und Modellherstellung; das Inlay wird mit Abform- oder Gusswachs direkt in der ▸ Kavität modelliert und vom Zahntechniker in ▸ Gold ausgegossen; Befestigung mit ▸ Zement oder ▸ Kompositkleber; heute nur noch selten angewandtes Verfahren. **indirektes Verfahren:** Die Herstellung erfolgt nach der ▸ Abformung und Modellherstellung außerhalb des ▸ Mundes wie bei einer ▸ Krone; Befestigung mit ▸ Zement oder ▸ Kompositkleber; heute das übliche Verfahren.
Inlaybrücke inlay bridge	festsitzende ▸ Brücke, bei der mindestens ein ▸ Brückenanker als ▸ Inlay und nicht als ▸ Krone beschliffen ist Vorteil: Präparationsart schont gesundes ▸ Zahnhartgewebe.	
Innenbogen inner arch	**Kieferorthopädie:** ▸ oral an den Zähnen befestigter ▸ Bogen	▸ Lingualbogen ▸ Palatinalbogen
Innenteleskop inner telescope crown	auch ▸ **Primärkrone, Primärteleskop** Innenteil einer ▸ Teleskopkrone; auf dem ▸ Pfeilerzahn zementiert ▸ Außenteleskop ▸ Sekundärkrone	

Stichwort	Erklärung	Vertiefung
Innervation innervation	Versorgung von Körperbereichen oder ▸Organen mit Nervenbahnen	
In-Office-Bleaching	▸Bleaching	Gegenteil: ▸Home-Bleaching
inoperabel inoperable	nicht operierbar, nicht ▸operativ entfernbar	z. B. manche ▸Tumore Gegenteil: ▸operabel
INR International Normalized Ratio	Abkürzung für International Normalized Ratio Bewertungsskala für einen Blutgerinnungstest; von der ▸WHO empfohlen	INR-Wert zur Beurteilung der Blutungszeit bei Einnahme von ▸Antikoagulantien, z. B. ▸Marcumar ▸Quick-Wert
Inserts inserts	keramische Füllkörper, die zur Stabilisierung in große ▸Komposit-Füllungen eingebettet werden verringern die Schrumpfung der Kompositmasse bei der ▸Polymerisation	
Insertion insertion	auch ▸Implantation Einsetzen, Einpflanzen	Zahnheilkunde: Ein ▸Implantat wird in ein präpariertes Knochenlager eingebracht.
in situ	in natürlicher Lage, an der richtigen Stelle im Körper	Zahnheilkunde: eingegliederter ▸Zahnersatz
Inspektion inspection	▸Untersuchung eines ▸Patienten durch Betrachten Je nach Fachgebiet und Anlass werden bestimmte Bereiche gezielter untersucht.	Zahnheilkunde: ▸**extraoral**: äußere Erscheinung des ▸Gesichtes, z. B. ▸Lippen, ▸Kiefer ▸**intraoral**: z. B. Zähne, ▸Zunge, ▸Schleimhaut, ▸Mundboden
inspizieren inspect	untersuchen, begutachten, überprüfen	▸Inspektion
instruieren instruct	einweisen, anleiten, etwas vermitteln	▸Instruktion
Instruktion instruction	Anweisung zum Handeln; Unterweisung von Mitarbeitern	z. B. Anleitung des ▸Patienten zur Durchführung der ▸Mundhygiene
Instrument instrument	Überbegriff für alle in der Medizin/Zahnmedizin zur ▸Behandlung verwendeten Hilfsmittel, meist aus Metall oder Kunststoff **Zahnheilkunde:** ▸Handinstrumente, ▸Übertragungsinstrumente, ▸Wurzelkanalinstrumente	
Instrumenten-aufbereitung preparation of instruments	Alle benutzten ▸Instrumente müssen zur Wiederverwendung in einem ▸Instrumentenkreislauf ▸hygienisch so bearbeitet werden, dass von ihnen keine ▸Infektion ausgehen kann.	Einteilung der Instrumente: • ▸unkritisch • ▸semikritisch A und B • ▸kritisch A und B

G
H
I
J
K
L

Stichwort	Erklärung	Vertiefung

Instrumenten-desinfektion

disinfection of instruments

ein Schritt bei der ‣ Instrumenten-aufbereitung im ‣ Instrumentenkreislauf:

- ‣ manuell oder chemisch; auch Bottichdesinfektion: ‣ Instrumente werden nach Herstellerangaben in eine chemische ‣ Desinfektionslösung eingelegt. Da dieses Verfahren nur schwer ‣ validiert werden kann, ist die ‣ maschinelle ‣ Desinfektion vorzuziehen.

- ‣ maschinell; auch ‣ Thermodesinfektion: ‣ Instrumente werden im ‣ RDG oder ‣ Thermodesinfektor gereinigt und desinfiziert; vom ‣ Robert-Koch-Institut (RKI) empfohlene Verfahren bei der ‣ Instrumentenaufbereitung.

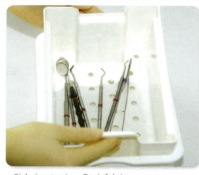

Siebeinsatz einer Desinfektionswanne

Instrumentenkreislauf

cycle of instruments

‣ Instrumente werden zur Wiederverwen-dung ‣ hygienisch aufbereitet.

‣ Instrumentenaufbereitung

Anwendung –> Reinigung –> Desinfektion –> Pflege –> Verpackung –> Sterilisation –> Lagerung –> Anwendung

---

instrumentieren

pass instruments

Überbegriff für alle ‣ Assistenztätigkeiten während einer ‣ Behandlung

Bereitlegen und Zureichen der für eine Behandlung benötigten zahnärztlichen ‣ Instrumente

---

insuffizient

insufficient

nicht ausreichend, ungenügend

‣ Insuffizienz

Gegenteil: ‣ intakt, suffizient

Insuffizienz

insufficiency

Unzulänglichkeit, Schwäche, Mangel

Medizin:
mangelhafte ‣ Funktion eines ‣ Organs, z. B. Herzinsuffizienz (Herzschwäche)

Zahnheilkunde:
mangelhafter ‣ Zahnersatz oder andere ‣ Restaurationen

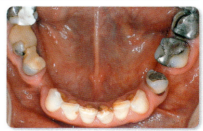

Insulin

insulin

‣ Hormon; gebildet in der Bauchspeichel-drüse; reguliert/senkt den ‣ Blutzuckerspiegel

‣ Diabetes mellitus

---

intakt

intact

auch **suffizient**
funktionsfähig, unbeschädigt

Gegenteil: ‣ insuffizient

Intensität

intensity

Stärke, Kraft, Wirksamkeit

z. B. Schmerzintensität auf einer Schmerzskala festlegen (von 0 bis 10)

---

intensiv

intensive

eindringlich, kräftig

‣ Intensität

Inter..., inter...

inter

Wortbestandteil mit der Bedeutung: zwischen, dazwischen

siehe die nachfolgenden Fachbegriffe

Interaktion

interaction

wechselseitige Beeinflussung

z. B. mehrere ‣ Arzneimittel gleichzeitig; Alkoholkonsum und ‣ Schmerzmittel

---

interdental

interdental

zwischen den Zähnen gelegen

Lage-/Richtungsbezeichnung am Zahn

‣ Interdentalraum

G
H
I
J
K
L

Stichwort	Erklärung	Vertiefung
Interdentalbürstchen interdental brush	Zahnzwischenraumbürstchen feine Bürstchen in verschiedenen Größen und Formen; zur Reinigung des oft engen ▸Interdentalraumes; auch Verwendung zur Säuberung von ▸festsitzendem ▸Zahnersatz (▸Brücke, ▸Steg) und ▸Implantaten ▸Mundhygienehilfsmittel	
Interdentalfeilen interdental files	maschinell betriebene Feilen; zahnärztliche ▸Instrumente zur Politur und Glättung im ▸Zahnzwischenraum	▸Interdentalraum
Interdentalhölzer interdental pick, tooth pick	auch ▸**Zahnhölzer** medizinische Zahnstocher aus weichem Holz; dreieckiger Querschnitt zur Reinigung von leicht erweiterten ▸Interdentalräumen (vor Gebrauch anfeuchten) ▸Mundhygienehilfsmittel	
Interdentalkaries interdental caries	auch ▸**Approximalkaries** ▸Karies im ▸Zahnzwischenraum; verstärkt bei fehlender ▸Zahnfleischpapille	
Interdentalkeil interdental wedge	Hilfsmittel beim Legen einer ▸Füllung im ▸Approximalraum meist zum Verkeilen und Abdichten einer ▸Matrize am unteren Abschlussrand, auch zur ▸Separation von Zähnen Material: • spitz zulaufender Keil aus weichem, glatten Holz in verschiedenen Größen und Farben • lichtdurchlässiger ▸Kunststoffkeil bei der Verwendung von lichthärtendem Füllungskunststoff; ▸Lichtkeil	Funktion: verhindert das ▸Überstopfen/Überpressen von ▸Füllungsmaterial in den ▸Interdentalraum
Interdentalpapille interdental papilla	Teil der ▸Gingiva, welcher zwischen den Zähnen dreieckig ausgeformt ist und den ▸Zahnzwischenraum ausfüllt	▸Papille
Interdentalraum interdentium	auch ▸**Approximalraum**	▸Zahnzwischenraum
Interdentalseptum interdental septum	auch **interdentales** ▸**Septum** knöcherne Trennwand zwischen den ▸Alveolen benachbarter Zähne	auch Trennwand zwischen den einzelnen ▸Wurzeln von ▸mehrwurzeligen Zähnen
Interdentalstimulator interdental stimulator	▸Prophylaxehilfsmittel: Gummi- oder Kunststoffspitze, zur Massage der ▸Interdentalpapille	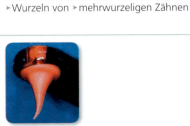

G
H
I
J
K
L

Stichwort	Erklärung	Vertiefung
interdisziplinär interdisciplinary	mehrere Fachrichtungen betreffend, fächerübergreifend ▸Fachzahnarzt	Zusammenarbeit von mehreren zahnärztlichen Fachbereichen, z. B. zur ▸Behandlung von ▸Lippen-Kiefer-Gaumenspalten
Interimsprothese interim/ provisional denture	herausnehmbare Übergangsprothese reine Kunststoffprothese mit gebogenen ▸Klammern als Überbrückung bis zum Abschluss der ▸Wundheilung und dem ▸Eingliedern der endgültigen ▸Prothese	
Interimsversorgung temporary/ transitional prosthesis	zeitlich begrenzt getragener ▸provisorischer ▸Zahnersatz wie ▸Interimsprothese, provisorische ▸Kronen oder ▸Brücken	▸Provisorium
Interkuspidation intercuspidation	auch **habituelle** ▸**Okklusion** normaler Zusammenbiss der Zähne	▸Schlussbiss
Interleukin interleukin	Zahnheilkunde: wird vom Körper produziert erhöhte Werte z. B. bei schlecht eingestellter ▸Diabetes, genetischen Defekten, Stress, Rauchen	erzeugt eine Überreaktion des ▸Immunsystems, die zum ▸Knochenabbau führt muss deshalb bei der Entstehung und ▸Behandlung von ▸parodontalen Erkrankungen beachtet werden
intermaxillär intermaxillary	zwischen ▸Ober- und ▸Unterkiefer liegend	▸intermaxilläre ▸Fixierung
intermaxilläre Fixierung intermaxillary fixation	auch **intermaxilläre** ▸**Fixation** zeitlich begrenzte Befestigung der Unterkieferzähne an den Oberkieferzähnen über Gummizüge oder Drähte an Halteelementen	z. B. zur Ruhigstellung/▸Schienung bei ▸Kieferbruch oder ▸Kfo-Behandlungen oder nach ▸kieferchirurgischen ▸Operationen
International Organization for Standardization	Abkürzung: **ISO** Internationales Gremium für Normen Ziel: den weltweiten Austausch von Gütern und Dienstleistungen zu unterstützen ▸DIN	Zahnheilkunde: Mindestanforderung an zahnärztliche Werkstoffe und ▸Instrumente; z. B. ISO-Größen bei ▸Wurzelkanalinstrumenten, ▸Guttapercha-Stiften, ▸rotierenden Instrumenten
intern internal	auch **internus** innerlich, innen	Zahnheilkunde: ▸Fluoridierung, ▸Bleaching bei ▸devitalen Zähnen Gegenteil: ▸extern/externus
Internist internist	Facharzt für Innere Medizin	
interprismatische Substanz interprismatic substance	auch **interzelluläre Substanz** Klebesubstanz hält die ▸Schmelzprismen des ▸Zahnschmelzes zusammen	▸Enamelum ▸Substantia adamantina
interradikulär interradicular	zwischen den ▸Wurzeln/▸Zahnwurzeln gelegen	▸radikulär, ▸interradikuläres Septum

Stichwort	Erklärung	Vertiefung
interradikuläres Septum interradicular septum	knöcherne Trennwand zwischen den ▸Wurzeln eines ▸mehrwurzeligen ▸Zahnes ▸Septum ▸radikulär	
Intervall interval	Zeitabstand, zeitlicher Zwischenraum	**Zahnheilkunde:** z. B. ▸Recall-Intervall, ▸Prophylaxe-Intervall
intervenieren intervene	einmischen, einschreiten	▸Intervention
Intervention intervention	Einmischung, Eingriff, Einschreitung **Medizin:** Einschreiten gegen die Entwicklung eines Krankheitsprozesses durch ▸präventive/prophylaktische oder ▸therapeutische Maßnahmen	**Zahnheilkunde:** ▸Kariesentstehung vermeiden durch regelmäßiges Eingreifen z. B. in Form von ▸PZR Raucher-Beratung bei ▸Parodontalerkrankungen
interzellulär intercellular	zwischen den ▸Zellen gelegen	▸interprismatische Substanz
intolerant intolerant	unverträglich, unnachgiebig	▸Intoleranz Gegenteil: tolerant
Intoleranz intolerance	Unverträglichkeit; fehlende Widerstandsfähigkeit gegen bestimmte Stoffe	z. B. gegen ▸Anästhesiemittel, Werkstoffe, ▸Laktose Gegenteil: ▸Toleranz
in toto	im Ganzen, in einem Stück, vollständig	**Zahnheilkunde:** z. B. ▸Zystenentfernung mit ▸Zystenbalg, ▸Pulpa bei ▸Vitalexstirpation
Intoxikation intoxication	Vergiftung Einbringen von ▸Toxin (Gift) in den ▸Organismus	auch Krankheitserscheinungen, welche durch die schädliche Einwirkung eines Giftes ausgelöst werden
Intra…, intra… intra	Wortbestandteil für: innerhalb, in … hinein	siehe die nachfolgenden Fachbegriffe
intraalveolär intra-alveolar	innerhalb des ▸Zahnfaches z. B. ▸Blutung in der ▸Alveole, ▸Kürettage der Alveole	
intraarteriell intra-arterial	Abkürzung: i.a. in einer ▸Arterie, in eine ▸Arterie hinein	▸Injektionsart
intraartikulär intra-articular	Abkürzung: i.a. in das ▸Gelenk/▸Kiefergelenk hinein, innerhalb der Gelenkkapsel	Injektionsart, z. B. bei Gabe von ▸Medikamenten bei Kiefergelenksentzündung oder Muskel-Gelenk-Erkrankungen (▸Myoarthropathien) ▸Injektionsart

G
H
I
J
K
L

Stichwort	Erklärung	Vertiefung
intrakoronal intracoronal	auch **intracoronal** innerhalb einer ▸Krone	z. B. ▸Matrize; Teil eines ▸Geschiebes innerhalb einer ▸Metallkrone Gegenteil: ▸extrakoronal
intrakutan intracutaneous	auch **intracutan** Abkürzung: **i.c.** in der ▸Haut, in die Haut	z. B. bei ▸Impfung, Allergietest ▸Injektionsart
intraligamentär intraligamentary	in das ▸Ligament im Spalt zwischen ▸Zahnwurzel und ▸Alveolarknochen gelegen	▸Desmodontal- oder ▸Parodontalspalt ▸intraligamentäre Anästhesie
intraligamentäre Anästhesie intra ligamentary anaesthesia	auch **ligamentäre Anästhesie** ▸Lokalanästhesie zur ▸Schmerzausschaltung eines einzelnen ▸Zahnes Das ▸Anästhetikum wird direkt in den ▸Parodontalspalt/▸Desmodontalspalt ▸injiziert, wo es den ▸Zahnhalteapparat bis zur ▸Wurzelspitze durchdringt und dort die eintretenden Nervenfasern betäubt. ▸intraligamentär, ▸Anästhesie, ▸Spritzensysteme	 *Spritze für intraligamentäre Anästhesie*
intramuskulär intramuscular	Abkürzung: **i.m.** in den ▸Muskel, in einen Muskel	▸Injektionsart; meist in den Muskel von Gesäß, Oberarm, Oberschenkel
intraoperativ intraoperative	während einer ▸Operation auftretend	meist bei ▸Komplikationen, z. B. starker ▸Blutung, ▸Kronen-/▸Wurzelfrakturen
intraoral intraoral	Abkürzung: **i.o.** in den ▸Mund, innerhalb des Mundes/der ▸Mundhöhle	z. B. ▸Applikation von ▸Medikamenten, ▸Leitungsanästhesie, ▸Röntgenaufnahme Gegenteil: ▸extraoral
Intraoralkamera intraoral camera	auch ▸**intraorale Kamera, Mundkamera** liefert ein Livebild von ▸Mundhöhle, Zähnen und ▸Zahnfleisch direkt auf einen Monitor am Behandlungsplatz	Anwendungsbereiche: • Behandlungsverlauf dokumentieren • Zahnputzverhalten aufzeigen • ▸Entzündungen, ▸Karies und ▸Parodontitis darstellen • ▸Zahnersatz betrachten/begutachten und eventuell verändern
intrapulpär intrapulpal	in die ▸Pulpa, in der Pulpa gelegen z. B. ▸Anästhesie direkt in die Pulpa bei Restvitalität nach ▸Trepanation Gegenteil: ▸extrapulpär, ▸parapulpär	
intravenös intravenous	Abkürzung: **i.v.** in die ▸Vene, in einer ▸Vene	z. B. ▸Injektion/intravenös, ▸Infusion/intravenös
intrazellulär intracellular	innerhalb der ▸Zelle Gegenteil: ▸extrazellulär	z. B. werden durch ▸Streptococcus mutans eigene, intrazelluläre ▸Polysaccharide gebildet („Vorratshaltung")

Stichwort	Erklärung	Vertiefung
intrinsisch intrinsic	von innen her, innerhalb eines ▸Zahnes entstehend z. B. Verfärbung eines ▸devitalen Zahnes, ▸internes Bleaching Gegenteil: ▸extrinsisch	
Intrusion intrusion, tooth depression	auch **Zahnintrusion** Eindrücken eines ▸Zahnes in die ▸Alveole durch Gewalteinwirkung	Gegenteil: ▸Extrusion
Intubation intubation	Einführen eines ▸Tubus über ▸Mund oder ▸Nase in die ▸Luftröhre zur Sicherung der Atemwege des ▸Patienten ▸Intubationsnarkose	Anwendung: in der Intensiv- und Notfallmedizin bei ▸Narkose, ▸Bewusstlosigkeit ▸Guedel-Tubus
Intubationsnarkose endotracheal anaesthesia	Abkürzung: **ITN** Durch einen ▸Tubus wird das Narkosemittel (▸Sauerstoff und ▸Narkosegase) in die ▸Lunge geleitet; häufigste Form der ▸Narkose.	▸Intubation ▸Inhalationsnarkose
Invalidität invalidity	Beeinträchtigung der körperlichen und/oder geistigen Leistungsfähigkeit aufgrund von ▸Krankheit oder Unfall	führt zu einer dauerhaften Dienst-/Berufsunfähigkeit
Invasion invasion	Angriff, Eindringen, z. B. von ▸Krankheitserregern in den Körper	**Zahnheilkunde:** bei ▸Plaque, ▸Gingivitis, ▸Parodontitis

invasiv
invasive
	eingreifend, in den Körper eindringend
	Zahnheilkunde:
	• invasive ▸Diagnostik: Untersuchungs-
	  methoden, die in den Körper eindringen;
	  z. B. ein Abstrich der ▸Mundschleimhaut,
	  ▸Biopsie
	• invasive ▸Behandlung: ▸Wurzelkanal-
	  behandlung, ▸chirurgischer Eingriff
	• ▸minimal-invasiv: z. B. ▸Füllung
		auch Eigenschaft ▸maligner ▸Tumore,
		welche in das umliegende ▸Gewebe
		hineinwuchern

Invisalign®	**Kieferorthopädie:** Behandlungsmethode für ▸Zahnfehlstellungen An Stelle ▸festsitzender ▸Kfo-Apparaturen werden regelmäßig auszutauschende Kunst- stoffschienen verwendet, die durch ein Computergrafik-Verfahren hergestellt werden.	Die ▸Schienen sind herausnehmbar und durchsichtig, wodurch die ▸Ästhetik kaum gestört ist und die ▸Mundhygiene normal erfolgen kann. Der Begriff stellt einen Markennamen dar (auch andere Hersteller).
in vitro in vitro	Eine Methode oder ein ▸Medikament wird im Labor/Reagenzglas überprüft.	Gegenteil: ▸in vivo
in vivo in vivo	Eine Methode oder ein ▸Medikament wird am Menschen/Lebewesen überprüft.	Gegenteil: ▸in vitro
inzidieren incise	einschneiden, aufschneiden, einen Einschnitt durchführen	▸Inzision
inzisal incisal	auch **incisal** zur ▸Schneidekante hin, an der Schneidekante	Lage-/Richtungsbezeichnung am Zahn ▸Inzisalkante

G
H
I
J
K
L

Stichwort	Erklärung	Vertiefung
Inzisalkante incisal edge	‣Schneidekante	‣Schneidekantenmerkmal ‣Zahnmerkmal
Inzision incision	auch **Incision** Einschneiden, Aufschneiden	z. B. Eröffnung eines ‣Abszesses (Abszessspaltung) Gegenteil: ‣Exzision
Inzisivus, Inzisivi (Mehrzahl) incisor	auch **Incisivus** Kurzform für ‣**Dens incisivus,** ‣Schneidezahn ‣Frontzahn	
Iod iodine	auch ‣**Jod**	chemisches ‣Element
Ion ion	elektrisch geladenes ‣Atom oder ‣Molekül ‣Ionisation	‣Anionen ‣Kationen
Ionisation ionization	Bildung von ‣Ionen aus ‣Atomen oder ‣Molekülen	Ionen entstehen aus elektrisch neutralen ‣Atomen, wenn diese ‣Elektronen aufnehmen oder abgeben.
ionisierende Strahlung ionizing radiation	Überbegriff für Strahlungsarten, die beim Durchgang durch Materie (‣Zelle, ‣Organismus) neutrale ‣Atome und ‣Moleküle ionisieren, das heißt negativ oder positiv geladene Teilchen erzeugen ‣Ionisation	z. B. ‣Röntgenstrahlung, Alpha-, Beta-, ‣Gammastrahlung werden z. T. bei der ‣Strahlentherapie von Krebserkrankungen angewandt
IP	Abkürzung für ‣Individualprophylaxe	
IPS-Empress®	Presskeramik ‣Empress, ‣Glaskeramik	Glaskeramikmasse wird zu ‣Kronen oder ‣Inlays gepresst.
irreparabel irreparable	nicht wieder herstellbar, nicht heilbar	Gegenteil: ‣reparabel
irreversibel irreversible	nicht umkehrbar, nicht mehr rückführbar	‣Abformmaterialien, z. B. Alginat Gegenteil: ‣reversibel
Irritation irritation	‣Reiz, Verunsicherung	z. B. Irritation der Geschmacksempfindung bei bestimmten ‣Mundspüllösungen, ‣Geschmacksstörung
irritieren irritate	reizen, unsicher machen	‣Irritation
Ischämie ischemia	lokale Blutleere, ungenügende Durchblutung eines ‣Organs	‣anämisch
ISO	Abkürzung für ‣International Organization for Standardization	Organisation für internationale Normung

G
H
I
J
K
L

Stichwort	Erklärung	Vertiefung
Isolierung isolation	Abdämmung, Absperrung	**Zahnheilkunde:** ▸ Unterfüllung als isolierende Schicht zwischen ▸ Füllungsmaterial und ▸ Zahnhartgewebe z. B. gegen chemische und thermische ▸ Reize ▸ Kofferdam gegen Mundfeuchtigkeit
isolieren isolate	abdämmen, absperren, trennen	▸ Isolierung
Isomalt	auch **Isomaltose** ▸ Zuckeraustauschstoff	z. B. Isomaltulose, Palatinose
Isometrieregel rule of isometry	**Röntgenkunde:** Grundlage zur Herstellung eines ▸ Mundfilms nach der ▸ Halbwinkeltechnik Einstellung: Der ▸ Zentralstrahl trifft senkrecht auf die ▸ Winkelhalbierende zwischen ▸ Zahnachse und ▸ Filmebene.	Ziel: größenrichtige Abbildung, d. h. Verlängerungs- und Verkürzungseffekte heben sich auf
isotonisch isoton	zwei Lösungen mit gleichem ▸ osmotischen Druck	▸ isotonische Kochsalzlösung
isotonische Kochsalzlösung salt/sodium-chloride solution	▸ Kochsalzlösung, 0,9%ig wässrige ▸ NaCl-Lösung, entspricht ▸ isotonisch dem ▸ Blutserum	**Zahnheilkunde:** zur Spülung und Kühlung während eines ▸ chirurgischen Eingriffs **Medizin:** als ▸ Infusionslösung
-itis	Wortbestandteil mit der Bedeutung: ▸ Entzündung	z. B. ▸ Gingivitis, ▸ Pulpitis
ITN	Abkürzung für ▸ Intubationsnarkose	
i.v.	Abkürzung für ▸ intravenös	▸ Injektionsart ▸ Vene, ▸ venös

G
H
I
J
K
L

Stichwort	Erklärung	Vertiefung
J	Symbol für das chemische ▸Element ▸Jod, Iod	
Jacketkrone porcelain jacket crown	auch ▸**Vollkeramikkrone**	alte Bezeichnung für Porzellankrone
Jochbein cheekbone zygomatic bone	auch **Wangenbein** ▸Os zygomatikum ▸paarig angelegter ▸Knochen des ▸Gesichtsschädels, bildet den ▸Jochbogen und den seitlichen Teil der ▸Augenhöhle	Röntgenkunde: Die ▸Le Master-Einstelltechnik verhindert die teilweise Überlagerung der ▸Oberkiefer-Molarenwurzeln durch das Jochbein bei der ▸Halbwinkeltechnik.
Jochbeinfortsatz zygomatic process	auch **Jochfortsatz** Processus zygomaticus	Fortsatz des ▸Oberkiefers ▸Oberkieferkörper
Jochbogen zygomatic arch	Teil des ▸Jochbeins, der auch als „Backenknochen" bezeichnet wird beginnt unterhalb der ▸Augenhöhle und zieht horizontal in Richtung Ohr Ursprungsfläche des ▸Musculus masseter	
Jod iodine	auch **Iod** chemisches ▸Element mit dem Symbol I, J wird als ▸Spurenelement zum Aufbau des Schilddrüsenhormons Thyroxin benötigt gehört zur Gruppe der ▸Halogene/Salzbildner	Zahnheilkunde: Bestandteil von ▸Desinfektionsmitteln/Hautdesinfektionsmitteln, z. B. Braunol® (PVP-Polyvidon) Bestandteil des ▸Plaque-Färbemittels ▸Erythrosin
Jod-Salz iodine salt	Speisesalz/Kochsalz angereichert mit ▸Jod auch als Kombination Jod-▸Fluorid-Salz	zur ▸Prophylaxe einer Schilddrüsen-vergrößerung („Kropf"-Bildung) bei Jodmangel
Joule joule	Einheitszeichen: **J** ▸physikalische Maßeinheit der Wärmemenge, Energie und Arbeit frühere Einheit: Kalorie/cal	Röntgenkunde: ▸Gray: Maßeinheit der ▸Energiedosis in J/kg
Jugendzahnpflege juvenile dental care	Durchführung in Kindertagesstätten und Schulen; vorrangig als ▸Gruppenprophylaxe; dient der Förderung der Zahngesundheit, der Vorbeugung und Erkennung von Zahn- und Munderkrankungen sowie Kieferfehl-stellungen bei Kindern und Jugendlichen im Alter von 3 bis 18 Jahren Grundlage: Jugendzahnpflegegesetz	Zusammenfassung der Aktivitäten durch die ▸Deutsche Arbeitsgemeinschaft für Jugendzahnpflege (▸DAJ) in Zusammen-arbeit mit Krankenkassen, Zahnärzten, öffentlichem Gesundheitsdienst, Kommunen, Schulen, Kindergärten
justieren adjust	ausrichten, individuelles Einstellen von Geräten	z. B. justierbarer ▸Artikulator ▸Aktivator
juvenil juvenile, adolescent	jugendlich, im Jugendalter ▸juvenile Parodontitis	Zahnheilkunde: Verwendung des Begriffs bei ▸Karies oder ▸Parodontopathien, die besonders im Jugendalter auftreten
juvenile Parodontitis juvenile periodontitis	auch **lokalisierte juvenile Parodontitis (LJP)**	befällt Jugendliche zum Beginn der Pubertät, durch ▸hormonelle Einflüsse

G
H
I
J
K
L

KAI-Zahnputzmethode

Stichwort	Erklärung	Vertiefung
KAI-Zahnputzmethode method of dental cleaning	Putz-Lernmethode im Kindergartenalter Die Methode ist für Kinder ‣motorisch einfach umzusetzen und leicht zu merken. Systematik mit immer gleichen Abläufen: K ‣Kauflächen mit Hin- und Herbewegung A Außenflächen mit großen Kreisen I Innenflächen mit kleinen Kreisen oder Auswischbewegung ‣Zahnputzmethoden	

Kallus callus	vermehrt gebildetes ‣Gewebe beim Heilen eines Knochenbruchs oder nach ‣Osteotomie	Bildung von ‣Knochenzellen durch ‣Osteoblasten
Kalorie calory	alte Maßeinheit für Wärmeenergie mit dem Einheitenzeichen: cal, kcal ersetzt durch die Einheit ‣Joule (J)	wird noch immer verwendet für Energiewerte von Nahrungsmitteln 1 Kalorie = 4,1868 Joule
Kältebehandlung crythotherapie	auch **Kälteschockbehandlung**	‣Kryotherapie
Kältetest cold test, cold pulp testing	**Zahnheilkunde:** ‣Vitalitätsprüfung, ‣Sensibilitätsprüfung, zur Überprüfung der ‣Sensibilität von Zähnen **Medizin:** Kälteanästhesie, als eine Form der örtlichen ‣Schmerzausschaltung	• **Kältespray:** Flüssiggas in Spraydosen; Temperaturen: von -25 bis -55°C • **Kohlensäureschnee,** CO_2-Schnee: gasförmiges ‣Kohlendioxid (CO_2) aus der Druckflasche; Temperatur: ca. -80°C
Kaltlicht cold light	auch **Kaltlichtsonde, Kaltlichtleuchte** Zur ‣Kariesdiagnostik kann der ‣Approximalraum mit Kaltlicht ohne ‣Strahlenbelastung durchleuchtet werden. zur Ergänzung von ‣Bissflügelaufnahmen oder als Ersatz für ‣Röntgenaufnahmen, z. B. bei ‣Schwangerschaft	

Kalzifikation calcification	auch **Obliteration** ‣Verkalkung z. B. eines ‣Wurzelkanals durch Einlagerung von ‣Kalziumsalzen	Folge: Einengung der ‣Pulpahöhle verstärkt bei älteren Menschen
Kalzium calcium	auch ‣**Calcium**	‣anorganischer Hauptbestandteil von Zähnen und ‣Knochen
Kalziumfluorid calcium fluoride	auch ‣**Calciumfluorid**	‣Fluorid
Kalziumhydroxid calcium hydroxide	auch ‣**Calciumhydroxid**	Inhalt von ‣Medikamenten zur indirekten oder direkten ‣Überkappung der ‣Pulpa
Kalziumphosphat calcium phosphate	auch ‣**Calciumphosphat**	‣Hydroxylapatit
Kalziumsulfat calcium sulfate	auch ‣**Calciumsulfat** chemische Formel: $CaSO_4$	‣Gips
Kantenmerkmal edge characteristic	auch ‣**Winkelmerkmal** ‣Zahnmerkmal	zur Unterscheidung von linken und rechten ‣Frontzähnen

Stichwort	Erklärung	Vertiefung
Kanüle cannula, needle	auch **Injektionsnadel** ▸Hohlnadel, die auf eine Injektionsspritze aufgesetzt wird zum Einspritzen/Einbringen von Flüssigkeit ins ▸Gewebe ▸Injektion, ▸Infusion	▸Absaugkanüle: Rohr zum ▸Absaugen von Flüssigkeiten im ▸Mund aus ▸Kunststoff oder Metall
kanzerogen cancerogenic	auch **karzinogen** krebserzeugend, krebsfördernd ▸Krebs	z. B. chemische Substanzen, ▸Viren, ▸Strahlenbelastung
Kapillaren capillaries	▸Haargefäße, kleinste Verästelungen der ▸Blutgefäße ▸Blutkreislauf	Verzweigungen in ▸Organen und ▸Geweben des Körpers ermöglichen den ▸Gas- und Stoffaustausch zwischen ▸Blut und ▸Gewebe
Kapselmaterialien materials in capsules	auch **Kapselsystem** Füllungs- und Befestigungsmaterialien (meist Pulver und Flüssigkeit), die in vordosierter Form in Mischkapseln vorliegen, werden in automatischen Anmischgeräten (Rüttler) vermischt ▸Amalgam, ▸Glasionomerzement	
Kapuze (mucosal/tooth) hood	▸Zahnfleischkapuze, Schleimhautkapuze	▸Dentitio difficilis
Karat carat	Maßeinheit für den Reinheitsgehalt von ▸Edelmetallen, z. B. 24 Karat = reines ▸Gold/Feingold (999er Gold)	**Zahnheilkunde:** Reinheit des üblichen Zahngoldes/Kronengold = 18 Karat (750er Gold)
Karbon carbon	▸Kunststoff gefertigt auf der Basis von Kohlenstofffasern	**Zahnheilkunde:** Karboninstrumente zur Bearbeitung von Speziallegierungen, z. B. im Rahmen der ▸Implantatprophylaxe
Karborund carborundum, silicon carbide	auch **Korund** nach dem ▸Diamant das zweithärteste natürliche ▸Mineral	**Zahnheilkunde:** als ▸Schleif- und ▸Poliermittel („Steinchen")
Karies tooth decay	auch **Caries** Zahnfäule Zerstörung von ▸Zahnhartgewebe durch ▸Säure, die als Abbauprodukt des Stoffwechsels bestimmter ▸Bakterien im Mund entsteht ▸Demineralisation	
Kariesaktivität caries activity	Entstehung von ▸Karies innerhalb eines bestimmten Zeitabschnitts: Je schneller Karies entsteht, umso höher ist die Kariesaktivität.	Ein kariesaktives ▸Gebiss muss öfter kontrolliert und betreut werden; z. B. mit ▸DMF-T-Index, zur Einschätzung des individuellen ▸Kariesrisikos.
Kariesanfälligkeit caries susceptibility	Hängt entscheidend ab von der ▸Speichelmenge, daneben von ▸Mundhygiene, zahngesunder ▸Ernährung, ▸Fluoridgaben, ungünstiger ▸Zahnstellung/Zahnform; bei ▸Mundtrockenheit/Xerostomie höhere Anfälligkeit: ▸Karies entsteht schneller und ausgeprägter, besonders im Zahnhalsbereich.	

Stichwort	Erklärung	Vertiefung
Kariesbakterien caries bacteria	▸Bakterien, die beim Abbau von ▸Kohlen-hydraten im ▸Mund ▸Säure bilden und dadurch ▸Karies auslösen	Hauptvertreter: ▸Streptokokkus mutans, ▸Laktobazillen
Kariesdetektor caries detector	Farblösung, mit welcher der Grad der ▸Demineralisation sichtbar gemacht wird färbt infiziertes/▸kariöses ▸Dentin ein, welches dadurch gezielt entfernt werden kann	
Kariesdiagnostik caries diagnostics	Verfahren zur Feststellung einer ▸Karies • klinische Untersuchung: ▸Inspektion der Zähne mittels ▸Grundinstrumentarium • Röntgenaufnahmen: ▸Bissflügel-aufnahmen zur Erkennung von ▸Approximalkaries oder ▸Kariesrezidiven ▸Diagnostik	Weitere Untersuchungsverfahren ermöglichen zusätzliche Aussagen zur ▸Kariesaktivität: • ▸Kaltlicht • ▸Laserfluoreszenzmessung • ▸Kariesdetektor • ▸Speicheltests
Kariesentfernung caries removal	Kariesbehandlung: • **maschinell** mit schmelz- und dentinbearbeitenden ▸Schleifern (z. B. ▸Diamanten, ▸Rosenbohrer) • **mechanisch** mit einem ▸Handinstrument/▸Exkavator • **chemisch** mit ▸Ozon, z. B. ▸HealOzone® • ▸**Laser** zur ▸Präparation, erweiterten ▸Fissurenversiegelung, ▸Keimverminderung	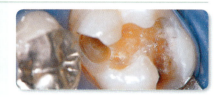
Kariesentstehung caries development	▸Karies entsteht, wenn verschiedene Faktoren zusammenwirken: • ▸Mikroorganismen/Bakterien • ▸Substrat/Nahrung • ▸Säureeinwirkung • Zeit ▸Kariesverlauf	▸**primäre Faktoren:** Auf einen natürlichen ▸Zahn wirken ▸Kariesbakterien ein, die ▸Kohlenhydrate (Substrat) über einen gewissen Zeitraum zu ▸Säure verarbeiten. ▸**sekundäre Faktoren:** Wie schnell ▸Karies entsteht, hängt auch von weiteren Faktoren ab wie Speichel-zusammensetzung, ▸Speichelmenge, Zahnform, ▸Zahnstellung.
Kariesformen different kinds of caries	Einteilung nach Lage der ▸Karies: • ▸Approximalkaries • ▸Caries profunda/profunde Karies • ▸Dentinkaries • ▸Fissuren-/Grübchenkaries • Glattflächenkaries • ▸Hidden Karies • ▸Initialkaries • ▸Schmelzkaries • ▸Sekundärkaries/Randkaries • ▸Wurzelkaries • ▸Zahnhalskaries • ▸Zementkaries/Wurzelzementkaries	 *Fissuren-/Grübchenkaries*  *Zahnhalskaries und Approximalkaries*
Kariesindex caries index	Messziffer, die einen kariösen ▸Befund beschreibt und vergleichbar macht	▸DMF-T-Index ▸DMF-S-Index

G
H
I
J
K
L

Stichwort	Erklärung	Vertiefung
Kariesinfiltration caries infiltration	Diese ›mikro-›invasive Methode stoppt eine ›kariöse Erkrankung frühzeitig, ohne den ›Zahn aufzubohren und eine ›Füllung zu legen. Anwendung: bei kleinen kariösen ›Läsionen im ›Approximalbereich und an den ›Glattflächen der ›Frontzähne	Behandlungsablauf: Bei beginnender ›Schmelzkaries werden die Poren mit einem speziellen, dünnfließenden, lichthärtenden ›Komposit, dem Infiltranten, so verschlossen, dass dieser den Zugang der ›kariogenen ›Säure blockiert.
Karies media dentinal caries	auch ›**Dentinkaries** mittlere ›Karies, bis ins ›Dentin vorgedrungen	kann sich durch die ›Dentinkanälchen schnell flächig ausbreiten
Karies-Prädilektionsstellen caries predilection locations	Stellen am ›Zahn, an denen leicht ›Karies entstehen kann ›Prädilektionsstellen	
Karies profunda deep-seated caries	auch **Caries profunda** tiefgehende ›Karies, reicht im ›Zahnbein bis dicht an die ›Pulpa heran ›Therapie: Erhaltung der ›Vitalität der Pulpa durch ›Kariesentfernung, Abdecken des ›Dentins, z. B. mit ›Calciumhydroxid	
Kariesprophylaxe caries prophylaxis	alle vorbeugenden Maßnahmen, um eine Erkrankung an ›Karies zu verhindern	Maßnahmen: • ›Mundhygiene • Ernährung • ›Fluoridierung • ›Fissurenversiegelung • regelmäßige ›zahnärztliche Kontrolle
Kariesrezidiv recurrent caries	unter einer ›Restauration/›Füllung verbliebene, unvollständig behandelte ›Karies Folge: Der kariöse ›Defekt vergrößert sich und führt zu ›Schmerzen. Eine röntgenologische Erkennung ist durch ›Bissflügelaufnahmen möglich.	›Rezidiv/Rückfall
Kariesrisiko risk of caries	wird von der ›Deutschen Arbeitsgemeinschaft für Jugendzahnpflege (DAJ) in Abhängigkeit vom Lebensalter definiert	Grundlage: ›DMF-T-Index/dmf-t-Index, als ›Kariesindex zur Einschätzung des ›individuellen Kariesrisikos
Karies superficialis enamel caries	auch ›**Schmelzkaries**, ›**Initialkaries** oberflächliche ›Karies im ›Zahnschmelz	Karies ist noch nicht bis in das ›Dentin vorgedrungen.
Kariesverlauf caries process	Karies beginnt an der Oberfläche des ›Zahnhartgewebes und verläuft in Stufen: ❶›Initialkaries: kann als ›Kreidefleck oder ›white spot noch ›remineralisiert werden ❷›Karies superficialis: ›Schmelzkaries ❸›Karies media: ›Dentinkaries; breitet sich schnell aus ❹›Karies profunda: ›Pulpa kann bereits gereizt sein.	
Kariesvorbeugung caries prophylaxis	›Kariesprophylaxe	

Stichwort	Erklärung	Vertiefung
kariogen cariogenic	▸Karies auslösend, Karies erzeugend	z. B. zuckerhaltige Nahrungsmittel, spezielle ▸Bakterien
Kariologie cariology	befasst sich mit den Erkrankungen der ▸Zahnhartgewebe, deren ▸Prävention und ▸Therapie	▸Karies
kariös carious	von ▸Karies befallen, durch Karies zerstört	▸Kariesentstehung
Karotis carotid artery	auch **Carotis** Kurzform für ▸**Arteria carotis**	▸Halsschlagader
Karpule cartridge	auch **Carpule** ▸Zylinderampulle	Glasampulle, meist für ▸Anästhesie-flüssigkeit
Karpulenspritze	auch ▸**Zylinderampullenspritze**	wird durch das Einschieben einer ▸Karpule bestückt
Kartusche cartridge	Gerät zur ▸Applikation für Zweikomponenten-Abformmaterialien; besteht aus einem Doppelzylinder, jeweils für ▸Abformmaterial und ▸Härter Beide ▸Komponenten werden in die Zylinder der Mischpistole eingelegt und in der ▸Mischdüse gleichmäßig vermischt. Die Applikation erfolgt in den ▸Abformlöffel oder direkt über den präparierten ▸Zahn.	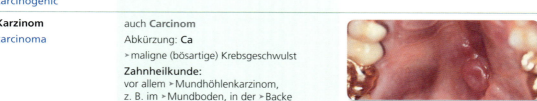
karzinogen carcinogenic	auch ▸**kanzerogen**	krebserzeugend, krebsfördernd
Karzinom carcinoma	auch **Carcinom** Abkürzung: **Ca** ▸maligne (bösartige) Krebsgeschwulst **Zahnheilkunde:** vor allem ▸Mundhöhlenkarzinom, z. B. im ▸Mundboden, in der ▸Backe	
Kassetten cartridges	**Sterilisationskassette:** • als Containerkassette zur Aufbewahrung von ▸Instrumenten • zur Aufbewahrung ▸zahnärztlicher ▸Instrumente bei der ▸Sterilisation ▸Container	**Röntgenfilmkassette:** • zur strahlensicheren Aufbewahrung von ▸Röntgenfilmen • als Filmkassette bei der Anfertigung von ▸extraoralen ▸Röntgenaufnahmen ▸Kassettenfilme
Kassettenfilme cassette films	Filme für ▸extraorale ▸Röntgenaufnahmen werden meist in Metallkassetten liegend belichtet ▸Orthopantomogramm	Die Innenseiten der Röntgenfilmkassetten sind mit einer ▸fluoreszierenden ▸Verstärkerfolie beschichtet, wodurch die Menge der ▸Röntgenstrahlen stark reduziert werden kann.
Katalysator catalyst	Stoff, der eine chemische Reaktion auslöst bzw. beschleunigt, selbst aber unverändert bleibt	**Zahnheilkunde:** z. B. Aushärten von ▸Komposit mit ▸Härter, Abbinden von ▸Elastomer mit ▸Härter
Katgut catgut	auch **Catgut** ▸resorbierbares ▸Nahtmaterial	▸Naht

G
H
I
J
K
L

Stichwort	Erklärung	Vertiefung
Kathode cathode	negativer Pol/Minuspol einer elektrischen Stromquelle	Röntgenkunde: Die Glühkathode in der ▸Röntgenröhre setzt ▸Elektronen frei. Gegenteil: ▸Anode
Kaufläche occlusal surface	Teil der ▸Zahnkrone, welcher beim Zusammenbiss dem ▸Antagonisten des ▸Gegenkiefers gegenübersteht dient mit ▸Fissuren und ▸Zahnhöckern der Zerkleinerung von Nahrung ▸Molaren, ▸Prämolaren	
Kaumuskel, großer masticatory muscle	▸Musculus masseter Funktion: Kieferschluss Ansatz: Außenfläche im ▸Kieferwinkel Ursprung: ▸Jochbein	mit dem inneren ▸Flügelmuskel zusammen zieht er den ▸Unterkiefer wie in einer Schlinge nach oben ▸Mundschließermuskeln
Kaumuskeln masticatory muscles	Überbegriff für verschiedene ▸Muskeln, die den ▸Unterkiefer öffnen oder schließen **Mundöffner-Muskeln:** • ▸Musculus digastricus/ zweibäuchiger Muskel • ▸Musculus geniohyoideus/ Kinn-Zungenbein-Muskel • ▸Musculus mylohyoideus/ Unterkiefer-Zungenbein-Muskel	Mundschließer-Muskeln: • ▸Musculus masseter/ großer Kaumuskel • ▸Musculus pterygoideus lateralis/ äußerer Flügelmuskel • ▸Musculus pterygoideus medialis/ innerer Flügelmuskel • ▸Musculus temporalis/ Schläfenmuskel

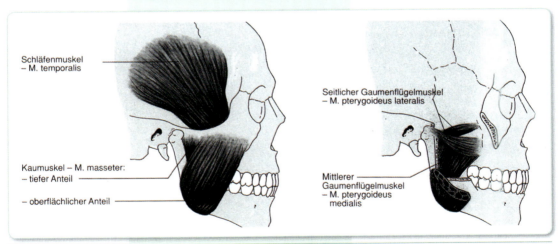

Schläfenmuskel
– M. temporalis

Kaumuskel – M. masseter:
– tiefer Anteil

– oberflächlicher Anteil

Seitlicher Gaumenflügelmuskel
– M. pterygoideus lateralis

Mittlerer Gaumenflügelmuskel
– M. pterygoideus medialis

Stichwort	Erklärung	Vertiefung
kausal causal	den Grund betreffend, ursächlich	▸Therapie: den Grund, die Ursache/ Krankheitsursache behandeln
Kausystem masticatory system	auch ▸**stomatognates System** Überbegriff für alle am Kauen beteiligten Körperanteile	Bestandteile: ▸Zähne, ▸Zahnhalteapparat, ▸Oberkiefer, ▸Unterkiefer, ▸Kiefergelenk, ▸Kaumuskulatur, ▸Schleimhaut, ▸Speicheldrüsen/ ▸Speichel
Kauterisation cautery	Abtragen/Durchtrennen (Kauterisieren) von ▸Gewebe durch die Hitzeentwicklung des elektrischen Stroms	▸Elektrotom, ▸Elektrotomie, ▸Hochfrequenz-Chirurgie

G
H
I
J
K
L

Stichwort	Erklärung	Vertiefung

Kavität
cavity

präparierter Hohlraum im ▸Zahn zur Aufnahme einer ▸Füllung

▸Black-Klassen:
Unterteilung von ▸Kavitäten nach Lage und Ausdehnung in die Klassen I bis V

Kavitätenpräparation
cavity preparation

Entfernung des ▸kariösen ▸Zahnhartgewebes und Ausarbeitung einer ▸Kavität

erfolgt meist mit ▸rotierenden ▸Präparations-instrumenten wie ▸Bohrern, ▸Schleifern

▸minimal-invasiv

Kavitation
cavitation

Zahnheilkunde:
Bildung eines Loches (▸Cavum) im ▸Zahn-hartgewebe, z. B. durch ▸Entkalkung

Ultraschallbehandlung:
Bei der Anwendung von Ultraschallwellen entstehen Bläschen, die zur Kavitation führen:

• bei der Reinigung eines ▸Wurzelkanals
• bei der ▸maschinellen Entfernung von ▸Zahnstein
• bei der Reinigung im Ultraschallbad

Kehldeckel
epiglottis

Epiglottis

verschließt den Zugang zur ▸Luftröhre beim Schluckvorgang

Kehlkopf
larynx

Larynx

verbindet als Teil des Atemtraktes den ▸Rachen (Pharynx) mit der ▸Luftröhre (▸Trachea)

Funktion:

• dient der Atmung und der Stimmbildung (Stimmbänder)
• ist beteiligt am Schluckvorgang
• verhindert das Eindringen von Getränken/Speisen in die Luftwege (▸Kehldeckel)

Keilbein
sphenoid bone

Os sphenoidale

Knochen des ▸Hirnschädels

Lage in der Mitte der ▸Schädelbasis, Sitz der ▸Keilbeinhöhle

Keilbeinhöhle
sphenoidal sinus

Sinus sphenoidalis

gehört zu den ▸Nasennebenhöhlen

Lage in der Mitte der ▸Schädelbasis, ▸Keilbein

---

keilförmige Defekte
wedge shaped defects/lesions

Substanzverlust im Bereich des ▸Zahnhalses/ unterhalb der ▸Schmelz-▸Zement-Grenze

häufig an den ▸Schneidezähnen, ▸Eckzähnen, ersten ▸Prämolaren

mögliche Ursachen:

• falsche ▸Zahnputztechnik/ ▸Schrubbtechnik
• zu starker Anpressdruck
• ▸Rezession der ▸Gingiva
• ▸Säureschäden (▸Erosionen)
• ▸Parafunktionen (▸Knirschen, ▸Pressen)
• ▸Bruxismus, wenn dadurch ▸Zahnhart-gewebe am Übergang von ▸Schmelz zu ▸Wurzelzement abgesprengt wird

---

Keime
microorganism, microbes

Überbegriff für:

• ▸pathogene ▸Mikroorganismen, z. B. ▸Bakterien

• etwas noch nicht Ausgereiftes, z. B. ▸Zahnkeim

Stichwort	Erklärung	Vertiefung
Keimdrüsen gonads	auch **Geschlechtsdrüsen** produzieren Sexualhormone und Keimzellen ▸ Gonaden	▸ Gonadenschutz beim ▸ Röntgen, z. B. durch ▸ Röntgenschürze
keimfrei sterile	ohne lebende ▸ Mikroorganismen	▸ aseptisch ▸ steril
Keimverminderung disinfection	▸ Desinfektion	▸ bakteriostatisch ▸ bakterizid
Kephalometrie cephalometry	Kieferorthopädie: Vermessung des ▸ Schädels im Rahmen der ▸ Diagnostik	Durchführung anhand einer seitlichen ▸ Schädelaufnahme ▸ Fernröntgenseitenaufnahme (FSR)
Keramik ceramic	auch **Dentalkeramik** ▸ anorganische Materialmischungen (▸ Zirkoniumoxid), durch ▸ Zahntechnik geformt und gebrannt Eigenschaften: • hohe ▸ Biokompatibilität • natürliches Aussehen • Farbbeständigkeit • Härte (ähnlich ▸ Zahnhartgewebe) • chemische Widerstandsfähigkeit • ▸ Plaqueanlagerung gering • spröde/bruchgefährdet	Verwendung: • ▸ Vollkeramikkrone • ▸ Verblendungen • ▸ Implantate • ▸ Inlay • ▸ IPS Empress®
Kernspintomographie magnet resonance imaging	▸ bildgebendes ▸ Diagnostikverfahren ohne ▸ Röntgenstrahlung	Zahnheilkunde: meist verwendet für die Erkennung von ▸ Tumoren und zur Darstellung des ▸ Kiefergelenks
Kerr	Robert McNab Kerr (1870-1960), amerikanischer ▸ Zahnarzt, bekannt durch die Entwicklung zahnärztlicher ▸ Instrumente und Materialien	Kerr-Produkte: • ▸ Medikament/▸ Calciumhydroxid zur ▸ direkten Überkappung (Kerr-Life®) • ▸ Instrumente zur ▸ Wurzelkanal- behandlung (Kerr-Bohrer, ▸ Kerr-Feile, ▸ Kerr-Räumer, Kerr-Reibahle)
Kerr-Feile Kerr-file	▸ Wurzelkanalinstrument ▸ konisch zulaufendes ▸ Handinstrument mit spiralförmigen Schneiden Verwendung: Aufbereitung von ▸ Wurzelkanälen: Durch systematisches Abtragen/Abschaben des ▸ Dentins im ▸ Wurzelkanal wird dieser erweitert.	
Kerr-Räumer Kerr-reamer	auch **Kerr-Reamer** ▸ Wurzelkanalinstrument gleiches Einsatzgebiet wie ▸ Kerr-Feilen Die spiralförmigen Schneiden sind weiter gestaltet als bei den Kerr-Feilen.	
Kerr-Wachs Kerr-wax	▸ thermoplastisches Material in Form von harten, grünen und braunen Stangen	Verwendung: zur ▸ individuellen Anpassung z. B. von ▸ Funktionsrändern bei ▸ Abformlöffeln oder ▸ Prothesen
Kfo	Abkürzung für ▸ Kieferorthopädie	Fachgebiet der ▸ Zahnheilkunde

G
H
I
J
K
L

Stichwort	Erklärung	Vertiefung
Kfo-Geräte orthodontic apparatus	auch **Kfo-Apparaturen** Überbegriff für ▸kieferorthopädische Geräte zur Behandlung von ▸Zahnfehlstellungen	Einteilung: • ▸festsitzend/herausnehmbar • ▸extraoral/▸intraoral
Kiefer jaw	Teil des ▸Gesichtsschädels Unterteilung in ▸Oberkiefer und ▸Unterkiefer	Im Kiefer sind in den ▸Zahnfächern/▸Alveolen die Zähne verankert.
Kieferanomalie dysgnathia	Unregelmäßigkeit in der Entwicklung, Größe und Stellung eines ▸Kiefers	▸Dysgnathie, ▸Progenie, ▸Prognathie
Kieferbasis jaw base	Bereich im Kieferknochen, in den die ▸Wurzelspitzen hineinragen	Teil des ▸Unterkiefers
Kieferbruch broken jaw, jaw fracture	auch **Kieferfraktur** z. B. am Hals des Kiefergelenkkopfs des ▸Unterkiefers/▸Caput mandibulae oder an der ▸Kieferbasis ▸Fraktur	meist durch Gewalteinwirkung/Unfall, auch durch Krafteinwirkung bei der ▸Extraktion z. B. des ▸Weisheitszahnes
Kieferchirurgie dental surgery	auch **Mund-, Kiefer-, Gesichtschirurgie** zahnärztliches Fachgebiet	▸Fachzahnarzt: Kieferchirurg
Kieferdehnung jaw expansion	**Kieferorthopädie:** Maßnahme zur Vergrößerung des ▸Zahnbogens	z. B. durch ▸Gaumennahterweiterung
Kiefergelenk temporomandibular joint	▸Artikulatio Dreh- und Gleitgelenk zur Bewegung des ▸Unterkiefers ▸Kiefergelenkschmiere, ▸Kiefergelenkkapsel	Wird gebildet vom ▸Schläfenbein/▸Kiefergelenkgrube und vom Gelenkfortsatz des ▸Unterkiefers/▸Kiefergelenkkopf; zwischen den beiden ▸Knochen liegt die ▸Kiefergelenkscheibe aus ▸Knorpel.
Kiefergelenkfortsatz condylar process	Processus articularis, Processus condylaris ▸Unterkiefergelenkfortsatz	▸Condylus
Kiefergelenkgrube temporomandibular joint cavity	auch **Kiefergelenkpfanne** ▸Fossa mandibularis wird vom ▸Schläfenbein gebildet	Lager für den ▸Kiefergelenkkopf des ▸Unterkiefers
Kiefergelenkhöcker mandibular epicondyle	▸Tuberculum articulare Knochenfortsatz des ▸Schläfenbeins	begrenzt die ▸Kiefergelenkgrube nach vorn
Kiefergelenkkapsel temporomandibular joint capsule	umgibt das ▸Kiefergelenk besteht aus ▸Bindegewebe und sondert ▸Kiefergelenkschmiere ab	▸Synovia
Kiefergelenkkopf mandibular condyle	auch **Kiefergelenkköpfchen** ▸Caput mandibulae, ▸Condylus walzenförmiger Gelenkanteil des Unterkiefer-Gelenkfortsatzes bewegt sich in der ▸Kiefergelenkgrube des ▸Schläfenbeins	
Kiefergelenkluxation mandibular dislocation	Verrenkung am ▸Kiefergelenk, bei welcher der Gelenkkopf aus der Gelenkgrube heraus über den Gelenkhöcker tritt ▸Luxation	meist durch ein ▸Trauma bedingt; auch durch starkes Gähnen oder eine extreme Mundöffnung Als Folge kann eine ▸Kiefersperre entstehen.

G
H
I
J
K
L

Stichwort	Erklärung	Vertiefung
Kiefergelenkscheibe articular disk	▸Discus articularis Knorpelscheibe, die den Gelenkspalt des ▸Kiefergelenks in die obere und untere Gelenkkammer unterteilt	liegt zwischen dem ▸Condylus und der ▸Kiefergelenkgrube des ▸Schläfenbeins; federt Gelenkbewegungen ab
Kiefergelenkschmiere jaw synovia	▸Synovia wird von der ▸Kiefergelenkkapsel abgesondert und bildet einen Gleitfilm auf den Gelenkflächen	Als natürliches Schmiermittel (Gleitflüssigkeit) setzt sie die bei der Gelenkbewegung auftretende Reibung herab.
Kieferhälfte jaw-half	Einteilung von ▸Oberkiefer und ▸Unterkiefer ab der ▸Mittellinie in jeweils zwei gleiche Hälften	▸Quadrant
Kieferhöhle maxillary sinus	▸Sinus maxillaris, Antrum highmori größte ▸Nasennebenhöhle; oberhalb des ▸Alveolarfortsatzes gelegen	kann bei der ▸Extraktion von ▸Molaren im ▸Oberkiefer eröffnet werden
Kieferhöhlenentzündung maxillary sinusitis	Sinusitis maxillaris auch allgemein ▸Entzündung der ▸Nasennebenhöhlen	Ursache: ▸Infektion durch ▸pathogene ▸Mikroorganismen, die aus dem Nasen-Rachenraum oder aufgrund einer ▸Kieferhöhlenperforation in die ▸Kieferhöhle eingedrungen sind
Kieferhöhlenperforation antrum perforation	auch ▸**Mund-Antrum-Verbindung** Zugang von der ▸Mundhöhle zur ▸Kieferhöhle meist durch ▸chirurgischen Eingriff/▸Extraktion entstandene Verbindung ▸Perforation	▸Diagnose: durch Tasten mit der ▸Knopfsonde/Silberknopfsonde oder durch ▸Nasenblasversuch ▸Therapie: Verschluss durch ▸plastische Deckung zur Vermeidung einer ▸Infektion der ▸Kieferhöhle (Sinusitis)
Kieferkamm jaw ridge	auch **Alveolarkamm** ▸Alveolarfortsatz (Kieferfortsatz) nach Entfernung der Zähne ▸Alveolarkammatrophie	
Kieferklemme lockjaw	eingeschränkte Mundöffnung unterschiedlich stark ausgeprägt bis zur totalen Sperre	Ursachen: • meist durch ▸Dentitio difficilis • als Folge einer ▸Weisheitszahnentfernung • Muskelverspannung, z. B. nach lang dauernder Zahnbehandlung
Kieferkompression jaw compression	▸Schmalkiefer zu schmal geformter ▸Zahnbogen	▸Kompression
Kiefermuskulatur jaw muscles	Überbegriff für die ▸Muskeln zur Bewegung des ▸Unterkiefers	Einteilung: • ▸Mundöffner-Muskeln • ▸Mundschließer-Muskeln • ▸Mundbodenmuskulatur
Kieferorthopädie orthodontia, orthodontics	Abkürzung: **Kfo** Fachgebiet der ▸Zahnheilkunde, welches sich mit der Entstehung, Verhütung und ▸Behandlung von ▸Zahnstellung und ▸Kieferanomalien beschäftigt	

Stichwort	Erklärung	Vertiefung
kieferorthopädisch orthodontic	die ▸ Kieferorthopädie betreffend	z. B. die kieferorthopädische Versorgung eines ▸ Patienten
Kieferrelations-bestimmung jaw relation report	auch ▸ **Bissnahme** Überbegriff für alle Behandlungsmaßnahmen, welche die Zuordnung von ▸ Unterkiefer zu ▸ Oberkiefer aufzeigen z. B. ▸ Bissnahme, ▸ Checkbiss, ▸ Stützstiftregistrierung	 *Stützstiftregistrierung*
Kieferspalte cleft jaw	Entwicklungsanomalie während der ▸ Schwangerschaft: Der ▸ Zwischenkiefer ist von einer oder von beiden Seiten nicht mit dem ▸ Oberkiefer/▸ Gaumenfortsatz zusammengewachsen.	Vorkommen: als ▸ Lippen-Kieferspalte oder ▸ Lippen-Kiefer-Gaumenspalte; einseitig und doppelseitig ▸ Gesichtsspalte
Kiefersperre lockjaw	▸ Zahnreihen oder ▸ Lippen können nicht mehr geschlossen werden.	nach ▸ Kiefergelenkluxation oder ▸ Fraktur/Bruch des ▸ Unterkiefers
Kieferwinkel mandibular angle	Angulus mandibulae Übergangsbereich vom waagrechten ▸ Unterkieferkörper/▸ Kieferbasis zum ▸ aufsteigenden Ast des ▸ Unterkiefers	Außenfläche: Ansatz: großer ▸ Kaumuskel (Musculus masseter) Innenfläche: Ansatz: innerer ▸ Flügelmuskel (Musculus pterygoideus medialis)
Kinderkrone primary crown	Fertigkrone/▸ konfektionierte ▸ Metallkrone für stark zerstörte ▸ Milchzähne zur Erhaltung der ▸ Platzhalterfunktion auch als ▸ Kunststoffkronen im ▸ Frontzahnbereich ▸ Milchzahnkrone, Stahlkrone	
Kinderprothese child(ren) prothesis	herausnehmbarer ▸ Zahnersatz im ▸ Milchgebiss; dient als ▸ Lückenhalter und zur Verbesserung von ▸ Ästhetik und Sprachbildung	zur Vermeidung von Schäden durch zu frühen Milchzahnverlust oder bei angeborener ▸ Hypodontie (Zahnunterzahl)
Kinderzahnheilkunde pediatric dentistry, paedodontology	▸ Pädodontie spezieller Tätigkeitsbereich in der ▸ konservierenden ▸ Zahnheilkunde, kindgerechte ▸ Behandlung mit Schwerpunkt der Erziehung zur ▸ Mundhygiene von Geburt bis Jugendalter ▸ Jugendzahnpflege	
Kinderzahnpasta child toothpaste	Unterschied zur Erwachsenenzahnpasta: • geringerer ▸ Fluoridanteil • ▸ Geschmack neutral bis süß ▸ Fluoride ▸ Zahnpasta	
Kinn chin	Mentum vorderer, unterer Teil des ▸ Unterkiefers	▸ mental

Stichwort	Erklärung	Vertiefung
Kinnloch mental foramen	▸Foramen mentale Knochenöffnung in Kinnnähe beidseitig auf der Außenseite des ▸Unterkiefers	Nervenaustrittspunkt aus dem ▸Unter-kieferkanal (Canalis mandibulae) für ▸Kinnnerv und ▸Blutgefäße
Kinnnerv mental nerve	▸Nervus mentalis; versorgt die ▸Lippe und die Haut im Bereich des ▸Kinns	tritt durch das ▸Kinnloch (Foramen mentale) aus dem ▸Unterkiefer aus
Kinn-Zungenbein-Muskel geniohyoid muscle	▸Musculus geniohyoideus gehört zu den ▸Mundöffner-Muskeln und zur ▸Mundbodenmuskulatur	Ansatz: am ▸Zungenbein Ursprung: Innenseite des ▸Unterkiefers im ▸Kinnbereich Funktion: Mundöffnung, Anhebung des ▸Zungenbeins
Klammer clasp, clip	▸Verbindungs- oder ▸Halteelement aus Metall zur ▸Fixierung von herausnehmbarem ▸Zahnersatz oder ▸Kfo-Geräten **gebogene Klammer:** einfache Klammer aus Draht; an ▸Interimsprothesen **gegossene Klammer:** ▸Gussklammer; z. B. an der ▸Metallbasis einer ▸Modellgussprothese/▸Teilprothese	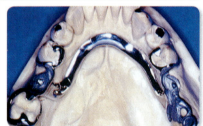 *gebogene Klammer*
Klammerauflage occlusal rest	In die ▸Okklusionsfläche eingeschliffene Vertiefung als Auflage für eine gegossene ▸Klammer zur Abstützung der ▸Modellgussprothese	
Klammerprothese clasp denture	▸Teilprothese; mit ▸Klammern am restlichen ▸Gebiss befestigt	

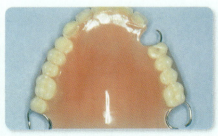
Klammerprothese mit gebogener Klammer

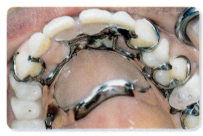
Klammerprothese mit gegossener Klammer

Stichwort	Erklärung	Vertiefung
Klammerzahn clasp tooth	▸Zahn, an dem eine ▸Klammer anliegt ▸Klammerprothese	

gebogene Klammer

Seitenregister: G H I J **K** L

Stichwort	Erklärung	Vertiefung
Klassifikation classification	auch **Klassifizierung** Einteilung, Einordnung	Zahnheilkunde: z. B. ▸Parodontalerkrankungen, ▸Angle-Klassen in der ▸Kieferorthopädie
Klebebrücke Maryland bridge	auch ▸**Adhäsivbrücke, Flügelbrücke,** ▸**Marylandbrücke** festsitzende ▸Brücke im ▸Frontzahngebiet zum Ersatz eines ▸Zahnes ▸Pfeilerzähne werden nicht ▸zirkulär als ▸Kronen beschliffen, sondern über die „Flügel" mit dem ▸Brückenglied in ▸Adhäsivtechnik verbunden.	
Kleinstlebewesen microorganisms	▸Mikroorganismen ▸mikroskopisch kleine Lebewesen	Sammelbegriff für alle Arten von ▸Krankheitserregern, z. B. ▸Bakterien, ▸Pilze, ▸Protozoen, ▸Viren
Klemme forceps	medizinisches ▸Instrument mit Klemm- vorrichtung (arretierbare ▸Branchen) zum Fassen/Festklammern: z. B. ▸Arterienklemme/Gefäßklemme, ▸Nadelhalter, ▸Tuchklemme Durch leichten Druck auf die Griffe der Klemme kann die ▸Arretierung wieder gelöst werden. ▸Arretierung	*Arterienklemme*
klinisch clinical	ärztliche/zahnärztliche ▸Behandlung in Klinik oder Praxis	▸Diagnosestellung und ▸Therapie am ▸Patienten
Klopfempfindlichkeit sensibility of percussion	Durch das Beklopfen eines ▸Zahnes mit einem Instrumentengriff können über die Empfindlichkeit ▸Krankheiten ▸diagnostiziert werden.	z. B. ▸Schmerz bei ▸akuter ▸Parodontitis apicalis ▸Perkussion
Knirschen grinding	auch **Zähneknirschen** meist unbewusstes Aufeinanderreiben der Zähne; häufig in Verbindung mit Pressen (starkes Aufeinanderbeißen der Zähne) kann zu Verspannungen von ▸Muskeln im ▸Gesicht, ▸Hals, Nacken sowie zu Spannungskopfschmerz führen	Die Angewohnheit umfasst bewusstes wie unbewusstes Verhalten, sowohl nachts wie auch tagsüber. ▸Bruxismus ▸Habits ▸Parafunktionen
Knirscherschiene biteguard	▸Miniplastschiene, die beim ▸Knirschen und Pressen den Abstand zwischen ▸Ober- und ▸Unterkiefer aufrechterhält schützt die Zähne vor übermäßiger ▸Abrasion und entlastet ▸Zähne und ▸Kiefergelenke ▸Aufbissschiene	
Knochen bone	▸Os	▸Apatit

G
H
I
J
K
L

Stichwort	Erklärung	Vertiefung
Knochenabbau bone loss, disintegration	Osteolyse mögliche Ursachen: altersbedingt, körperliche Inaktivität, ►Entzündung ►Atrophie, ►Alveolarkammatrophie, ►Osteoklasten	
knochenabbauende Zellen bone destroying cells	►Osteoklasten ►Os	Gegenteil: ►Osteoblasten
Knochenaufbau bone loss	Knochen bestehen aus folgenden ►Geweben: • ►Knochenhaut (►Periost) • ►Knochenrinde (Substantia ►cortikalis, Substantia ►kompakta) • schwammartiges Gewebe (►Spongiosa) • Knochenbälkchen (►Trabekel) • ►Knochenmark (Medulla ossium)	Der ►Knochen ist an den Gelenkflächen mit ►Knorpel überzogen. ►knochenabbauende Zellen ►knochenaufbauende Zellen
knochenaufbauende Zellen bone forming cells	►Osteoblasten ►Os	►Kallus Gegenteil: ►Osteoklasten
Knochenbälkchen bone trabeculae	►Trabekel	►Knochenaufbau ►Spongiosa
Knochenbruch fracture, break	►Fraktur	**Zahnheilkunde:** ►Kieferbruch
Knochenbolzung bone bolting	►chirurgische Maßnahme zur Stillung einer starken ►Blutung im Knochengewebe ►Blutstillung	Die Blutstillung erfolgt durch das mechanische Verdichten/Zertrümmern des Knochengewebes mit Hilfe eines stumpfen ►Instruments.
Knochendichte bone density	kann durch ►Panorama-Schichtaufnahmen (OPG) oder durch Knochendichtemessung festgestellt werden, z. B. mit ►Ultraschall	**Zahnheilkunde:** z. B. zur Beurteilung der Knochenstärke vor ►Implantation
Knochenentzündung bone inflammation	►Ostitis durch Verletzung (►Trauma) oder ►Mikroorganismen aus dem ►Blut	►Parodontitis apicalis ►Osteomyelitis
Knochen-ersatzmaterial bone augmentation materials	►Knochen, der zum Auffüllen von knöchernen ►Defekten verwendet wird Anwendung: ►Augmentation ►Sinuslift ►Gesteuerte Knochenregeneration	Herkunft: • ►autogen, autolog: entstammt dem eigenen Körper • ►homolog, allogen: stammt von anderen Menschen und ist wie Fremdblut entsprechend behandelt • ►xenogen, heterolog: stammt von Tier oder Pflanze • ►alloplastisch: ►synthetisches Material, das von eigenem Knochen durchwachsen wird
Knochenfräse bone burr	►rotierendes ►Instrument zur ►maschinellen Bearbeitung von ►Knochen ►Lindemann-Fräse	

G
H
I
J
K
L

Knochenhaut

Stichwort	Erklärung	Vertiefung
Knochenhaut periosteum	‣ Periost bindegewebige ‣ Haut, die den ‣ Knochen umgibt; gefäß- und nervenreich	‣ Muko-Periost-Lappen ‣ Knochenaufbau
Knochen-knabberzange bone nippers	‣ Luer-Zange	zum Entfernen von Knochensplittern oder scharfen Knochenkanten
Knochenmark bone marrow	füllt die Hohlräume im Inneren der ‣ Knochen ‣ Knochenaufbau	Das rote Knochenmark ist Ort der Bildung von ‣ Blutzellen.
Knochenmark-entzündung inflammation of the bone marrow	‣ Osteomyelitis einschließlich der Entzündung von Knochen und ‣ Knochenhaut	‣ Entzündung ‣ Knochenmark
Knochenmühle bone grinder	Gerät zur ‣ sterilen Zerkleinerung von ‣ autogenem ‣ Knochen	Knochen wird anschließend zur ‣ Augmentation verwendet.
Knochennaht bone suture	‣ Sutura, ‣ Raphe verwachsene Verbindungsstelle von ‣ Knochen, z. B. der Schädelknochen	‣ Gaumennaht
Knochenregeneration Guided Bone Regeneration	‣ Gesteuerte Knochenregeneration	Auffüllen eines ‣ Defektes im ‣ Knochen mit ‣ Knochenersatzmaterial
Knochenresektion ostectomy	Abtragen / Entfernen von störenden Anteilen des Kieferknochens z. B. am ‣ Alveolarfortsatz zur Formung des ‣ Prothesenlagers, als ‣ präprothetische Maßnahme oder Resektion von ‣ Wurzelspitzen ‣ Resektion	*Wurzelspitzenresektion*
Knochenrinde bone cortex	‣ Kompakta, ‣ Kortikalis Substantia compacta ‣ Knochenaufbau	feste äußere Schicht des ‣ Knochens; wird an der Außenseite von der ‣ Knochenhaut überzogen
Knochentasche intraosseous pocket	‣ parodontale Erkrankung; entsteht durch Abbau des ‣ Alveolarknochens bei fortgeschrittener ‣ Parodontitis kann ein- oder mehrwandig sein und führt zur Lockerung des ‣ Zahnes ‣ Parodontalbehandlung	*ausgeprägter Knochen-abbau (roter Bereich)*
Knochenzellen bone cells	‣ Osteozyten	‣ Osteoblasten ‣ Osteoklasten
Knopfnaht button suture	Bezeichnung für eine übliche ‣ chirurgische ‣ Naht in der ‣ Zahnheilkunde Beide Fadenenden werden nach dem Durchzug durch die Wundränder jeweils einzeln verknotet. ‣ Naht	

G
H
I
J
K
L

Stichwort	Erklärung	Vertiefung
Knopfsonde bulb-headed probe	auch **Silberknopfsonde, Silbersonde** lange, dünne, stumpfe ▸ Sonde; auch mit Verdickungen an beiden Enden (Knöpfe) zur Überprüfung der ▸ Kieferhöhle auf eine mögliche ▸ Perforation	▸ Mund-Antrum-Verbindung

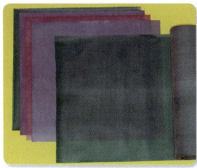

Knorpel cartilage	Knorpelgewebe festes, druckstabiles Stützgewebe; häufig zur Abfederung der Bewegung / Reibung zwischen zwei beweglichen ▸ Knochen in einem ▸ Gelenk	Vorkommen: z. B. ▸ Kiefergelenk, ▸ Kiefergelenkscheibe, Bandscheiben zwischen den Wirbelkörpern
Koagulation coagulation	Ausflocken, Gerinnung z. B. von ▸ Blut, ▸ Eiweiß ▸ Koagulum	▸ Blutgerinnung, ▸ Elektrotomie / Elektrokoagulation
koagulieren coagulate	gerinnen, verklumpen	▸ Koagulation ▸ Agglutination
Koagulum coagulum	Gerinnsel, ▸ Blutgerinnsel **Zahnheilkunde:** füllt z. B. die leere ▸ Alveole nach der ▸ Extraktion	
Kochsalz sodium chloride, salt	▸ Natriumchlorid, Speisesalz chemische Formel: ▸ $NaCl$ ▸ Kochsalzlösung	Kariesprophylaxe: Speisesalz in Kombination mit ▸ Fluoriden
Kochsalzlösung physiological saline solution	▸ isotonische Kochsalzlösung	wässrige ▸ NaCl-Lösung (0,9%ige); entspricht ▸ isotonisch dem ▸ Blutserum
Kofferdam rubber dam	auch **Cofferdam** hochelastisches Spanngummituch (▸ Latex oder latexfrei) zur absoluten ▸ Trockenlegung (vor ▸ Blut, ▸ Speichel, Atemfeuchtigkeit) von zu behandelnden ▸ Zahnkronen Anwendung: Das Kofferdamtuch wird mit Löchern für einen oder mehrere Zähne versehen und über diese Zähne gespannt: • zur Füllungslegung, vor allem bei ▸ Adhäsivrestaurationen wie ▸ Komposit • ▸ Inlay (Keramik) • ▸ Endodontie • bei ▸ Infektionsprophylaxe (▸ Hepatitis, ▸ HIV) • externes ▸ Bleaching	Sonderformen: ▸ Minidam, ▸ OptraDam / OptraGate *Farben für unterschiedliche Stärke / Dicke*

G
H
I
J
K
L

Stichwort	Erklärung	Vertiefung
Kofferdamklammer rubber dam clamp	Zubehör zur Befestigung von ›Kofferdam Die Backen der Kofferdamklammern liegen am ›Zahnhals an und befestigen den Kofferdam am zu behandelnden ›Zahn; aus Metall oder ›Kunststoff, in verschiedenen Breiten und Formen. alternative Befestigung mit ›Zahnseide oder ›Wedjets › Kofferdamklammerzange	
Kofferdam-klammerzange rubber dam forceps	auch **Klammerspannzange** Zubehör zum Anlegen von ›Kofferdam	›Instrument zur Befestigung der Klammerbacken einer ›Kofferdamklammer am ›Zahn unterhalb des ›Zahnäquators
Kofferdamlasche	›steriler Streifen aus Kofferdammaterial, der z. B. bei einer ›Inzision in die ›Wunde eingelegt wird	wirkt als ›Drainage, z. B. nach Eröffnung eines ›Abszesses und verhindert ein zu schnelles, oberflächliches Zuheilen
Kofferdam-Lochzange rubber dam punch	zum ›Perforieren von ›Kofferdam am drehbaren Zangenrad sind je nach ›Zahn verschiedene Lochgrößen einstellbar	
Kofferdam-Schablone	Hilfsmittel zur Festlegung der Perforationsstellen auf dem ›Kofferdam	Übertragung mit Hilfe eines wasserfesten Faserstifts auf den Kofferdam
Kofferdam-Serviette	Vliesstoff liegt zwischen ›Kofferdam und ›Haut/›Lippen Verwendung: reduziert Hautkontakt (›Reiz durch Latex) saugt Speichel auf	
Kofferdam-Spannrahmen rubber dam frame	dient dem Aufspannen der Ränder des ›Kofferdams außerhalb der ›Mundhöhle Der hochelastische Kofferdam wird dazu in Dorne auf dem Rahmen eingehakt.	
Kohlendioxid carbon dioxide	chemische Formel: CO_2 farbloses Gas, das vom Körper über das Ausatmen im Austausch mit ›Sauerstoff abgegeben wird	›Gasaustausch/innere und äußere Atmung **Zahnheilkunde:** ›Kohlensäureschnee
Kohlenhydrate carbohydrates	›Saccharide, ›Zucker Energielieferanten, gehören zu den Nährstoffen wie Fette und ›Eiweiß	**Zahnheilkunde:** ›Kariesbakterien verstoffwechseln Kohlenhydrate, wodurch ›kariogene ›Säuren entstehen.

G
H
I
J
K
L

Stichwort	Erklärung	Vertiefung
Kohlensäureschnee carbon dioxide snow	auch **CO₂-Schnee** festes ▸ Kohlenstoffdioxid zur Überprüfung der ▸ Sensibilität eines ▸ Zahnes durch ▸ thermische ▸ Reize (Kälte) ▸ Kältetest, ▸ Vitalitätsprüfung, ▸ Sensibilitätsprüfung	
Kokken coccus	kugelförmige ▸ Bakterien	▸ Staphylokokken, ▸ Streptokokken
kollabieren collapse	zusammenbrechen, zusammensinken	▸ Kollaps
Kollagen collagen	eiweißhaltige Grundsubstanz von ▸ Bindegewebe	z. B. von ▸ Haut, Sehnen, ▸ Knochen
Kollagenfasern collagen fibres	bilden die faserartige Gewebestrukur, z. B. von ▸ Wurzelhaut (▸ Sharpey-Fasern), ▸ Knorpel, ▸ Knochen	Funktion: • hohe Zug-/Reißfestigkeit von Sehnen, Bändern, z. B. bei der federnden Aufhängung eines ▸ Zahnes im Kieferknochen durch die ▸ Wurzelhaut • Druckbeständigkeit des Gelenkknorpels
Kollaps collapse	Zusammenbruch, Zusammensinken evtl. mit Bewusstseinstrübung oder kurzem Verlust des ▸ Bewusstseins ▸ Symptome: Blässe, kalter Schweiß, Schwarzwerden vor Augen	Schwächeanfall, z. B. durch plötzliches Absinken des ▸ Blutdrucks, starke ▸ Schmerzen, ▸ Angst/▸ Behandlungsangst Erste Hilfe: Schocklage
Kollateralkreislauf collateral circulation	Verbindung von ▸ Blutgefäßen, die bei Ausfall eines Gefäßes dessen Versorgungsbereich mit übernehmen	erfolgt durch Ausbildung neuer Blutgefäße oder durch Erweiterung bereits bestehender Nebengefäße
Kollektiv group	eine Gruppe, Gemeinschaft gleichartiger betroffener Personen ▸ Gruppenprophylaxe	Die Beteiligten werden nach speziellen Gesichtspunkten zusammengefasst, z. B. nach ähnlichem Gebisszustand ▸ Kollektivprophylaxe
Kollektivprophylaxe group prevention	auch **Massenprophylaxe** Vorsorgemaßnahmen, welche große Teile/die gesamte Bevölkerung eines Landes erreichen sollen	Zahnheilkunde: z. B. ▸ Kariesprophylaxe durch die ▸ Fluoridierung von ▸ Zahnpasta oder Speisesalz
Kollum collum	auch ▸ **Collum** ▸ Hals	▸ Collum dentis, ▸ Collum mandibulae, ▸ Cervix dentis
Kollumfraktur condylar fracture	auch ▸ **Collumfraktur**	▸ Bruch des ▸ Gelenkkopfes am ▸ Kiefergelenk des ▸ Unterkiefers
Koma coma	auch **Coma** tiefste ▸ Bewusstlosigkeit Person kann nicht erweckt werden.	keine Reaktion auf starke äußere ▸ Reize/Schmerzreize kann zum Tod führen

G H I J K L

Stichwort	Erklärung	Vertiefung

kombinierter Zahnersatz

two-part denture

auch **Kombinations-Zahnersatz**

▸festsitzend-herausnehmbare ▸Prothese, ▸abnehmbare ▸Brücke

▸Zahnersatz besteht aus zwei Teilen:

• auf den Zähnen zementierter Teil; nicht vom ▸Patienten entfernbar

• abnehmbarer Teil; kann vom ▸Patienten herausgenommen werden

Befestigung des abnehmbaren Anteils über ▸Verbindungselemente: ▸Klammern, ▸Geschiebe, ▸Riegel, ▸Stege, ▸Teleskope

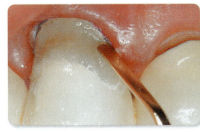

Teleskopprothese mit Primär- und Sekundärkronen

Kompakta

bone compacta

Kurzform für **Substantia compacta**

▸Knochenrinde

▸Kortikalis

▸Knochenaufbau

---

kompatibel

compatible

austauschbar, zusammenpassend, übereinstimmend

▸Kompatibilität

Gegenteil: ▸inkompatibel

Kompatibilität

compatibility

Verträglichkeit, Austauschbarkeit, z. B. von verschiedenen ▸Systemen

▸kompatibel

Zahnheilkunde:
z. B. ▸Biokompatibilität (Gewebeverträglichkeit) von ▸zahnärztlichen Werkstoffen

---

Komplikation

complication

Schwierigkeit, Erschwernis

unerwartet schwerer Verlauf einer ▸Krankheit

Zahnheilkunde:
z. B. ▸Fraktur des ▸Zahnes, Eröffnung der ▸Kieferhöhle, ▸Aspiration von Zähnen/Zahnteilen, trockene ▸Alveole, ▸Nachblutung

---

Kompomere

compomere

auch **Compomere**

zahnfarbenes ▸Füllungsmaterial, Untergruppe der ▸Komposite

meist für Milchzahnfüllungen, Verarbeitung mit einem ▸lichthärtenden Spezial-Kunststoffkleber/▸Adhäsiv

---

Komponente

component

einzelne Bestandteile eines Ganzen

Prothetik:
Abformmaterial, ▸Kartusche

Füllungstherapie:
Z. B. bestehen ▸Komposite aus zwei Komponenten, dem ▸organischen Kunststoffanteil und den ▸anorganischen Füllkörpern.

Komposit

composite

auch **Composite**

zahnfarbene ▸Füllungsmaterialien aus ▸Kunststoff, die durch ▸Keramik- und Glasanteile (Füllstoffe) verstärkt sind

Füllstoffe: ▸Makrofüller, ▸Mikrofüller, Nanofüller

Aushärtung: meist durch ▸Lichtpolymerisation, auch ▸Autopolymerisation möglich

Verwendung: ▸Frontzahngebiet; auch ▸Seitenzahnbereich möglich

---

Kompositkleber

composite resin or cement

Kleber auf Kompositbasis

zur Befestigung von ▸Keramik- und Komposit-Inlays

auch für Metallrestaurationen nach Vorbehandlung/▸Silanisierung

▸Adhäsiv-Technik

Kompresse

compress

feuchter Umschlag

auch Verbandmaterial als Wundauflage, z. B. ▸Gaze

Zahnheilkunde:
Kalt-Kompresse; vermindert die Bildung einer Schwellung nach ▸operativem Eingriff

G
H
I
J
K
L

Stichwort	Erklärung	Vertiefung
Kompression compression	Verdichtung, Zusammenpressung	▸ Kompressionsverband ▸ komprimieren
Kompressionsverband pressure bandage	▸ Druckverband ▸ Kompression	z. B. zum Stillen einer Blutung durch Druckerzeugung
Kompressor compressor	Verdichter Gerät zur Drucklufterzeugung	in Praxis und Zahntechniklabor
komprimieren compress	zusammenpressen, zusammendrücken	▸ Kompression
Kondensation condensation	Verdichten eines Stoffes durch Zusammen-pressen	**Zahnheilkunde:** ▸ Kondensation, lateral ▸ Kondensation, vertikal
Kondensation, lateral lateral condensation, packing	seitliches ▸ Verdichten: • zunächst den genormten Hauptstift (▸ Guttapercha) in den ▸ Wurzelkanal ein-bringen • anschließend diesen Stift mit einem spitzen ▸ Instrument (z. B. ▸ Spreader) seitlich (▸ lateral) an eine Kanalwand andrücken, um für weitere, dünnere ▸ Guttapercha-stifte Platz zu schaffen	Anwendung: hauptsächlich in engen ▸ Wurzelkanälen
Kondensation, vertikal vertical condensation	senkrechtes ▸ Verdichten: • zunächst ▸ Guttapercha maschinell erwärmen und dadurch erweichen und in den Wurzelkanal einspritzen • anschließend mit heißem Stopfinstrument (▸ Plugger) durch senkrechten (▸ vertikalen) Druck in Richtung ▸ Apex verdichten ▸ Obturation	**Amalgamkondensation:** Beim Stopfen von ▸ Amalgam in die präparierte ▸ Kavität wird überschüssiges ▸ Quecksilber aus dem ▸ Füllungsmaterial herausgepresst und abgesaugt.

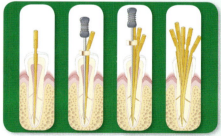

Kondensation, lateral

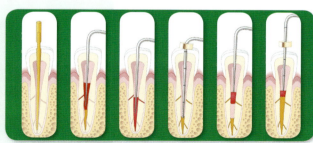

Kondensation, vertikal

Stichwort	Erklärung	Vertiefung
kondensieren condense	verdichten, zusammenpressen	▸ Kondensation
Konditionierer conditioner	auch **Conditioner** Mittel zur ▸ Konditionierung **Zahnheilkunde:** Lösung zur Entfernung der ▸ Schmierschicht vom ▸ Dentin einer ▸ Kavität im Rahmen der ▸ Adhäsivtechnik ▸ Dentinhaftung	

Seitenmarkierung: G H I J **K** L

Konditionierung

Stichwort	Erklärung	Vertiefung
Konditionierung conditioning	Materialien vor ihrer Verarbeitung an die erforderliche Verwendung anpassen ▸ Konditionierer	**Zahnheilkunde:** Aufrauen/Anätzen von ▸ Dentin durch Anwendung der ▸ Adhäsiv-Technik
Kondylus condyle	auch **Condylus** ▸ Kiefergelenkkopf	▸ Caput mandibulae
konfektioniert premade, prefabricated	vorgefertigt, genormt, fabrikmäßig hergestellt Gegenteil: ▸ individuell	**Zahnheilkunde:** konfektionierte ▸ Krone/▸ Kinderkrone, konfektionierter ▸ Abformlöffel/▸ Konfektionslöffel
Konfektionslöffel custom tray	▸ Abformlöffel industriell vorgefertigter, genormter Löffel aus ▸ Kunststoff oder Metall; für ▸ Ober- und ▸ Unterkiefer in unterschiedlichen Größen und Formen für vollbezahnten, teilbezahnten, unbezahnten ▸ Kiefer Gegenteil: ▸ individueller Abformlöffel	
konisch conic	kegelförmig	▸ Kerr-Feile ▸ Konuskrone
konkav concave	nach innen gewölbt, hohl Gegenteil: ▸ konvex	**Zahnheilkunde:** ▸ Mundspiegel (Hohlspiegel) mit vergrößernder Abbildung
Konkrement calculus, concrement	auf der Wurzeloberfläche/▸ subgingival fest haftender, verkalkter ▸ Belag ▸ Zahnstein	durch Speichelbestandteile sehr hart und durch Blutablagerungen (▸ chronische ▸ Parodontitis) schwarz-braun gefärbt
konservieren preserve	erhalten, haltbar machen	▸ konservierende Zahnheilkunde
konservierende Zahnheilkunde conservative/restaurative dentistry	Zahnerhaltungskunde Fachgebiet innerhalb der ▸ Zahnheilkunde Durchführung zahnärztlicher ▸ Behandlungen, die dazu beitragen, den eigenen ▸ Zahn im ▸ Mund zu erhalten: ▸ Füllungen, ▸ Wurzelkanalbehandlungen, ▸ Zahnsteinentfernung	 *präparierte Zähne zur Aufnahme von Füllungen*
Konsilium consultation	▸ Beratung mehrerer Ärzte/Zahnärzte über die Erkrankung eines ▸ Patienten	z. B. über ▸ Diagnose, ▸ Therapie
Konsistenz consistency	Beschaffenheit eines Stoffes: fest, flüssig, zäh, gasförmig **Zahnheilkunde:** Bei ▸ Abformmaterialien werden unterschiedliche Konsistenzen benötigt, z. B. ▸ heavy body, ▸ light body, ▸ regular body.	
konstant constant	gleichbleibend, unveränderlich	Gegenteil: ▸ variabel

Stichwort	Erklärung	Vertiefung
Konstanzprüfung constancy check	Röntgenkunde: Maßnahme zur ►Qualitätssicherung nach der ►Röntgenverordnung (RöV) Überprüfung in vorgegebenen zeitlichen Abständen: • ►Röntgengerät • Filmverarbeitung • Dunkelkammerbeleuchtung	►analoges Röntgen: Mit einem ►Prüfkörper wird eine ►Röntgenaufnahme angefertigt und mit der Erstaufnahme bei der ►Abnahmeprüfung verglichen. ►digitales Röntgen: Mit einem ►Prüfkörper wird mit ►Sensor/ ►Speicherfolie ein Testbild angefertigt, welches auf dem Befundmonitor mit der Erstaufnahme bei der ►Abnahmeprüfung verglichen wird.
Konstitution constitution	Gesamterscheinungsbild eines Menschen	körperliche Verfassung, körperlicher Zustand; auch ►psychische/seelische Konstitution
Konstruktionsbiss construction bite	►Wachsbissnahme zeigt, wie beide ►Kiefer zueinander stehen sollen Verwendung: ►Kieferorthopädie, ►Prothetik, im Bereich der Schnarchtherapie	
Konsultation consultation	►Beratung eines Arztes/►Zahnarztes	►konsultieren
konsultieren consult	einen Arzt/►Zahnarzt aufsuchen zur ►Beratung oder ►Untersuchung	►Konsultation
Kontakt contact	Berührung, Verbindung	z. B. Körperkontakt
Kontaktallergie contact allergy	Überempfindlichkeitsreaktion erfolgt nach Berührung mit dem auslösenden ►Allergen ►Allergie	Zahnheilkunde: z. B. ►Latex/Latexhandschuhe, Werkstoffe, z. B. Legierungsbestandteile bei ►Zahnersatz
Kontaktinfektion contact infection	Ansteckung durch Berührung ►Schmierinfektion	►Infektionsweg
Kontaktpunkt contact point	Berührungspunkt/Kontaktfläche von zwei nebeneinander stehenden Zähnen im ►Approximalraum/►Interdentalraum ►Approximalkontakt	
Kontamination contamination	Verunreinigung, Verseuchung mit ►Krankheitserregern	auch mit radioaktiven Stoffen, Schadstoffen wie z. B. ►biologischen Giften, Chemikalien
kontaminieren contaminate	verunreinigen, verseuchen ►Kontamination	z. B. ►Instrumente nach der zahnärztlichen ►Behandlung, ►Schutzkleidung
kontinuierlich continuous	fortdauernd, ununterbrochen	z. B. ►Prophylaxe, ►Schmerz

G
H
I
J
K
L

Stichwort	Erklärung	Vertiefung
kontrahieren contract	zusammenziehen ▸ Kontraktion	Gegenteil: ▸ expandieren
Kontraindikation contraindication	Gegenanzeige medizinisch begründetes Verbot für eine bestimmte ▸ Behandlung	▸ kontraindiziert Gegenteil: ▸ Indikation
kontraindiziert contraindicated	nicht angezeigt, nicht zulässig ▸ Kontraindikation	Gegenteil: ▸ indiziert
Kontraktion contraction	Zusammenziehung Verkleinerung des Volumens, z. B. von ▸ Muskeln, Herzmuskel (▸ Systole) ▸ kontrahieren	Zahnheilkunde: ▸ Abbindekontraktion bei ▸ Füllungsmaterialien Gegenteil: ▸ Expansion
Kontrast contrast	Gegensatz, auffallender Unterschied	Zahnheilkunde: Hell-Dunkel-Kontrast bei ▸ Röntgenaufnahmen
Kontrastmittel contrast agent	auch **Röntgenkontrastmittel** Zahnheilkunde: Substanzen, die z. B. ▸ Wurzelfüllmaterialien beigemischt werden, um sie auf ▸ Röntgenaufnahmen besser sichtbar zu machen.	Medizin: dem ▸ Patienten vor einer Untersuchung verabreichtes Präparat, welches das zu untersuchende ▸ Gewebe besser sichtbar macht
Kontrollaufnahme check x-ray	Im Rahmen einer ▸ Wurzelkanalbehandlung wird nach Einbringen der ▸ Wurzelkanalfüllung zu deren Überprüfung auf Vollständigkeit eine ▸ Röntgenaufnahme hergestellt. ▸ Endodontie	
Kontrollbereich controlled area	▸ Röntgenverordnung (RöV): Bereich, in dem Personen im Kalenderjahr eine ▸ effektive ▸ Dosis von mehr als 6 ▸ Millisievert (mSv) erhalten können Dies entspricht einem Bereich von 1,50 m um die ▸ Röntgenröhre herum. ▸ Überwachungsbereich	Kennzeichnung: „Kein Zutritt – Röntgen" Eine zahnärztliche Mitarbeiterin muss sich bei ihrer beruflichen Tätigkeit nicht im Kontrollbereich aufhalten; dadurch besteht keine Verpflichtung zum Tragen eines ▸ Dosimeters.
Kontur contour	Umrisslinie, durch die etwas begrenzt wird Umriss	Form/Verlauf z. B. einer ▸ Füllung
Konuskrone conial telescope crown	auch **Teleskopkrone** ▸ Doppelkrone mit ▸ konischer Gestaltung der ▸ Primärkrone zur ▸ Retention und ▸ Abstützung einer ▸ abnehmbaren ▸ Brücke oder ▸ Prothese	
konventionell conventional	herkömmlich, bisher üblich	z. B. ▸ Röntgentechnik, konventionell oder ▸ analog/ ▸ digital

G
H
I
J
K
L

Stichwort	Erklärung	Vertiefung
konvex convex	erhaben, nach außen gewölbt Gegenteil: ›konkav	**Zahnheilkunde:** ›Küretten: Die konvexe Kante entspricht der geschärften Kante.
Konzentration concentration	Menge an gelöstem Stoff in einer Lösung	**Zahnheilkunde:** z. B. ›Einwirkzeit, ›pH-Wert
Kopfbiss edge-to-egde-bite, end-to-end-bite	›Fehlstellung der Zähne Zusammenbiss, bei dem die ›Schneidekanten bzw. ›Zahnhöcker der Ober- und Unterkieferzähne aufeinander beißen ›Therapie erfolgt im Rahmen einer ›Kfo-Behandlung.	
Kopf-Kinn-Kappe head-chin-cap	›Kfo-Apparatur ›extraoral	›Behandlung zur Rückverlagerung des ›Unterkiefers ›Progenie
Kornzange dressing forceps	Fasszange zum Zureichen	z. B. von ›sterilen ›Instrumenten, Materialien/›Tupfer
koronal coronal	auch **coronal** zur ›Zahnkrone hin gelegen, im Bereich der Zahnkrone	Lage-/Richtungsbezeichnung am Zahn
Koronararterien coronary arteries	›Herzkranzgefäße	versorgen den Herzmuskel mit ›Blut/›Sauerstoff
koronare Herzkrankheit coronary heart disease	Abkürzung: **KHK** Schädigung/Verengung der ›Herzkranzgefäße	**Zahnheilkunde:** Gefahr eines ›Angina-pectoris-Anfalls während der ›Behandlung
Körperabwehr body's response	Bildung von ›Antikörpern zur Abwehr von ›Krankheitserregern	›unspezifisch: durch ›Phagozyten ›spezifisch: z. B. ›Hepatitis-Schutzimpfung
Körperkreislauf greater circulation	auch **großer Kreislauf**	›Blutkreislauf
Korrekturabformung corrective impression	›Abformtechnik: zweizeitig-zweiphasig Die Erstabformung erfolgt mit dickflüssigem Material, die Zweitabformung mit dünnflüssigem Material. ›Zweiphasenabformung ›Abformung	 grün: dickflüssiges Material, rot: dünnflüssiges Material
korrodieren corrode	zerfressen, zerstören durch ›Korrosion	umgangssprachlich: rosten, verrosten
Korrosion corrosion	Zersetzung, Zerstörung eines metallischen Werkstoffes durch Einwirkungen anderer Stoffe aus seiner Umgebung	z. B. Bildung von Rost
Kortikalis corticalis	auch **Corticalis** Kurzform für **Substantia corticalis**	›Knochenaufbau

G H I J K L

Stichwort	Erklärung	Vertiefung
Kortison cortisone	auch ›**Cortison**	körpereigenes ›Hormon der Nebennierenrinde
Korund corundum	Mineral (Aluminiumoxid) härtester Werkstoff nach ›Diamant, meist ›synthetisch hergestellt	**Zahnheilkunde:** Verwendung als ›Schleif- und ›Poliermittel
Krallenhebel exolever	auch **Barry-Hebel** ›chirurgisches ›Instrument zum Entfernen abgebrochener ›Zahnwurzeln/›Wurzelreste; vor allem im ›Unterkiefer Die leicht gekrümmte Spitze ist rechtwinkelig zum Griff abgebogen. ›Hebel	
Kramponzange wire blending pliers	Zange zum Biegen von Drähten oder ›Klammern	Verwendung im zahnärztlichen und zahntechnischen Bereich
kranio… cranio	Wortbestandteil mit der Bedeutung: ›Schädel, Kopf	›kraniofazial
kraniofazial craniofacial	auch **kraniofacial** betrifft den ›Hirn- und ›Gesichtsschädel	›facial ›kraniofaziale Dysplasie
kraniofaziale Dysplasie craniofacial	›Gesichtsspalte angeborene Fehlentwicklung im ›Gesicht ›Dysplasie	›Anomalien im ›Gesicht, z. B. ›Lippen-, ›Kiefer- und ›Gaumenspalten
krank sick, ill	auch **krankhaft** ›pathologisch	›Krankheit
Krankengeschichte medical report, case history	auch **Krankheitsvorgeschichte** im Arztgespräch ermittelte Vorgeschichte einer aktuellen ›Krankheit	›Anamnese
Krankheit disease, illness	Beeinträchtigung körperlicher, geistiger, seelischer und sozialer Fähigkeiten	Definition der gesetzlichen Krankenversicherung/GKV: „Objektiv fassbarer, regelwidriger, anomaler körperlicher oder geistiger Zustand, der die Notwendigkeit einer Heilbehandlung erfordert und zur Arbeitsunfähigkeit führen kann."
Krankheitserreger pathogenic agent	›pathogene ›Mikroorganismen	z. B. ›Bakterien, ›Pilze, ›Protozoen, ›Viren
Krankheitsursache cause of disease, etiology	›Krankheit auslösende Faktoren ›Ätiologie	**innere Ursachen:** z. B. ›Disposition, Erbfaktoren **äußere Ursachen:** z. B. ›Mikroorganismen, Verletzungen

G
H
I
J
K
L

Stichwort	Erklärung	Vertiefung

Krankheitszeichen
symptom

➤ Symptom

Anzeichen, das auf eine ➤ Krankheit oder Verletzung hinweist

➤ **spezifische Krankheitszeichen:**
z. B. Erdbeerzunge bei Scharlach

➤ **unspezifische Krankheitszeichen:**
z. B. ➤ Fieber, Husten, ➤ Schmerz

subjektive Krankheitszeichen:
z. B. ➤ Schmerzen, Appetitlosigkeit, Müdigkeit, depressive Stimmung

objektive Krankheitszeichen:
z. B. veränderte Atemgeräusche, Färbung der ➤ Haut, verändertes Blutbild, ➤ Fieber

---

krankmachend
pathogenic

krankheitsauslösend

➤ pathogen

z. B. ➤ pathogene ➤ Mikroorganismen

Krebs
cancer

Krankheit mit bösartiger Gewebeneubildung

➤ Tumor,
➤ Metastasen,
➤ Carcinom,
➤ Sarkom

Zahnheilkunde:
vor allem ➤ Mundbodenkrebs

Platten-Epithelkarzinom im Mundboden

Kreidefleck
white spot

weiße Verfärbung an der Zahnoberfläche durch ➤ Demineralisation

➤ white spot
➤ Initialkaries
➤ Schmelzkaries

Kreislauf
circulation

➤ Blutkreislauf

Unterteilung in ➤ Körperkreislauf und ➤ Lungenkreislauf

Kreuzbiss
cross bite, xbite

umgekehrte Verzahnung, seitlich oder ➤ frontal

➤ Bissanomalien

---

kritisch
critical

genaue Prüfung und strenge Beurteilung

➤ **RKI-Richtlinien:**
➤ Instrumente, die bei der ➤ Behandlung in Kontakt mit ➤ Blut, ➤ Geweben und inneren ➤ Organen kommen

➤ semikritisch,
➤ unkritisch

➤ Instrumentenaufbereitung:

kritisch A:
ohne besondere Anforderungen an die Aufbereitung

kritisch B:
mit erhöhten Anforderungen an die Aufbereitung

Krone
dental crown, dental corona

➤ Corona dentis, Zahnkrone

anatomische Krone:
der vom ➤ Schmelz bedeckte Teil der sichtbaren, natürlichen ➤ Zahnkrone

künstliche Krone:
➤ Zahnersatz, der den natürlichen Schmelzmantel des ➤ Zahnes ersetzt durch andere Materialien wie ➤ Gold, Platingold, ➤ Keramik, ➤ Kunststoff

➤ Kronenarten

Zahn 35 anatomische Krone

Zahn 36 und 37 beschliffene Zahnkronen zur Aufnahme von künstlichen Kronen

G
H
I
J
K
L

Stichwort	Erklärung	Vertiefung

Kronenarten
types of crowns

➤ **Metallkrone:**
➤ Verblendkrone (Kunststoff)
➤ VMK-Krone (Keramik)
➤ Vollgusskrone
➤ Teilkrone
➤ Kinderkrone (Metall)

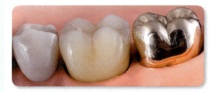

➤ **Vollkeramikkrone:**
➤ Mantelkrone oder
➤ Jacketkrone

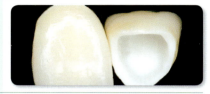

➤ **Teleskopkrone:**
➤ Konuskrone / ➤ Doppelkrone
Bestandteile:
➤ Primärkrone,
➤ Sekundärkrone

Implantatkrone:
➤ Krone auf ➤ Implantat oder
➤ Suprakonstruktion

Kunststoffkrone:
heute nur noch als ➤ provisorische ➤ Krone
(➤ Provisorium)
➤ Kinderkrone (Kunststoff)

Kronenentferner
crown remover

auch **Kronenabnehmer**
➤ Instrument zum ➤ mechanischen Entfernen
von künstlichen ➤ Kronen

z. B. ➤ Hirtenstab

Kronenflucht
tooth inclination

Die ➤ Kaufläche der ➤ Seitenzähne im
➤ Unterkiefer ist zur ➤ Zunge hin geneigt.
Erkennungsmerkmal, ob ein ➤ Zahn zum
➤ Ober- oder ➤ Unterkiefer gehört
➤ Zahnmerkmal

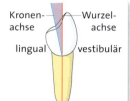

Kronenfraktur
crown facture

Bruch der ➤ Zahnkrone
als Schmelzfraktur, Schmelz-Dentin-Fraktur;
auch mit Eröffnung der ➤ Pulpa
meist im ➤ Frontzahnbereich als Folge eines
➤ Traumas
➤ Fraktur, ➤ Schmelz

G
H
I
J
K
L

Stichwort	Erklärung	Vertiefung

Kronenpulpa
coronal pulp

Pulpa coronaris

Teil der ▸Pulpa, der sich in der anatomischen ▸Zahnkrone befindet

Gegenteil: ▸Wurzelpulpa

Kronenrand
crown egde or margin

Übergang von der ▸Zahnkrone zum ▸Zahnhals

Da dieser Bereich eine natürliche Schmutznische (▸Prädilektionsstelle) darstellt, muss auch der ▸Randschluss einer künstlichen ▸Krone dicht abschließen.

Kronenschere
dental crown scissors

kleine Schere mit stabilen, gekrümmten Scherenblättern

zum Beschneiden von ▸Provisorien, ▸Kunststoffschienen, Metallhülsen

Kronenstumpf
tooth stump

präparierter ▸Zahn zur Aufnahme einer künstlichen ▸Krone

Krümmungsmerkmal
curvature characteristic

auch **Flächenmerkmal**

Erkennungsmerkmal, ob ein ▸Zahn in die rechte oder linke ▸Kieferhälfte gehört

Bei der Sicht auf die ▸Kaufläche oder ▸Schneidekante ist die ▸mesiale Fläche kürzer und stärker gekrümmt als die ▸distale.

Ausnahme: ▸Oberkiefer/▸Zahn 4

▸Zahnmerkmal

Kryotherapie
cryotherapie

Kältebehandlung, Kälteschockbehandlung

Verwendung von Kälte zu ▸therapeutischen Zwecken, vor allem bei Schwellungen nach ▸chirurgischem Eingriff oder ▸Entzündungen, z. B. Eisbeutel

Zahnheilkunde:

• ▸Parodontologie: ▸Gingivitis, ▸Parodontitis

• ▸Periimplantitis: Bei minus 40 Grad wird das ▸Zahnfleisch mit verdampfendem Stickstoff einige Sekunden lang behandelt; Cryodent®, Lichtblick GmbH.

Kugelknopfanker
ball clasp

auch **Kugelanker**

▸konfektioniertes ▸Verbindungselement, z. B. zwischen herausnehmbarem ▸Zahnersatz und ▸Implantat

Das Kugelknopf-Abutment befindet sich im ▸Implantat, die ▸Matrize ist in der ▸Prothese eingearbeitet.

▸Abutment

Kugelstopfer
ball-shaped plugger

Füllungsinstrument

meist zweiendig, mit unterschiedlich großen, kugelförmigen Verdickungen an den Arbeitsenden

Kuhhornsonde
cowhorn explorer

auch **Korkenziehersonde**

gedrehte Sondenspitze zur ▸Befunderhebung im ▸Approximalraum (▸Karies); auch mit ▸Markierungen

Kunstfehler
malpractice

auch ▸**Behandlungsfehler**

▸lege artis

Stichwort	Erklärung	Vertiefung
Kunststoff synthetic materials, polymer	‣ organischer Werkstoff, der aus langen, ‣ polymerisierten ‣ Molekülen besteht Die Verarbeitung der Dentalkunststoffe erfolgt meist durch ‣ Autopolymerisation, Heißpolymerisation oder ‣ Lichtpolymerisation.	Verwendung: z. B. als ‣ Füllungskunststoffe, zur Herstellung von ‣ Verblendungen, ‣ Kronen, ‣ Brücken, ‣ Prothesen und ‣ Kfo-Apparaturen
Kunststofffüllung acrylic filling	‣ Komposit	‣ Füllungsmaterialien
Kunststoffkeil plastic block	‣ Interdentalkeil ‣ Lichtkeil	Hilfsmittel beim Legen einer ‣ approximalen ‣ Füllung
Kunststoff- matrizenband plastic matrix band	‣ Matrizenband aus lichtdurchlässigem ‣ Kunststoff ‣ Matrize	ermöglicht eine ‣ Lichtpolymerisation im ‣ Approximalraum
Kunststoffprothese acrylic resin denture, plastic prosthesis	‣ Prothesenbasis und Zähne aus ‣ Kunststoff meist ‣ Vollprothese/Totalprothese oder einfache/‣ temporäre ‣ Teilprothese als ‣ Interimsprothese Gegenteil: Einstückgussprothese/‣ Prothesenbasis aus Metall oder ‣ Teilprothese mit ‣ Metallbasis	
Kürettage curettage	Ausschabung, Auskratzung	Zahnheilkunde: Maßnahme zur ‣ Parodontaltherapie, ‣ subgingivale Entfernung von ‣ Konkrementen in der ‣ Zahnfleischtasche
	geschlossene Kürettage: Behandlung ohne ‣ Aufklappung, ‣ manuell mit ‣ Küretten oder ‣ maschinell ‣ Deep Scaling	
	offene Kürettage: auch **Lappenoperation** Nach Bildung eines ‣ Schleimhaut-‣ Knochenhaut-Lappens wird unter Sicht die Wurzel- und Knochenoberfläche mit ‣ Küretten gereinigt und geglättet; anschließend wird der Lappen wieder vernäht. ‣ Muko-Periost-Lappen	
Kürette curette	‣ Handinstrument zur Durchführung einer ‣ Kürettage Küretten besitzen eine ‣ konkave und eine ‣ konvexe Kante. Die konvexe Kante entspricht der Schneidekante. ‣ Gracey-Küretten	
Kutis cutis	auch **Cutis** ‣ Haut	‣ Derma

G
H
I
J
K
L

Stichwort	Erklärung	Vertiefung
lab	Abkürzung für **lab**ial	Lage-/Richtungsbezeichnung am Zahn
labial labial	Abkürzung: **lab** zur ›Lippe hin gelegen, lippenwärts, zur Lippe gehörend ›Labium	Lage-/Richtungsbezeichnung am Zahn, z. B. Zahnflächen, Füllungslagen im ›Frontzahngebiet gleichzusetzen mit ›vestibulär
Labialbogen labial arch	**Kieferorthopädie:** Außenbogen gebräuchlicher ›Bogen eines ›heraus- nehmbaren ›Kfo-Gerätes, der an den Labialflächen der Zähne anliegt, z. B. zur aktiven Bewegung der ›Frontzähne in Richtung ›lingual bzw. ›palatinal ›labial, ›aktive Platte Gegenteil: ›Lingualbogen	
labil labile, unstable	schwankend, veränderlich, unbeständig, schwächlich	körperlicher wie seelischer Zustand/ Gesundheitszustand Gegenteil: ›stabil
Labium, **Labia** (Mehrzahl) labium, lip	auch **Labium oris** ›Lippe	Unterteilung in Oberlippe und Unterlippe
Labor laboratory	Kurzform für **Laboratorium** **Zahnheilkunde:** ›Dentallabor, auch zahntechnisches Labor	Zahntechniker fertigen im Auftrag des Zahnarztes z. B. prothetische Arbeiten an oder führen Reparaturen durch.
labside labside	im ›Labor hergestellt z. B. ›Zahnersatz oder andere ›Restaurationen; nach Vorarbeit/›Abformung in der Praxis	Gegenteil: ›chairside während der Behandlung in der Praxis hergestellt
Lachgas nitrous oxide anaesthesia	auch **Lachgassedierung** ›Gas zur ›Sedierung ›Inhalation	Anwendung: z. B. bei Kindern, Behinderten, Angstpatienten
Lachlinie smile line	bogenförmiger Verlauf der Unterkiefer- Lippenkante beim Lachen Beim Aufstellen von Prothesenzähnen im ›Frontzahngebiet einer ›Vollprothese muss der Zahntechniker diese Linie beachten, um eine ›ästhetische Wirkung zu erhalten.	
Lack varnish	fließende Substanzen, die dünn auf Ober- flächen aufgetragen werden und dort ein- trocknen/verdunsten, wodurch eine haftende Beschichtung entsteht **Zahnheilkunde:** • **Fluoridlack** auf ›überempfindlichen ›Zahnflächen oder ›Prädilektionsstellen • **Kavitätenschutzlack** ›Liner, kann als Kälte/Wärme-Schutz in die präparierte ›Kavität oder auf den ›Zahnstumpf aufgetragen werden; ›Calciumhydroxid • **Haftlack** auf ›Abformlöffeln, als ›Haftvermittler bei der ›Adhäsivtechnik	 *Fluoridlack* *Kavitätenschutzlack*

G
H
I
J
K
L

Stichwort	Erklärung	Vertiefung
lädieren damage	verletzen, beschädigen	‣ Läsion
Lähmung palsy, paralysis	‣ Parese: teilweiser Ausfall bestimmter ‣ motorischer ‣ Nerven und der durch sie versorgten ‣ Muskeln/Muskelgruppen ‣ Facialisparese/Gesichtslähmung,; ‣ Nervus facialis	‣ Paralyse: vollständiger Ausfall/Unterbrechung von Nervenbahnen und der entsprechenden ‣ motorischen ‣ Muskeln/Muskelgruppen Querschnittslähmung durch zerstörte ‣ Nervenzellen im ‣ Rückenmark
Läsion lesion	Beschädigung, Verletzung, ‣ Wunde; z. B. ‣ kariöse Läsion ‣ lädieren	
Laktobazillen lactobacillus	Milchsäurebakterien, stäbchenförmig kommen auch in der ‣ Mundhöhle vor tragen neben den ‣ Streptokokken zur Entstehung von ‣ Karies bei ‣ Bazillen ‣ Milchsäure	 *Nährboden mit Laktobazillen*
Laktose lactose, milk sugar	auch **Lactose** ‣ Milchzucker	‣ Disaccharid
Langenbeck-Wundhaken	abgewinkeltes, stumpfes ‣ Instrument mit langem Griff **Zahnheilkunde:** zum Abhalten des ‣ Muko-Periost-Lappens bei ‣ chirurgischen Eingriffen	
Langtubus long cone	‣ Röntgentubus Die Länge gibt auch den entsprechenden ‣ Fokus-Hautabstand vor.	Anwendung: für ‣ intraorale ‣ Röntgenaufnahmen
Langzeitprovisorium long-term temporary appliance	‣ provisorische Versorgung mit ‣ Zahnersatz ‣ Provisorium meist fest einzementiert, da es bis zur endgültigen Versorgung länger als üblich im ‣ Mund eingesetzt bleibt wenn z. B. langwierige Prozesse abgewartet werden wie ‣ Kfo-Behandlung, ‣ Parodontalbehandlung	Die Provisorien für ‣ Kronen und ‣ Brücken sind hierbei oft im ‣ Labor gefertigt. vor allem im ‣ Frontzahngebiet aus ‣ ästhetischen Gründen ‣ Provisorium
Lappenoperation flap operation	‣ Kürettage/offene ‣ chirurgische Maßnahme im Rahmen einer ‣ Parodontalbehandlung zur Freilegung und Reinigung von ‣ Zahnwurzeln unter Sicht ‣ Muko-Periost-Lappen	
Larynx larynx	‣ Kehlkopf	Teil des Atemtraktes

G
H
I
J
K
L

Stichwort	Erklärung	Vertiefung
Laser laser, optical maser	Abkürzung für **L**ight **a**mplification by **s**timulation **e**mission of **r**adiation Übersetzung: Lichtverstärkung durch stimulierte Emission von ›Strahlung, d. h. der Aussendung elektromagnetischer Wellen	›physikalische Grundlage: konzentrierter, gebündelter Lichtstrahl, der hohe Temperaturen erzeugen kann ›Laseranwendung
Laseranwendung laser application	**Zahnheilkunde:** • ›Kariesdiagnostik in Form von ›Laserfluoreszenzmessung • ›Kariesentfernung/›Präparation von ›Schmelz und ›Dentin • ›Parodontitisbehandlung • ›zahnärztliche ›Chirurgie • ›Blutstillung durch ›Koagulation • ›Endodontie, zur ›Wurzelkanal-aufbereitung/Keimreduzierung	Laserstrahlenschutz: Die ›Behandlung mit Laserstrahlen muss mit speziellen ›Schutzbrillen für Behandlungsteam und ›Patienten erfolgen, um Netzhautschäden zu vermeiden.
Laserfluoreszenz-messung laser fluorescence measurement	auch **Laserfluoreszenz-Verfahren** zur ›Kariesdiagnostik ›Fluoreszenz	Bei dieser Methode leuchtet ›Karies/›Fissurenkaries stärker auf als gesundes ›Zahnhartgewebe. ›Diagnodent
latent silent, dormant	verborgen, unsichtbar z. B. ist eine latente ›Krankheit vorhanden, aber es sind noch keine ›Symptome aufgetreten ›Infektionskrankheit, ›Diabetes mellitus	**Röntgenkunde:** Auf einem belichteten ›Röntgenfilm entsteht ein latentes Bild, das erst nach der ›Entwicklung sichtbar wird.
lateral lateral	seitlich Gegenteil: ›medial	**Zahnheilkunde:** von der Kiefermitte abgewandt
laterale Kondensation lateral condensation	seitliches Verdichten der ›Wurzelkanalfüllung	›Kondensation
laterale Projektion lateral intraoral radiograph	**Röntgenkunde:** ›orthoradiale Projektion	›Zentralstrahl trifft senkrecht auf den ›Zahn/Zahnachse.
Lateralverschiebung laterotrusion	auch **Lateralbewegung** Laterotrusion	Verschiebung des ›Unterkiefers zur Seite hin ›lateral
Latex latex	gummiartiger Stoff; natürlich oder ›synthetisch hergestellt Gefahr einer Unverträglichkeitsreaktion des Körpers, ›Allergie	**Zahnheilkunde:** ›Schutzhandschuhe, ›Kofferdam
Lauge lye	auch ›**Base** chemische Verbindung mit ›pH-Wert über 7 bis 14	Gegenteil: ›Säure
Leber liver	›Hepar größte ›Drüse des Körpers, Stoffwechselorgan Lage im rechten Oberbauch Erkrankung: ›Hepatitis	Funktion: z. B. Produktion von Gallenflüssigkeit/›Galle, ›Gerinnungsstoffen; Blutreservoir; Entgiftung (Stoffwechselprodukte/›Medikamente); Speicherorgan (›Glykogen)

G
H
I
J
K
L

Stichwort	Erklärung	Vertiefung
Leberentzündung inflammation of liver	▸Hepatitis Vorbeugung vor Virus-Hepatitis durch ▸Hepatitis-Schutzimpfung	**Zahnheilkunde:** Wegen der Ansteckungsgefahr an einer Virus-Hepatitis sind die ▸Hygiene-maßnahmen besonders zu beachten.
LED-Leuchte LED light, dental LED light	Abkürzung für **Le**ucht**d**iode	**Zahnheilkunde:** Lichtquelle in ▸Übertragungsinstrumenten ▸Polymerisationslampe
Lederhaut corium	Dermis	▸Haut
lege artis lege artis	vorschriftsmäßig nach den Regeln der ärztlichen/zahnärzt-lichen Kunst	Wenn eine ▸Behandlung nicht nach den aktuellen, allgemein anerkannten ärztlichen/zahnärztlichen Regeln erfolgt, spricht man von einem ▸Behandlungs-fehler (Kunstfehler).
Legierung alloy	Mischung verschiedener Metalle, welche häufig zusammengeschmolzen werden, um den verwendeten Werkstoff in seiner ▸Qualität zu verbessern **Zahnheilkunde:** • ▸Edelmetall-Legierungen, z. B. ▸Goldlegierung • ▸Nicht-Edelmetall-Legierungen, z. B. ▸Amalgam	
Legionellen legionella	▸Bakterien, welche die Legionärskrankheit (Legionellose) auslösen entwickeln sich in stehendem, erwärmtem Wasser, z. B. in nicht ständig benutzten Wasserleitungen	**Zahnheilkunde:** in ▸Aerosolen aus ▸Mehrfunktionsspritzen, ▸Übertragungsinstrumenten Übertragung: z. B. durch Einatmen von ▸Aerosolen aus Dusche, Klimaanlage, Whirlpool ▸Symptome: ähnlich einer ▸Lungenentzündung
Leitkeime causative microorganisms, associated microorganisms	auch ▸**Markerkeime** ▸Bakterien, die bei einer bestimmten ▸Krankheit wahrscheinlich anzutreffen sind und diese Krankheit stark bestimmen, z. B. ▸Streptococcus mutans bei der ▸Kariesentstehung Bei schweren Erkrankungen des ▸Paro-dontiums bestimmt man Leitkeime über das ▸Sulkusfluid, um bei Bedarf gezielt ▸Antibiotika einzusetzen.	 *sterile Papierspitzen in Transportröhrchen zur Bestimmung von Leitkeimen*
Leitlinien guidelines, „good medical practice"	Entscheidungshilfen für Ärzte/Zahnärzte in spezifischen medizinischen Situationen Sie beruhen auf wissenschaftlichen Erkenntnissen und in der Praxis bewährten Verfahren und sorgen für mehr Sicherheit in der Medizin.	Beispiele zu Leitlinien der ▸DGZMK: • ▸Fissurenversiegelung • Fluoridierungsmaßnahmen • ▸Wurzelspitzenresektion • Entfernung von ▸Weisheitszähnen www.dgzmk.de

G
H
I
J
K
L

Stichwort	Erklärung	Vertiefung

Leitungsanästhesie
Conduction/
block anaesthesia,
nerve block

▸Lokalanästhesie;
örtliche/▸terminale Schmerzausschaltung

Wirkungsweise:
Leitungsblockade/▸Betäubung durch
Umspritzen eines Nervenstranges,
bevor er in den ▸Knochen eintritt

▸intraorale Leitungsanästhesie:
Innerhalb des ▸Mundes; in der ▸Zahnheilkunde
die übliche ▸Injektionsform im ▸Unterkiefer;
eine Leitungsanästhesie im ▸Oberkiefer ist
möglich, z. B. am ▸Foramen infraorbitale.

Injektionsstelle:
im ▸Unterkiefer am ▸Foramen mandibulae
zur ▸Anästhesie des ▸Nervus mandibularis

Wirkung:
Betäubung der Zähne einer ▸Kieferhälfte
und der halben Unterlippe

▸extraorale Leitungsanästhesie:
außerhalb des ▸Mundes; z. B. notwendig
bei entzündlich bedingter ▸Kieferklemme
im Zusammenhang mit ▸Dentitio difficilis
der ▸Weisheitszähne oder deren ▸opera-
tiver Entfernung

Injektionsstelle:
im ▸Unterkiefer hinter oder unter dem
▸Kieferwinkel oder im Bereich zwischen
Muskelfortsatz und Kieferfortsatz; im
▸Oberkiefer am ▸Foramen infraorbitale

Le-Master-Technik

Röntgenkunde:
▸Halbwinkeltechnik mit flachem Einstell-
winkel des ▸Zentralstrahls auf den ▸ Zahn

Anwendung:
▸Mundfilm im Bereich der ▸Oberkiefer-
Molaren

Mit Hilfe einer ▸ Watterolle zwischen
▸Zahnkrone und Film wird der Winkel
so verändert, dass das ▸Jochbein nicht
zwischen ▸ Röntgenfilm und ▸Zentral-
strahl liegt, da sonst die ▸ Zahnwurzeln
verdeckt/überlagert würden.

Lentulo
lentulo

zahnärztliches ▸Instrument zum maschinellen
Einbringen von ▸Wurzelfüllmaterial

Wurzelfüllspirale (Füllschnecke) zum Transport von pastenförmigem Wurzelfüllmaterial
in den aufbereiteten ▸Wurzelkanal

erfolgt mit langsam drehendem
▸Winkelstück

---

letal
lethal

tödlich

letale ▸Dosis:
Menge eines Stoffes oder einer Strahlung,
die zum Tod führt, z. B. bei Versuchstieren

Leukämie
leukemia

Blutkrebs

bösartige Erkrankung des blutbildenden
Systems

vermehrte Bildung von weißen ▸Blut-
körperchen in entarteter und unreifer Form,
welche im ▸Knochenmark die normalen
Blutzellen verdrängen

▸Leukozyten

*hyperplastische Veränderung der Gingiva
bei Leukämie*

Leuko...
leuko

Wortbestandteil mit der Bedeutung:
weiß

siehe die nachfolgenden Fachbegriffe

Leukoplakie
leukoplakia

weißliche Veränderung der
▸Mundschleimhaut

nicht abwischbar

Verdacht auf ▸Präkanzerose
(Vorstufe von ▸Krebs)

G
H
I
J
K
L

Stichwort	Erklärung	Vertiefung
Leukozyten leukocytes	Überbegriff für die weißen ▸ Blutkörperchen Unterteilung in: • ▸ Granulozyten • ▸ Lymphozyten • ▸ Monozyten	gehören zum ▸ Immunsystem sind verantwortlich für die Körperabwehr von ▸ Krankheitserregern und Fremdstoffen ▸ Phagozytose ▸ Blutbestandteile
Lichen lichen	auch **Lichen ruber planus** Knötchenflechte; an ▸ Haut oder ▸ Schleimhaut **Zahnheilkunde:** Lichen ruber planus oder ▸ oraler Lichen planus ▸ chronisch-entzündliche Erkrankung der ▸ Mundschleimhaut; weiße, flächige oder netzförmige Bereiche; stark juckend	
Lichthärtung light-curing	Aushärtung von ▸ Kunststoffen mit Hilfe einer ▸ Polymerisationslampe	▸ Lichtpolymerisation
Lichtkeil light wedge	aus lichtdurchlässigem ▸ Kunststoff, der eine ▸ Lichtpolymerisation im ▸ Approximalraum ermöglicht ▸ Interdentalkeil	
Lichtpolymerisation light-cured polymerization	auch **Photopolymerisation** Verfahren zur Aushärtung von ▸ Kunststoffen mit Hilfe einer ▸ Polymerisationslampe **Zahnheilkunde:** Füllungskunststoffe, z. B. ▸ Komposite, ▸ Kompomere Materialien zur ▸ Versiegelung, z. B. ▸ Fissurenversiegelung ▸ Polymerisation	Gegenteil: ▸ Autopolymerisation
Ligament ligament	auch **Ligamentum** sehnenartiges Band (▸ Bindegewebe), das an ▸ Gelenken die beweglichen Knochenteile verbindet	**Zahnheilkunde:** Verwendung für die ▸ Sharpey Fasern in der ▸ Wurzelhaut ▸ intraligamentäre ▸ Anästhesie
Ligatur, **Ligaturen** (Mehrzahl) ligature	Bindung, Verbindung, Unterbindung **Zahnheilkunde:** • ▸ Nahtmaterial zur Unterbindung eines ▸ Blutgefäßes • Befestigungsdraht in der ▸ Kieferorthopädie • Befestigungsdraht bei ▸ Kieferbruch, für gelockerte oder ▸ replantierte Zähne • ▸ Zahnseide zur Befestigung von ▸ Kofferdam am ▸ Zahn	
light body light body	auch **niedrigviskös** (▸ Viskosität) dünnfließende ▸ Konsistenz von ▸ Abformmaterial, wenig zähfließend	▸ Elastomere Gegenteil: ▸ heavy body
ligieren ligate	anbinden, zusammenbinden ▸ ausligieren, ▸ einligieren	z. B. von ▸ Brackets mit einem ▸ Bogen bei einer ▸ kieferorthopädischen Behandlung ▸ Elastics

G
H
I
J
K
L

Stichwort	Erklärung	Vertiefung
Limbus limbus	auch **Limbus alveolaris** Begrenzung, Rand, Saum des Kieferknochens	▸Arcus alveolaris (Alveolarbogen)
Lindemann-Fräse Lindemann bur	▸Knochenfräse ▸Instrument zur Durchtrennung von ▸Knochen und Zähnen	spitz zulaufende Form mit Sägezacken
Liner cavity liner	Kavitätenschutzlack meist ein ▸Calciumhydroxid-Präparat Auftrag auf den Boden der ▸Kavität bildet eine dünne Schutzschicht zwischen ▸Dentin und ▸Unterfüllung ▸Lack	
Lingua tongue	auch **Glossa** ▸Zunge	▸lingual
Lingua nigra black hairy tongue	▸Haarzunge	schwärzliche Verfärbung des Zungenrückens
lingual lingual	zur ▸Zunge hin gelegen, die Zunge betreffend	Lage-/Richtungsbezeichnung von ▸Zahnflächen im ▸Unterkiefer/Innenseite
Lingualbogen lingual arch	**Kieferorthopädie:** ▸Innenbogen im ▸Unterkiefer Drahtbogen eines festsitzenden ▸Kfo-Gerätes, der über ▸Brackets (Lingualbrackets) an den ▸Lingualflächen der Zähne befestigt ist ▸Bogen, ▸lingual Gegenteil: ▸Labialbogen	Anwendung: • bei frühzeitigem Milchzahnverlust; durch ▸Stabilisierung der 6er-Molaren bleibt Platz für die nachrückenden bleibenden Zähne • zur dauerhaften ▸Stabilisierung des ▸Kfo-Behandlungsergebnisses (▸Lingualretainer)
Lingualbrackets lingual brackets	**Kieferorthopädie:** speziell hergestellte ▸Brackets, die statt an der ▸labialen an der ▸lingualen Zahnseite befestigt sind (Lingualtechnik) Verwendung meist aus ▸ästhetischen Gründen; selten angewandt	Nachteile: z. B. Einengung des Zungenraumes, Sprachbeeinträchtigung, erfordert sehr gute ▸Mundhygiene
Lingualbügel lingual bar	auch **Sublingualbügel, Zungenbügel** Metallbügel; verbindet beide Seiten einer ▸Unterkiefer-▸Teilprothese ▸Unterzungenbügel ▸lingual	
Lingualretainer lingual retainer	**Kieferorthopädie:** nach Abschluss einer ▸kieferorthopädischen Behandlung getragener, festsitzender Kfo-Draht in Form eines stabilen ▸Lingualbogens Befestigung: ▸adhäsiv auf der Innenseite der Zähne Funktion: zur dauerhaften ▸Stabilisierung des Behandlungsergebnisses/Gebissumformung ▸Retainer	

G H I J K **L**

Stichwort	Erklärung	Vertiefung
Lipbumper lip-bumber	**Kieferorthopädie:** Bügel zwischen Unterlippe und ▸Frontzähnen mit Befestigung an den ▸Molaren schafft durch Lippendruck im ▸Unterkiefer mehr Platz für den Durchbruch der Zähne	
Lipom lipoma	Fettgewebsgeschwulst gutartiger ▸Tumor	Wucherung von Fettzellen im Unterhautfettgewebe ▸Haut
Lippe lip	Labium oris Unterteilung in Ober- und Unterlippe bilden die äußere Grenze des ▸Mundvorhofs und verschließen die ▸Mundhöhle Beide Lippen sind jeweils über ein Schleim-hautbändchen/▸Lippenbändchen mit dem ▸Zahnfleisch verbunden.	Funktion: ▸Mimik, Nahrungsaufnahme, Sprachbildung, Tastsinn
Lippenbändchen labial frenulum	Frenulum labii ▸Schleimhautband; zieht von der Innenseite der ▸Lippen jeweils zum ▸Alveolarfortsatz im ▸Oberkiefer und ▸Unterkiefer kann bei zu tiefem Ansatz ein ▸Diastema verursachen, welches ▸chirurgisch korrigiert oder durch ▸Exzision entfernt wird	
Lippenbeißen lip biting	▸Habit	betrifft häufig die Unterlippe ▸Lippe
Lippenhalter labiotenaculum	Spannrahmen, der die Lippen während der ▸Behandlung offen hält Funktion: Verringerung der Verletzungsgefahr	
Lippen-Herpes herpes simplex infection	▸Herpes labialis	▸Infektionskrankheit; ausgelöst durch das ▸Herpes-simplex-Virus
Lippen-Kiefer-Gaumenspalte cheilognatho-uranoschisis, cheilo-gnatho-palatoschisis	Abkürzung: ▸LKG Umgangssprache: Wolfsrachen Fehlentwicklungen während der ▸Schwangerschaft: • ▸Lippenspalte • ▸Lippen-Kieferspalte • ▸Gaumenspalte	▸Spaltbildungen können zur Beeinträch-tigung beim Essen, Trinken und Sprechen führen. Therapie: ▸operativer Verschluss in alters-abhängigen Schritten
Lippen-Kieferspalte cheilo-gnathoschisis	▸Lippenspalte mit Einbeziehung des vorderen ▸Alveolarfortsatzes der weitere ▸Gaumen ist nicht betroffen kann ein- oder beidseitig vorkommen	Fehlentwicklung während der ▸Schwangerschaft ▸Gesichtsspalten
Lippenschlusslinie lip closure line	leichtes Berühren der ▸Lippen bei Kieferschluss	muss bei der Aufstellung von Zähnen an der ▸Totalprothese beachtet werden

G
H
I
J
K
L

Stichwort	Erklärung	Vertiefung
Lippenspalte cheiloschisis, cleft lip	Umgangssprache: ▸Hasenscharte Die Oberlippe ist bis in den Bereich der Nasenflügel nicht oder nur teilweise verwachsen. kann ein- oder beidseitig vorkommen	Fehlentwicklung während der ▸Schwangerschaft ▸Gesichtsspalten
Liquidation liquidation, settlement	Rechnung, schriftliche Form einer Honorarforderung für eine freiberuflich erbrachte Leistung, z. B. des Arztes/Zahnarztes	erstellt auf der Grundlage einer Gebührenordnung ▸Honorar
Liquor liquor, fluid	Körperflüssigkeit wässrig, klar, farblos	z. B. ▸Dentinliquor, Gehirn-Rückenmar‹s-Flüssigkeit, Flüssigkeit im Herzbeutel
Lispeln lisping	Sigmatismus fehlerhafte Aussprache von S- und Z-Lauten durch das Anstoßen der ▸Zunge an die obere ▸Zahnreihe	kann auch durch Fremdkörper im ▸Mund verursacht sein wie ▸Kfo-Geräte, ▸Zahnersatz, ▸Piercing Therapie: Durch ▸Logopädie kann die Sprachstörung abtrainiert werden.
livid livid	fahl, blass, bläulich verfärbt	z. B. schlechte Durchblutung von ▸Haut, ▸Zahnfleisch oder ▸Lippen bei bestimmten Erkrankungen
LKG	Abkürzung für ▸**L**ippen-**K**iefer-**G**aumenspalte	▸Gesichtsspalten
Lockerungsgrad degree of tooth mobility/loosening	Einteilung der krankhaften Beweglichkeit eines ▸Zahnes in drei Lockerungsgrade ▸Dokumentation im ▸Parodontalstatus	Beweglichkeit: • Grad I: spürbar • Grad II: spür- und sichtbar • Grad III: gut sichtbar bei Zungen- und Wangendruck
Logopäde speech therapist, logopedist	Spezialist für ▸Therapie von Stimm-, Sprach-, Sprech- oder Schluckstörungen ▸Logopädie	Durchführung ▸therapeutischer Maßnahmen auf der Basis einer ärztlichen/zahnärztlichen Verordnung
Logopädie logopedia	Stimm- und Sprachheilkunde ▸Logopäde	medizinisch-therapeutische Fachdisziplin
lokal local	örtlich, auf einen Bereich begrenzt	▸Lokalanästhesie
Lokalanästhesie local anaesthesia	örtliche Schmerzausschaltung im Bereich von Nervenendigungen oder Leitungsbahnen ▸Anästhesie	Anästhesieformen: • ▸Infiltrationsanästhesie • ▸Intraligamentäre Anästhesie • ▸Leitungsanästhesie • ▸Oberflächenanästhesie
Lokalanästhetikum Local/topic anaesthetic	▸Medikament, das zur ▸Lokalanästhesie verwendet wird	▸Anästhetikum ▸Vasokonstringenzien
Lokalisation localization	Lagebestimmung einer bestimmten Stelle z. B. Krankheitsherd/▸Fokus, ▸Schmerz, ▸verlagerter ▸Zahn	Untersuchungsmethoden: z. B. ▸Röntgenaufnahme, ▸Ultraschall, ▸Palpation
lokalisieren localize	örtlich umschreiben, begrenzen, festgelegen	▸lokal

G
H
I
J
K
L

Stichwort	Erklärung	Vertiefung
Lückengebiss partially edentulous, dental arch	unterbrochene ▸ Zahnreihe angeboren oder durch Zahnverlust entstanden ▸ Gebiss *fehlende Prämolaren im Unterkiefer*	
Lückenhalter space maintainer/retainer	▸ festsitzende oder herausnehmbare ▸ Kfo-Geräte zum Offenhalten einer ▸ Zahnlücke, z. B. ▸ Kinderprothese	▸ Platzhalter
Lückenschluss space closure	Kieferorthopädie: Maßnahme zum Verschluss einer ▸ Zahnlücke	z. B. durch Bewegung einzelner Zähne oder ▸ Zahngruppen ▸ Lückengebiss
Luer-Zange Luer forceps	auch **Luer-Knochenzange, Knochenknabberzange** ▸ Hohlmeißelzange zum Entfernen von Knochensplittern oder scharfen Knochenkanten z. B. am ▸ interradikulären oder ▸ interdentalen ▸ Septum	
Luftbläser air syringe	▸ Mehrfunktionsspritze	Zusatzgerät an der ▸ Einheit (zahnärztlicher Behandlungsplatz)
Luftröhre trachea	Trachea Verbindung zwischen ▸ Kehlkopf und ▸ Bronchien	Bestandteil der unteren Atemwege: ▸ Kehlkopf, ▸ Luftröhre, ▸ Bronchien, ▸ Lunge
Lumen lumen	Innendurchmesser lichte Weite eines röhrenförmigen Hohlraumes	z. B. ▸ Wurzelkanal
Lunge lung	Pulmo Atmungsorgan; schließt sich an die ▸ Luftröhre an	besteht aus einem rechten und linken Lungenflügel, in welche die ▸ Bronchien münden
Lungenarterie pulmonary artery	auch **Lungenschlagader** ▸ Arteria pulmonalis	Unterteilung in rechte und linke Lungenarterie ▸ Blutkreislauf, ▸ Arterie
Lungenatmung respiration	auch **äußere Atmung**	▸ Gasaustausch
Lungenbläschen air vesicles	auch **Lungenalveolen** ▸ Bronchiolen, in denen der äußere ▸ Gasaustausch stattfindet	▸ Sauerstoff wird von den roten ▸ Blutkörperchen ins Blut aufgenommen und ▸ Kohlendioxid abgegeben.
Lungenentzündung inflammation of the lungs	Pneumonie ▸ akute oder ▸ chronische ▸ Entzündung des Lungengewebes ▸ Infektion mit ▸ Bakterien, z. B. Pneumokokken, ▸ Staphylokokken	Gefahr, wenn Bakterien aus ▸ Mundhöhle und ▸ Rachen in die Lunge inhaliert werden tritt verstärkt bei ▸ Parodontitis auf, ebenso auf Intensivstationen und bei älteren, bettlägerigen Patienten
Lungenkreislauf pulmonary circulation	auch **kleiner Kreislauf**	▸ Blutkreislauf
Lungenvene pulmonary vein	▸ Vena pulmonalis	▸ Blutkreislauf, ▸ Vene

Stichwort	Erklärung	Vertiefung
Luniatschek	Tamponadenstopfer zahnärztliches ▸Instrument zum Einbringen von Tamponadestreifen (▸Gaze, ▸Kofferdam) in eine ▸Wunde, z. B. in Abszesshöhlen ▸Tamponade	
lutschen suck	zwanghaftes, unerwünschtes Saugen z. B. an Fingern/Daumen, Tüchern, Stofftieren; kann zu Veränderungen der ▸Kiefer führen, z. B. als ▸lutschoffener Biss ▸Daumenlutschen ▸Habit	
lutschoffener Biss sucking-related open bite	durch ▸Lutschen veränderte Kieferstellung sowie ein Aufbiegen der ▸Frontzähne Folge: Frontzähne können nicht mehr vollständig zusammenbeißen. ▸Bissanomalien ▸Habit, ▸Lutschprotrusion	
Lutschprotrusion	durch ▸Lutschen verursachtes Vorstehen/Kippen der ▸Frontzähne	▸Protrusion, ▸Habit
Luxation dislocation	Verrenkung, Ausrenkung z. B. der ▸Knochen eines ▸Gelenkes; häufig mit Verletzung der Gelenkkapsel **Zahnheilkunde:** Lockerung, Herauslösen eines ▸Zahnes aus seiner ▸Alveole durch ▸Trauma oder ▸Zahnextraktion ▸Kiefergelenkluxation	 *Luxation eines Milchzahnes*
luxieren dislocate	ausrenken, verrenken, heraushebeln z. B. eines ▸Zahnes/▸Zahnwurzel	▸Luxation
Lymphe lymph	Körperflüssigkeit in ▸Lymphgefäßen als Gewebsflüssigkeit auch im ▸Gewebe	Aus den ▸Kapillaren gelangt ein Teil des ▸Blutplasmas (Wasser und gelöste Stoffe) in das umliegende ▸Gewebe ▸Lymphgefäße
Lymphgefäß lymphoduct, lymph vessel	Die im ▸Gewebe aufgenommene ▸Lymphe wird teilweise über die Lymphgefäße wieder dem ▸Blutkreislauf zugeführt. dies erfolgt über ▸Venen im Halsbereich	In die Lymphgefäße sind ▸Lymphknoten eingeschaltet, als Filter für die ▸Lymphe, welche hier mit neuen ▸Lymphozyten angereichert wird.
Lymphknoten lymph node	• Filterstation für die ▸Lymphe im ▸Lymphgefäßsystem • Bestandteil des körpereigenen ▸Immunsystems gegen ▸Antigene wie ▸Bakterien, Giftstoffe, Fremdstoffe • Bildung von ▸Lymphozyten und ▸Antikörpern	Bei entzündlichen Prozessen sind die entsprechenden Lymphknoten schmerzhaft vergrößert und deutlich zu ertasten.
Lymphozyten lymphocytes	Untergruppe der weißen ▸Blutkörperchen ▸Leukozyten	zuständig für die körpereigene Abwehr von ▸Krankheitserregern

G
H
I
J
K
L

Stichwort	Erklärung	Vertiefung
M grinder	Abkürzung für ‣ **M**olar ‣ **D**ens molaris	‣ Backenzahn, Mahlzahn
m mesial	Abkürzung für ‣ **m**esial	Lage-/Richtungsbezeichnung am Zahn
M., **M.m.** (Mehrzahl) muscle	Abkürzung für ‣ **M**usculus, **M**usculi (Mehrzahl) ‣ **M**uskel	‣ Kiefermuskulatur
Magen stomach	‣ Gaster Teil des Verdauungsapparates	Entzündung: ‣ Gastritis
magnetostriktiv magneto-strictive	magnetostriktive ‣ Ultraschallscaler Funktion: Durch elektromagnetische Einwirkungen wird die Instrumentenspitze in elliptische Schwingungen versetzt.	‣ Ultraschallgerät, ‣ Zahnstein-Entfernungsgerät Gegenteil: ‣ piezoelektrisch
Magnet-Resonanz-Tomographie magnetic field resonance tomography	auch ‣ **Kernspintomographie** Abkürzung: **MRT** bildgebendes, computergestütztes Verfahren, bei dem sehr genaue Schnittbilder des Körpers erzeugt werden Verwendung von Magnetfeldern ohne ‣ Röntgenstrahlung oder andere ‣ ionisierende Strahlungen	Zahnheilkunde: z. B. zur Darstellung des ‣ Kiefergelenks und Erkennung von ‣ Tumoren
Mahlzahn grinder	großer ‣ Backenzahn	‣ Molar ‣ Dens molaris
Makro…, makro… macro	Wortbestandteil mit der Bedeutung: groß Gegenteil: ‣ Mikro…	siehe die nachfolgenden Fachbegriffe
Makrofüller macrofiller	große ‣ anorganische Füllstoffe/Füllkörper in ‣ Komposits zur Verstärkung des ‣ Füllungsmaterials aus Glas, Quarz, ‣ Keramik	Vorteil: große Härte, geringe ‣ Abrasion Nachteil: raue Oberfläche, kaum polierbar Gegenteil: ‣ Mikrofüller
Makromoleküle macromolecules	große ‣ Moleküle, die aus einer Vielzahl von ‣ Atomen oder Atomgruppen bestehen	‣ Eiweiß
Makrophagen macrophages	große ‣ Fresszellen bewegliche Körperzellen, die an der ‣ Phagozytose beteiligt sind	‣ Phagozyten ‣ Immunsystem
makroskopisch macroscopic	mit bloßem Auge sichtbar	Gegenteil: ‣ mikroskopisch
MAK-Wert	Abkürzung für ‣ **M**aximale **A**rbeitsplatz **K**onzentration	Angabe für den Schadstoffgehalt der Luft
maligne malignant	‣ bösartig Eigenschaft von ‣ Tumoren	‣ Malignität Gegenteil: ‣ benigne
Malignität malignancy	Bösartigkeit eines ‣ Tumors; auch einer Erkrankung oder eines Krankheitsverlaufs	‣ maligne

Stichwort	Erklärung	Vertiefung
Malignom cancer	Überbegriff für ▸maligne ▸Tumore ▸Krebs	eine bösartige Gewebeneubildung; kann ▸Tochtergeschwülste bilden
Maltose malt sugar	Malzzucker ▸Doppelzucker/▸Disaccharid	Abbauprodukt von ▸Stärke (▸Mehrfach- zucker); z. T. in der ▸Mundhöhle durch ▸Amylase
Mandel tonsil	Tonsille lymphatisches ▸Organ im Bereich von ▸Mund und ▸Rachen ▸Gaumenmandel (Tonsilla palatina), ▸Rachenmandel (Tonsilla pharyngea) ▸Lymphe	dient der Abwehr von ▸Krankheits- erregern in der ▸Mundhöhle ▸Immunsystem ▸Mandelentzündung ▸Tonsillektomie
Mandelentzündung inflammation of the tonsil	Tonsillitis ▸Angina, ▸Tonsillektomie	▸Symptome: z. B. Rötung, Beläge, Schluck- beschwerden, ▸Fieber
Mandibula lower jaw, mandible	▸Unterkiefer	größter ▸Knochen im ▸Gesichtsschädel
mandibulär mandibular	zum ▸Unterkiefer gehörend, auf den Unterkiefer bezogen	
Mandibularis mandibular nerve	Kurzform für ▸**Nervus mandibularis**	▸Unterkiefernerv
Mandibularkanal mandibular canal	Canalis mandibulae, Canalis mandibularis ▸Canalis	▸Unterkieferkanal
Mandrel mandrel, mandril disc mandrel	Scheibenträger Vorrichtung zur Befestigung für ▸Polier- oder Schleifscheiben, die in ▸Hand- oder ▸Winkel- stücke eingespannt werden	Einteilung: Schraubenmandrel, Schnappmandrel
Mannit mannitol	▸Zuckeraustauschstoff	z. B. in zuckerfreien Süßwaren, Kau- gummi, Speiseeis, Desserts, Soßen, Senf
Manometer pressometer	Druck-Messgerät Gerät zur Druckmessung in Gasen oder Flüssigkeiten	z. B. am ▸Autoklav
Mantelkrone jacket crown	auch **Vollkeramikkrone** Jacketkrone, Keramikmantelkrone ▸Vollkrone ohne Metallanteil; vollständig aus ▸Keramik oder selten aus ▸Kunststoff (▸Langzeitprovisorium) hergestellt	
manuell manual	mit der Hand, die Hand betreffend	z. B. Anwendung von ▸Hand- instrumenten, ▸Zahnbürste Gegenteil: ▸maschinell
Marcumar®	▸Arzneimittel, welches die ▸Blutgerinnung verzögert	▸Antikoagulantium
marginal marginal	am Rand liegend	z. B. ▸Gingiva marginalis

M
N
O
P
Q
R
S

Markerkeime

Stichwort	Erklärung	Vertiefung
Markerkeime marker microorganisms	auch ▸ **Leitkeime** ▸ Keime, deren vermehrte Existenz (Vorkommen, Auftreten) auf bestimmte ▸ Parodontalerkrankungen schließen lässt	z. B. ▸ Aggregatibacter actinomycetemcomitans, ▸ Tannerella forsythensis (alter Name: ▸ Bacteroides forsythus), ▸ Porphyromonas gingivalis, ▸ Treponema denticola, ▸ Prevotella intermedia
Markierung mark	Kennzeichnung, Sichtbarmachung z. B. einer Grenze ▸ Graduierung	z. B. Einteilung bei der ▸ WHO-Sonde
marktot unmedullated	▸ devital, avital	▸ Pulpa / Zahnmark
Marylandbrücke Maryland bridge	auch ▸ **Adhäsivbrücke** ▸ Klebebrücke, Flügelbrücke	festsitzende ▸ Brücke im ▸ Frontzahngebiet zum Ersatz eines ▸ Zahnes
maschinell mechanical	durch Maschinenkraft	Antrieb von ▸ Instrumenten z. B. mit Motoren Gegenteil: ▸ manuell
Massenmerkmal typical feature	auch **Flächen- oder Krümmungsmerkmal** ▸ Zahnmerkmal	Merkmal zur Zahn- oder Zahngruppenbestimmung ▸ Krümmungsmerkmal
Masseran-Besteck Masseran instruments	zahnärztliches Besteck aus verschiedenen Hohlbohrern zum Entfernen von abgebrochenen ▸ Wurzelstiften oder ▸ Wurzelkanalinstrumenten aus dem ▸ Wurzelkanal	▸ Trepanbohrer
Masseter masseter muscle	Kurzform für ▸ **Musculus masseter** großer ▸ Kaumuskel	▸ Mundschließer-Muskel ▸ Kaumuskulatur
Masterpoint	auch **Masterpoint-Aufnahme** Der in den ▸ Wurzelkanal eingebrachte, noch nicht befestigte ▸ Wurzelkanalstift (▸ Guttapercha) wird mit Hilfe einer ▸ Röntgenaufnahme auf exakte Länge und Sitz kontrolliert.	▸ Wurzelkanalbehandlung, ▸ Wurzelkanalfüllung
Mastikation masticatory movements	Kauakt, Kauvorgang	dient der Zerkleinerung und Vermischung von Nahrung mit ▸ Speichel
Materia alba materia alba	▸ Zahnbelag Vorstufe von ▸ Plaque, noch nicht ▸ mineralisiert, weich, gelblich-weiß besteht aus abgestorbenen ▸ Zellen, ▸ Bakterien, Speiseresten kann noch mit starkem Wasserstrahl entfernt und durch regelmäßige ▸ Zahnpflege verhindert werden	
Matrize keyway of attachment, female element, matrix	konservierende Zahnheilkunde: Hilfsmittel zum Legen einer ▸ Füllung aus ▸ plastischem ▸ Füllmaterial, wenn die ▸ Zahnfläche seitlich geschlossen wird	prothetische Zahnheilkunde: ▸ Geschiebe- oder ▸ Verankerungselement an einer ▸ Krone Die Matrize greift in die ▸ Patrize ein, dem herausnehmbaren Teil einer ▸ kombinierten Zahnersatzarbeit.

M
N
O
P
Q
R
S

Stichwort	Erklärung	Vertiefung
Matrizenband matrix band	Band aus ▸Kunststoff oder Metall, das in den ▸Matrizenhalter eingespannt wird Das ▸Matrizenband wird zur Herstellung der ursprünglichen Zahnform um den ▸Zahn gelegt und verhindert, dass das ▸Füllmaterial über den Zahn hinaus verteilt wird. ▸Kunststoffmatrizenband ▸Matrize	
Matrizenhalter matrix, matrix retainer	auch **Matrizenspanner** Bandhalter, Hilfsmittel beim Legen oder Ausformen einer ▸Füllung	▸Matrizenband
MAV maxillary antrum perforation	Abkürzung für ▸Mund-Antrum-Verbindung	auch **MAP: M**und-**A**ntrum-**P**erforation ▸Perforation
Maxilla upper jaw	▸Oberkiefer Knochen im ▸Gesichtsschädel	▸maxillär
maxillär maxillary	auch **maxillaris** zum ▸Oberkiefer (▸Maxilla) gehörend, den Oberkiefer betreffend	z. B. ▸Sinus maxillaris, Antrum maxillaris ▸Nervus maxillaris
Maxillaris maxillary nerve	Kurzform für ▸**Nervus maxillaris**	▸Oberkiefernerv
Maximaldosis maximum dose	Höchstwerte für die Gabe eines ▸Arznei-mittels; als Einzel- oder Tagesdosis	▸Dosis
Maximale Arbeitsplatz Konzentration maximum load	Abkürzung: **MAK, MAK-Wert** höchstzulässige ▸Konzentration an Gasen, Dämpfen oder Stäuben am Arbeitsplatz, welche die ▸Gesundheit gefährden können	Arbeitsstoffe in der Zahnarztpraxis: z. B. ▸Wasserstoffperoxid (H_2O_2), ▸Amalgam (▸Quecksilber), Stäube (▸Politur)
McCall-Girlande McCall's festoon	wulstartige Verdickung über einer ▸Gingivarezession	nichtentzündliche Veränderung der befestigten ▸Gingiva
medial pertaining to the middle	zur Mitte/Körpermitte hin gelegen	**Zahnheilkunde:** der Kiefermitte zugewandt Gegenteil: ▸lateral
Medikament medicine	▸Arzneimittel, Pharmakon	▸Medikation ▸medikamentös
medikamentös medicinal	durch ▸Medikamente, mit Hilfe von Medikamenten	z. B. medikamentöse ▸Behandlung
medikamentöse Einlage medicinal temporary filling	▸Medikament zur ▸temporären ▸Desinfektion eines ▸Wurzelkanals ▸Einlage	▸Wurzelkanalbehandlung
Medikation medication	Anwendung eines ▸Arzneimittels, Behandlung mit ▸Arzneimitteln	▸Verordnung

M
N
O
P
Q
R
S

Stichwort	Erklärung	Vertiefung
Medizin medicine	Lehre vom gesunden und ▸kranken Menschen, von der Vorbeugung, Erkennung und ▸Behandlung von ▸Krankheiten und Verletzungen umgangssprachlich für ▸Arzneimittel	Behandlungsziele: • Vorbeugung (▸Prävention) • Heilung, Linderung • Wiederherstellung (▸Rehabilitation)
Medizinprodukte medical products	Geräte, ▸Instrumente, Stoffe, Vorrichtungen, die am oder im Menschen zum Zweck der ▸Diagnose und/oder ▸Therapie eingesetzt, betrieben oder verwendet werden	zugelassene Medizinprodukte erhalten das Zertifikationszeichen ▸„CE" ▸Medizinproduktegesetz
Medizinprodukte-Betreiberverordnung	Abkürzung: **MPBetreibV** beschreibt das Einrichten, Betreiben, Anwenden und Instandhalten von ▸Medizinprodukten	Für Betreiber von ▸Medizinprodukten ist eine regelmäßige Sicherheitsüberprüfung vorgeschrieben.
Medizinprodukte-gesetz	Abkürzung: **MPG** dient der Erfassung und Abwehr von Risiken aus ▸Medizinprodukten	will eine hohe Produktsicherheit im Hinblick auf ▸Funktion und ▸Hygiene gewährleisten
Mehrfachzucker polysaccharide	auch **Vielfachzucker** ▸Polysaccharide bestehen aus mindestens zehn ▸Molekülen ▸Einfachzucker z. B. ▸Stärke (pflanzlich/tierisch), Zellulose (in Pflanzen)	▸Kohlenhydrate, ▸Zucker, ▸Saccharide
Mehrfunktionsspritze multifunction dental syringe	auch **Multifunktionsspritze** zahnärztliches ▸Instrument an der Behandlungseinheit für Behandler und Assistenz mit Sprühfunktion im ▸Mund des ▸Patienten: Luft, Wasser, Kombination von Luft und Wasser (▸Spray) ▸Einheit, ▸Luftbläser	
mehrgliedrig multi-unit bridge	▸Brücke, mehrgliedrig Brücke mit mehreren ▸Brückengliedern Gegenteil: ▸eingliedrig, eingliedrige Brücke	Die Einteilung erfolgt nach Anzahl der ▸Brückenglieder, welche die fehlenden Zähne ersetzen.
mehrspannig multiple spans brigde	▸Brücke, mehrspannig Brücke, die zwischen ihren ▸Brückenpfeilern mehrere Lücken durch ▸Brückenglieder schließt Gegenteil: ▸einspannig, einspannige Brücke	Die Einteilung erfolgt nach Anzahl der getrennten ▸Brückenspannen, welche jeweils durch ▸Brückenpfeiler begrenzt sind.
mehrwurzelig multi-rooted	▸Zahn mit mehr als einer ▸Zahnwurzel Gegenteil: ▸einwurzelig	▸Oberkiefer: ▸Molaren (3 Wurzeln), ▸erste Prämolaren (2 Wurzeln) ▸Unterkiefer: ▸Molaren (2 Wurzeln)
Melanom malignant melanom	▸bösartiger ▸Tumor der ▸Haut und ▸Schleimhaut entwickelt sich aus ▸Pigmentzellen der Haut; ▸intensive Bildung von ▸Metastasen	**Zahnheilkunde:** auch in der ▸Schleimhaut der ▸Mundhöhle, z. B. an ▸Gaumen, ▸Gingiva, ▸Wangenflächen
Meldepflicht reportable diseases	gültig für ▸Infektionskrankheiten, die dem Gesundheitsamt nach dem ▸Infektionsschutzgesetz zu melden sind	meldepflichtige Erkrankungen: z. B. ▸AIDS (anonym), ▸Hepatitis, ▸Tuberkulose

M
N
O
P
Q
R
S

Stichwort	Erklärung	Vertiefung
Membran membrane	**Zahnheilkunde:** künstliche, dünne Folie bei ⊳Gesteuerter Geweberegeneration ⊳GBR, ⊳GTR, ⊳Gore-Tex® **Biomembran:** dünne Schicht aus Körperzellen, z. B. Zellwand; durchlässig für Stoffdurchtritt (⊳Osmose)	 *vor Implantation eingebrachte Membran*
mental mental, pertaining to the mind	**Zahnheilkunde:** zum ⊳Kinn gehörend, das Kinn betreffend ⊳Mentum	allgemeiner Sprachgebrauch: das Denkvermögen, den Geist betreffend, geistig
Mentum chin	⊳Kinn	⊳mental
mesial mesial, mesal	Abkürzung: **m** zur Mitte des ⊳Zahnbogens hin gelegen, zur Kiefermitte hin	Lage-/Richtungsbezeichnung am Zahn, z. B. ⊳Zahnflächen, Füllungslagen Gegenteil: ⊳distal
Mesialbiss mesio-occlusion, anterocclusion	auch **Vorbiss** horizontale ⊳Gebissanomalie, ⊳Fehlstellung des ⊳Unterkiefers, der im Verhältnis zum ⊳Oberkiefer zu weit ⊳mesial liegt Die untere ⊳Zahnreihe ist gegenüber der oberen vorgelagert, wobei auch die Unterlippe vor der Oberlippe liegen kann. ⊳Progenie, ⊳Dysgnathie, ⊳Angle-Klasse III Gegenteil: ⊳Distalbiss	
mesial-exzentrisch mesial-eccentric	**Röntgenkunde:** Röntgen-Einstelltechnik, bei welcher der ⊳Röntgentubus/⊳Zentralstrahl nach ⊳mesial verschoben ist; dies ermöglicht die getrennte Darstellung mehrerer ⊳Wurzeln/⊳Wurzelkanäle eines ⊳Zahnes.	Der ⊳Zentralstrahl wird bei der ⊳Röntgenaufnahme eines ⊳Mundfilms von schräg vorne (⊳mesial) durch die ⊳Zahnachse geführt. ⊳exzentrische Projektion Gegenteil: ⊳distal-exzentrisch
Mesialisierung mesialization of tooth, mesial displacement	**Kieferorthopädie:** Bewegung von Zähnen nach ⊳mesial	erfolgt mit herausnehmbaren ⊳kieferorthopädischen Geräten Gegenteil: ⊳Distalisierung
mesio… mesio	⊳Lagebezeichnung am ⊳Zahn, welche zwei ⊳Zahnflächen gleichzeitig benennt **Beispiel:** mesio-bukkal bedeutet ⊳mesial und ⊳bukkal, d. h. zur Zahnbogenmitte und zur ⊳Backe hin gelegen, z. B. bei ⊳Füllung oder Lage des ⊳Wurzelkanals	 *mesio-bukkaler Kanal*
Mesiodens mesodens	überzähliger ⊳Zahn im ⊳Oberkiefer-Schneidezahnbereich ⊳Zapfenzahn	häufig zwischen den mittleren ⊳Schneidezähnen, untypische Zahnform, evtl. ⊳operative Entfernung
Messaufnahme measuring picture	zur Längenbestimmung eines ⊳Wurzelkanals	⊳Röntgenmessaufnahme

M
N
O
P
Q
R
S

Metallbasis

Stichwort	Erklärung	Vertiefung

Metallbasis
metal base

Grundfläche einer ▸Prothese/▸Teilprothese oder ▸Modellgussprothese aus Metall

bei ▸Vollprothesen nur in Ausnahmefällen, z. B. bei hohem Bruchrisiko

---

Metallgerüst
metal framework

Kern einer ▸Brücke oder ▸Prothese, der zur Stabilisierung aus Metall/▸Legierung besteht

wird später mit ▸Kunststoff oder ▸Keramik verblendet

Material: ▸Goldlegierung, ▸NEM-Legierung, ▸Metallkeramik

Metallkaufläche
metallic chewing surface

Das ▸Metallgerüst einer Verblendbrücke/▸Krone wird auf der ▸Kaufläche nicht verblendet.

Keramikverblendung:
Härte zu hoch, keine ▸Abrasion, Bruchgefahr

Kunststoffverblendung:
Härte zu gering, hohe ▸Abrasion

Metallkeramik
metal-ceramics, porcellain fused-to-metal

auch **Verblend-Metall-Keramik**

Auf das ▸Metallgerüst wird die keramische Masse aufgebrannt.

▸Verblendung hauptsächlich im sichtbaren Bereich, da natürliches Aussehen

keine Verfärbung

Metallkrone
metal crown

besteht vollständig oder teilweise aus Metall/▸Metalllegierung

▸Vollgusskrone,
▸Verblendkrone,
▸Kronenarten

Metaphyse
metaphysis

Abschnitt eines Röhrenknochens zwischen ▸Diaphyse und ▸Epiphyse

Bereich, in welchem das Längenwachstum des ▸Knochens erfolgt

Metastase
metastasis

Tochtergeschwulst

▸Zellen eines ▸bösartigen ▸Tumors verlassen ihren Entstehungsort und setzen sich in anderen ▸Organen des Körpers fest.

Die abgelösten Tumorzellen verbreiten sich über das ▸Blutgefäßsystem und ▸Lymphgefäßsystem.

Methicillin-Resistenter-Staphylokokkus-Aureus

Abkürzung: **MRSA**

kugelförmige ▸Bakterien, die gegen die üblichen ▸Antibiotika (z. B. ▸Penicillin) widerstandsfähig sind

▸Kokken, ▸Staphylokokkus aureus

▸Hospitalismuskeime,
▸Nosokomialinfektion,
▸Resistenz

Middeldorpf-Haken

Mundwinkelhalter, ▸Wundhaken, ▸Mundhaken

stumpfer ▸Haken mit gelochtem Arbeitsteil zum Abhalten von ▸Mukoperiostlappen, ▸Backe, ▸Lippen

Verwendung weit ▸distal, meist bei ▸chirurgischen Eingriffen

Mikro..., mikro...
micro

Wortbestandteil mit der Bedeutung: klein

Gegenteil: ▸Makro...

siehe die nachfolgenden Fachbegriffe

Stichwort	Erklärung	Vertiefung
Mikroben mikrobes	Sammelbegriff für ▸ Kleinstlebewesen	▸ Mikroorganismen
mikrobiell microbial	auch **mikrobiologisch** ▸ Mikroben, ▸ Mikroorganismen betreffend; durch ▸ Mikroben, ▸ Mikroorganismen hervorgerufen	z. B. mikrobielle ▸ Plaque
Mikrobiologie microbiology	Wissenschaft und Lehre von den ▸ Mikroorganismen	Teilgebiet der ▸ Biologie
Mikrofüller microfilled composite, fine particle composite	kleine ▸ anorganische Füllstoffe/Füllkörper in ▸ Komposits; zur Verstärkung des Füllungs- kunststoffes aus Siliciumdioxid	Vorteil: gut polierbar Nachteil: geringe Härte, hohe ▸ Abrasion, hohe ▸ Polymerisationsschrumpfung Gegenteil: ▸ Makrofüller
mikro-invasiv micro-invasive	z. B. mikro-invasive ▸ Behandlung der ▸ Karies durch kleinstmögliche ▸ Kavitätenpräparation	▸ minimal-invasiv ▸ Kariesinfiltration
Mikromotor micro motor	▸ Übertragungsinstrument mit kleinem Kopf für ▸ Turbine und ▸ Winkelstück Einsatz z. B. bei Kindern oder bei ▸ chirurgischen Eingriffen wie ▸ Wurzelspitzenamputation	
Mikroorganismen microorganisms, microbes	Überbegriff für alle Arten von pflanzlichen und tierischen ▸ Kleinstlebewesen, die mit bloßem Auge nicht sichtbar sind	Einteilung: ▸ Bakterien, ▸ Pilze, ▸ Protozoen, ▸ Viren Unterteilung: ▸ pathogene und ▸ apathogene Mikroorganismen
Mikrophagen microphages	Fresszellen/Körperzellen, die an der ▸ Phagozytose beteiligt sind Untergruppe der weißen ▸ Blutkörperchen	▸ Granulozyten, ▸ Phagozyten, ▸ Immunsystem
Mikroskop microscope	▸ optisches Gerät, mit welchem Objekte ver- größert angesehen oder bildlich dargestellt werden können	Eine mikroskopische Zahnbehandlung er- möglicht sicheres und präziseres Arbeiten, z. B. bei einer ▸ Wurzelkanalbehandlung.
mikroskopisch microscopic	sehr klein, nur mit Hilfe des ▸ Mikroskops sichtbar, nicht mit bloßem Auge	Gegenteil: ▸ makroskopisch
Mikrowellen microwaves	auch **Mikrowellen-Strahlen** kurzwellige, elektromagnetische Wellen	Mikrowellenbehandlung: Wärmewirkung; Anregung von Mehrdurch- blutung; selten in der ▸ Zahnheilkunde
Milchgebiss milk/primary teeth deciduous teeth/ dentition	auch **Milchzahngebiss** wird als erste ▸ Dentition bezeichnet und besteht aus 20 ▸ Milchzähnen Es fehlen die ▸ Prämolaren und die ▸ Weisheitszähne.	Beim Heranwachsen wird das Milchgebiss bei der zweiten Dentition durch das bleibende Gebiss ersetzt. ▸ Gebiss
Milchsäure lactic acid	Acidum lacticum ▸ Stoffwechselprodukt der ▸ Milchsäure- bakterien beim Abbau von ▸ Zucker ▸ Acidum	hat demineralisierende Wirkung auf ▸ Zahnhartgewebe ▸ Demineralisation
Milchsäurebakterien lactic acid bacteria	▸ Laktobazillen	bauen ▸ Zucker zu ▸ Milchsäure ab

M
N
O
P
Q
R
S

Stichwort	Erklärung	Vertiefung

Milchzahn

deciduous tooth, milk tooth

Dens deciduus

Bezeichnung für die Zähne des ▸Milchgebisses

Merkmale:
z. B. kleiner als bleibende Zähne, milchig-weiße Farbe, Wurzeln der ▸Molaren stark gespreizt

Durchbruch:
ca. vom 6. bis zum 30.–36. Lebensmonat

▸Platzhalterfunktion

Milchzahnkaries

milk tooth caries

▸Early Childhood Caries/ECC,
▸Baby-Bottle-Syndrom

▸Kariesverlauf wie bei den bleibenden Zähnen; allerdings ist die ▸Pulpa schneller erreicht, da der ▸Zahnschmelz höchstens 1 mm stark ist.

Ursache:
z. B. zuckerhaltige Tees, Fruchtsaftgetränke, welche dem Kleinkind mit der Babyflasche zu häufig angeboten werden

▸Kariesentstehung

Milchzahnkrone

milk tooth crown, prefabricated (steel) crown

▸Kinderkrone, Stahlkrone

zur ▸Restauration stark zerstörter ▸Milchzähne

industriell vorgefertige Krone:
im ▸Seitenzahnbereich aus Metall,
im ▸Frontzahngebiet aus ▸Kunststoff

▸Platzhalter

Milchzahnresorption

deciduous tooth resorption

Auflösung der Milchzahnwurzeln durch ▸knochenabbauende ▸Zellen im ▸Zahnsäckchen des ▸bleibenden Zahnes

▸Osteoklasten

natürlicher Vorgang beim Wechsel vom ▸Milchgebiss zum bleibenden ▸Gebiss

▸Resorption

Milchzucker

milk sugar

▸Laktose

▸Disaccharid

Vorkommen:
in allen Milchprodukten, auch in der Muttermilch; wird durch ▸Laktobazillen zu ▸Milchsäure abgebaut/vergärt

---

Miller-Kariestheorie

Miller's theory of caries

Die Säurebildung durch ▸Bakterien ist Voraussetzung für die Entstehung von ▸Karies; können diese ▸organischen ▸Säuren lange genug auf das ▸Zahnhartgewebe einwirken, führt dies zur ▸Demineralisation.

Entwicklung dieser noch heute gültigen Theorie durch den Zahnarzt Willoughby Dayton Miller (1853–1907)

Millisievert

millisievert

Abkürzung: **mSv**

▸physikalische Maßeinheit ▸Sievert (Sv)

▸Äquivalentdosis

wird meist angegeben in Millisievert (mSv)

1 mSv = 0,001 Sv

Mimik

mimic

auch **Miene**

Gesichtsausdruck, der über die ▸mimische ▸Muskulatur (Gesichtsmuskulatur) Gefühle und Empfindungen zum Ausdruck bringt

Mimik zeigt unser Grundgefühl an, z. B. Stirnrunzeln (Tadel, Nachdenklichkeit), Naserümpfen (Abscheu, Ekel).

---

mimische Muskulatur

mimetic musculature

auch **mimische Gesichtsmuskulatur**

unter der ▸Haut gelegene Gesichtsmuskeln, welche die ▸Mimik bewirken

Steuerung vor allem durch den ▸Nervus facialis (▸Gesichtsnerv)

Mineralisation

mineralization

Einlagerung von ▸anorganischen Substanzen (z. B. ▸Fluoride, ▸Hydroxylapatit, ▸Calcium) bei der Bildung von Hartgeweben wie ▸Knochen, ▸Zähne

▸Demineralisation

▸Remineralisation

M
N
O
P
Q
R
S

Stichwort	Erklärung	Vertiefung
Mineralstoffe mineral nutrients	auch **Minerale, Mineralien** lebensnotwendige, ▸ anorganische Nährstoffe; müssen dem Körper mit der Nahrung zugeführt werden ▸ Spurenelemente	Aufgaben im ▸ Stoffwechsel, beim Aufbau von Körpersubstanzen; z. B. ▸ Calcium, Eisen, ▸ Fluor ▸ Mineralisation
Minidam mini-dam	kleiner ▸ Kofferdam, der nur über wenige Zähne gezogen wird; zur ▸ Trockenlegung begrenzter Arbeitsbereiche	▸ OptraDam
Miniimplantate mini-implants	kürzere und im Durchmesser kleinere ▸ Implantate, die weniger Zeit zum Einheilen benötigen	Verwendung: z. B. zur Stabilisierung von ▸ Prothesen, als Ersatz von ▸ persistierenden ▸ Milchzähnen, ▸ Kfo-Sonderfälle
minimal-invasiv minimal-invasive, minimum invasion	z. B. minimal-invasive ▸ Präparation Um gesundes ▸ Zahnhartgewebe zu erhalten, wird ein Eingriff (▸ Invasion) so schonend wie möglich vorgenommen, z. B. bei der Entfernung von ▸ Karies.	Die Präparationstechnik wird vor allem bei ▸ Komposit-Füllungen angewandt. ▸ invasiv ▸ mikro-invasiv
Miniplast-Schiene clear broxism splint	individuelle ▸ Aufbissschiene herausnehmbar, meist 0,5 bis 1 mm dicke Kunststoffschiene Herstellung erfolgt im ▸ Tiefziehverfahren Anwendung: Trägerschiene für ▸ Medikamente (▸ Fluoridierung, ▸ Bleaching), zur Erstellung von ▸ Provisorien, als ▸ Knirscherschiene	
Mischdüse mixxing nozzle	breite Kunststoffkanüle, in welche das vermischte Material aus der ▸ Kartusche oder dem ▸ Mischgerät einfließt	Da ein nicht ausfließender Rest in der Mischdüse erhärtet, muss für jeden Mischvorgang eine neue Mischdüse eingesetzt werden.
Mischgerät cap vibrator	auch **Rüttler** Anmischgerät für ▸ Kapselmaterialien oder ▸ Abformmaterialien Vorteil: schnelle und gleichmäßige Verteilung der Mischungsbestandteile ▸ Mischdüse ▸ Kartusche	
Missbildung dysplasia	auch **Fehlbildung** ▸ Dysplasie/▸ Zahndysplasie, ▸ Dysgnathie	Gesichtsspalten: ▸ Lippenspalte, ▸ Kieferspalte, ▸ Gaumenspalte
Mitralklappe left atrioventricular valve	auch **Bikuspidalklappe** ▸ Segelklappe (zwei Segel); im Herzen zwischen linkem Herzvorhof und linker Herzkammer	Die Herzklappe verhindert den Rückfluss des Blutes in den Herzvorhof. ▸ Trikuspidalklappe

M N O P Q R S

185

Stichwort	Erklärung	Vertiefung

Mittellinie
midline

verläuft in der Mitte des ▸ Gesichts und ist die senkrechte Verlängerung des ▸ Nasenseptums über den Zwischenraum der mittleren ▸ Schneidezähne bis zur Kinnspitze

- ▸ Zahnbezeichnungsschemata gehen bei der Nummerierung der Zähne meist von der Mittellinie aus.
- dient als Hilfslinie für eine ▸ Vollprothese zum Aufstellen der ▸ Prothesen-Frontzähne

Mittelwert-Artikulator
semi-adjustable articulator

einfacher ▸ Artikulator mit fest eingestellten Bewegungsmöglichkeiten, welche nach Durchschnittswerten festgelegt sind

Anwendung:
meist in Verbindung mit dem ▸ Gesichtsbogen (Übertragungsbogen)

Mock-up

Prothetik:
meist auf Kunststoffbasis hergestellte Demonstrationsform, um daran dem ▸ Patienten seinen zukünftigen ▸ Zahnersatz zu zeigen

z. B. von ▸ CAD/CAM-Verfahren

mod
mod(-filling)

Abkürzung für ▸ mesial-occlusal-distal

Lage-/Richtungsbezeichnung am Zahn, z. B. für eine dreiflächige ▸ Füllung im ▸ Seitenzahnbereich

Modell
dental cast, model

Zahnheilkunde:
nach der ▸ Abformung (Negativ-Form) durch Ausgießen mit ▸ Gips gewonnene Positiv-Form einer Mundsituation

Darstellung:
▸ Zähne,
▸ Kieferkämme,
▸ Knochenteile,
▸ Mundschleimhaut

Zahntechnik:
Das Gipsmodell dient als ▸ Planungs- und Arbeitsmodell, z. B. für ▸ Zahnersatz oder ▸ kieferorthopädische Geräte.

Modellanalyse
dental cast analysis

Auswertung des ▸ Modells

zur genauen Erfassung einer ▸ Fehlstellung und der erforderlichen ▸ Therapie

in der ▸ Kieferorthopädie oder für ▸ prothetische Arbeiten

▸ Analyse

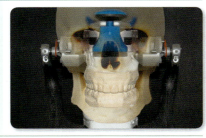

Modellgussklammer
cast clasp

auch ▸ **Gussklammer**
▸ Klammer

z. B. an der ▸ Metallbasis einer ▸ Teilprothese

Modellgussprothese
model casting

auch **Einstückgussprothese (ESG)**

Bezeichnung für herausnehmbare, gegossene ▸ Teilprothese mit ▸ Metallbasis, ▸ gegossenen ▸ Klammern und ▸ Bügel

▸ Prothese

M
N
O
P
Q
R
S

Stichwort	Erklärung	Vertiefung
Modellsockel model base	Grundplatte eines ► Modells kann direkt am ► Modell angegossen oder gesondert befestigt werden	Nachbearbeitung des Modells am ► Gipstrimmer (Gipsschleifer)
Modellstumpf model die	einzelner ► Zahnstumpf aus Superhartgips wird aus dem ► Sägemodell herausgesägt, um die ► Restauration darauf besser anfertigen zu können ► Gips	
Modifier modifier	auch **Modifikator** Zusatzstoff, welcher verstärkende oder abschwächende Wirkung auf Materialeigenschaften hat	Zahnheilkunde: z. B. Verminderung der Härte von ► provisorischem ► Zement; je mehr Modifier, desto weicher bleibt das Material
Modifikation modification	Abänderung, Veränderung	z. B. modifizierte ► Bassmethode (► Zahnputztechnik)

Molar,
 Molaren (Mehrzahl)
 molar, molar tooth
	Kurzform für ► **Dens molaris, Dentes molares**
	
	 großer ► Backenzahn, Mahlzahn
	
	 ► Seitenzahn, ► Weisheitszahn
	
	 • Milchzähne
	  Anzahl: 8 (2 Zähne pro ► Kieferhälfte)
	
	 • bleibende Zähne
	  Anzahl: 12 (3 Zähne pro ► Kieferhälfte)	

Molekül molecule	kleinste Einheit einer chemischen ► Verbindung	besteht aus mindestens zwei zusammenhängenden ► Atomen
Mongolismus Down's disease	auch **Trisomie 21**	veraltet für ► Down-Syndrom
Mono… mono	Wortbestandteil mit der Bedeutung: einzeln	siehe die nachfolgenden Fachbegriffe
Monomere monomers	einzelne ► Moleküle, die sich zu größeren molekularen Ketten oder Netzen verbinden können und dadurch ► Polymere bilden ► Polymerisation	Verfahren zur Herstellung von ► Kunststoff Gegenteil: ► Polymer
Monosaccharid simple sugar	► Einfachzucker	► Kohlenhydrate ► Zucker
Monozyten monocyte	Untergruppe der weißen ► Blutkörperchen werden beim Übertritt ins ► Gewebe zu ► Makrophagen	verantwortlich für die körpereigene Abwehr von Fremdstoffen ► Leukozyten, ► Immunsystem
Morbidität morbidity	Krankheitshäufigkeit in einer Bevölkerungsgruppe	bezogen auf einen bestimmten Zeitraum und eine bestimmte ► Krankheit
Morbus morbus	Erkrankung mit bekannten ► Symptomen und vorhersehbarem Krankheitsverlauf	Manche ► Krankheit trägt zusätzlich den Namen des Entdeckers, z. B. Morbus Alzheimer, Morbus Parkinson.
Morphium morphine	► Betäubungsmittel zur ► Behandlung von starken und stärksten ► Schmerzen	fällt unter die ► Betäubungsmittel-Verschreibungsverordnung

M
N
O
P
Q
R
S

Stichwort	Erklärung	Vertiefung
Morphologie morphology	Lehre von der Körperform der Organismen	umfasst Körperteile, ▸Organe, ▸Gewebe, ▸Zellen
mortal… mortal	auch ▸**devital, avital** Wortbestandteil mit der Bedeutung: abgetötet, abgestorben	siehe die nachfolgenden Fachbegriffe Gegenteil: ▸vital
Mortalamputation mortal amputation	Abtötung der ▸Pulpa mit chemischen Mitteln und Entfernung der abgestorbenen ▸Kronen-pulpa in einer Folgesitzung Die ▸Wurzelpulpa wird dabei ohne weitere Behandlung ▸konserviert. selten angewandte Methode, um einen ▸Milchzahn bis zum ▸Durchbruch des bleibenden ▸Zahnes als ▸Platzhalter erhalten zu können ▸Pulpaamputation ▸Amputation ▸Devitalisation ▸Mortalexstirpation Gegenteil: ▸Vitalamputation	
Mortalexstirpation mortal extirpation	Abtötung der ▸Pulpa mit chemischen Mitteln und Entfernung der gesamten abgestorbenen Pulpa in der Folgesitzung; anschließend ▸Wurzelkanalbehandlung	▸Devitalisation ▸Exstirpation Gegenteil: ▸Vitalexstirpation
Mortalität death rate, mortality	auch **Mortalitätsrate** Sterblichkeitsrate einer bestimmten Bevölke-rungsgruppe in einem festgelegten Zeitraum	Statistikwert, z. B. bezogen auf die Todesfälle in einer Altersklasse oder bei bestimmten ▸Krankheiten
Motivation motivation	Beweggründe, die das Handeln eines Menschen bestimmen Streben nach gesetzten Zielen	**Zahnheilkunde:** Bereitschaft des ▸Patienten zur Unterstüt-zung der zahnärztlichen ▸Behandlung, z. B. bei ▸Initialbehandlung (▸Parodontal-behandlung), ▸Individualprophylaxe
Motorik motoricity	willkürlich gesteuerte Bewegungsvorgänge des Körpers	Eine eingeschränkte Motorik kann Probleme verursachen bei der ▸Mund-hygiene oder beim Umgang mit herausnehmbarem ▸Zahnersatz.
motorisch motoric	der Bewegung dienend, auf Bewegungsvorgänge bezogen ▸Motorik	Z. B. steuern motorische ▸Nerven die Bewegungen, d. h. sie leiten Impulse vom ▸ZNS zu den ▸Muskeln.
mottled enamel mottled enamel	auch **mottling teeth** Schmelzflecken kreidig-weiße oder bräunliche Flecken im ▸Zahnschmelz ▸Mottling, ▸Schmelzfluorose	
Mottling mottling	▸Fluorose, Dentalfluorose, Zahnfluorose Veränderung des ▸Zahnschmelzes durch eine ▸chronische ▸Fluoridüberdosierung	▸mottled enamel
MPBetreibV	Abkürzung für ▸**M**edizin**p**rodukte-**Betreib**erv**er**ordnung	▸Medizinproduktegesetz

M
N
O
P
Q
R
S

Stichwort	Erklärung	Vertiefung
MPG	Abkürzung für ▸Medizinproduktegesetz	▸Medizinprodukte
MRSA	Abkürzung für ▸Methicillin-Resistenter-Staphylokokkus Aureus	▸Staphylokokkus aureus ▸Resistenz
MRT	Abkürzung für ▸Magnet-Resonanz-Tomographie/Magnetfeldresonanztomographie	bildgebendes Verfahren in der Medizintechnik
mSv	Abkürzung für ▸Millisievert	Maßeinheit für ▸Sievert (Sv)
Muko..., muko... mucus, mucous	auch **Muco, muco** Wortbestandteil mit der Bedeutung: ▸Schleim	siehe die nachfolgenden Fachbegriffe
Mukogingivalgrenze mucogingival junction	Übergang zwischen ▸Zahnfleisch, der fest mit dem ▸Alveolarknochen verbundenen ▸Mundschleimhaut und der beweglichen Mundschleimhaut die Grenze liegt in der ▸Umschlagfalte ▸Gingiva propria ▸Mukosa	
Mukoperiostlappen mucoperiosteal flap	▸Schleimhaut-▸Knochenhaut-Lappen, der z. B. bei einer ▸Aufklappung (nach Einschnitt mit dem ▸Skalpell) mit dem ▸Raspatorium vom darunterliegenden ▸Alveolarknochen gelöst wird ▸Osteotomie, ▸Periost	
mukös mucous	▸Schleim absondernd, schleimartig	▸Speichel/muköser Speichel Gegenteil: ▸serös
Mukosa mucosa	auch **Mucosa** ▸Schleimhaut, ▸Mundschleimhaut	Auskleidung von Körperhöhlen, z. B. der ▸Mundhöhle; sondert schleimhaltiges ▸Sekret ab
Mukositis mukositis	▸Entzündung der ▸Mukosa vor allem verwendet für eine Entzündung im Bereich eines ▸Implantats ohne Knochenverlust Entstehung auch als Reaktion nach ▸Strahlentherapie	Gefahr der Entstehung einer ▸Periimplantitis (periimplantäre Mukositis) mit Knochenverlust
Mukotom grafter	▸chirurgisches ▸Instrument zum Abtragen von ▸Schleimhaut zur ▸Transplantation	▸Schleimhauttransplantat
Multi..., multi... multi	Wortbestandteil mit der Bedeutung: viel, mehrfach	siehe die nachfolgenden Fachbegriffe
Multiband-Apparatur multibanded appliance	**Kieferorthopädie:** festsitzende ▸Kfo-Apparatur überträgt über ▸Bänder oder ▸Brackets die durch Drähte entstehenden Kräfte auf die zu bewegenden Zähne Brackets und ▸Bögen/Drähte sind nicht nur aus Metall erhältlich, sondern auch in ▸Keramik und dadurch im ▸Mund kaum noch sichtbar.	 *Oberkiefer: Keramik, Unterkiefer: Metall*

M
N
O
P
Q
R
S

Stichwort	Erklärung	Vertiefung
multiresistente Erreger multiresistent pathogenic mircoorganism	Abkürzung: **MRE** ▸Bakterien, die gegen mehrere Arten von ▸Penicillin ▸resistent sind	▸MRSA ▸Resistenz
multitufted multi-tufted	vielbüschelig, mit vielen Borstenbüscheln z. B. Multi-Tuft-Zahnbürste mit vielen feinen ▸Borsten pro Büschel ▸Borstenfeld ▸Zahnbürste	
Mumps mumps, epidemic parotiditis	Entzündung der ▸Ohrspeicheldrüse ▸Parotitis epidemica	umgangssprachlich „Ziegenpeter"
Mund mouth	▸Os Gliederung in ▸Mundvorhof und ▸Mundhöhle	Funktionen: Aufnahme von Nahrung, Beteiligung an Atmung und Stimmbildung
Mund-Antrum-Verbindung maxillary antrum perforation	auch **Mund-Antrum-Perforation / MAP** Abkürzung: **MAV** offene Verbindung von der ▸Mundhöhle zur ▸Kieferhöhle; meist durch ▸Extraktion oder ▸Operation entstanden ▸Antrum, ▸Perforation	Diagnose: Tasten mit der ▸Knopfsonde; ▸Nasen-Blas-Versuch Therapie: Verschluss durch ▸plastische Deckung, da sonst Gefahr der ▸Kieferhöhlenentzündung
Mundatmung mouth/oral breathing	Die Atmung erfolgt durch den ▸Mund und nicht wie normal durch die ▸Nase. Die Atemluft wird nicht wie bei der Nasenatmung erwärmt, angefeuchtet und gereinigt. Gegenteil: ▸Nasenatmung	Ursachen: falsche Angewohnheit (▸Habit), ▸Anomalien von ▸Gebiss oder ▸Kiefer, Verkrümmung der ▸Nasenscheidewand, ▸Polypen Folgen: • ▸Speichelfluss vermindert: ▸Kariesgefahr • ▸Dysgnathien: ▸Schmalkiefer • Austrocknung der nachfolgenden Atemwege: ▸Infektionen
Mundboden floor of the mouth	untere Begrenzung der ▸Mundhöhle, Bereich zwischen ▸Zunge und ▸Unterkieferkörper	besteht aus ▸Muskulatur ▸Mundbodenmuskulatur
Mundbodenmuskulatur suprahyoid muscles	umfasst die ▸Mundöffner-Muskeln, die meist vom Innenrand des ▸Unterkiefers zum ▸Zungenbein ziehen	▸Unterkiefer-Zungenbein-Muskel, ▸Kinn-Zungenbein-Muskel, ▸zweibäuchiger Muskel
Mundbodenplastik lowering of the floor of the mouth	▸chirurgische Tieferlegung des ▸Mundbodens/ ▸Umschlagfalte beim zahnlosen ▸Unterkiefer, zur Verbesserung des ▸Prothesenlagers ▸Vestibulumplastik	▸präprothetischer Eingriff, durch den ein höherer ▸Kieferkamm und damit ein besserer Halt der ▸Vollprothese entsteht ▸Prothesenlager
Mundbrennen burning mouth syndrome	▸Burning Mouth Syndrom	▸Zungenbrennen

M
N
O
P
Q
R
S

Stichwort	Erklärung	Vertiefung
Munddusche jet irrigator, water jet	Wasserstrahlgerät Hilfsmittel zur Durchführung der ►Mundhygiene	Anwendung: feine Wasserstrahlen zur Zahnfleisch- massage, grober Wasserstrahl zur Entfernung von Speiseresten (z. B. aus ►Zahnzwischenräumen, ►Kfo-Geräten, unter ►festsitzendem ►Zahnersatz)
Mundfilm mouth x-ray	auch **Zahnfilm** ►intraorale ►Röntgenaufnahme	Der ►Röntgenfilm befindet sich innerhalb der ►Mundhöhle.
Mundflora mouth/oral flora	Sammelbegriff für alle ►Mikroorganismen, die natürlicherweise in der ►Mundhöhle vor- kommen	z. B. ►Streptokokkus mutans, ►Laktobazillen

Mundgeruch
 	
bad breath,
halitosis
	auch **Atemgeruch**
	
	Foetor ex ore, ►Halitosis
	
	unangenehmer Geruch, der durch flüchtige
	Schwefelverbindungen in der Atemluft
	entsteht
	
	Messgerät: ►Halimeter
		Ursachen:
		• bakterielle Prozesse im ►Mund
		  (►Plaque, ►Zungenbeläge, ►Karies)
		• ►Entzündungen an ►Gingiva,
		  ►Parodontium, im Nasen-Rachen-Raum
		  (►Tonsillitis)
		• auch durch Allgemeinerkrankungen
		  wie ►Diabetes mellitus
		• selten ►Gastritis

Mundhaken blunt hook	►Instrument zum Abhalten von ►Lippen, ►Backe, ►Zunge	►Middeldorpf-Haken, ►Haken
Mundhöhle oral cavity	Cavum oris erster Abschnitt des Verdauungstraktes, mit ►Schleimhaut ausgekleidet wird unterteilt in ►Mundvorhof (Vestibulum oris) und eigentliche Mundhöhle Einmündung der Ausführungsgänge von ►Unterzungenspeicheldrüsen und ►Unterkieferspeicheldrüse	 • vorne ►Lippen • oben ►Gaumen • seitlich ►Backen • unten ►Mundboden • hinten ►Gaumenbögen/►Rachen
Mundhöhlenkarzinom oral cancer	auch **Mundhöhlenkrebs** ►Krebsgeschwulst in der ►Mundhöhle; oft verursacht durch ►Abusus von Alkohol und Tabak (Pfeifenraucher) Durch ►Bürstenabstrich wird eine schnelle ►Diagnose erleichtert. ►Carcinom, ►Melanom	 *Plattenepithel-Karzinom*
Mundhygiene oral hygiene	Überbegriff für alle Maßnahmen zur Reinigung, Pflege, Gesunderhaltung von ►Zähnen, ►Zahnfleisch, ►Zahnhalteapparat, ►Zahnzwischenräumen, ►Zunge	häusliche Maßnahmen: ►Mundhygienehilfsmittel **zahnärztliche Maßnahmen:** ►Individualprophylaxe, Anleitung zur richtigen ►Zahnputzmethode, ►professionelle Zahnreinigung (PZR)

M
N
O
P
Q
R
S

Stichwort	Erklärung	Vertiefung
Mundhygiene-hilfsmittel oral hygiene aids	Hilfsmittel zur regelmäßigen und sorgfältigen Reinigung der Zahnoberflächen und ▸Zahnzwischenräume: z. B. ▸Zahnbürste, ▸Zahnpasta, ▸Zahnseide, ▸Zahn(zwischenraum)hölzer, Zahnzwischenraumbürsten/▸Interdental-bürstchen, ▸Munddusche, ▸Mundspül-lösungen, ▸Zungenbürste/Zungenschaber	unterstützende Maßnahmen: z. B. zuckerfreie ▸Zahnpflegekaugummis, Zahnpflegebonbons
Mundhygieneindex oral hygiene index	auch **Mundhygienestatus** Oberbegriff für ▸Plaque-Index und ▸Blutungs-Index	Plaque-Index: z. B. ▸Approximalraum-Plaque-Index (API) Blutungs-Indices: z. B. ▸Papillen-Blutungs-Index (PBI), ▸Sulkus-Blutungs-Index (SBI)
Mundkeil mouth gag	auch ▸**Mundsperrer, Mundspreizer**	
Mund-Kiefer-Gesichts-Chirurgie oral and maxillofacial surgery	Abkürzung: **MKGC** Fachgebiet der medizinischen Heilkunde, das sich mit der ▸chirurgischen ▸Therapie von Erkrankungen, Verletzungen, Fehlbildungen von ▸Mund, ▸Kiefer, ▸Gesicht beschäftigt	Der Facharzt für MKGC hat sowohl ▸Medizin als auch ▸Zahnheilkunde studiert.
Mundöffner-Muskeln	Überbegriff für alle ▸Muskeln, die für das Öffnen des ▸Mundes verantwortlich sind ▸Kaumuskeln, ▸Mundbodenmuskulatur	▸Musculus digastricus, ▸Musculus geniohyoideus, ▸Musculus mylohyoideus Gegenteil: ▸Mundschließer-Muskeln
Mundschleimhaut oral mucosa	▸Mukosa Die gesamte ▸Mundhöhle ist mit einer an un-terschiedliche Anforderungen angepassten, gut durchbluteten Mundschleimhaut aus-gekleidet. am ▸Gaumen und ▸Kieferkamm unver-schieblich mit dem ▸Knochen verwachsen in anderen Abschnitten weich und verschiebbar, z. B. ▸Mundboden, ▸Backen, ▸Lippen	Schleimbildende ▸Drüsen halten die ▸Schleimhaut feucht. *Schleimhaut auf Kieferkamm und Gaumen*
Mundschleimhaut-erkrankung sore mouth	Oberbegriff für ▸Krankheiten der ▸Mundschleimhaut, z. B. ▸Aphten, ▸Herpes, ▸Soor, ▸Lichen, Stomatitis	meist ▸Infektionen durch ▸Bakterien, ▸Pilze, ▸Viren
Mundschließer-Muskeln	Überbegriff für alle ▸Muskeln, die für das Schließen des ▸Mundes verantwortlich sind ▸Kaumuskeln	▸Musculus masseter, ▸Musculus pterygoideus lateralis, ▸Musculus pterygoideus medialis, ▸Musculus temporalis Gegenteil: ▸Mundöffner-Muskeln
Mundschutz mouth guard, mask	**Hygiene:** Einmalmasken bei zahnärztlichen Eingriffen Teil der ▸Persönlichen Schutzausrüstung (PSA) zur Abdeckung von ▸Mund und ▸Nase **Sport:** ▸Zahnschutz	

M
N
O
P
Q
R
S

Stichwort	Erklärung	Vertiefung

Mundsperrer

jaw brace

auch **Mundkeil**

Hilfsmittel zum Offenhalten des Mundes; aus Gummi, ▸Kunststoff oder Metall

Anwendung:
z. B. bei ▸Kieferklemme, Problemen mit dem Offenhalten des Mundes (langdauernde Eingriffe, ▸Narkose/Vollnarkose)

Mundspiegel

dental mirror, mouth mirror

auch **Zahnspiegel**

bildet zusammen mit ▸zahnärztlicher Sonde und ▸zahnärzlicher Pinzette das ▸Grundinstrumentarium

wird zur ▸Untersuchung und zum Abhalten von ▸Backe und ▸Zunge benötigt; evtl. mit leichter Vergrößerung

---

Mundspüllösung

mouthwash solution

auch **Medizinische Mundspüllösung**

▸Lösung, in der ▸therapeutische Stoffe wie ▸Fluoride, ätherische Öle, chemotherapeutische Stoffe enthalten sind

z. B. Fluoridspüllösungen, ▸Chlorhexidin (CHX), Listerine®

▸Mundhygienehilfsmittel

▸Mundwasser

Anwendung:
z. B. ▸Kariesprophylaxe; Schutz vor ▸Gingivitis, ▸Parodontitis, ▸Stomatitis; bei freiliegenden ▸Zahnhälsen

---

Mundtrockenheit

mouth dryness

Xerostomie

Trockenheit der ▸Mundhöhle durch verminderte Produktion von ▸Speichel

Ursachen:
z. B. ▸Medikamente (Nebenwirkung), ▸Bestrahlung bei ▸Tumorerkrankung im Bereich von ▸Kiefer und ▸Kehlkopf, Erkrankung/▸Operation der ▸Speicheldrüsen, ▸Diabetes mellitus

Symptome:
z. B. Durstgefühl, ▸Geschmacksstörungen, ▸Mundgeruch, Schluckbeschwerden

Therapie:
z. B. ▸Speichelersatzstoffe, ▸Mundspüllösungen, Anregung von ▸Speichelfluss (z. B. Kaugummi)

Folgen:
sehr schneller Kariesbefall durch verminderte ▸Mineralisation; verstärkt an den ▸Glattflächen und im ▸Zahnhalsbereich; schlechter Halt von ▸Prothesen; Sprechprobleme

▸Oligosialie, ▸Hyposalivation

floride Karies im Zahnhalsbereich

Mundvorhof

external oral cavity, oral vestibule

Vestibulum oris

Bereich zwischen den ▸Lippen, ▸Backen/ Wangen und den ▸Zähnen bzw. dem ▸Alveolarkamm

Einmündung der Ausführungsgänge der ▸Ohrspeicheldrüse/▸Glandula parotis

---

Mundvorhofplastik

vestibuloplasty

Vestibulumplastik

▸Chirurgisches Verfahren zur Verbesserung des ▸Prothesenlagers in einem zahnlosen ▸Kiefer durch das Tieferlegen der ▸Umschlagfalte; dadurch ergibt sich eine größere Haftfläche für die ▸Vollprothese.

Die Situation im ▸Mund kann heute auch durch ▸Implantate verbessert werden, wodurch sich oft ein solcher Eingriff erübrigt.

M
N
O
P
Q
R
S

Mundvorhofplatte

Stichwort	Erklärung	Vertiefung
Mundvorhofplatte oral screen, vestibular screen	auch **Mundschild, Lippenformer** ▸kieferorthopädisches Behandlungsgerät zur Vorbeugung und Frühbehandlung von ▸Zahn- und Kieferfehlstellungen im ▸Frontzahngebiet Die Platte liegt lose im ▸Mund hinter den ▸Lippen, vor den Zähnen und besitzt einen ▸frontalen Haltering. zur ▸Behandlung/Abgewöhnung von ▸Habits wie dem Nuckeln am Daumen/Schnuller, Umstellung der ▸Mundatmung auf ▸Nasenatmung	
Mundwasser mouth wash	zum Dauergebrauch geeignete ▸Mundspüllösungen, im Gegensatz zu „Medizinischen Mundspüllösungen"	▸antiseptisch wirkende Flüssigkeiten, in denen meist auf Alkoholbasis pflanzliche Stoffe oder ätherische Öle enthalten sind, z. B. Odol®, Salviathymol®
Mundwinkel angle of mouth	Übergangsbereich von Ober- zur Unterlippe	▸Lippe, ▸Mundwinkelrhagade
Mundwinkelhalter cheek retractor	auch **Mundwinkelhaken** stumpfes ▸Instrument zum Abhalten	▸Middeldorpf
Mundwinkelrhagade angular cheilitis	▸Faulecke eingerissener ▸Mundwinkel	▸Rhagade
Musculus, **Musculi** (Mehrzahl) muscle	▸Muskel, Muskeln	siehe die nachfolgenden Fachbegriffe
Musculus **digastricus**	▸Zweibäuchiger Muskel	▸Mundöffner-Muskel
Musculus **geniohyoideus**	▸Kinn-Zungenbein-Muskel	▸Mundöffner-Muskel
Musculus **masseter**	▸Kaumuskel, großer	▸Mundschließer-Muskel
Musculus **mylohyoideus**	▸Unterkiefer-Zungenbein-Muskel	▸Mundöffner-Muskel
Musculus **pterygoideus lateralis**	▸Flügelmuskel, äußerer	▸Mundschließer-Muskel
Musculus **pterygoideus medialis**	▸Flügelmuskel, innerer	▸Mundschließer-Muskel
Musculus **temporalis**	▸Schläfenmuskel	▸Mundschließer-Muskel
Muskel, **Muskeln** (Mehrzahl) muscle	Abkürzung: **M., Mm.** ▸musculus, musculi (Mehrzahl) ▸Organ aus verschiedenen Muskelfaser-bündeln, welche wieder aus vielen einzelnen Muskelfasern gebildet werden Jeder Muskel ist umhüllt von einer Muskelhaut aus ▸Bindegewebe/▸Faszie.	Funktion: Durch den Wechsel von ▸Kontraktion und Entspannung bewegt ein Muskel aktiv Körperteile/▸Knochen und ▸Organe. Meist ist der Muskel nach seinem Ursprung und Ansatz benannt.

Stichwort	Erklärung	Vertiefung
Muskelfortsatz	▸Unterkiefer-Muskelfortsatz	▸Musculus temporalis
muskulär pertaining to muscles	die ▸Muskulatur betreffend	▸Muskel

Muskulatur
musculature,
muscular system
	▸Muskel
	• **quergestreifte, willkürliche Muskulatur**
	  Skelettmuskulatur wie z. B. ▸Kaumuskulatur (▸Mundöffner-, ▸Mundschließer-Muskeln)
	• **glatte, unwillkürliche Muskulatur**
	  z. B. in ▸Blutgefäßen, Verdauungsorganen
		Herzmuskulatur:
		Sonderform der quergestreiften Muskulatur; unwillkürlich gesteuert

mutagen mutagenic	▸Mutationen verursachend	z. B. durch ▸ionisierende Strahlungen/ ▸Röntgenstrahlung
Mutation mutation	Veränderungen im Erbgut der ▸Zelle	▸Desoxyribonukleinsäure
Muzin mucin	Bestandteil des ▸Speichels ▸Schleim	Absonderung der ▸Schleimdrüsen in der ▸Schleimhaut
Myalgie myalgia	Muskelschmerz ▸Schmerz	z. B. in der ▸Kaumuskulatur bei Überlastung
Mykose mycosis	▸Pilzerkrankung	Mundbereich: ▸Candidose, ▸Soor
Mylohyoideus	Kurzform für ▸**Musculus mylohyoideus**	▸Mundöffner-Muskel
Myo…, myo… myo	Wortbestandteil mit der Bedeutung: Muskel	siehe die nachfolgenden Fachbegriffe
Myoarthropathien myoarthopathies	Oberbegriff für Muskel-Gelenk-Erkrankungen, z. B. durch ▸Knirschen/Pressen mit den Zähnen	**Zahnheilkunde:** ▸Kaumuskeln/▸Kiefergelenk ▸Dysfunktion
myogen myogenic	von der ▸Muskulatur ausgehend	▸Muskel
Myom myoma, muscular tumor	▸Geschwulst aus Muskelgewebe, gutartig	▸Tumor

M
N
O
P
Q
R
S

Stichwort	Erklärung	Vertiefung
N., **Nn.** (Mehrzahl) nerve, nervus	Abkürzung für ›Nervus, Nervi (Mehrzahl) ›Nerv	›Nervensystem
N1, N2, N3	Verpackungsgrößen für ›Medikamente, nach gesetzlichen Vorgaben	**N1** kleine, **N2** mittlere, **N3** große Packung
Na	Symbol für das chemische ›Element ›**Natrium**	›NaCl-Lösung
Nachbehandlung aftercare, aftertreatment	Maßnahmen nach ›chirurgischem Eingriff, z. B. Entfernung einer ›Naht Legen einer ›Tamponade oder ›Wundrevision	
Nachblutung secondary bleeding	nach einem ›chirurgischen Eingriff und erfolgter Versorgung der ›Wunde erneut auftretende Blutung	verstärktes Vorkommen bei: ›Patienten mit ›Blutgerinnungsstörung (z. B. ›ASS, ›Marcumar®) oder beim Nachlassen der gefäßverengenden Wirkung von ›Anästhesiemitteln
Nachschmerz afterpain	›Schmerzen, die nach einer zahnärztlichen ›Behandlung auftreten können oder überraschend erneut auftreten, z. B. nach einer ›Extraktion oder ›Operation	›Dolor post extractionem, ›Dolor post operationem
Nachuntersuchung follow-up examination	• Kontrolluntersuchung und Unterweisung nach der Eingliederung von ›Zahnersatz: Sitz des ›Zahnersatzes, Pflege der ›Prothese, fachgerechte und gründliche ›Mundhygiene ›Recall	• Kontrolluntersuchung des Krankheitsverlaufs oder Heilungsprozesses nach chirurgischem Eingriff: z. B. ›Implantatprophylaxe zur Vermeidung einer ›Periimplantitis, Parodontalprophylaxe zur Vermeidung einer ›Parodontitis
NaCl	chemische Formel für ›**Natriumchlorid** ›NaCl-Lösung	›Natrium, ›Chloride
NaCl-Lösung NaCl solution	Kochsalzlösung auch ›**isotonische** oder ›**physiologische Kochsalzlösung** bei einer ›Konzentration von 0,9 % ›NaCl entspricht ›osmotisch dem ›Blut **Zahnheilkunde:** Trägerlösung für ›Medikamente, z. B. ›Anästhetikum zur Aufbewahrung von Zähnen nach einem Zahnunfall	
Nadel needle	›**chirurgische Nadel:** ›Instrument zum Vernähen einer ›Wunde ›Nadelhalter Einteilung: • dreikantig oder rund • gerade oder gebogen • mit und ohne ›Nadelöhr ›**Injektionsnadel**, auch ›**Kanüle**	Nadel-querschnitt △ ○; gebogene Nadel; gerade Nadel; Federöhr; Fädelöhr; traumatische Nadel; atraumatische Nadel

Stichwort	Erklärung	Vertiefung
Nadelhalter needle holder	▸Instrument, in welches die ▸chirurgische ▸Nadel eingespannt und beim Vernähen der ▸Wunde geführt wird Einteilung: geschlossene Nadelhalter mit ▸Arretierung und offene ohne diese Klemmvorrichtung	
Nadelöhr eye of a needle	Öffnung an der chirurgischen ▸Nadel zum Einfädeln des ▸Nahtmaterials	Einteilung: • offene Fädelöhre • geschlossene Federöhre • Schnappöhre
NaF sodium fluoride	chemische Formel für ▸**Natriumfluorid**	Verwendung in der ▸Kariesprophylaxe
Nährstoffe nutrients	auch **Nahrungsstoffe** kalorienhaltige Nahrungsbestandteile wie Fette, ▸Eiweiße, ▸Kohlenhydrate	Weiter zählen dazu auch alle ▸Vitamine, Ballaststoffe, ▸Spurenelemente, Salze, Wasser.
Naht, anatomisch suture	▸Sutur, Sutura	▸Knochennaht bei Schädelknochen
Naht, atraumatisch atraumatic suture	Nadel-Faden-Kombination ▸atraumatische Naht	▸Nadel
Naht, chirurgisch suture, stitch	auch **Wundnaht** ▸chirurgische Methode zur Wiedervereinigung von getrenntem ▸Gewebe einer Operations- oder Unfallwunde erfolgt mit Hilfe von ▸Nadel und ▸Nahtmaterial, welches verknotet wird	
Nahtmaterial suture material, absorbable suture	▸ **resorbierbar:** löst sich von selbst auf, z. B. ▸Catgut, Polyactid-Kunststoffe **nicht** ▸ **resorbierbar:** muss entfernt werden, z. B. Baumwolle, Seide, Kunstfaser (Polyester)	ebenfalls zu den Nahtmaterialien zählen: Gewebekleber, Wund-/Gewebeklammern, ▸sterile Hautpflaster/Nahtpflaster
Nanotechnologie nanotechnology	Die Nanotechnik ist ein Verfahren zur Herstellung von Produkten im allerkleinsten Maßstab. Ein Nanometer ist ein Milliardstel Meter $(10^{-9}\,m)$. Nanoteilchen/Nanopartikel können die Struktur von Werkstoffen verändern und damit erhebliche Verbesserungen der Eigenschaften erreichen.	Zahnheilkunde: zur Verbesserung von Dentalmaterialien, z. B. ▸Komposit-Füllmaterialien mit besonders glatter, gut polierbarer Oberfläche, dadurch weniger Angriffsfläche für ▸Bakterien höchste ▸Abrasions- und Volumenbeständigkeit auch in ▸Zahnpasta, Polierpasten
NaOCL sodium hypochlorite	chemische Formel für ▸**Na**triumhyp**o**chlorid	
Narkose general anaesthesia, narcosis	allgemeine, zentrale ▸Betäubung/ ▸Vollnarkose, wobei vollständige ▸Schmerzausschaltung und ▸Bewusstlosigkeit entsteht	Zahnheilkunde: hauptsächlich ▸Intubationsnarkose (▸ITN), die eigentlich eine ▸Inhalationsnarkose ist, da über den ▸Tubus das ▸Narkosegas eingeatmet wird Meist erfolgt davor eine ▸Venennarkose zur ▸Sedierung/▸Prämedikation.
Narkosegas gaseous anestetic	▸Narkotikum zum Einatmen ▸Inhalationsnarkose, ▸Anästhesist	Anwendung: bei größeren ▸chirurgischen Eingriffen

M
N
O
P
Q
R
S

Stichwort	Erklärung	Vertiefung
Narkotikum, Narkotika (Mehrzahl) narcotic, narcotics	Narkosemittel ➤ Medikamente zur Durchführung der ➤ Narkose	Einteilung: • Injektionsnarkotika / ➤ Injektion • Inhalationsnarkotika / ➤ Inhalation
nasal nasal	die ➤ Nase betreffend, zur Nase gehörend	
Nase nose	Nasus äußerer Teil der oberen Atemwege Aufbau: Nasenwurzel, Nasenrücken, Nasenspitze, Nasenflügel	Funktionen: • Erwärmung, Vorreinigung, Anfeuchtung der Atemluft • Sinnesorgan zum Riechen • Resonanzraum für die Stimme
Nasenatmung nasal breathing	normale Atemtechnik im Gegensatz zur ➤ Mundatmung	➤ Mundvorhofplatte
Nasenbein nasal bone	Os nasale	➤ paariger ➤ Knochen des ➤ Gesichtsschädels
Nasenblasversuch testing of nasal patency	Abkürzung: **NBV** Methode zum ➤ Diagnostizieren einer ➤ Mund-Antrum-Verbindung (MAV) nach einer ➤ Extraktion im ➤ Oberkiefer-➤ Seitenzahnbereich	Bei zugehaltener ➤ Nase schnaubt der ➤ Patient in die Nase, wodurch die Luft unter hohem Druck aus der ➤ Nasenhöhle über die eröffnete ➤ Kieferhöhle in die ➤ Mundhöhle gepresst wird. In der ➤ Alveole können sich Luftblasen bilden und ein deutliches Geräusch ist zu hören.
Nasenboden nasal floor	wird vom ➤ harten ➤ Gaumen gebildet	➤ Gaumenspalte
Nasenhöhlen nasal chambers	Die knöcherne ➤ Nasenscheidewand teilt das Innere der ➤ Nase in zwei Hälften / Hohlräume.	ausgekleidet mit ➤ Schleimhaut
Nasenmuscheln nasal conchas	Concha nasalis Drei Nasenmuscheln liegen jeweils seitlich an der Wand der beiden ➤ Nasenhöhlen, ausgekleidet mit ➤ Schleimhaut.	Einteilung: obere, mittlere, untere Nasenmuschel vergrößern die Oberfläche der Nasenschleimhaut
Nasennebenhöhlen paranasal sinuses	Sinus paranasales, Abkürzung: **NNH** paarige Schädelhöhlen, die luftgefüllt und mit den ➤ Nasenhöhlen verbunden sind ausgekleidet mit ➤ Schleimhaut	Einteilung: ➤ Kieferhöhle, ➤ Stirnhöhle, ➤ Siebbeinhöhle, ➤ Keilbeinhöhle

M
N
O
P
Q
R
S

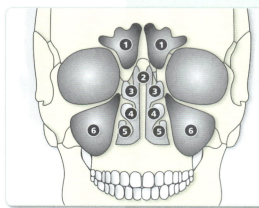

Nasennebenhöhlen

1 Stirnhöhle

2 Nasenscheidewand

3 Obere Nasenmuschel

4 Mittlere Nasenmuschel

5 Untere Nasenmuschel

6 Kieferhöhle

Stichwort	Erklärung	Vertiefung
Nasennebenhöhlen-aufnahme paranasal sinuses x-ray	▸extraorale ▸Röntgenaufnahme ▸Diagnostik: z. B. Hinweis auf ▸Entzündung	▸Nasennebenhöhlen
Nasennebenhöhlen-entzündung maxillar sinusitis, sinus infection	▸Sinusitis maxillaris auch für die ▸Kieferhöhlenentzündung	▸Sinus
Nasenscheidewand nasal septum	auch **Nasenseptum** Septum nasi trennt den Nasenraum in zwei Teile	Prothetik: zeigt die ▸Mittellinie im ▸Gesicht an ▸Nasenhöhlen
Natrium sodium	chemisches ▸Element mit dem Symbol **Na**	weiches, silberglänzendes, hochreaktives Metall
Natriumchlorid sodium chloride, salt	chemische Formel: ▸**NaCl** ▸Kochsalz	▸NaCl-Lösung
Natriumfluorid sodium fluoride	chemische Formel: ▸**NaF** ▸Fluorid, ▸ Fluoridierung	Verwendung in der ▸Kariesprophylaxe, z. B. als Bestandteil von ▸Zahnpasten
Natriumhypochlorit sodium hypochloride	chemische Formel: ▸**NaOCl** Lösung zum Spülen von ▸Wurzelkanälen	löst Gewebereste im ▸Wurzelkanal auf und wirkt ▸bakterizid
Natriumlaurylsulfat sodium lauryl sulphate	oberflächenaktiver Stoff; bewirkt die Schaumbildung in Zahnpasta ▸Tenside	Zahnheilkunde: Zusatz in ▸Zahnpasten als Schaumbildner; kann durch gleichzeitige Verwendung mit ▸CHX dessen Wirkung hemmen
Natriummonofluor-phosphat sodium monofluoro-phosphate	▸anorganische Fluoridverbindung in ▸Zahnpasten	Verwendung in der ▸Kariesprophylaxe ▸Fluoride
Nebenwirkung side effect	meist unerwünschte Wirkung eines ▸Arzneimittels neben der erwünschten Hauptwirkung	z. B. Verfärbungen durch ▸Chlorhexidin
Nekrose necrosis	▸Gewebetod ▸lokales Absterben von ▸Zellen/▸Gewebe	z. B. ▸Pulpanekrose
nekrotisch necrotic	abgestorben	▸Gewebe nach ▸Nekrose
nekrotisierend necrotic	Vorgänge, die eine ▸Nekrose verursachen	▸ nekrotisierende, ulzeröse Gingivitis (NUG)
nekrotisierende Parodontal-erkrankungen necrotic periodontal diseases	• nekrotisierende, ▸ulzeröse ▸Gingivitis Abkürzung: **NUG** schwere, geschwürige ▸Zahnfleischentzündung ▸ANUG, ▸Gingivitis ulcerosa • nekrotisierende, ▸ulzeröse ▸Parodontitis Abkürzung: **NUP** schwere, geschwürige Zahnbettentzündung	
Nelkenöl eugenic oil	ätherisches, leicht verdampfendes Öl aus Gewürznelken Hauptbestandteil: ▸Eugenol ▸Zinkoxid-Eugenol	Zahnheilkunde: als ▸Medikament z. B. für medikamentöse ▸Einlagen, ▸Zahnfleischverbände, Wurzelfüllpasten, ▸provisorische ▸Zemente, wirkt schmerzstillend und beruhigend unverdünnt direkt auf die ▸Pulpa gegeben, wirkt es ▸devitalisierend

NEM-Legierung

Stichwort	Erklärung	Vertiefung
NEM-Legierung base metal alloy, nonprecious alloy	‣ Nicht-Edel-Metall-**Legierung**	für ‣ Zahnersatz; aus Kostengründen verwendete Materialien
Nerv, **Nerven** (Mehrzahl) nerve, nervus	‣ Nervus, Nervi aus Faserbündeln der ‣ Nervenzellen bestehende Erregungsleitung zwischen ‣ Gehirn, ‣ Rückenmark und den ‣ Organen des Körpers ‣ Neuron	Einteilung nach der ‣ Funktion: • ‣ sensible/‣ sensorische Nerven (‣ Nerv, sensibel) • ‣ motorische Nerven (‣ Nerv, motorisch) • gemischte Nerven führen ‣ sensible und ‣ motorische Fasern weitere Einteilung: ‣ Nervensystem
Nerv, motorisch motor nerve	leitet ‣ Reize vom ‣ Gehirn/‣ Rückenmark an die ‣ Muskeln weiter ‣ motorisch	regt ‣ Muskeln/‣ Skelettmuskulatur zur Bewegung/‣ Kontraktion an und kann Drüsen-, Darm- und Gefäßmuskulatur aktivieren
Nerv, sensibel sensory nerve	leitet ‣ Reize aus den ‣ Geweben an das ‣ Gehirn weiter ‣ sensibel	überträgt Reize der Körperoberfläche, z. B. ‣ Schmerz
Nervenaustrittspunkt nerve exit point	auch **Nervendurchtrittstelle** Abkürzung: **NAP**	‣ Foramen, Foramina
Nervenknoten nerve ganglion	‣ Ganglion	Teilungsstelle eines ‣ Nervs
Nervensystem nervous system	Zusammenfassung aller ‣ Nervenzellen in einem ‣ Organismus Einteilung nach der Lage: • Zentrales Nervensystem (**ZNS**) ‣ Gehirn, ‣ Rückenmark • Peripheres Nervensystem (**PNS**) Rückenmarksnerven, ‣ Hirnnerven	Einteilung nach der Funktion: • willkürliches Nervensystem oder ‣ somatisches, ‣ motorisches Nervensystem: steuert willentlich die Bewegungen der ‣ Skelettmuskulatur • unwillkürliches Nervensystem oder ‣ autonomes, ‣ vegetatives Nervensystem: steuert ohne willentliche Beteiligung verschiedene Körperfunktionen, z. B. ‣ Atmung, Herzschlag, Verdauung, ‣ Stoffwechsel ‣ Sympathikus, ‣ Parasympathikus
Nervenzelle neurocyte	Neuron ‣ Zelle zur Reizaufnahme, Erregungsweiterleitung über die ‣ Zellfortsätze und Reizverarbeitung	Aufbau: Zellkörper mit ‣ Zellkern, ‣ Zellfortsätze/‣ Dendrit, ‣ Neurit
Nervnadel nerve boarch	‣ Exstirpationsnadel	‣ Wurzelkanalinstrument mit Widerhaken
Nervus, **Nervi** (Mehrzahl) nerve, nervus	Abkürzung: **N.**, **Nn.** (Mehrzahl) ‣ Nerv, Nerven	siehe die nachfolgenden Fachbegriffe
Nervus alveolaris inferior inferior alveolar nerve	Nervenast, der die ‣ Zähne des ‣ Unterkiefers (3. oder 4. ‣ Quadrant) versorgt	‣ Nervus mandibularis

M
N
O
P
Q
R
S

Stichwort	Erklärung	Vertiefung
Nervus buccalis buccal nerve	Nervenast, der die ‣Wangenschleimhaut versorgt	‣Nervus mandibularis
Nervus facialis facial nerve	‣Gesichtsnerv	VII. ‣Hirnnerv, ‣motorischer Nerv
Nervus lingualis lingual nerve	Nervenast, der die ‣Zunge versorgt	‣Nervus mandibularis
Nervus mandibularis mandibular nerve	‣Unterkiefernerv dritter Ast des ‣Nervus trigeminus; gemischter Nerv führt ‣sensible Fasern und ‣motorische Fasern	Unterteilung: ‣Nervus alveolaris inferior, ‣Nervus buccalis, ‣Nervus lingualis, ‣Nervus mentalis
Nervus maxillaris maxillary nerve	‣Oberkiefernerv	zweiter Ast des ‣Nervus trigeminus; ‣sensibler Nerv
Nervus mentalis mental nerve	Nervenast, der den Kinnbereich versorgt ‣Nervus mandibularis	entspringt dem ‣Nervus alveolaris inferior nach dem Austritt aus dem ‣Unterkieferkanal
Nervus ophtalmicus optic nerve	‣Augennerv versorgt Stirn, Tränendrüsen, Teile der ‣Nase, Augenbindehaut, Augenwinkel	erster Ast des ‣Nervus trigeminus; ‣sensibler Nerv
Nervus trigeminus trigeminal nerve	dreigeteilter Nerv, Drillingsnerv V. ‣Hirnnerv versorgt jeweils eine Gesichtshälfte ‣sensibel, die ‣Kaumuskulatur auch ‣motorisch	Unterteilung: 1. Ast: Nervus ‣ophtalmicus 2. Ast: Nervus ‣maxillaris 3. Ast: Nervus ‣mandibularis

Nervus trigeminus

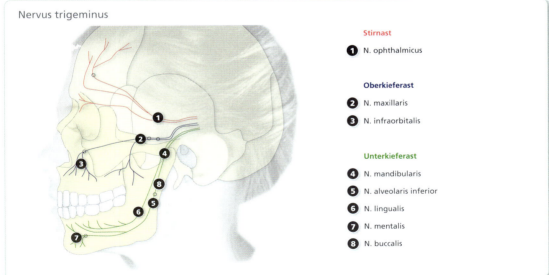

Stirnast
1 N. ophthalmicus

Oberkieferast
2 N. maxillaris
3 N. infraorbitalis

Unterkieferast
4 N. mandibularis
5 N. alveolaris inferior
6 N. lingualis
7 N. mentalis
8 N. buccalis

Nervus vagus vagus nerve	größter Nerv des ‣Parasympathikus	X. Hirnnerv
neural nervous	die ‣Nerven, das ‣Nervensystem betreffend	‣Neuralgie
Neuralgie neuralgia	Nervenschmerz Schmerzanfall eines ‣sensiblen Nervs	‣Trigeminusneuralgie ‣Schmerz

M
N
O
P
Q
R
S

Stichwort	Erklärung	Vertiefung
Neurit neuraxon	auch **Axon** langer Fortsatz einer ›Nervenzelle	leitet ›Reize/elektrische Impulse an die nächste ›Zelle weiter ›Dendrit
Neuritis neuritis	Nervenentzündung ›Entzündung	Erkrankung eines ›peripheren Nerven oder ›Hirnnerven ›Nervensystem
Neurologie neurology	Lehre von den Erkrankungen des ›Nervensystems	Teilgebiet der Medizin, welches sich mit der ›Funktion und den ›Krankheiten des ›Nervensystems befasst Neurologe: Facharzt für Neurologie
Neuron nerve cell, neurone	›Nervenzelle	Funktion: Erregungsleitung
Neutralbiss neutrocclusion, normal bite	auch **Regelbiss** Die Zähne beider ›Kiefer treffen bei der ›Okklusion regelgerecht aufeinander. ›Eugnathie ›Biss	
New Attachment new attachment	auch **Reattachment** **Parodontologie:** erneutes Anwachsen/Anhaften von Parodontalgewebe an die gereinigte Wurzeloberfläche ›Attachment ›Gesteuerte Geweberegeneration	
Nichtanlage agenesia	keine ›Zahnanlage, Fehlen von ›Zahnkeimen ›Anodontie ›Hypodontie	
Nicht-Edelmetall-Legierung base metal alloy, nonprecious alloy	Abkürzung: ›NEM Bei ›Zahnersatz können Materialien verwendet werden, die nicht zu den ›Edelmetallen gehören wie Chrom, Kobalt, Molybdän. ›Legierung	
Nicht-Kontamination non-contamination	›hygienische Arbeitssystematik; soll das Risiko einer ›Infektion verringern ›Kontamination ›DAHZ	Inhalt: • Risikoeinschätzung • Schutzmaßnahmen • Vermeidung von Verletzungen • systematische Durchführung von Arbeitsabläufen
NNH paranasal sinuses	Abkürzung für ›Nasennebenhöhlen	
Nomenklatur nomenclature	Verzeichnis für die in einem bestimmten Wissenschaftsbereich vorkommenden, allgemein verbindlichen Bezeichnungen/Fachausdrücke, z. B. in der Zahnheilkunde	z. B. ›Zahnbezeichnungssysteme (›FDI), Begriffe aus der ›Anatomie ›Terminus

M
N
O
P
Q
R
S

Stichwort	Erklärung	Vertiefung
Nonokklusion nonocclusion	fehlender oder unvollständiger ▸Kontakt der ▸Zahnreihen gegeneinander Gegenteil: ▸Okklusion	Ursachen: z. B. ▸offener Biss durch ▸Daumenlutschen, Schnuller; ▸Zahnfehlstellungen
Norm standard	allgemein anerkannte Anwendung von Regeln, Richtwerten oder Merkmalen	▸DIN-Norm, ▸ISO-Norm
Nosokomialinfektion nosocomial infection, hospital-acquired infection	Infektion durch Nosokomialkeime oder andere ▸Mikroorganismen, die meist durch eine ▸Behandlung im Krankenhaus erworben wird	▸Hospitalismuskeim, z. B. ▸Methicillin-Resistenter-Staphylokokkus-Aureus (MRSA)
Notfall emergency case	plötzlich eintretendes Ereignis, das sofortiges Handeln/Hilfeleistung erfordert, z. B. bei Störung von Herz-Kreislauf-Funktionen **Notfallmaßnahmen:** z. B. ▸CAB-Schema, stabile Seitenlage, ▸Medikamente	**Zahnheilkunde:** z. B. • ▸Fraktur: ▸Zahn, ▸Kiefer • ▸Atmung: ▸Aspiration von Fremdkörpern • Verletzungen: ▸Mund, ▸Gesicht • akute ▸Pulpitis • starke Blutung • ▸Kiefergelenkluxation
Notfallmeldung emergency call	Rettungsleitstelle über einen ▸Notfall informieren: Euro-Notrufnummer **112** funktioniert in allen Netzen auch ohne SIM-Karte und Guthaben am Wertkartenhandy	wichtig: „5 **W**-Fragen" • **Wer** meldet? • **Wo** ist der Notfall/die Praxis? • **Was** ist geschehen? • **Wie viele** Verletzte? • **Welche** Verletzung/Erkrankung? Warten auf Rückfragen der Leitstelle!
Noxe noxious substance	Substanz, die auf den Körper schädlich wirkt oder ▸Krankheiten auslöst	z. B. ▸Drogen, Umweltgifte
Nuckel comforter	auch **Nuckelsauger, Schnuller, Gummisauger** ▸lutschen	auf Baby-Trinkflaschen, als Beruhigungssauger
Nuckelflaschenkaries Nursing-Bottle-Syndrome	Abkürzung: **NFK** entsteht ernährungsbedingt durch dauerhaftes Nuckeln an gesüßter Flaschennahrung (Zuckertee) oder säurehaltigen Fruchtsaftgetränken ▸Nursing-Bottle-Syndrom	
NUG	Abkürzung für ▸nekrotisierende, ulzeröse Gingivitis	▸Nekrose ▸ANUG
Nukleus cell nucleus	auch **Nucleus** ▸Zellkern	enthält die Erbsubstanz ▸DNA
NUP	Abkürzung für ▸nekrotisierende, ▸ulzeröse ▸Parodontitis	▸ Nekrose
Nursing-Bottle-Syndrom	Abkürzung: **NBS** ▸Nuckelflaschenkaries	weitere Begriffe: ▸Early Childhood Caries (ECC), ▸Baby-Bottle-Syndrom
Nutzstrahlenbündel useful X-ray beam	**Röntgenkunde:** Strahlenkegel, der zur Herstellung der ▸Röntgenaufnahme aus dem Röntgengehäuse/▸Röntgentubus austritt	Im Zentrum befindet sich der gedachte ▸Zentralstrahl.

M
N
O
P
Q
R
S

o

Stichwort	Erklärung	Vertiefung

o — Abkürzung für ▸okklusal und ▸oral — Lage-/Richtungsbezeichnung am Zahn

O
oxygen — Symbol für das chemische ▸Element ▸Sauerstoff — meist als molekularer Sauerstoff in Verbindung aus zwei ▸Atomen ▸Sauerstoff mit der Summenformel O_2

o. B.
negative, normal, no abnormality detected — Abkürzung für **o**hne (krankhaften) ▸**B**efund — als Ergebnis einer medizinischen/zahnmedizinischen ▸Untersuchung

Oberflächenanästhesie
surface anaesthesia — örtliche ▸Schmerzausschaltung der oberflächlichen ▸Haut/▸Schleimhaut durch das Aufbringen eines ▸Lokalanästhetikums, welches durch die Hautoberfläche ▸diffundiert — ▸Anästhesie, ▸Lokalanästhesie — Anwendung:
- Schmerzausschaltung; z. B. Entfernen lockerer ▸Milchzähne, Einstich bei ▸Injektionen
- Unterdrückung des ▸Würgereizes bei ▸Abformung oder ▸Röntgenaufnahme

Oberflächendesinfektion
surface disinfection — auch ▸**Flächendesinfektion**
Zahnheilkunde:
Nach jeder ▸Behandlung müssen die patientennahen Flächen und Gegenstände durch ▸Wisch- oder ▸Sprühdesinfektion benetzt werden.
z. B. Lampengriffe, Geräteblock, Behandlungsstuhl
▸Desinfektion

Wischdesinfektion

Oberflächendosis
entrance dose — Röntgenkunde:
▸Dosis von ▸Röntgenstrahlen, die auf der Körperoberfläche auftrifft und dort gemessen wird. — Der Wert setzt sich zusammen aus der auftreffenden Dosis und der aus dem Körper zurückgeworfenen ▸Streustrahlung.

Oberhaut
outer skin — ▸Epidermis — ▸Haut — besitzt keine ▸Blutgefäße; bildet eine schützende Hornschicht, die laufend erneuert wird

Oberkiefer
upper jaw — ▸Maxilla — ▸Knochen des ▸Gesichtsschädels, Sitz der beiden ▸Kieferhöhlen
Der Oberkieferknochen bildet:
- den Boden der ▸Augenhöhle
- den Boden und die Seitenwand der ▸Nasenhöhle
- einen Teil des ▸Gaumens (Dach der ▸Mundhöhle)

Oberkieferkörper
body of maxilla — Corpus maxillae
Oberkieferknochen mit ▸Kieferhöhle
bildet den harten ▸Gaumen und den ▸Alveolarfortsatz
Vom Oberkieferkörper aus entwickeln sich vier Fortsätze:
- ▸Gaumenfortsatz
- ▸Jochbeinfortsatz
- ▸Stirnbeinfortsatz
- ▸Alveolarfortsatz
▸Processus

Processus zygomaticus (Jochbeinfortsatz; angeschnitten) — Processus frontalis (Stirnfortsatz) — Foramen infraorbitale — Processus alveolaris (Alveolarfortsatz) — Tuber maxillae

Stichwort	Erklärung	Vertiefung
Oberkiefernerv maxillary nerve	▸Nervus maxillaris zweiter Ast des ▸Nervus trigeminus; ▸sensibler Nerv	versorgt z. B. Oberkieferzähne, ▸Gaumen, ▸Nase, ▸Oberlippe, oberen Wangenbereich
Oberkieferzange maxillary forceps	▸Extraktionszange Verschiedene Zahnformen erfordern unterschiedliche Zangenformen: ▸**Frontzähne:** gerade ▸Branchen ▸**Prämolaren:** leicht gebogene Form ▸**Molaren:** zusätzlich mit einer ▸Zacke ▸Rabenschnabelzange
Frontzahnzange
Oberlippe upper lip	Lippenanteil des ▸Oberkiefers	▸Lippe
obligatorisch obligatory	auch **obligat** verbindlich, vorgeschrieben, zwingend erforderlich	z. B. ▸Hygiene/Hygienevorschriften Gegenteil: ▸fakultativ
Obliteration obliteration	auch **Kalzifikation** Verkalkung, Verschluss von Hohlorganen **Zahnheilkunde:** Verschluss von ▸Wurzelkanälen durch: • Bildung von ▸Sekundärdentin • Bildung von ▸Tertiärdentin, z. B. bei unteren ▸Frontzähnen • Kalkablagerungen, z. B. ▸Dentikel
Gesamter Zahn verändert seine Farbe
Obturation obturation	auch ▸**thermoplastische Obturation** Verschluss, Verstopfung des ▸Lumens eines Hohlorgans, z. B. des ▸Wurzelkanals Weiterentwicklung der ▸vertikalen ▸Kondensation von ▸Wurzelfüllmaterial	Ein ▸Guttapercha-Stift (mit oder ohne Glasfaserstift als Kern) wird erwärmt und in den Hauptkanal des ▸Wurzelkanals gepresst; das erwärmte ▸Guttapercha fließt dabei auch in die schwer erreich- baren ▸Seitenkanäle.
Obturator obturator, obturator appliance	Verschlussplatte z. B. bei ▸Gaumenspalten oder nach ▸Tumoroperationen	▸Defektprothese
Ödem edema	Ansammlung/Einlagerung von Flüssigkeit im ▸Gewebe	führt zur Anschwellung des Gewebes
Odont…, odont… odont	Wortbestandteil mit der Bedeutung: ▸Zahn	siehe die nachfolgenden Fachbegriffe
Odontium tooth structure	Oberbegriff für die unterschiedlichen ▸Gewebe des ▸Zahnes	▸Schmelz, ▸Dentin, ▸Pulpa
Odontoblasten odontoblasts, dentin-producing cells	▸Dentin bildende ▸Zellen bilden zunächst ▸Primärdentin nach Abschluss der ▸Zahnentwicklung lebenslange Bildung von ▸Sekundärdentin und ▸Tertiärdentin Lage: Grenzfläche zwischen ▸Dentin und ▸Pulpa ▸Odontoblastenfortsätze
Odontoblasten an der Pulpa-Dentin-Grenze |

M
N
O
P
Q
R
S

Stichwort	Erklärung	Vertiefung
Odontoblasten-fortsätze odontoblasts processes	auch **Tomes'sche Fasern** Zellausläufer der ▸Odontoblasten, welche durch die ▸Dentinkanälchen bis zur Oberfläche des ▸Dentins ziehen ▸Pulpa	Funktion: Weiterleiten von ▸Schmerz, wenn ▸Reize auf eine Dentinwunde einwirken ▸Hyperästhesie
odontogen odontogenic	auch **dentogen** vom ▸Zahn ausgehend, zum Zahn gehörend	z. B. odontogene ▸Zyste, ▸Abszess
Odontoklasten dentinoclasts, odontoclasts	▸Dentin abbauende ▸Zellen bewirken den Abbau der Milchzahnwurzeln vor der zweiten ▸Dentition	▸Milchzahnresorption ▸Wechselgebiss
Odontom odontoma	gutartige ▸Geschwulst aus ▸Zahnhartgewebe	Entstehung z. B. aus der Fehlentwicklung eines ▸Zahnkeimes
offene Kürettage open curettage	auch ▸**Lappenoperation**	▸Kürettage
offener Biss open bite	▸Bissanomalie: Einige/alle Oberkieferzähne beißen nicht korrekt auf die Unterkieferzähne; es bleibt ein Spalt zwischen den ▸Zahnreihen offen; meist im ▸Frontzahngebiet. ▸lutschoffener Biss	
Ohnmacht faint	Synkope kurzzeitige Störung des ▸Bewusstseins durch vorübergehende Minderdurchblutung (Sauerstoffmangel) des ▸Gehirns	Symptome: z. B. Schwindel, Blässe, Übelkeit, kalter Schweiß Sofortmaßnahmen: ▸Schocklage, enge Kleidung lockern, Frischluft/▸Sauerstoff
Ohrspeicheldrüse parotic, parotid gland	▸Glandula parotis oder Parotis größte ▸Speicheldrüse; paarig produziert wässrig-dünnfließenden (▸serösen) ▸Speichel	Lage: vor und unter dem Ohr Ausführungsgang: in der ▸Backe; gegenüber des ersten und zweiten ▸Molaren im ▸Oberkiefer Erkrankung: ▸Mumps
okklusal occlusal	Abkürzung: o zur ▸Kaufläche hin gelegen, auf der Kaufläche	Lage-/Richtungsbezeichnung am Zahn
Okklusion occlusion, dental occlusion	Kieferschluss, ▸Schlussbiss Berührung der Zähne des ▸Ober- und ▸Unterkiefers in ▸Ruhelage	Gegenteil: ▸Nonokklusion
Okklusionsebene occlusal plane, bite plane	Kauebene	▸Okklusion
Okklusionsfolie articulation paper, occluding paper	auch **Okklusionspapier**, ▸**Artikulationspapier** dient zur Überprüfung der ▸Okklusion und ▸Artikulation	
Oligo… few, olig(o)	Wortbestandteil mit der Bedeutung: wenig	siehe die nachfolgenden Fachbegriffe

M
N
O
P
Q
R
S

Stichwort	Erklärung	Vertiefung
Oligodontie oligodontia	auch ›**Hypodontie** ›Zahnunterzahl	weniger Zähne als normal
Oligosialie oligosialia	auch ›**Hyposalivation** verminderter ›Speichelfluss	›Salivation
One-Bottle-System one-bottle system	Ein-Flaschen-System ›Adhäsivsystem, bei welchem ›Primer und ›Bond in einem Arbeitsschritt aufgetragen werden	›Adhäsivtechnik
Onlay onlay	›Goldgussfüllung, welche die ganze ›Kaufläche überdeckt und deren Kanten bis zu den Höckerspitzen reichen ›Inlay	
opak impervious to light, opaque	lichtundurchlässig, undurchsichtig	›Opaker, ›Opazität
Opaker opaquer	auch **Opaquer** Abdecklack Verwendung in der ›Zahntechnik, um z. B. das Durchscheinen von Kronen-/Brückengerüsten (Metall) unter ›Verblendungen zu verhindern	
Opazität opacity	Lichtundurchlässigkeit von Materialien, z. B. Milchglas, ›Dappenglas Gegenteil: ›Transparenz	**Zahnheilkunde:** Schmelzdefekte in Form von weißlichen, kreidig aussehenden Flecken, z. B. bei Beginn einer ›Demineralisation des ›Zahnschmelzes
operabel appropriate for surgial removal, operable	operierbar geeignet für einen ›chirurgischen Eingriff, z. B. ein ›Tumor	›Operation Gegenteil: ›inoperabel
Operation operation, surgery	Durchführung eines ›chirurgischen Eingriffs	›Chirurgie
Operations-einwilligung duty to inform patient	auch **Aufklärungsprotokoll** Verpflichtung des Arztes/›Zahnarztes, im persönlichen Gespräch den ›Patienten über einen geplanten Eingriff (Behandlung) in verständlicher Form zu informieren. Ohne diese Aufklärung besteht kein rechtsverbindlicher Behandlungsvertrag, was juristisch dem Tatbestand der Körperverletzung entspricht. Ausnahme: Notfallbehandlung	Inhalt: • ›Diagnose, Gründe für den Eingriff • Behandlungsablauf • ›Risiko, mögliche ›Komplikationen • ›Nachbehandlung Das Protokoll wird vom Behandler und vom Patienten unterschrieben (nach ausreichender Bedenkzeit).

M
N
O
P
Q
R
S

Stichwort	Erklärung	Vertiefung
Operationsmikroskop operating microscope	▸Mikroskop mit 6- bis 40-facher Vergrößerung **Medizin:** Verwendung in der Mikrochirurgie, z. B. Gefäßchirurgie **Zahnheilkunde:** Einsatz bei ▸Wurzelkanalbehandlungen	
Operationsschablone operating form, operating template	▸Miniplastschiene als Hilfsmittel zum Setzen von ▸Implantaten wird anhand von ▸Röntgenaufnahmen angefertigt	Während der ▸Implantation orientiert sich der Behandler an den vorgebohrten Löchern in der ▸Schablone, an welcher Stelle und in welchem Winkel die Implantate zu setzen sind.
operativ operative, surgical	auf ▸chirurgischem Wege, durch ▸Operation erfolgt	z. B. operative ▸Zahnentfernung Gegenteil: konservativ, ohne operatives Vorgehen
OPG orthopantograph	Abkürzung für ▸Ortho**p**antomogramm	auch **OPT**
Ophtalmicus ophthalmic nerve	Kurzform für ▸**Nervus ophtalmicus** ▸Augennerv	erster Ast des ▸Nervus trigeminus
OptraDam®	vorgeformter, dreidimensionaler ▸Kofferdam, der ohne ▸Kofferdamklammer angelegt werden kann ähnliche Produkte: z. B. OptraGate®	
Optik optics	Lehre vom Licht das Gebiet der ▸Physik, welches sich mit dem Licht und seiner Wahrnehmung beschäftigt	**Zahnheilkunde:** ▸Lichtpolymerisation
optische Abformung optical impression technique	auch **digitale** ▸**Abformung** Mit einem ▸Scanner oder ▸Laser werden die benötigten Zähne oder Kieferabschnitte im ▸Mund des ▸Patienten abgetastet und am Bildschirm korrigiert.	Die Weiterbearbeitung erfolgt ▸konventionell oder mit ▸CAD/CAM-Technik im ▸Dentallabor (Übermittlung per Mail).
oral oral	Abkürzung: **o** den ▸Mund betreffend, zur ▸Mundhöhle gehörend	▸peroral ▸intraoral
Oralchirurgie oral surgery	Fachgebiet der ▸Zahnheilkunde, welches sich mit ▸operativen Eingriffen in der ▸Mundhöhle beschäftigt z. B. operative Entfernung von ▸Weisheitszähnen, ▸Zysten, ▸Tumoren, ▸Implantologie, ▸Kieferbruchbehandlung, ▸Hemisektion, ▸Transplantation/▸Reimplantation von Zähnen	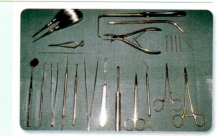

M
N
O
P
Q
R
S

Stichwort	Erklärung	Vertiefung
Oralphobie oral phobia	auch **Dentalphobie** ▸Zahnbehandlungsangst	▸Phobie
Oraqix®	▸Parodontal-Gel mit ▸anästhesierender Wirkung	Das Schmerzgel wird mit einer stumpfen ▸Kanüle vom ▸Gingivalrand in die ▸Zahnfleischtasche eingebracht.
Orbita orbital cavity, eye socket	knöcherne ▸Augenhöhle	▸Foramen supraorbitale ▸Foramen infraorbitale
Organ organum	Körperteil bildet innerhalb des Körpers eine abgegrenzte Einheit mit gleicher ▸Funktion	setzt sich aus verschiedenen ▸Zellen und ▸Geweben zusammen, z. B. ▸Leber, ▸Blut, ▸Muskel, ▸Zahn
organisch organic, structural	den ▸Organismus, ein ▸Organ, die belebte Natur betreffend	Gegenteil: ▸anorganisch
Organismus organism, organization	Körper eines Lebewesens	Gesamtheit aller ▸funktionell verbundenen ▸Organe des Körpers
Ortho..., ortho... ortho	Wortbestandteil mit der Bedeutung: aufrecht, gerade	siehe die nachfolgenden Fachbegriffe
orthograd orthograde	in ▸physiologischer Richtung vorgehen	z. B. ▸Wurzelkanalfüllung von der ▸Zahnkrone beginnend zur ▸Wurzelspitze hin Gegenteil: ▸retrograd
Orthopantomogramm orthopantography	Röntgenkunde: auch ▸**Panorama-Schichtaufnahme** Abkürzungen: **OPG, OPT** ▸extraorale ▸Übersichtsaufnahme beider ▸Kiefer mit ▸Gelenken und ▸Kieferhöhlen ▸Orthopantomograph	
Orthopantomograph orthopantograph	▸Röntgengerät zur Herstellung von ▸Panorama-Schichtaufnahmen ▸Orthopantomogramm	▸Röntgenröhre und ▸Röntgenfilm/ Filmkassette liegen sich gegenüber und umkreisen während der Aufnahme den Kopf des ▸Patienten.
orthoradial orthoradial	Richtungsbezeichnung beim ▸Röntgen; senkrecht auf den ▸Zahnbogen	▸orthoradiale Projektion Gegenteil: ▸exzentrisch
orthoradiale Projektion orthoradial projection	Röntgenkunde: Der ▸Zentralstrahl trifft rechtwinklig (im Winkel von 90°) auf den ▸Zahn, in Höhe der ▸Kauebene.	▸laterale Projektion
Os mouth	▸Mund	gesprochen wird ein langes „O"
Os, **Ossa** (Mehrzahl) bone	▸Knochen, Bein	siehe die nachfolgenden Fachbegriffe gesprochen wird ein kurzes „O"

M
N
O
P
Q
R
S

Os ethmoidale

Stichwort	Erklärung	Vertiefung
Os ethmoidale	❺ ➤ Siebbein	
Os frontale	❷ ➤ Stirnbein	
Os hyoideum	➤ Zungenbein	
Os incisivum	➤ Zwischenkiefer	
Os lacrimale	❻ ➤ Tränenbein	
Os nasale	❹ ➤ Nasenbein	
Os occipitale	➤ Hinterhauptsbein	
Os palatinum	➤ Gaumenbein	
Os parietale	❶ ➤ Scheitelbein	
Os sphenoidale	❸ ➤ Keilbein	
Os temporale	❼ ➤ Schläfenbein	
Os zygomaticum	❽ ➤ Jochbein	

❶ Scheitelbein
❷ Stirnbein
❸ Keilbein
❹ Nasenbein
❺ Siebbein
❻ Tränenbein
❼ Schläfenbein
❽ Jochbein
❾ Pflugscharbein / vomer
❿ Oberkiefer / maxilla
⓫ Unterkiefer / mandibula

nicht abgebildet:
Gaumenbein
Hinterhauptsbein
Zungenbein
Zwischenkiefer

Stichwort	Erklärung	Vertiefung
Osmose osmosis	einseitiger Übergang von zwei verschieden konzentrierten Lösungen durch eine ➤ semipermeable (halbdurchlässige) ➤ Membran hindurch ➤ isotonische Kochsalzlösung	Folge: Auf beiden Seiten der ➤ Membran findet ein Ausgleich der unterschiedlichen ➤ Konzentrationen der Lösungen statt, ohne Transport der gelösten Teilchen. ➤ osmotischer Druck
osmotischer Druck osmotic pressure	Kraft, mit welcher die ➤ Osmose durch eine ➤ semipermeable ➤ Membran hindurch erreicht wird	➤ Physiologische Kochsalzlösung besitzt den gleichen osmotischen Druck (➤ isotonisch) wie das ➤ Blut und kann deshalb als Blutersatz verwendet werden.
Ösophagus esophagus, gullet	➤ Speiseröhre	Teil des ➤ Verdauungstraktes
Osseointegration osseointegration	Implantologie: Das Verwachsen des ➤ Alveolarknochens mit dem eingesetzten ➤ Implantat führt zur stabilen Befestigung im ➤ Knochen. ➤ Implantologie	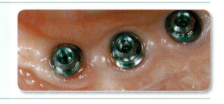
Ossifikation ossification, bone formation	Verknöcherung, Bildung von Knochengewebe aus ➤ Bindegewebe oder ➤ Knorpel	z. B. bei der Heilung einer ➤ Fraktur und in der Wachstumsphase ➤ Osteoblasten
Osteo..., osteo... bone, oste(o)	Wortbestandteil mit der Bedeutung: Knochen	siehe die nachfolgenden Fachbegriffe
Osteoblasten osteoblasts, skeletogenous cells	knochenbildende ➤ Zellen	Gegenteil: ➤ Osteoklasten
Osteogenese osteogenesis, bone formation	Knochenbildung, Bildung von Knochengewebe	z. B. Neubildung nach ➤ Extraktion in der leeren ➤ Alveole Umbildung nach ➤ Kieferbruch

M
N
O
P
Q
R
S

Stichwort	Erklärung	Vertiefung
Osteoklasten osteoclasts, osteophages	knochenabbauende ›Zellen Knochenfresszellen	Gegenteil: ›Osteoblasten
Osteom osteoma	›Geschwulst aus Knochengewebe	gutartiger ›Tumor
Osteomyelitis osteomyelitis	›Entzündung des ›Knochenmarks ein- schließlich Knochenentzündung/›Ostitis und Knochenhautentzündung/›Periostitis Im Verlauf einer Osteomyelitis können sich ›Osteonekrosen/Kiefernekrosen entwickeln.	mögliche Ursachen: • ›Infektion des ›Knochenmarks, z. B. durch ›Ostitis nach Zahnentfernung • offene ›Wunden nach Verletzung des ›Kiefers • ›eitrige Prozesse an der ›Zahnwurzel • Vereiterung der ›Kieferhöhlen
Osteonekrose osteonecrosis, bone necrosis	Absterben von Knochengewebe Abgestorbene Bereiche des Kieferknochens werden als ›Sequester bezeichnet. ›Nekrose	mögliche Ursachen: • ›chirurgischer Eingriff, ›Transplantationen, ›Osteomyelitis • Bestrahlung am Kiefer/ ›Osteoradionekrose • aufgrund von ›Medikamentengabe, ›Bisphosphonate
Osteoplastik osteoplasty	›operatives Verschließen von Knochenlücken ›Gesichtsspalte ›Gaumenspalte	**Zahnheilkunde:** • Verpflanzen von Knochenteilen, z. B. aus dem Beckenkamm, bei ›Augmentation, Kieferspaltenverschluss • Auffüllen mit ›Knochenersatz- materialien im Rahmen einer ›Parodontalbehandlung
Osteoporose osteoporosis, brittle bones	Knochenschwund verstärkter ›Knochenabbau im Inneren des ›Knochens dadurch erhöhte Bruchgefahr	**Zahnheilkunde:** Überprüfung vor einer ›Implantation, da eine herabgesetzte Knochendichte z. B. die Verankerung und Einheilung von ›Implantaten erschweren kann
Osteoradionekrose osteoradionecrosis, radiation bone necrosis	Absterben von Knochengewebe nach ›Strahlentherapie ›Osteonekrose	z. B. nach Behandlung von bösartigen ›Tumoren
Osteosynthese osteosynthesis, osseous fixation	›operatives Verfahren zur Zusammensetzung von Knochenteilen, z. B. nach ›Fraktur ›Osteotomie	zur ›Fixation in der ›physiologischen Stellung durch Schrauben, Verdrahtung, Metallplatten/Miniplatten
Osteotomie osteotomy	›Aufklappung ›chirurgische Entfernung/Eröffnung von ›Knochen, z. B. zur ›Zahnentfernung mit ›Knochenfräse, ›sterilem ›Rosenbohrer ›Zahnverlagerung	
Osteozyten osseous cell, bone cell	Knochenzellen liegen innerhalb des ›Knochens und entwickeln sich aus ›Osteoblasten	›Osteoblasten ›Osteoklasten

M
N
O
P
Q
R
S

Stichwort	Erklärung	Vertiefung
Ostitis ostitis, inflammation of a bone	‣ Knochenentzündung ‣ Osteomyelitis	z. B. ‣ apicale Ostitis / ‣ Parodontitis apicalis
oszillieren oscillate	schwingen, pendeln	z. B. Bewegungsart elektrischer ‣ Zahnbürsten, ‣ Zahnsteinentfernungs-geräte
Overbite over bite, vertical overlay	‣ Überbiss der ‣ Frontzähne in ‣ vertikaler Richtung ‣ tiefer Biss	‣ Überbiss, ‣ frontal
Overjet overjet, horizontal overlap	‣ Überbiss der ‣ Frontzähne in ‣ sagittaler / horizontaler Ebene	‣ Frontzahnstufe, ‣ sagittal
Overlay overlay crown	Goldgussfüllung überdeckt die ‣ Kaufläche und die ‣ Höcker vollständig (auch von außen wie ein Kantenschutz)	
Oxid oxide	Verbindung von chemischen ‣ Elementen mit ‣ Sauerstoff ‣ Oxidation	z. B. ‣ Wasserstoffperoxid (H_2O_2): Flüssigverbindung aus ‣ Wasserstoff und Sauerstoff
Oxidation oxidation, oxidization	‣ chemische Reaktion von ‣ Elementen oder Verbindungen mit ‣ Sauerstoff und der Bildung von ‣ Oxiden	Gegenteil: Reduktion
oxidieren oxidize, oxidate	sich mit ‣ Sauerstoff verbinden, eine Sauerstoffverbindung eingehen ‣ Oxidation	**Zahnheilkunde:** Beim ‣ Bleaching wird aus ‣ Wasserstoffperoxid (H_2O_2) oder Chlor-verbindungen ‣ Sauerstoff freigesetzt, der die Farbstoffe im ‣ Zahnschmelz durch einen Oxidationsprozess dauerhaft zerstört.
Oxidkeramik oxide ceramics	keramische Werkstoffe auf der Basis von Metalloxiden z. B. ‣ Zirkoniumoxid / Zirkonoxid ‣ Keramik	
Ozon ozone	Summenformel: O_3 gasförmiges ‣ Sauerstoffmolekül aus drei Sauerstoffatomen, welches leicht in molekularen Sauerstoff (O_2) zerfällt wirkt als starkes ‣ Oxidationsmittel und hat dadurch ‣ desinfizierende Eigenschaften	**Zahnheilkunde:** ‣ Desinfektion der sauberen ‣ Glattflächen am ‣ Zahn und in der ‣ Zahnfleischtasche ‣ Heal-Ozone ‣ Ozontherapie
Ozontherapie ozone therapy	auch ‣ **lokale Ozontherapie** keimabtötende Wirkung auf ‣ Bakterien, ‣ Viren, ‣ Pilze ‣ Heal-Ozone	**Zahnheilkunde:** • Entfernung oberflächlicher ‣ Karies • Anwendung bei der ‣ Behandlung von Entzündungsprozessen, z. B. ‣ Gingivitis • Unterstützung der Heilung nach ‣ PA-Behandlung und ‣ Implantation

M
N
O
P
Q
R
S

Stichwort	Erklärung	Vertiefung
P	Abkürzung für ►Prämolar	►Dens prämolaris
p	Abkürzung für ►palatinal	Lage-/Richtungsbezeichnung am Zahn
PA	auch **PAR** Abkürzungen für ►**Pa**rodontal…	den ►Zahnhalteapparat betreffend
paarig paired	Anatomie: beidseitig im ►Organismus vorhanden	z. B. ►Knochen, ►Muskeln, ►Organe
Pädiater pediatrician	Kinderarzt, Arzt mit einer Facharztausbildung in Pädiatrie (Kinderheilkunde)	►Kinderzahnheilkunde: ►Pädodontie
Pädodontie pediatric dentistry, pedodentistry	►Kinderzahnheilkunde	spezieller Tätigkeitsbereich in der ►konservierenden Zahnheilkunde für Kinder und Jugendliche
palatinal palatal	zum ►Gaumen hin gelegen, den Gaumen betreffend Lage- und Richtungsbezeichnung im ►Oberkiefer	
Palatinalbogen palatal arch	Kieferorthopädie: querverlaufender ►Innenbogen im ►Oberkiefer bei ►festsitzenden, ►kieferorthopädischen Apparaturen	►Funktion: ►Abstützung/Stabilisation der ersten großen ►Backenzähne; der ►Bogen verhindert eine Verschiebung/Wanderung nach vorn. Befestigung: beidseitig an einem ►Band, welches den ►Molaren vollständig umgibt
Palatinalbügel palatal bar	Prothetik: ►Gaumenbügel, ►Transversalbügel	gegossenes ►Verbindungselement an der ►Metallbasis zwischen zwei ►Prothesensätteln einer ►Teilprothese im ►Oberkiefer
Palatum palate	►Gaumen Unterteilung: **Palatum durum** (harter Gaumen) **Palatum molle** (weicher Gaumen)	obere Abgrenzung der ►Mundhöhle
palliativ palliative	►Therapieform, welche nur noch Beschwerden lindert, wenn eine ►Krankheit nicht mehr geheilt werden kann	z. B. bei ►chronischen Erkrankungen oder ►Tumoren
Palpation palpation	►Befunderhebung durch Abtasten, Fühlen von ►Gewebe	z. B. Abtasten eines ►Abszesses; Bestimmen des ►Lockerungsgrades von Zähnen; Untersuchen von ►Kiefermuskulatur und ►Kiefergelenken
Pandemie pandemia	►infektiöse Massenerkrankung, die sich zeitgleich über große Gebiete (Länder, Kontinente) ausbreitet	weltweite Verbreitung, z. B. von ►AIDS, Schweinegrippe, Vogelgrippe ►Epidemie

M
N
O
P
Q
R
S

Stichwort	Erklärung	Vertiefung

Pankreas

pancreas,
salivary gland
of the abdomen

Bauchspeicheldrüse

große ▸ Drüse quer liegend im linken
Oberbauch

Die Drüse besteht aus zwei Anteilen:

▸ **endokrine** Drüse:
gibt das ▸ Hormon ▸ Insulin direkt
ins ▸ Blut ab zur Regulierung des
▸ Blutzuckerspiegels

▸ **exokrine** Drüse:
gibt Verdauungsenzyme in den Zwölffingerdarm ab zum Abbau von ▸ Eiweiß,
Fett, ▸ Kohlenhydraten (▸ Amylase)

**Panorama-
Schichtaufnahme**

panoramic/panoral
radiograph

Röntgenkunde:
auch **Panoramaaufnahme**

▸ Orthopantomogramm

▸ Orthopantomograph
▸ Verstärkerfolie

Papierspitzen

absorbent points

saugfähige Spitzen aus Papier in
genormten ▸ ISO-Größen zur Trocknung
des ▸ Wurzelkanals im Rahmen der
▸ Wurzelkanalbehandlung

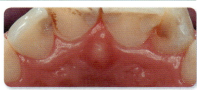

Papilla incisiva

incisal papilla

Schleimhauthöcker im ▸ Oberkiefer

hinter den mittleren ▸ Schneidezähnen und
den ersten ▸ Gaumenfalten gelegen

über dem ▸ Foramen incisivum

▸ Papille, ▸ Schleimhaut

Papille

papilla,
interdental papilla

warzenartige Erhebung auf der ▸ Haut oder
▸ Schleimhaut

Zahnheilkunde:

▸ **Zahnfleischpapille:**
* ▸ Interdentalpapille
* Schneidezahnpapille (▸ Papilla incisiva)

Vorwölbung des ▸ Zahnfleisches in den
▸ Zahnzwischenraum; im gesunden ▸ Gebiss
wird dieser vollständig ausgefüllt.

Zungenpapillen
auf der Zungenschleimhaut, als Tast- und
Geschmacksorgan/▸ Geschmacksknospen

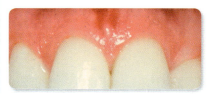

Zahnfleischpapille

Papillektomie

papillectomy

vollständige ▸ chirurgische Entfernung des
▸ interdentalen ▸ Gingivagewebes

Maßnahme z. B. bei der Darstellung der
▸ Präparationsgrenze

▸ Papille
▸ Exzision

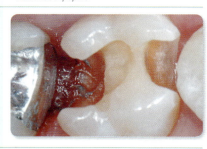

M
N
O
P
Q
R
S

Stichwort	Erklärung	Vertiefung
Papillen-Blutungs-Index papilla bleeding index	Abkürzung: **PBI** ➤Mundhygieneindex zur Beurteilung des Entzündungszustandes der ➤Gingiva Gemessen wird das Auftreten einer Blutung nach der ➤Sondierung im Bereich der ➤Interdentalpapille. Die Beurteilung erfolgt als Ja-/Nein-Entscheidung oder in vier Bewertungsgraden, je nach Blutungsstärke.	
Papillom papillary tumor	➤Tumor, von der ➤Papille ausgehend	meist gutartige Wucherung der ➤Schleimhaut
PAR	auch **PA** Abkürzung für ➤**Par**odontal…	den ➤Zahnhalteapparat betreffend
Para…, para… para	Wortbestandteil mit der Bedeutung: neben, gegen, entgegen, abweichend von, über … hinaus	siehe die nachfolgenden Fachbegriffe
Parafunktion parafunction	**Zahnheilkunde:** Fehlfunktionen des ➤Kausystems; z. B. ➤Knirschen, Pressen, ➤Lippenbeißen	➤Bruxismus ➤Habit
Paralleltechnik parallel angel technique	auch ➤**Rechtwinkeltechnik** **Röntgenkunde:** Anwendung bei ➤intraoralen Röntgenaufnahmen: ➤Zahnachse und ➤Filmebene/Filmachse werden mit Hilfe von Bissplatte, ➤Filmhalter und ➤Visierring parallel eingestellt, so dass der ➤Zentralstrahl senkrecht/im 90°-Winkel zur Zahnachse und Filmebene auftrifft. Die Abbildung des ➤Zahnes ist dadurch größengleich und nicht verzerrt.	
parapulpär parapulpal	neben der ➤Pulpa gelegen	Gegenteil: ➤intrapulpär
parapulpärer Stift parapulpal pin	auch **parapulpäre Schraube** dient der zusätzlichen Verankerung von ➤plastischen ➤Füllungen im ➤Dentin Nach einer Vorbohrung mit genormtem Vorbohrer wird der Stift ➤maschinell eingedreht.	
Parasympathikus parasympathetic nervous system	Kurzform für **Nervus Parasympathikus** gehört zum ➤vegetativen/➤autonomen ➤Nervensystem und ist nicht dem Willen unterworfen größter ➤Nerv des parasympathischen Systems ist der ➤Nervus vagus (X. ➤Hirnnerv)	➤Funktion: Absenkung der Leistungsfähigkeit des Körpers, z. B. durch Verlangsamung des Herzschlags, Weitstellung der ➤Blutgefäße, Senkung des ➤Blutdrucks gleichzeitig Anregung z. B. von Darmbewegung/Verdauung, ➤Speichel Gegenspieler: ➤Sympathikus

M
N
O
P
Q
R
S

Stichwort	Erklärung	Vertiefung
parenteral parenteral	unter Umgehung des Magen-Darm-Kanals	z. B. bei der Gabe von ▸Medikamenten durch ▸Injektion, ▸Inhalation, ▸Infusion Gegenteil: enteral, ▸peroral
Parese paresis, incomplete paralysis	teilweise Lähmung bestimmter ▸motorischer ▸Nerven und dadurch auch der zu versorgenden ▸Muskeln	z. B. ▸Facialisparese mit Einschränkung der ▸mimischen Muskulatur
parodontal parodontal, periodontal	den ▸Zahnhalteapparat betreffend	siehe die nachfolgenden Fachbegriffe
Parodontalabszess periodontal abscess	auch **Taschenabszess** ▸akut auftretende, ▸eitrige ▸Entzündung, die von einer tiefen ▸Zahnfleischtasche ausgeht ▸Abszess ▸Drain ▸Taschentiefe	
Parodontal-behandlung periodontal treatment	▸Behandlung des erkrankten ▸Zahnhalteapparates Ziel: • entzündungsfreies ▸Gewebe um die ▸Zahnwurzel • Aufhalten des fortschreitenden Abbaus des ▸Parodontiums Behandlungsablauf: • ▸Initialbehandlung • ▸Parodontalchirurgie • Erhaltungstherapie/Nachsorge, ▸Recall ▸Parodontopathie	 *Parodontalchirurgie: offene Kürettage*
Parodontalchirurgie periodontal surgery	Abkürzung: **PAR-Chirurgie** Lösen des ▸Zahnfleischrandes und ▸Behandlung der ▸Zahnfleischtasche durch Entfernen von entzündetem ▸Gewebe unter direkter Sicht Behandlungsmaßnahmen: ▸Gingivektomie ▸Gingivoplastik, ▸Schleimhauttransplantat ▸Kürettage/offen ▸Kürettage/geschlossen	 *offene Kürettage unter Sicht*
parodontale Abstützung periodontal abutment	▸Abstützung von ▸Zahnersatz über ▸Halteelemente der ▸Kronen an den vorhandenen eigenen Zähnen/▸Pfeilerzähnen oder ▸Implantaten ▸Abstützelemente	Die Kraftübertragung bei Belastung der ▸Prothese erfolgt auf das ▸Parodontium, z. B. beim Kauen. Gegenteil: ▸gingivale Lagerung, z. B. bei ▸Vollprothese
Parodontalerkrankung periodontal disease	Überbegriff für die ▸Krankheiten des ▸Zahnhalteapparates	▸Parodontopathie

Stichwort	Erklärung	Vertiefung

Parodontaler Screening-Index

Periodontal Screening Index

Abkürzung: **PSI**

> Index wird erstellt, um eine Behandlungsnotwendigkeit am > Zahnhalteapparat zu erkennen.

Das > Gebiss wird dazu in sechs Abschnitte/ > Sextanten eingeteilt und jeder > Zahn an sechs Stellen mit der > Parodontalsonde gemessen.

Die > Befunde werden in die Schweregrade/Code 0 bis 4 unterteilt.

Parodontaler-Screening-Index

Code	0	1	2	3	4
Befund	Das schwarze Band der Sonde bleibt vollständig sichtbar	Das schwarze Band der Sonde bleibt vollständig sichtbar	Das schwarze Band der Sonde bleibt vollständig sichtbar	Das schwarze Band der Sonde bleibt teilweise sichtbar	Das schwarze Band der Sonde verschwindet vollständig in der Tasche
	keine Beläge	evtl. Plaque	supra- und subgingivale Beläge	Zahnstein, supra- und subgingivale Beläge	Zahnstein, supra- und subgingivale Beläge
	keine defekten Restaurationsränder	keine defekten Restaurationsränder	defekte Restaurationsränder	defekte Restaurationsränder	defekte Restaurationsränder
	keine Blutung	Auftreten isolierter Blutpunkte und/oder kurzer Blutlinien	Auftreten von längeren Blutlinien oder eines diskreten interdentalen Blutflecks; Zahnstein	Das interdentale Dreieck füllt sich schon bald nach der Sondierung mit Blut. Dieses fließt bei längerem Warten langsam in das Marginalgebiet ab; Zahnstein; Taschen von 3,5-5,5 mm	Starke Blutung beim Sondieren, Blut füllt sofort das Interdentaldreieck und fließt beim sitzenden Patienten im Unterkiefer sofort in das Marginalgebiet, im Oberkiefer auch gegen inzisal bzw. okklusal; Zahnstein; Taschen größer als 6 mm
Einschätzung	Gesundes Parodontium	Gingivitis	Gingivitis	mittelschwere Parodontitis	schwere Parodontitis
Therapieempfehlung	keine Therapie notwendig, erneute Motivation zu einer guten Mundhygiene (Remotivation)	Plaqueentfernung, Anleitung zu besserer Mundhygiene, PZR	Anleitung zu besserer Mundhygiene, Entfernung aller Beläge, Beseitigung plaqueretentiver Restaurationsränder	systematische Parodontalbehandlung	systematische Parodontalbehandlung

Parodontalsonde

periodontal explorer

Abkürzung: **PAR-Sonde**

> WHO-Sonde
> Graduierung

Parodontalspalt

periodontal space

auch **Periodontalspalt**

Bereich zwischen > Zahnwurzel und Kieferknochen; ausgefüllt mit > Wurzelhaut

> Desmodontalspalt

Parodontalstatus

periodontal chart

Abkürzung: **PA-Status**

> klinische und röntgenologische > Befunderhebung des gesamten > Zahnhalteapparates, die vor Beginn einer > Parodontalbehandlung durchgeführt wird

> Röntgenstatus

Dokumentation:
- Zahnzahl/fehlende Zähne
- nicht erhaltungswürdige Zähne
- > Bleeding on Probing (BOP)
- Tiefe der > Zahnfleischtaschen
- > Furkationsbefall
- > Vitalitätsprüfung
- > Rezessionen
- > Zahnlockerung

Parodontalverband

periodontal bandage

> Zahnfleischverband

Stichwort	Erklärung	Vertiefung
Parodontitis paradentitis, parodontitis, periodontitis	‣Entzündung des ‣Zahnhalteapparates, Zahnbettentzündung ‣Parodontitis apicalis ‣Parodontitis marginalis ‣Parodontopathie 	‣Klassifikation erfolgt in acht Hauptgruppen: • ‣gingivale Erkrankungen • ‣chronische Parodontitis • aggressive Parodontitis • Parodontitis durch ‣systemische Erkrankungen • ‣nekrotisierende parodontale Erkrankung (‣NUG, ‣NUP) • ‣Parodontalabszess • Parodontitis bei endodontischen Erkrankungen (‣Endodontie) • entwicklungsbedingte oder erworbene Erkrankungen
Parodontitis apicalis apical periodontitis	‣Entzündung des ‣Zahnhalteapparates im Bereich der ‣Wurzelspitze; unter Einbeziehung der ‣Wurzelhaut und des umgebenden Kieferknochens ‣Parodontitis apicalis acuta ‣Parodontitis apicalis chronica	Ursache: meist ‣devitale Zähne Therapie: ‣Trepanation ‣Wurzelkanalbehandlung
Parodontitis apicalis acuta acute apical periodontitis	‣akut auftretende ‣Entzündung des ‣Zahnhalteapparates im Bereich der ‣Wurzelspitze	mögliche Folgeerkrankungen: ‣Abszessbildung, bei Ausdehnung ‣ „Dicke Backe" ‣Ostitis apicalis
Parodontitis apicalis chronica chronic apical periodontitis	‣chronische ‣Entzündung des ‣Zahnhalteapparates im Bereich der ‣Wurzelspitze	mögliche Folgeerkrankungen: ‣Fistel, ‣radikuläre ‣Zyste, ‣Granulom
Parodontitis interradicularis interradicular periodontitis	‣Entzündung des ‣Zahnhalteapparates zwischen den ‣Zahnwurzeln/an der Wurzeltrennstelle	‣Bifurkation ‣Trifurkation
Parodontitis marginalis marginal periodontitis	‣Entzündung des ‣Zahnhalteapparates im ‣marginalen Bereich/‣Zahnfleischrand; unter Einbeziehung von ‣Gingiva, ‣Wurzelhaut, ‣Wurzelzement, ‣Alveolarknochen	Ursache: ‣bakterielle ‣Zahnbeläge mögliche Folgeerkrankungen: Bildung von ‣Zahnfleischtaschen, ‣Attachmentverlust, ‣Knochenabbau, ‣Zahnlockerung
Parodontium parodontium, paradentium, periodontic apparatus	‣Zahnhalteapparat, Zahnbett	Bestandteile: ‣Zahnfleisch, ‣Wurzelhaut/Sharpey-Fasern, ‣Wurzelzement, ‣Alveolarknochen
Parodontologie periodontology	Lehre von ‣Funktion, Aufbau und ‣Krankheiten des ‣Zahnhalteapparates	Fachgebiet der ‣Zahnheilkunde
Parodontometer periodontal pocket marker	‣Parodontalsonde	‣WHO-Sonde

M
N
O
P
Q
R
S

Stichwort	Erklärung	Vertiefung
Parodontopathien periodontal disease	▸Krankheiten des Zahnhalteapparates z. B. ▸Parodontitis Diagnose: ▸BOP, ▸PerioChip® Therapie: ▸PerioMarker®	
Parodontose paradentosis	umgangsspachlicher, veralteter Begriff für ▸Parodontalerkrankungen	
Parotis parotic, parotid gland	Kurzform für ▸**Glandula parotis** ▸Ohrspeicheldrüse	größte ▸Speicheldrüse
Parotis-Watterolle parotic cotton roll	sehr lange ▸Watterolle mit Drahteinlage zum Biegen als Hilfsmittel zur relativen ▸Trockenlegung ▸dry-tip ▸Parotis	
Parotitis parotiditis	Entzündung der ▸Ohrspeicheldrüse	▸Parotitis epidemica
Parotitis epidemica epidemic parotiditis	▸Mumps, umgangssprachlich „Ziegenpeter" ▸Viruserkrankung	Übertragung durch ▸Tröpfcheninfektion
PAR-Sonde	Abkürzung für ▸**Paro**dontal**sonde**	▸WHO-Sonde
partiell partial	teilweise	**Zahnheilkunde:** z. B. partielle ▸Abformung, partielle ▸Prothese, partielle ▸Unterfütterung
Partikel particle	kleine Teilchen, Festkörper, Staub	**Zahnheilkunde:** z. B. Salzpartikel im ▸Pulverstrahlgerät, ▸Aerosolpartikel als Schwebestaub, Nanopartikel/▸Nanotechnologie
parts per million	Abkürzung: **ppm** Teil einer Million, im Verhältnis 1 : 1.000.000 Umrechnung in %-Angaben: 500 ppm = 0,05 %; 1.000 ppm = 0,1 %	**Zahnheilkunde:** Angabe des ▸Fluoridgehalts, z. B. in ▸Zahnpasten, ▸Gels, ▸Lacken, ▸Tabletten
Partsch	Carl Partsch (1855 bis 1932); Kieferchirurg Namensgeber für zwei Methoden der ▸operativen Entfernung von ▸Zysten	**Partsch I** = ▸Zystostomie **Partsch II** = ▸Zystektomie
Parulis parulis, gumboil	Schwellung im Bereich von ▸Kiefer/ ▸Alveolarfortsatz und ▸Backe ▸„Dicke Backe"	Folgesymptom bei ▸Parodontitis apicalis chronica
passiv passive	untätig, teilnahmslos	Gegenteil: aktiv
PA-Status	Abkürzung für ▸**Paro**dontal**status**	
Paste pasta	Feststoff-Flüssigkeitsgemisch streichfähige Masse; z. B. ▸Medikament als ▸Salbe **Zahnheilkunde:** ▸Zahnpasta, ▸Katalysator für Abformmaterial	

M
N
O
P
Q
R
S

Stichwort	Erklärung	Vertiefung
...pathie pathy	Wortbestandteil mit der Bedeutung: ‣ Krankheit, Leiden	Zahnheilkunde: z. B. ‣ Parodontopathie, ‣ Myoarthropathien
Patho..., patho... patho	Wortbestandteil mit der Bedeutung: ‣ Krankheit, krank, krankhaft	siehe die nachfolgenden Fachbegriffe
pathogen pathogenetic	‣ krankmachend, krankheitsauslösend	z. B. pathogene ‣ Mikroorganismen Gegenteil: ‣ apathogen
Pathogenese pathogenesis	Entstehung und zeitliche Entwicklung einer ‣ Krankheit	
Pathologie pathology	Lehre von den ‣ Krankheiten und deren Ursachen	Gegenteil: ‣ Physiologie
pathologisch pathological	krankhaft, ‣ krank die ‣ Pathologie betreffend	Gegenteil: ‣ physiologisch
Patient patient	Person, die an einer ‣ Krankheit oder an Folgen eines Unfalls leidet und sich deshalb von einem Arzt oder Zahnarzt behandeln lässt lege artis	Durch den Beginn der ‣ Behandlung wird ein Dienstvertrag geschlossen, nach dem sich der Mediziner bemüht, die ‣ Gesundheit des Patienten zu erhalten, sie wiederherzustellen oder seine Leiden zu lindern.
Patientenpass patient passport	Nachweisheft zur ‣ Dokumentation wichtiger Informationen über die persönliche gesund- heitliche Situation ‣ Röntgenpass	Einträge: z. B. ‣ Blutgruppe, ‣ medikamen- töse Langzeitbehandlungen, ‣ Impfungen (‣ Tetanus), ‣ Röntgenaufnahmen, medizinische Risikofaktoren wie ‣ Herz- Kreislauf-Erkrankungen (‣ Marcumar), ‣ Herzschrittmacher, ‣ Diabetes mellitus, ‣ Allergien (‣ Legierungen)
Patrize male element	Prothetik: Teil eines ‣ Geschiebes ‣ Verankerungselement am herausnehm- baren Prothesenteil einer ‣ kombinierten ‣ Zahnersatzarbeit wie unterteilten ‣ Brücken, ‣ Teilprothesen Die Patrize greift ein in die entsprechende Hohlform der ‣ Matrize, dem ‣ festsitzenden Teil der Geschiebeprothese.	
PBI	Abkürzung für ‣ Papillen-Blutungs-Index	
PCD	‣ Process-Challenge-Device	‣ Helix
Pellet pellet	Kügelchen als Wattekügelchen, Schaumstoffpellets	z. B. zur Reinigung von ‣ Kavitäten, zum Aufsprühen von Kältespray (‣ Kälte- test) bei der ‣ Vitalitätsprüfung
Pellikel pellicle	‣ Schmelzoberhäutchen	
Pelotte pad	Kieferorthopädie: Kunststoffschild an einem herausnehmbaren ‣ Kfo-Gerät Funktion: Abhalten von ‣ Lippen und ‣ Backen im ‣ Vestibulum	

Stichwort	Erklärung	Vertiefung
penetrieren penetrate	durchdringen, eindringen	z. B. ►Primer in die geätzte Mikrostruktur der Oberfläche von ►Dentin
Penizillin penicillin	auch **Penicillin** ►Antibiotikum; wirkt ►Bakterien abtötend	►Penizillin-Resistenz
Penizillin-Resistenz penicillin-resistance	Widerstandsfähigkeit gegen ►Penizillin; als Folge der ►Mutation von ►Krankheitserregern	z. B. durch häufigen Einsatz von Penizillin-Präparaten ►multiresistente Erreger/►MRSA
Per…, per… per	Wortbestandteil mit der Bedeutung: durch, hindurch	siehe die nachfolgenden Fachbegriffe
Perforation perforation	Durchbohrung, Durchlöcherung **Zahnheilkunde:** • versehentliches Eröffnen der ►Kieferhöhle bei der ►Extraktion von ►Molaren im ►Oberkiefer ►Mund-Antrum-Verbindung • seitliches Durchbohren eines ►Wurzelkanals in das umgebende ►Gewebe bei der ►Wurzelkanalaufbereitung ►Fausse route	auch krankhafter Gewebsdurchbruch; z. B. bei einem ►submukösen ►Abszess durch die Oberfläche der ►Haut nach außen
perforiert perforated	durchbohrt, durchlöchert ►Perforation	z. B. ►Abformlöffel
Peri…, peri… peri	Wortbestandteil mit der Bedeutung: um … herum	siehe die nachfolgenden Fachbegriffe
periapikal periapical	die ►Wurzelspitze umgebend, um die Wurzelspitze herum	Lage-/Richtungsbezeichnung am Zahn
Periimplantitis periimplantitis	►Entzündung und Zerstörung des ►Gewebes, welches ein ►Implantat umgibt verbunden mit der Bildung von ►Zahnfleischtaschen und Knochenverlust ►Mukositis	 *Spülung einer Zahnfleischtasche*
Perikard pericardium	Herzbeutel	bindegewebige Umhüllung des Herzmuskels
perikoronal pericoronal	auch **pericoronal** die ►Zahnkrone umgebend, um die Zahnkrone herum	Lage-/Richtungsbezeichnung am Zahn
Perikoronitis pericoronitis, difficult dentition	auch ►**Dentitio difficilis** erschwerter ►Zahndurchbruch	z. T. verbunden mit ►Gingivitis um die ►Krone eines noch nicht vollständig durchgebrochenen ►Zahnes
Perikymatien imbrication lines	horizontale Wachstumsrillen in der Oberfläche des ►Zahnschmelzes; deutlich sichtbar im Bereich des ►Zahnhalses	erschweren die Reinigung der neu durchgebrochenen Zähne am ►Zahnhals
perimandibulär perimandibular	den ►Unterkiefer umgebend, um den Unterkiefer herum gelegen	Lage-/Richtungsbezeichnung am Zahn z. B. ►Abszess

M N O **P** Q R S

Stichwort	Erklärung	Vertiefung
PerioChip®	Medikamententräger in Chipform zur ›Therapie von ›Parodontitis Der Wirkstoff ›CHX ist in ›resorbierbarer Gelatine gebunden und wird zur Langzeit-behandlung in eine ›Zahnfleischtasche eingelegt.	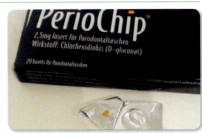
periodontal periodental	um den ›Zahn herum, im Bereich der ›Zahnwurzel gelegen	auch zur ›Wurzelhaut gehörend, die Wurzelhaut betreffend
Periodontalfasern periodontal fibres	Fasern der ›Wurzelhaut Bestandteil des ›Zahnhalteapparates	›Sharpey-Fasern
Periodontalspalt	auch **Parodontalspalt**	›Desmodontalspalt
Periodontitis periodontitis	›Wurzelhautentzündung ›Schmerzen auf Druck; ›Zahn erscheint länger.	›Parodontitis apicalis
Periodontium periodontium	auch **Desmodont** ›Wurzelhaut	Bestandteil des ›Zahnhalteapparates
PerioMarker®	auch **PerioMarker-Test** chemischer Nachweis einer verstärkten Körperreaktion auf den Abbau von ›Gewebe	kann im ›Sulkusfluid nachgewiesen werden dient zur frühen Erkennung einer entzündlichen ›parodontalen Erkrankung
Periost periost	›Knochenhaut, Beinhaut versorgt das Innere des ›Knochens mit Nährstoffen Ansatz von Sehnen und Bändern ›Mukoperiostlappen ›Knochenaufbau	
periostal periosteal	zur ›Knochenhaut gehörend, die Knochenhaut betreffend	›Periost
Periostitis periostitis	›Entzündung der ›Knochenhaut	**Zahnheilkunde:** ›subperiostaler ›Abszess
Periostschlitzung periost slitting	›chirurgische Maßnahme zur Streckung/Verlängerung eines ›Mukoperiostlappens	z. B. notwendig zur ›plastischen Deckung nach Eröffnung der ›Kieferhöhle
Periotom periotome	›chirurgisches ›Instrument zur gewebeschonenden Ablösung der ›Papille und des ›Periodontiums bei der ›Extraktion Das schonende Setzen eines ›Sofortimplan-tats wird durch diese Technik erleichtert.	
peripheres Nervensystem peripheral nervous system	Abkürzung: **PNS** Teil des ›Nervensystem Einteilung: ›Hirnnerven, Rückenmarksnerven	Gegenteil: ›zentrales Nervensystem
periradikulär periradicular	um die ›Zahnwurzel herum gelegen	z. B. großer ›Abszess

M
N
O
P
Q
R
S

Stichwort	Erklärung	Vertiefung
Perkussion percussion, percussion test	auch **Perkussionsprobe** Untersuchung des Körpers durch Beklopfen der Oberfläche ▸ Klopfempfindlichkeit	Zahnheilkunde: Klopfen auf den ▸ Zahn mit einem Instrumentengriff zur ▸ Lokalisation und ▸ Diagnose eines schmerzenden Zahnes
perkutan through the skin	auch **percutan** durch die ▸ Haut hindurch	Applikationsform von ▸ Medikamenten, z. B. ▸ Salbe
permanent permanent	dauernd, ununterbrochen, z. B. ▸ Dentes permanentes	Gegenteil: ▸ temporär
permeabel permeable	durchlässig, durchgängig ▸ semipermeabel	▸ Membran / Biomembran ▸ Osmose
peroral perioral, through the mouth	auch **per os** durch den ▸ Mund, über den Verdauungskanal	Applikationsform von ▸ Medikamenten z. B. als ▸ Tablette, Tropfen, ▸ Spray Gegenteil: ▸ parenteral
per os through the mouth	auch ▸ **peroral** Abkürzung: **p.o.** durch den ▸ Mund	▸ Os
Persistenz persistence	lange anhaltender Zustand	Zahnheilkunde: ▸ persistierender Milchzahn
persistierender Milchzahn persistent milk tooth	▸ Milchzahn, der über den Zeitpunkt der zweiten ▸ Dentition hinaus im ▸ Mund verbleibt Ursache: z. B. bei ▸ Nichtanlage des bleibenden ▸ Zahnes	 *Milchzahn 53 in bleibendem Gebiss*
Persönliche Schutzausrüstung personal safety equipment	Abkürzung: **PSA** zum Schutz von Sicherheit und ▸ Gesundheit bei der ▸ Assistenz: ▸ Handschuhe ▸ Mundschutz ▸ Schutzbrille eventuell: ▸ Schutzkleidung, Praxisschuhe	wird vom Arbeitgeber gestellt; muss vom Arbeitnehmer getragen werden
Pfeilerdivergenz abutment divergence	unterschiedliche Ausrichtung der ▸ Zahnachsen von ▸ Pfeilerzähnen, welche dadurch nicht dieselbe Einschubrichtung haben bei der Anfertigung von ▸ Brücken besonders zu beachten ▸ Divergenz	
Pfeilerzahn abutment tooth	auch ▸ **Ankerzahn,** ▸ **Brückenpfeiler,** ▸ **Prothesenanker** präparierter ▸ Zahn im Brückenverbund oder im Zusammenhang mit herausnehmbarem ▸ Zahnersatz dient zur Befestigung oder ▸ Abstützung	

Stichwort	Erklärung	Vertiefung
Pflugscharbein vomer bone	Vomer einzelner ▸ Knochen des ▸ Gesichtsschädels	bildet einen Teil der senkrechten ▸ Nasenscheidewand in der Mitte der ▸ Nasenhöhle, welche dadurch in zwei gleiche Hälften geteilt ist
Phagozyten phagocytes	▸ Fresszellen Abwehrzellen im ▸ Blut mit der ▸ Funktion der ▸ Phagozytose	Einteilung: ▸ Makrophagen ▸ Mikrophagen
Phagozytose phagocytosis	Vorgang der allgemeinen, ▸ unspezifischen ▸ Körperabwehr von Fremdstoffen wie z. B. ▸ Mikroorganismen, Fremdkörpern, Gewebetrümmern	Fremdstoffe werden von den ▸ Phagozyten umschlossen, aufgenommen und in der ▸ Zelle durch ▸ Enzyme abgebaut/aufgelöst.
Phantom phantom	Trugbild, Sinnestäuschung, unwirkliche Erscheinung	auch Nachbildung eines Körperteils oder ▸ Organs zu Unterrichtszwecken
Phantomkopf phantom head	Modell des Kopfes mit ▸ Mundhöhle und ▸ Gebiss	dient zur praktischen Übung in der zahn- medizinischen Aus- und Weiterbildung
Phantomschmerz ghost pain	▸ Schmerz in nicht mehr vorhandenen Körperteilen	Schmerz erscheint der betroffenen Person echt, ist aber in Wirklichkeit nicht vorhanden, z. B. nach der ▸ Amputation von Gliedmaßen.
Pharmakologie pharmacology	Arzneimittellehre	untersucht die Wirksamkeit eines ▸ Arzneimittels auf den menschlichen ▸ Organismus
pharmakologisch pharmacological	auf Wirkung der ▸ Arzneimittel beruhend	▸ Pharmakologie
Pharyngitis pharyngitis	▸ Rachenentzündung	häufig im Zusammenhang mit einer ▸ Virusinfektion der oberen Atemwege
Pharynx pharynx, throat	▸ Rachen, Schlund	Unterteilung: Mundrachen, Nasenrachen, Halsrachen
Phlegmone phlegmon	▸ eitrige, ▸ bakterielle Entzündung im ▸ Gewebe mit flächenhafter, nicht abgegrenzter Ausbreitung	**Zahnheilkunde:** ▸ Mundboden-Phlegmone, ausgehend z. B. von ▸ odontogenen ▸ Infektionen an Zähnen oder ▸ Zysten im ▸ Unterkiefer
Phobie phobia	krankhafte Angst z. B. ▸ Zahnbehandlungsangst, Dentalphobie	Durch diese Angstgefühle wird oft ein dringend notwendiger Zahnarztbesuch vermieden.
Phonetik phonetics	Beschreibung der sprachlichen Stimmbildung, Lautbildung/Aussprache	**Zahnheilkunde:** Der Zahntechniker kann durch eine ge- zielte ▸ Aufstellung der ▸ Frontzähne bei einer ▸ Vollprothese mögliche Schwierig- keiten bei der Lautbildung/Aussprache verhindern.
Phosphatzement phosphate cement	auch ▸ **Zinkoxid-Phosphatzement**	Anwendung: ▸ Befestigungszement, ▸ Unterfüllung
Phosphorsäure phosphoric acid	chemische Formel: H_3PO_4 Bestandteil von ▸ Ätzmittel/Ätzgel und ▸ Befestigungszement ▸ Säure	Anwendung: ▸ Adhäsivtechnik ▸ Zinkoxid-Phosphatzement

M
N
O
P
Q
R
S

Stichwort	Erklärung	Vertiefung
Photodynamische Desinfektion Photo Dynamic Therapy	Abkürzung: **PDA** Verfahren zur Abtötung von ▸Bakterien durch Bestrahlung, z. B. mit ▸Laser **Zahnheilkunde:** • ▸Parodontalbehandlung: bei ▸Periimplantitis und ▸Zahnfleischtaschen • ▸Kariesbehandlung: in ▸Kavitäten • ▸Wurzelkanalbehandlung: bei der ▸Wurzelkanalaufbereitung Durchführung: Einfärben der zu ▸desinfizierenden Bereiche und damit der ▸Bakterien, nach kurzer Einwirkzeit bestrahlen, z. B. mit ▸Laser, wodurch der Farbstoff aktiven ▸Sauerstoff freisetzt, welcher die Bakterien zerstört	weitere Bezeichnungen für diese Behandlungsmethode: **Photoaktivierte Desinfektion/PAD** **Photodynamische Therapie/PDT** **antibakterielle Photodynamische Therapie/aPDT** **Photoaktivierte Chemotherapie/PACT**
Photopolymerisation photopolymerization	auch ▸**Lichtpolymerisation**	▸Polymerisation
pH-Wert pH-value	Maß für die Stärke einer sauren bzw. ▸basischen/▸alkalischen Wirkung einer wässrigen Lösung Der pH-Wert beschreibt die ▸Konzentration der ▸Wasserstoffionen in einer Lösung und reicht von pH-Wert 0 bis pH-Wert 14.	**pH-Skala** • saurer Bereich: pH-Wert unter 7,0 (▸Säure) • neutraler Bereich: pH-Wert 7,0 (Wasser) • ▸basischer (alkalischer) Bereich: pH-Wert über 7,0 (▸Base/▸Lauge)
Physik physics	Lehre von der Erforschung der Naturerscheinungen	Beschäftigung mit den Vorgängen der unbelebten Natur
physikalisch physical	zur ▸Physik gehörend	▸Desinfektion, physikalisch
Physio…, physio… physio	Wortbestandteil mit der Bedeutung: Natur, natürlich, natürliche ▸Funktion	siehe die nachfolgenden Fachbegriffe
Physiologie physiology	Lehre von den natürlichen Lebensfunktionen des Körpers und seiner ▸Organe	Teilgebiet der ▸Biologie
physiologisch physiological	gesund, natürlich, die natürlichen Lebensvorgänge betreffend	Gegenteil: ▸pathologisch
physiologische Kochsalzlösung physiological saline solution	auch ▸**isotonische Kochsalzlösung, ▸NaCl-Lösung**	Lösung von 0,9 % ▸Kochsalz (NaCl) in Wasser; entspricht der ▸Konzentration von ▸Mineralien im ▸Blutplasma
Physiotherapie physiotherapy	Oberbegriff für die ▸Behandlung gestörter, ▸physiologischer ▸Funktionen durch Krankengymnastik und physikalische ▸Therapie Therapiemethoden: Wärme, Kälte, Massage, Wasser, Strom, Bewegung	**Zahnheilkunde:** z. B. bei Bewegungseinschränkung des ▸Kiefergelenks
physisch physical	auch ▸**somatisch** körperlich, natürlich	Gegenteil: ▸psychisch

M
N
O
P
Q
R
S

Stichwort	Erklärung	Vertiefung
Piercing piercing	Durchstechung, Durchbohrung von ▸ Haut, ▸ Schleimhaut, ▸ Knorpel zur Befestigung von Körperschmuck	**Zahnheilkunde:** Im Mundbereich kann es dadurch zu ▸ Infektionen der ▸ Schleimhaut oder mechanischen Schädigungen an den Zähnen kommen, wie Risse im ▸ Schmelz/▸ Dentin, ▸ Zahnfrakturen, Zahnverschiebungen.
piezoelektrisch piezoelectric	▸ oszillierende Schwingungsform der metallenen Arbeitsspitze bei ▸ Schallgeräten ▸ Zahnstein-Entfernungsgeräte	Gegenteil: ▸ magnetostriktiv/elliptische Schwingungsform
Pigment pigment	Farbeinlagerung in Körpergeweben, z. B. in der ▸ Haut **Zahnheilkunde:** Wurzelkanalbehandelte Zähne verfärben sich durch Pigmenteinlagerung mit der Zeit oft dunkel.	
Pilotbohrer pilot drill	Knochenfräse zur ▸ Pilotbohrung bei der ▸ Implantation	
Pilotbohrung pilot hole preparation	Markierungsbohrung: Mit Hilfe einer Führungsschablone (Miniplast-Kunststoffschiene) wird die erste Knochenbohrung bei der ▸ Implantation durchgeführt. dient der Markierung des endgültigen Implantatlagers und der genauen Achsenrichtung im Kieferknochen ▸ Implantologie	
Pilze mycetes	▸ Fungi	Pilzerkrankung: ▸ Mykose
Pin pin	Stift z. B. ▸ parapulpärer Stift	▸ Stiftverankerung
Pinzette forceps, tweezer	▸ Instrument zum Greifen und Festhalten kleiner Gegenstände und ▸ Gewebe **anatomische Pinzette:** zum Greifen von Materialien; gerade ▸ Branchen; an den Arbeitsspitzen quer geriffelt **chirurgische Pinzette:** zum Greifen von ▸ Gewebe; Zacke der einen ▸ Branche greift in die Vertiefung der anderen Branche ein **zahnärztliche Pinzette, College-Pinzette:** gehört zum ▸ Grundinstrumentarium/ Grundbesteck; abgewinkelte, spitz zulaufende ▸ Branchen	 *anatomische Pinzette* *chirurgische Pinzette* *zahnärztliche Pinzette*

M
N
O
P
Q
R
S

Stichwort	Erklärung	Vertiefung
Placebo placebo, dummy	Scheinarzneimittel, welches keinen Wirkstoff enthält dient als Vergleich zur Wirksamkeit eines ▸Arzneimittels, welches einen Wirkstoff enthält	Äußerlich besteht bei den Placebo-Präparaten kein Unterschied zum Arzneimittel mit Wirkstoff.
Plaque plaque, dental plaque	auch oraler ▸**Biofilm** weicher, grauweißer, fest haftender und wasserunlöslicher ▸Belag besteht aus Nahrungsresten, ▸Bakterien und deren Ausscheidungsprodukten, Speichelbestandteilen und abgestorbenen ▸Zellen ▸Zahnbelag ▸Prädilektionsstellen	
Plaque-Färbemittel plaque indicators	Revelator, Plaquerevelator, Plaque-Indikator ▸Färbemittel zum Sichtbarmachen von ▸Plaque auf Zahnflächen; als Flüssigkeit oder Kautablette meist Lebensmittelfarbstoffe, z. B. ▸Erythrosin	
Plaque-Formating-Rate-Index	Abkürzung: **PFRI** Plaquebildungsindex Die Bestimmung der ▸Quantität an gebildeter Plaquemenge dient zur Beurteilung des ▸Kariesrisikos.	Die Bewertung erfolgt 24 Stunden nach der Durchführung einer ▸professionellen Zahnreinigung. ▸Plaque-Index
Plaque-Hemmung plaque inhibition	Unterdrückung der Entwicklung von ▸Plaque-▸Bakterien z. B. durch ▸Mundspüllösungen oder Lacke wie ▸CHX, ▸Triclosan, ▸Zinnfluorid	Ziel: Langzeit-Plaque-Hemmung und ▸Kariesprophylaxe ▸Plaquekontrolle
Plaque-Index, Plaque-Indices (Mehrzahl) plaque index	Messzahl für die Menge und Verteilung von ▸Plaque, welche sich auf Zahnoberflächen befindet dient zur Beurteilung der ▸Mundhygiene und Erkennung von Problembereichen ▸Approximalraum-Plaque-Index ▸Quigley-Hein-Index ▸Silness-Löe-Index ▸Plaque-Formating-Rate-Index	 *angefärbte Plaque zur API-Bestimmung*
Plaque-Kontrolle plaque control	Durch ▸Plaque-Hemmung kann ein hohes ▸Kariesrisiko eingedämmt und damit kontrolliert werden. erfolgt durch chemische Substanzen, z. B. ▸CHX	
Plaque-Revelator	▸Plaque-Färbemittel	

Stichwort	Erklärung	Vertiefung
Plasma plasm	auch ‣ **Blutplasma**	flüssiger Anteil des ‣ Blutes nach Entfernung der ‣ Blutkörperchen
Plastik plastic, reconstruction	Form, Figur umgangssprachlich für ‣ Kunststoff	Zahnheilkunde: ‣ chirurgische Eingriffe zur Korrektur von ‣ genetischen oder ‣ traumatischen ‣ Defekten z. B. Gaumenplastik, Kieferhöhlenplastik
plastisch plastic	formbar, modellierbar	Zahnheilkunde: ‣ Abformmaterial, ‣ Guttapercha, ‣ Füllungsmaterialien, ‣ Wachs
plastische Deckung plastic covering	‣ plastisch ‣ operativer Verschluss eines ‣ Defektes	Zahnheilkunde: z. B. Verschluss einer eröffneten ‣ Kieferhöhle bei der ‣ Extraktion von ‣ Molaren im ‣ Oberkiefer ‣ Mund-Antrum-Verbindung
plastische Füllungen plastic fillings	‣ Füllungen aus formbarem ‣ Füllungsmaterial wie ‣ Amalgam, ‣ Komposit, ‣ Zemente Gegenteil: starre Füllungen wie ‣ Gold, ‣ Keramik	
Platin platinum	chemisches ‣ Element mit dem Symbol **Pt** ‣ Edelmetall; grauweiße Farbe	Zahnheilkunde: Bestandteil von ‣ Legierungen/Dentallegierungen; meist in ‣ Goldlegierungen
Platzhalter space maintainer, spacer	auch ‣ **Lückenhalter** Kieferorthopädie: ‣ festsitzende oder herausnehmbare ‣ Kfo-Geräte zur Offenhaltung von ‣ Zahnlücken, wenn ‣ Milchzähne vorzeitig verloren gegangen sind	Funktion: Raum schaffen für die nachfolgenden, bleibenden Zähne und ‣ Abstützung der Zähne im ‣ Gegenkiefer
Platzhalterfunktion space maintainer function	Aufgabe der ‣ Milchzähne bei ‣ Zahnwechsel, da der bleibende Zahn sonst aus Platzmangel an einem korrekten Durchbruch gehindert wird	‣ Platzhalter
Plexus plexus	Geflecht, netzartige Verzweigung	z. B. von ‣ Blutgefäßen, ‣ Lymphgefäßen oder ‣ Nerven
Plica sublingualis	Falte, Schleimhautfalte im ‣ Mundboden	‣ Caruncula sublingualis
Plugger plugger	‣ Wurzelkanalstopfer	‣ Kondensation, vertikal
PMMA	Abkürzung für ‣ Polymethylmethacrylat	
Pneumonie pneumonia	‣ Lungenentzündung	‣ Infektion mit ‣ Bakterien
PNS	Abkürzung für ‣ peripheres Nervensystem	‣ Nervensystem
p.o.	Abkürzung für ‣ per os durch den ‣ Mund	‣ peroral

M N O **P** Q R S

Stichwort	Erklärung	Vertiefung
Polierer polisher	‣rotierende ‣Instrumente zur Durchführung der ‣Politur	z. B. Feinstschleifer/Diamantpolierer, weiche Bürstchen, elastische Polierer/ ‣Gummipolierer
Poliermittel polishing agent	Hilfsstoffe zur ‣Politur	z. B. Polierpaste mit unterschiedlicher Körnung und ‣Abrasivität
Polierscheibe polishing disk	meist einseitig beschichtete, flexible Scheibe zur ‣Politur von Füllungsflächen	‣Mandrell
Polierstreifen polishing strip	‣Strip aus flexiblem ‣Kunststoff mit ‣abrasiver Beschichtung	zur Bearbeitung von ‣Füllungsmaterialien im ‣Zahnzwischenraum
Politur polish, finish	Glätten von Oberflächen als Fortsetzung des ‣Schleifens **Zahnheilkunde:** Beseitigung von Rauigkeiten und zusätzliches ‣Verdichten z. B. bei einer ‣Füllung oder bei einem Werkstück (‣Zahnersatz) erfolgt mit ‣Polierer und Poliermittel, ‣Polierstreifen	
Poly…, poly… poly	Wortbestandteil mit der Bedeutung: viel, mehrere	siehe die nachfolgenden Fachbegriffe
Polyether polyether	auch **Polyäther** **Zahnheilkunde:** Verwendung als ‣Abformmaterial/ ‣irreversibel-elastisch gehört zur Gruppe der ‣Elastomere	
Polymer polymer, polymerid	‣Makromoleküle/Großmoleküle, die z. B. durch ‣Polymerisation aus ‣Monomeren/ Einzelmolekülen entstehen	Werkstoffe in der Zahnheilkunde; z. B. für ‣provisorische ‣Kronen, ‣Prothesen, ‣Unterfütterung
Polymerisation polymerization	chemische Reaktion zur Herstellung von ‣Kunststoff, bei welcher aus vielen ‣Monomeren ein ‣Polymer entsteht **Zahnheilkunde:** zur Aushärtung von ‣Komposit oder ‣Fissurenversiegelung: • ‣**Lichtpolymerisation** oder **Photopolymerisation** mit Hilfe einer ‣Polymerisationslampe • ‣**Autopolymerisation** oder **Selbstpolymerisation**, Selbstaushärtung	
Polymerisationslampe polymerization lamp	Lichtquelle zur Durchführung der ‣Lichtpolymerisation/‣Polymerisation Geräte: z. B. ‣Halogenleuchte, Leuchtdioden (LED)	Sicherheitsvorschrift: Blendschutzschild am Gerät oder ‣Schutzbrille tragen; meist gelb-orange getönt; verhindert mögliche Schädigungen an der Netzhaut des Auges.
Polymerisations-schrumpfung polymerization shrinkage	Beim Prozess der ‣Polymerisation zieht sich die Kunststoffmasse zusammen. Dies kann beim Legen einer Kompositfüllung zur Bildung von ‣Randspalten führen.	Zur Vermeidung wird das ‣Komposit in mehreren Schichten aufgetragen und schrittweise ausgehärtet. ‣Schichttechnik

M
N
O
P
Q
R
S

Stichwort	Erklärung	Vertiefung
Polymethyl-methacrylat polymethyl methacrylate	Abkürzung: **PMMA** ▸Kunststoff zur Herstellung von Zahnprothesen	meist rosa Farbe (zahnfleischfarben)
Polyp polyp, polypus	gutartiger ▸Tumor aus Schleimhautgewebe	gestielte Schleimhautwucherung
Polysaccharid polysaccharide	▸Mehrfachzucker/Vielfachzucker ▸Kohlenhydrat, das sich aus mindestens zehn ▸Molekülen ▸Einfachzucker zusammensetzt z. B. ▸Stärke/tierische Stärke als ▸Glykogen/Speicherform von ▸Glukose ▸Zucker	**Zahnheilkunde:** Produktion erfolgt durch ▸Streptokokkus mutans-Bakterien im ▸Speichel: **Polysaccharid, intrazellulär** Zucker werden innerhalb der ▸Bakterien zu organischen ▸Säuren abgebaut und ausgeschieden. **Polysaccharid, extrazellulär** Stoffwechselprodukte der ▸Bakterien haften an der Zahnoberfläche als ▸Plaquebelag.
Porphyromonas gingivalis	Abkürzung: **Pg** ▸Keim; gilt als einer der Hauptverursacher für ▸Parodontalerkrankungen, z. B. für aggressive ▸Parodontitis, ▸chronische Parodontitis und ▸Periimplantitis ▸Markerkeime oder ▸Leitkeime	
Positioner positioner	**Kieferorthopädie:** ▸Kfo-Behandlungsgerät zur Stabilisierung des erreichten Zustandes in der Schlussphase einer kieferorthopädischen ▸Behandlung	Das Gerät umfasst beide ▸Kiefer, führt die Zähne beim Zubeißen in die richtige Position und ermöglicht die Feineinstellung der ▸Okklusion auf der Basis eines ▸Set-Up.
positionieren position	in eine bestimmte Stellung bringen, einordnen	▸Positioner
Post…, post… post	Wortbestandteil mit der Bedeutung: nach	siehe die nachfolgenden Fachbegriffe
posterior posterior	Lagebezeichnung: hinten, hinten gelegen	Gegenteil: ▸anterior
posteruptiv posteruptive	nach dem Zahndurchbruch Die Zähne erfahren in den ersten Jahren nach dem ▸Zahndurchbruch eine posteruptive ▸Schmelzreifung durch Einlagerung von ▸Mineralstoffen in den ▸Zahnschmelz.	Gegenteil: ▸präeruptiv
Postexpositions-prophylaxe postexposure prophylaxis	Gabe von ▸Medikamenten als Vorbeuge-maßnahme nach vermuteter ▸Infektion mit einer schwerwiegenden ▸Krankheit z. B. nach ▸infektiöser Stich- oder Schnittverletzung	Maßnahmen: ▸medikamentöse ▸Behandlung oder ▸Immunisierung/Impfung in aktiver und ▸passiver Form Ziel: Verhinderung des Ausbruchs der ▸Krankheit bzw. Abschwächung des Krankheitsverlaufs
Postmedikation postmedication	Gabe von ▸Medikamenten nach einem ▸chirurgischen Eingriff	meist ▸Schmerzmittel Gegenteil: ▸Prämedikation

Stichwort	Erklärung	Vertiefung

postoperativ

postoperative,
postsurgical

nach einer ›Operation,
Situation, Körperverfassung wie
z. B. ›Wundheilung
Gegenteil ›präoperativ

---

posttraumatisch
post-traumatic

nach einem ›Trauma

z. B. Langzeitfolgen einer Verletzung

---

ppm

Abkürzung für ›parts per million
Teil einer Million

Zahnheilkunde:
Angabe des ›Fluoridgehaltes

Prae..., prae...
pre

auch **Prä..., prä...**
Wortbestandteil mit der Bedeutung:
vor, vorher

siehe die nachfolgenden Fachbegriffe

---

praecox
precocious

vorzeitig, zu früh

Zahnheilkunde:
bereits vor der Geburt durchgebrochene
Zähne

›Dentitio praecox, ›Dentes natales

Prädilektionsstellen
prefered spots
of infection

auch ›**Retentionsstellen**
Stellen am ›Zahn, an denen sich ›Plaque
besonders gut anlagert:
- ›Fissuren und ›Grübchen an den
  ›Seitenzähnen
- ›Foramen caecum (auf der Gaumenseite
  der seitlichen ›Schneidezähne)
- ›Approximalflächen
- freiliegende ›Zahnhälse

›iatrogene Ursachen;
z. B. überstehende Füllungsränder,
›Kronenränder, Klammerauflagen

Foramen caecum

---

präeruptiv
preeruptive

vor dem Zahndurchbruch

Gegenteil: ›posteruptiv

Präkanzerose
precancer

krankhafte Veränderung von ›Gewebe
an ›Haut oder ›Schleimhaut, die häufig
zur Entstehung von ›Krebs führt
Zahnheilkunde:
z. B. ›Leukoplakie oder Erythroplakie
(rötliche Veränderung) auf der ›Mundschleimhaut

Erythroplakie auf der Mundschleimhaut

Prämedikation
premedication

Gabe eines ›Medikamentes vor einem
›chirurgischen Eingriff oder einer ›Narkose

z. B. ›Antibiotika zur ›Infektions-
prophylaxe, ›Beruhigungsmittel
Gegenteil: ›Postmedikation

**Prämolar,
Prämolaren** (Mehrzahl)
premolar

Kurzform für ›**Dens praemolaris**
kleiner ›Backenzahn oder Vormahlzahn
Bezeichnung der ›Seitenzähne 4 und 5
›Biskuspidat
Das ›Milchgebiss besitzt keine Prämolaren.

M
N
O
P
Q
R
S

Prämolarisierung

Stichwort	Erklärung	Vertiefung

Prämolarisierung
bicuspidation, premolarization

auch ▸ **Hemisektion**

Durchtrennung eines ▸ wurzelbehandelten, zweiwurzeligen ▸ Molaren im ▸ Unterkiefer bis zur ▸ Bifurkation

Beide Zahnteile bleiben erhalten und es entstehen zwei ▸ Prämolaren.

Anwendung:
meist bei fortgeschrittenem ▸ parodontalen Abbau mit ▸ Furkationsbefall

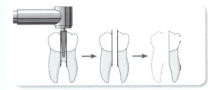

Hemisektion mit Entfernung eines Zahnteils

---

pränatal
prenatal

vorgeburtlich, vor der Geburt

▸ Primär-Primär-Prophylaxe

---

präoperativ
preoperative

vor einer ▸ Operation

Gegenteil: ▸ postoperativ

Präparation
preparation

Zahnheilkunde:
▸ maschinelles Abtragen von ▸ Zahnhartgewebe

▸ Kavitätenpräparation,
▸ Präparationsinstrumente

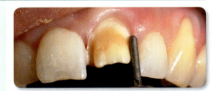

Präparations-abformung
preparation impression

▸ Abformung des präparierten ▸ Zahnes

Abformarten:
▸ Korrekturabformung,
▸ Doppelmischabformung,
Sandwichabformung

Präparationsformen
preparation forms

• Beschleifen von ▸ Kronen:
  ▸ Tangentialpräparation,
  ▸ Stufenpräparation,
  ▸ Hohlkehlpräparation

  ▸ Kronenstumpf

• Ausarbeiten von Füllungskavitäten:
  Unterteilung nach Lage und Ausdehnung in die ▸ Black-Klassen I bis V

  ▸ Kavität

Stufenpräparation

Präparationsgrenze
preparation border

Grenze zwischen präpariertem und nicht präpariertem Zahnanteil

Füllungsränder und ▸ Kronenränder müssen dicht abschließen, da es sonst zur Entstehung von ▸ Sekundärkaries kommen kann.

▸ Randschluss

Präparations-instrumente
preparation instruments

zahnärztliche ▸ Instrumente zur ▸ Präparation von ▸ Kavitäten und ▸ Kronen

▸ rotierende Instrumente:
▸ Bohrer, ▸ Schleifkörper

Antrieb:
▸ Handstück, ▸ Winkelstück, ▸ Turbine

Präparationstrauma
preparation trauma, grinding trauma

auch **Schleiftrauma**

Schädigung der ▸ Pulpa durch Erhitzung des Zahnes bei der ▸ Präparation

▸ Trauma

Ursache:
▸ Beschleifen von ▸ Zahnhartgewebe ohne ausreichende Wasserkühlung

M N O **P** Q R S

Stichwort	Erklärung	Vertiefung
präprothetisch preprosthetic surgery	vor einer ›prothetischen Maßnahme	z. B. ›präprothetische ›Chirurgie
präprothetische Chirurgie preprosthetic	›chirurgische Eingriffe zur Herstellung oder Verbesserung eines ausreichenden ›Prothesenlagers	mögliche Maßnahmen: • Entfernen eines ›Schlotterkamms, ›Fibroms • Verlagern von ›Schleimhautbändern • ›Mundbodenplastik/›Mundvorhofplastik • Glätten von Knochenkanten • Aufbauen von Kieferknochen durch Knochentransplantat • ›Sinuslift • ›Implantate
Prävention prevention	auch ›**Prophylaxe** Vorsorge, Vorbeugung	
präventiv preventive	auch **prophylaktisch** vorbeugend	›Prävention
Praxislabor practice dental laboratory	zahntechnische Werkstatt zur Anfertigung/ Reparatur z. B. von ›Zahnersatz, ›Kfo-Behandlungsgeräten	›Labor, einer Zahnarztpraxis angegliedert ›Dentallabor
Presskeramik pressed all-ceramic	›Glaskeramik	›Empress® oder IPS-Empress®
Prevotella intermedia	Abkürzung: **Pi** ›Keim; gilt als einer der Verursacher für ›Parodontalerkrankungen, z. B. für aggressive ›Parodontitis, ›Gingivitis und ›ANUG	›Markerkeime oder ›Leitkeime
primär primary	anfänglich, ursprünglich, zuerst vorhanden Gegenteil: sekundär	siehe die nachfolgenden Fachbegriffe
Primärdentin primary dentin	erstes ›Dentin während der Zahnbildung und Zahnreifung bis zum ›Zahndurchbruch entstandenes Dentin	nach Abschluss der Entwicklung: ›Sekundärdentin ›Odontoblasten
Primärheilung primary healing, healing by first intention	normale, ›physiologische ›Wundheilung ohne ›Komplikation Gegenteil: ›Sekundärheilung	
Primärkaries primary caries	›Karies tritt erstmals an einer ›Zahnfläche auf. Gegenteil: ›Sekundärkaries	
Primärkontakt primary contact	erster ›okklusaler Zahnkontakt beim Zubeißen	muss evtl. durch ›Einschleifen korrigiert werden

M
N
O
P
Q
R
S

233

Stichwort	Erklärung	Vertiefung
Primärkrone coping	auch **Primärteleskop** (Primärteil), ▸**Innenteleskop** (Innenkonus) festsitzender Teil einer ▸Teleskopkrone, welcher auf den ▸Pfeilerzahn zementiert wird Gegenteil: ▸Sekundärkrone	
Primärstrahlung primary radiation	▸Röntgenstrahlen, die in ihrer Ausbreitungs- richtung nicht durch Materie abgelenkt/ gestreut werden.	▸Streustrahlung ▸Sekundärstrahlung
Primärteleskop primary telescope	auch ▸**Primärkrone**	Gegenteil: Sekundärkrone
Primär-Primär-prophylaxe primary-primary prophylaxis	auch **Primär-Primär-Prävention** Maßnahmen, die verhindern sollen, dass ▸kariogene ▸Bakterien von den Eltern/ Bezugspersonen nach der Geburt an die Kinder weitergegeben werden ▸Prophylaxe, welche die werdende Mutter bei ihrer ▸Mundgesundheit für gesunde Zähne des ungeborenen Kindes betreibt	Maßnahmen: z. B. Information über Zahngesundheit, Bestimmung des ▸Kariesrisikos der Mutter durch ▸Speicheltests ▸Streptococcus mutans ▸Laktobazillen
Primär-Prophylaxe primary prophylaxis	▸Vorbeugung, bevor ein gesundheitlicher Schaden eingetreten ist **Zahnheilkunde:** Erhalt der ▸Gesundheit von gesunden Zähnen und ▸Zahnhalteapparat, z. B. durch ▸Mundhygiene, zahnfreundliche Ernährung, ▸Fluoridierung ▸Prophylaxe	
Primer primer	Grundierungsflüssigkeit wird nach der ▸Konditionierung der ▸Dentinoberfläche aufgetragen, damit die Haftung zwischen ▸Komposit und ▸Zahn verbessert wird ▸Bond, ▸Adhäsivsysteme	
Prionen prions	▸Krankheitserreger nur aus ▸Eiweiß bestehende Zellteile ohne eigenen ▸Stoffwechsel	verursachen Erkrankungen des ▸Gehirns Mensch: Creutzfeldt-Jakob-Krankheit Tier: Rinderwahnsinn/BSE
Pro…, pro… pro	Wortbestandteil mit der Bedeutung: vor, vorher	
Probeexzision excisional biopsy	auch ▸**Biopsie** Entnahme einer kleinen Menge von ▸Gewebe zur ▸histologischen ▸Untersuchung ▸Exzision	Laboruntersuchung der Gewebeprobe auf Gutartigkeit oder Bösartigkeit ▸benigne, ▸maligne
Probetrepanation trepanation biopsy	Anbohren eines ▸Zahnes als Methode der ▸Sensibilitätsprüfung, wenn mit Kälte/ Wärme oder elektrischem Impuls keine eindeutige Aussage zur ▸Vitalität möglich ist ▸Trepanation	Vorgehen: Der Zahn wird ohne ▸Anästhesie so lange aufgebohrt, bis ein ▸Schmerz verspürt wird oder die vermutlich ▸devitale ▸Pulpa eröffnet ist.

M
N
O
P
Q
R
S

Stichwort	Erklärung	Vertiefung
Procera-System, Procera AllCeram™	➤ CAD/CAM-System: computergestützte Herstellung von ➤ Gerüsten/Kronengerüsten Die Vermessung des ➤ Modells erfolgt durch den ➤ Zahnarzt/Zahntechniker, welcher die Daten nach Schweden in ein Zentrallabor übermittelt. Die ➤ Verblendung des fertig gelieferten Keramik-Gerüstes erfolgt wieder durch den Zahntechniker.	
Process-Challenge-Device	Abkürzung: **PCD** ➤ Prozessindikator, z. B. ➤ Helix als ➤ Chargenkontrolle bei der Durchführung einer ➤ Sterilisation im ➤ Dampfsterilisator	Beim Dampfdurchdringungstest wird geprüft, ob eine ausreichende Dampfdurchdringung am Ende eines Prüfkörpers/Helix erfolgt. ➤ Bowie-Dick-Test
Processus process	auch **Prozessus** Fortsatz, Knochenfortsatz	siehe die nachfolgenden Fachbegriffe
Processus alveolaris	➤ Alveolarfortsatz	
Processus articularis	➤ Kiefergelenkfortsatz, ➤ Unterkiefergelenkfortsatz	auch **Processus condylaris**
Processus condylaris	➤ Kiefergelenkfortsatz, ➤ Unterkiefergelenkfortsatz	auch **Processus articularis**
Processus frontalis	➤ Stirnfortsatz, Stirnbeinfortsatz	auch **Processus frontalis maxillae**
Processus muscularis	➤ Unterkiefermuskelfortsatz, Muskelfortsatz	
Processus palatinus	➤ Gaumenfortsatz	auch **Processus palatinus maxillae**
Processus zygomaticus	➤ Jochbeinfortsatz	auch **Processus zygomaticus maxillae**
Prodomalstadium prodomal stage	Vorstadium einer ➤ Infektionskrankheit mit unspezifischen ➤ Krankheitszeichen	z. B. Gliederschmerzen, Müdigkeit, Abgeschlagenheit, Appetitlosigkeit
Professionelle Zahnreinigung professional tooth cleaning	Abkürzung: **PZR** Durchführung einer intensiven ➤ Zahnreinigung in der Zahnarztpraxis durch den Zahnarzt oder fortgebildete Mitarbeiter/innen mögliche PZR-Leistungen: • Entfernung von harten ➤ Belägen/➤ Zahnstein, ➤ Konkrementen, ➤ Zahnverfärbungen • Entfernung von weichen Belägen/➤ Plaque • Reinigung der ➤ Zahnzwischenräume • ➤ Politur • ➤ Fluoridierung	erfolgt mit Spezialgeräten: ➤ Schall- oder ➤ Ultraschallgeräten sowie ➤ Pulverstrahlgeräten
Profil profile	Seitenansicht des ➤ Gesichts oder des Kopfes **Kieferorthopädie**: ➤ Fernröntgenseitenaufnahme/FRS zur ➤ Kfo-Diagnostik ➤ Fotostat-Aufnahmen/Profilaufnahmen zur Beurteilung des Erscheinungsbildes des ➤ Patienten zu Behandlungsbeginn und zum Behandlungsabschluss	 *Fernröntgenseitenaufnahme*
profund profound	auch **profundus, profunda** tief, tief liegend, tief gehend	➤ Caries profunda

Stichwort	Erklärung	Vertiefung
Progenie progenia, prognathism	auch ▸ **mandibuläre** ▸ **Prognathie** Überentwicklung des ▸ Unterkiefers Folge: Die unteren ▸ Frontzähne stehen beim ▸ Schlussbiss vor den oberen, daher auch „umgekehrter Frontzahnüberbiss". ▸ Retrognathie	
Prognathie prognathism	auch ▸ **maxilläre Prognathie** Überentwicklung des ▸ Oberkiefers Folge: Vorstehen der ▸ Frontzähne mit Vorwölbung der ▸ Lippe/Oberlippe, daher auch „Vorbiss" ▸ Retrognathie	
Prognose prognosis	Vorhersage einer zukünftigen Entwicklung	z. B. über den voraussichtlichen Verlauf einer ▸ Krankheit oder den zu erwartenden Heilungsprozess
prophylaktisch prophylactic, preventive	auch **präventiv** vorbeugend	▸ Prophylaxe
Prophylaxe prophylaxis	auch **Prävention** Vorsorge, Vorbeugung zur Verhinderung von ▸ Krankheiten, z. B. ▸ Endokarditis-Prophylaxe	Zahnheilkunde: ▸ Primär-Primärprophylaxe ▸ Primärprophylaxe ▸ Sekundärprophylaxe ▸ Tertiär-Prophylaxe ▸ Individualprophylaxe ▸ Gruppenprophylaxe
Protein protein	▸ Eiweiß	besteht aus langen Ketten von ▸ Aminosäuren
Prothese prosthesis, dental prosthesis	künstlicher Ersatz von fehlenden Körperteilen Zahnheilkunde: Ersatz von verloren gegangenen, natürlichen Zähnen durch künstliche Zähne ▸ Zahnersatz	Zahnprothesen: ▸ Immediatprothese ▸ Interimsprothese ▸ Teilprothese ▸ Totalprothese/Vollprothese ▸ Defektprothese
Prothesenanker connecting bar	▸ Krone, ▸ Implantat zur Befestigung oder ▸ Abstützung von herausnehmbarem ▸ Zahnersatz	▸ Pfeilerzahn
Prothesenbasis denture base	der ▸ Mundschleimhaut zugewandte Seite einer abnehmbaren ▸ Prothese bei ▸ Totalprothesen meist aus ▸ Kunststoff/ ▸ PMMA bei ▸ Teilprothese aus Kunststoff mit ▸ Metallgerüst dient bei ▸ Totalprothesen zur großflächigen Verteilung von Kaukräften auf die ▸ Mund- schleimhaut ▸ Prothesensattel, ▸ Druckstelle/Dekubitus	

Stichwort	Erklärung	Vertiefung
Prothesenbürste denture brush	Spezialbürste in unterschiedlichen Formen mit längeren ➤ Borsten und größerem ➤ Borstenfeld als bei normalen ➤ Zahnbürsten sicherer, bequemer Griff auch bei ➤ motorischen Einschränkungen	
Prothesendruckstelle pressure ulcer, denture sore	➤ Druckstelle	➤ Dekubitus
Prothesenhalt denture retention	auch **Prothesenhaftung** ➤ Teilprothese: meist durch ➤ Halteelemente, z. B. ➤ Klammern ➤ Vollprothese: durch Saughaftung/Unterdruck; wird über ➤ Speichel und den luftdicht anliegenden Prothesenrand erzeugt	
Prothesenintoleranz denture intolerance	➤ Prothesenunverträglichkeit z. B. ➤ Allergie auf den verwendeten ➤ Kunststoff; auch ➤ psychisch bedingt	➤ Prothesenstomatitis
Prothesenkunststoff denture plastic	➤ Polymethylmetacrylat	Abkürzung: ➤ PMMA
Prothesenlager denture coverage	Teil der ➤ Mundschleimhaut und des Kieferknochens, auf dem die ➤ Prothese aufliegt ➤ präprothetische ➤ Chirurgie	
Prothesenlagerung denture base	➤ **gingivale Lagerung** ➤ Vollprothese: Die ➤ Prothese liegt vollständig auf der ➤ Schleimhaut des zahnlosen ➤ Kiefers auf; ohne ➤ Abstützung an Zähnen über ➤ Halteelemente. ➤ **parodontal-gingivale Lagerung** ➤ Teilprothese: Die Prothese liegt teilweise auf der ➤ Schleimhaut der zahnlosen Kieferabschnitte auf und zusätzlich noch an vorhanden Zähnen oder ➤ Implantaten über ➤ Halteelemente.	*parodontal-gingivale Lagerung*
Prothesenreinigung denture cleaning	Reinigung der Kunststoff- oder Metallbasis; erfolgt durch den ➤ Patienten selbst durch: • ➤ Zahnbürste oder ➤ Prothesenbürste • ➤ Zahnpasta; auch Kernseife oder Spülmittel möglich • lösliche Reiniger oder Reinigungsschaum; selten verwenden • ➤ Prothese 1 x wöchentlich in ➤ CHX-Lösung einlegen, um sie zu ➤ desinfizieren • ➤ Ultraschallgerät/Ultraschallbad mit Lösungsmitteln	

M
N
O
P
Q
R
S

Prothesensattel

Stichwort	Erklärung	Vertiefung
Prothesensattel denture base saddle	Bereich einer ▸Teilprothese, welcher auf dem zahnlosen ▸Kieferkamm aufliegt und die ersetzten Zähne trägt ▸Schaltsattel ▸Freiendsattel	
Prothesenstomatitis denture stomatitis	▸Entzündung der ▸Mundschleimhaut im Bereich des ▸Prothesenlagers ▸Stomatitis	Ursachen: meist Unverträglichkeit des Prothesenmaterials, ungenügende ▸Prothesenreinigung oder schlecht sitzende ▸Prothesen
Prothesen-unterfütterung denture relining	Anpassung der ▸Prothesenbasis an ein verändertes ▸Prothesenlager	▸Unterfütterung
Prothesen-unverträglichkeit denture-intolerance	auch **Prothesenintoleranz** Beschwerden, die das Tragen der ▸Prothese erschweren oder dem ▸Patienten unmöglich machen	mögliche Ursachen: z. B. schlechter Sitz der ▸Prothese, ▸Allergie, ▸Geschmacksstörung, ▸Würgereiz, auch ▸psychisch bedingte Ablehnung
Prothetik prosthodontics, prosthetic dentistry	Zahnersatzkunde zahnärztliches Fachgebiet für die Planung, Herstellung und das ▸Eingliedern von ▸Zahnersatz	Wiederherstellung des ▸Gebisses bei fehlenden Zähnen oder ausgeprägten Schädigungen des ▸Zahnhartgewebes
prothetisch prosthetic	die ▸Prothetik/▸Prothese betreffend	z. B. die prothetische Versorgung eines ▸Patienten
Prothrombin prothrombin	auch **Vorthrombin** Vorstufe von ▸Thrombin, welches bei der ▸Blutgerinnung benötigt wird	Bestandteil von ▸Blutplasma; Bildung in der ▸Leber unter Beteiligung von ▸Vitamin K ▸Gerinnungsfaktor
Protozoen protozoa	▸Mikroorganismen ▸pathogene tierische Einzeller	Erreger der ▸Infektionskrankheit Toxoplasmose: • wird durch Katzen auf den Menschen übertragen • kann zu ▸embryonalen Fehlbildungen in der ▸Schwangerschaft führen
protrudiert protruded	nach vorne stehend, vorverlagert	▸Protrusion
Protrusion protruding	Vorschieben, Vorschub **Zahnheilkunde:** • Vorschubbewegung des ▸Unterkiefers; gleichzeitig, beidseitig • zu lang gewachsener ▸Oberkiefer, Vorverlagerung • Kippen der ▸Frontzähne im ▸Oberkiefer nach vorn Richtung ▸Lippe, z. B. durch ▸Lutschen	▸Anomalien der ▸Zahnstellung: ▸lutschoffener Biss, ▸Lutschprotrusion Gegenteil: ▸Retrusion

M
N
O
P
Q
R
S

Stichwort	Erklärung	Vertiefung
Provisorium, Provisorien (Mehrzahl) temporary appliance	Versorgung mit ›provisorischem ›Zahnersatz bis zum ›definitiven, dauerhaften ›Eingliedern ›Interimsersatz zum Schutz von beschliffenen Zähnen: • ›individuell hergestellte provisorische ›Krone • ›Brücke mit Sicherung der Kaufunktion • ›Langzeitprovisorium • ›konfektionierte Hülse/›Kinderkrone • ›Interimsprothese	
provisorisch temporary	auch ›**temporär** vorläufig, nicht dauerhaft	Gegenteil: ›definitiv, ›permanent
provisorischer Verschluss temporary closure	vorläufiges, vorübergehendes Verschließen einer ›Kavität	›Füllungsmaterialien
Prozessindikator process indicator	Hilfsmittel zum Nachweis/Überprüfung der Durchführung eines Vorganges ›Process-Challenge-Device	z. B. Kontrolle des erfolgreichen Sterilisationsvorganges im ›Autoklav mit Hilfe einer ›Helix
Prüfkörper test piece	Röntgenkunde: Gerät zur Erstellung einer ›Röntgen-aufnahme/›Referenzaufnahme bei der ›Abnahmeprüfung eines ›Röntgengerätes ›Prüfkörperaufnahme	Instrumentenaufbereitung: • Überprüfung von ›Reinigungs- und Desinfektionsgeräten: Metallplättchen mit abwaschbarer Farbbeschichtung als ›Indikator • Überprüfung von ›Sterilisatoren: ›Helix
Prüfkörperaufnahme	Röntgenkunde: Die Aufnahme dient im Rahmen der ›Konstanzprüfung als Vergleichsaufnahme für später regelmäßig im ›Prüfkörper anzufertigende ›Röntgenaufnahmen. Die Maßnahme dient der ›Qualitätssicherung beim ›Röntgen nach der ›Röntgen-verordnung (RöV).	 *belichteter Zahnfilm mit drei Graustufen für unterschiedliche optische Dichte*
PSA	Abkürzung für ›**P**ersönliche **S**chutz**a**usrüstung	
Pseudotasche pseudopocket	›Zahnfleischtasche von mehr als 2 mm entsteht nicht durch Vertiefung des ›Sulkus, sondern durch Wucherung oder Schwellung des ›Zahnfleischrandes Ursachen: ›Gingivahyperplasie, ›Zahnfleischentzündung	
PSI Periodontal Screening Index	Abkürzung für ›**P**arodontaler **S**creening-**I**ndex	
Psyche psyche	Seele, seelische Vorgänge	umfasst das gesamte menschliche Fühlen, Empfinden und Denken
psychisch psychic	seelisch, geistig, die ›Psyche betreffend	Gegenteil: ›physisch, ›somatisch
Psychologie psychology	Lehre von den seelischen Vorgängen	

M
N
O
P
Q
R
S

Stichwort	Erklärung	Vertiefung
Psychopharmaka psychotherapeutics	‣ Medikamente zur Beeinflussung der ‣ Psyche	‣ Sedativum ‣ Tranquilizer
Psychosomatik psychosomatic medicine	Wechselwirkung zwischen Seele/‣ Psyche und Körper/Soma und der Entstehung von psychosomatischen ‣ Krankheiten und Beschwerden	Durch ‣ psychische Belastung, z. B. Stress, können nicht nur ‣ psychische, sondern auch körperliche Reaktionen/Beschwerden verursacht werden (z. B. ‣ Knirschen). ‣ chronische Gesichts-/Kopfschmerzen
Pterygoideus	Kurzform für **Musculus pterygoideus**	‣ Flügelmuskel
Pufferkapazität buffer capacity	**Zahnheilkunde:** Pufferkapazität des Speichels Fähigkeit des ‣ Speichels, einen durch ‣ Säuren aus der Nahrung oder durch den ‣ Stoffwechsel von ‣ Bakterien entstandenen sauren ‣ pH-Wert schnell zu neutralisieren und dadurch die Säure in ihrer Wirkung abzupuffern	*Auswertung mit Indikatorstreifen*
Pulmo lung	‣ Lunge	
Pulmonalklappe pulmonary valve	Herzklappe zwischen rechter Herzkammer und ‣ Lungenarterie	‣ Taschenklappe
Pulpa, **Pulpen** (Mehrzahl) dental pulp	Zahnmark Weichgewebe im ‣ Zahn, welches die ‣ Pulpahöhle und die ‣ Wurzelkanäle ausfüllt Bestandteile: ‣ Bindegewebe ‣ Blutgefäße ‣ Lymphgefäße ‣ Nervenfasern ‣ Odontoblasten; an der Grenzfläche zwischen ‣ Dentin und ‣ Pulpa Unterteilung: ‣ Kronenpulpa mit ‣ Pulpahörnern ‣ Wurzelpulpa mit ‣ apikalem Delta	
Pulpaamputation pulp amputation	auch **Pulpotomie** ‣ **Vitalamputation:** Entfernung der ‣ vitalen ‣ Kronenpulpa; die lebende ‣ Wurzelpulpa bleibt erhalten ‣ **Mortalamputation:** In seltenen Fällen wird eine ‣ Milchzahnpulpa ‣ devitalisiert und anschließend die ‣ mortale ‣ Kronenpulpa entfernt; die abgetötete ‣ Wurzelpulpa bleibt erhalten. ‣ Amputation	

M
N
O
P
Q
R
S

Stichwort	Erklärung	Vertiefung
Pulpagangrän pulpal necrosis	fauliger Zerfall der abgestorbenen ▸Pulpa durch das Eindringen von ▸Bakterien unter Bildung von Fäulnisgasen ▸Gangrän	Da die Fäulnisgase nicht entweichen können, entsteht eine schmerzhafte Drucksteigerung in der ▸Pulpahöhle. Durch die ▸Trepanation des ▸Zahnes erfolgt eine Druckentlastung und ein rasches Nachlassen des ▸Schmerzes.
Pulpahöhle pulp cavity	auch **Pulpakavum** Hohlraum im Zahninneren, welchen die ▸Pulpa vollständig ausfüllt ▸Kronenpulpa ▸Wurzelpulpa	
Pulpahörner horns of pulp	der Höckerform der ▸Molaren nachgebildete Ausbuchtung der ▸Kronenpulpa	
Pulpanekrose pulp necrosis	Absterben von ▸Pulpagewebe; durch Unterbrechung der Durchblutung ▸Nekrose	mögliche Ursachen: • ▸Entzündung durch ▸Bakterien/▸Pulpitis • ▸Pulpagangrän • ▸Trauma/Sturz, Schlag • ▸Präparationstrauma
Pulpapolyp pulp polyp	Wucherung von ▸Bindegewebe der ▸Pulpa ▸Polyp	Entstehung meist bei ▸chronischer ▸Entzündung und offener ▸Pulpa, vor allem an ▸Milchzähnen
Pulpastein pulp calculus	▸Dentikel	Dentinkörnchen
Pulpektomie pulpectomy	auch ▸**Vitalexstirpation**	vollständige Entfernung der ▸Pulpa
Pulpenüberkappung pulp capping	▸Überkappung	Unterteilung: ▸direkte Überkappung, ▸indirekte Überkappung
Pulpitis endodontitis, pulpitis	▸Entzündung der ▸Pulpa Unterteilung: • **Pulpitis partialis** teilweise Entzündung der Pulpa; meist im Bereich der ▸Kronenpulpa • **Pulpitis totalis** vollständige Entzündung der Pulpa; ▸akut oder ▸chronisch verlaufend • **Pulpitis serosa** wässrige Entzündung der Pulpa mit Austritt von ▸Blutserum in das ▸Zahnmark • **Pulpitis purulenta** ▸eitrige Entzündung der Pulpa • **Pulpitis chronica** wiederholt auftretende Entzündung der Pulpa	
pulpitisch pulpitic	von der ▸Pulpa ausgelöst, von der ▸Pulpa ausgehend	▸Pulpitis

Pulpotomie

Stichwort	Erklärung	Vertiefung
Pulpotomie pulpotomy	auch ➤ **Vitalamputation,** ➤ **Pulpaamputation** ➤ Amputation der ➤ vitalen ➤ Kronenpulpa; die vitale ➤ Wurzelpulpa bleibt erhalten	 *Versorgung der amputierten Pulpa*
Pulverstrahlgerät powderblaster, air-abrasive intruments	Pulver-Wasserstrahl-Gerät (air-polishing), das zur ➤ Zahnreinigung kleinste ➤ Partikel (Salze, Metalloxide) auf die Oberfläche des ➤ Zahnes bläst ➤ Air-Flow-System	„Perio-Polishing-Geräte" können mit gering ➤ abrasivem Pulver auch zur Reinigung von ➤ Zahnwurzelflächen verwendet werden.
purulent purulent	auch **putrid** eitrig, eitererregend	➤ Pus
Pus pus	➤ Eiter	
Putty putty	knetbare, ➤ visköse ➤ Konsistenz eines ➤ Abformmaterials	➤ Elastomere
Putzkörper cleaning particles	Inhaltsstoffe von ➤ Zahnpasta; Schmirgelstoffe unterstützen die ➤ Zahnbürste bei der mechanischen Entfernung von ➤ Belägen auf der ➤ Zahnoberfläche	Die Reinigungswirkung hängt ab von der ➤ Abrasivität der Putzkörper. ➤ Relative Dentin Abrasion/RDA-Wert
Putzläsion tooth-brushing lesion	➤ Zahnbürsttrauma	➤ Läsion
Putztechnik brushing technique	➤ Zahnputztechnik	
PZR	Abkürzung für ➤ Professionelle Zahnreinigung	

Stichwort	Erklärung	Vertiefung
Quadrant quadrant	**Zahnheilkunde:** Unterteilung von ‣Oberkiefer und ‣Unterkiefer in jeweils zwei Hälften Das gesamte ‣Gebiss wird im Uhrzeigersinn eingeteilt: 1. Quadrant: rechter Oberkiefer 2. Quadrant: linker Oberkiefer 3. Quadrant: linker Unterkiefer 4. Quadrant: rechter Unterkiefer ‣Zahnschema, ‣Kieferhälfte	
Qualifikation qualification, competence	Fähigkeiten einer Person, z. B. auf ihrem speziellen Arbeitsgebiet (Fachkompetenz)	Nachweis durch Bildungs- und Ausbildungsabschlüsse, Fortbildungen, z. B. Prophylaxe, Röntgenkunde
Qualität quality	bezeichnet z. B. die Güte, den Wert eines Produktes, Prozesses, Arbeitsablaufes oder einer Dienstleistung	gemessen an der Eignung, die vorausgesetzte oder festgelegte Anforderung tatsächlich zu erfüllen
Qualitätsmanagement quality management	Abkürzung: **QM** Alle organisierten Maßnahmen, welche die ‣Qualität sichern und verbessern; sie werden systematisch auf allen Gebieten erarbeitet und umgesetzt. ‣Qualitätssicherung	Die Einführung, Weiterentwicklung und Durchführung eines nachvollziehbaren Qualitätssicherungssystems ist für die zahnärztliche Praxis gesetzlich vorgeschrieben (SGB V, §135). Ziele: patientenorientierte Verbesserung von Organisation, Arbeitsabläufen, Produkten
Qualitätssicherung quality protection	Hohe ‣Qualität muss auf allen Gebieten der ‣Zahnheilkunde gewährleistet werden; ebenso im Bereich der ‣Hygiene und Praxisführung. Dies kann durch Arbeitsanweisungen, ‣Checklisten, Vorlagen erfolgen, die regelmäßig überprüft werden.	Maßnahmen: z. B. Aktualisierung der Kenntnisse im ‣Strahlenschutz für zahnärztliche Mitarbeiter Verpflichtung des Zahnarztes zur regelmäßigen Fortbildung
quantitativ quantitative	die Menge betreffend	‣Quantität
Quantität quantity	Menge, Anzahl	**Zahnheilkunde:** z. B. die Menge an ‣Plaque ‣Plaque-Formating-Rate-Index, ‣Plaque-Index
Quartal quarter	Zeitraum von einem **Kalendervierteljahr**	I. Quartal: Januar, Februar, März II. Quartal: April, Mai, Juni III. Quartal: Juli, August, September IV. Quartal: Oktober, November, Dezember
Quecksilber mercury	chemisches Element mit dem Symbol **Hg** silberweißes, flüssiges Schwermetall verdunstet schon bei Raumtemperatur und gibt giftige Dämpfe ab	bildet mit anderen Metallen ‣Amalgam (Amalgamfüllung) Aufbewahrung: Hg- und Amalgamreste unter Wasser in verschlossenem Gefäß Entsorgung: ‣Sondermüll/Entsorgungsfirma

M
N
O
P
Q
R
S

Stichwort	Erklärung	Vertiefung

Quecksilber-intoxikation
mercury poisoning

Quecksilbervergiftung

Zahnarztpraxis:
durch Einatmen von Quecksilberdampf bei der offenen Verarbeitung von ▸Amalgam

quergestreifte Muskulatur
striped muscles

auch ▸willkürliche Muskulatur

▸Skelettmuskulatur

Quetschbiss
mushbite

einfache Form der ▸Bissnahme bei kleinen Zahnersatzarbeiten wie z. B. ▸Kronen, ▸Brücken

Der ▸Patient beißt auf eine erwärmte plastische Wachsplatte.

Durch die Einbisse der ▸Okklusion können später die ▸Modelle von ▸Ober- und ▸Unterkiefer einander zugeordnet werden.

Quick-Wert
Quick's method

Laborwert, welcher die Geschwindigkeit der ▸Blutgerinnung angibt

Der Quick-Wert muss z. B. bei zahnärztlich-▸chirurgischen Eingriffen beachtet werden.

▸Antikoagulanzien, z. B. ▸Marcumar®

heute abgelöst vom International Normalized Ratio/INR, welcher international vergleichbar ist

wird von der ▸WHO empfohlen

▸INR

Quigley-Hein-Index

Abkürzung: **QHI**

▸Plaqueindex, welcher die Menge der angefärbten ▸Plaque auf den ▸Zahnflächen beurteilt

Messpunkte:
▸facial und ▸oral;
nur an sechs ▸Ramfjord-Zähnen möglich

Einteilung in sechs Bewertungsgrade

Bewertungs-grad	Bewertungs-kriterien	Grafische Darstellung
0	keine Plaque	
1	vereinzelte Plaquekolonien entlang dem Zahnsaum	
2	deutliche Plaquelinien am Zahnsaum	
3	Zahnbeläge bedecken 1/2 der Zahnoberfläche	
4	Zahnbeläge bedecken bis zu 2/3 der Zahnoberfläche	
5	Zahnbeläge bedecken mehr als 2/3 der Zahnoberfläche	

M
N
O
P
Q
R
S

Stichwort	Erklärung	Vertiefung
Rabenschnabelzange crow's beak forceps	‣Extraktionszange zur Entfernung von ‣Zähnen und ‣Zahnwurzeln im ‣Unterkiefer ‣Die Branchen sind rechtwinklig über die Kante des ‣Zangenschlosses abgebogen.	
Rachen throat	auch **Schlund** Pharynx Raum im Anschluss an ‣Mundhöhle und ‣Nasenhöhle; reicht bis zum ‣Kehlkopf und zur ‣Luftröhre; ausgekleidet mit ‣Schleimhaut	
Rachenentzündung pharyngitis	Pharyngitis Entzündung der Rachenschleimhaut	Symptome: ‣Schleimhaut gerötet, angeschwollen, Schluckbeschwerden
Rachenmandel pharyngeal tonsil	Tonsilla pharyngea umgangssprachlich „Polypen" liegt am Rachendach oberhalb des ‣Zäpfchens ‣Mandel	dient im Nasenbereich zur Abwehr von ‣Krankheitserregern; kann bei Kindern durch Vergrößerung die ‣Nasenatmung behindern und ‣operativ entfernt werden
Rachitis English disease, rickets	„Englische Krankheit" Vitamin-D-Mangelkrankheit bei Säuglingen und Kleinkindern entsteht durch ungenügende ‣Mineralisation mit Folgen für die Entwicklung von ‣Knochen/ ‣Skelett und Zähnen	Zahnheilkunde: ‣Schmelzhypoplasien/Fehlbildungen, rachitisch bedingter ‣offener Biss Prophylaxe: z. B. Gabe von ‣Vitamin-D-‣Tabletten durch den Kinderarzt
radikulär radicular	von der ‣Zahnwurzel/Wurzel ausgehend, die Zahnwurzel/Wurzel betreffend	z. B. radikuläre ‣Zyste, ‣interradikuläres ‣Septum ‣Radix
Radioaktivität radioactivity	Zustand, in dem Atomkerne zerfallen und dabei Energie in Form von Strahlen freisetzen	‣ionisierende Strahlen
Radiographie radiography	auch **digitale Radiographie** Verfahren zur Aufzeichnung und Darstellung von ‣Röntgenaufnahmen mit den Mitteln der elektronischen Datenverarbeitung ‣digitales Röntgen	‣Sensor ‣Speicherfolie ‣DVT
Radiologe radiologist	Facharzt für ‣Radiologie	Fachgebiet: Anwendung von bild-gebenden nicht-‣invasiven Verfahren
Radiologie radiology	auch **Röntgenologie** Lehre von den ‣ionisierenden ‣Strahlen; in der ‣Zahnheilkunde: ‣Röntgenstrahlen Einsatz in der Medizin/Zahnmedizin zum Zweck der ‣Diagnose und ‣Therapie	
Radioluzenz radiolucency	Durchlässigkeit für ‣Röntgenstrahlen durch geringe ‣Absorption des zu durchdringenden Stoffes	Deshalb ist z. B. ein entsprechendes Material zur ‣Wurzelkanalfüllung auf der ‣Röntgenaufnahme nicht sichtbar, d. h. es ist **radioluzent.** Gegenteil: ‣Radiopazität

M
N
O
P
Q
R
S

Stichwort	Erklärung	Vertiefung
Radiopazität radiopacity	auch **Röntgensichtbarkeit** Undurchlässigkeit für ▸Röntgenstrahlen durch hohe ▸Absorption des zu durchdringenden Stoffes	Deshalb sind z. B. entsprechende Materialien zur ▸Wurzelkanalfüllung, Füllungsmaterialien oder Glasfaserstifte auf der ▸Röntgenaufnahme sichtbar, d. h. sie sind **radiopak.** Gegenteil: ▸Radioluzenz
Radix, **Radices** (Mehrzahl) root	Wurzel ▸Zahnwurzel	▸Radix dentis
Radixanker Radix anchor	▸Schraubenaufbau im ▸Wurzelkanal von wurzelkanalbehandelten Zähnen ▸Stiftaufbau	zur Verankerung von ▸Kronen
Radix dentis dental root	▸Zahnwurzel	Teil des ▸Zahnes, der im Kieferknochen/ in der ▸Alveole steckt
Radix relicta retained root	▸Wurzelrest	Teil einer ▸Zahnwurzel
Ramfjord-Zähne Ramfjord teeth	Erstellung eines ▸Parodontalindexes oder ▸Plaque-Indexes durch die Beurteilung von sechs Zähnen, wobei aus jedem ▸Kiefer und jeder Zahngruppe jeweils ein ▸Zahn untersucht wird	zu untersuchende Zähne: 16, 21, 24, 36, 41, 44 Fehlt ein ▸Zahn, wird der Nachbarzahn untersucht.
Ramifikation ramification	Verästelung, Verzweigung	**Zahnheilkunde:** ▸Seitenkanäle des ▸Wurzelkanals, vor allem im Bereich der ▸Wurzelspitze/ ▸apikales Delta
Ramus, **Rami** (Mehrzahl) ramus, branch	Ast, Zweig eines ▸Blutgefäßes oder ▸Nerven	auch bei Knochen: ▸Ramus mandibulae
Ramus mandibulae ramus of mandible	▸Unterkieferast ▸aufsteigender Ast/hinterer Teil des Unterkieferknochens	beginnt am ▸Unterkieferwinkel und zieht ▸vertikal in Richtung ▸Schläfenbein
Randleiste marginal ridge	Schmelzwulst auf ▸Backenzähnen; zum ▸Approximalraum hin gelegen verhindert das Einpressen von Nahrung und wird bei einer ▸approximal zu legenden ▸Füllung wieder mit aufgebaut	
Randschluss border seal	dichtes, fugenloses Anliegen von Füllungsrändern/▸Kronenrändern an der Kavitätenwand/dem ▸Zahnhartgewebe	undichter ▸Randschluss: Gefahr der Entstehung von ▸Sekundärkaries ▸Präparationsgrenze
Randspalt marginal leakage	Abstand zwischen ▸Füllung und ▸Kavität oder ▸Kronenrand und ▸Zahn ▸Randschluss	
Ranula ranula, sublingual cyst	▸sublinguale ▸Zyste im ▸Mundboden	entsteht meist durch Verstopfung des Ausführungsganges der ▸Unterzungenspeicheldrüse

M
N
O
P
Q
R
S

Stichwort	Erklärung	Vertiefung
Raphe suture	auch ▸**Sutur** ▸Naht, anatomisch ▸Knochennaht	Verwachsungsnaht, z. B. von ▸Knochen des ▸Schädels ▸Raphe palati
Raphe palati middle palatine suture	auch **Raphe mediana** ▸Gaumennaht ▸Knochennaht/Verwachsungsnaht der beiden ▸Gaumenfortsätze in der Mitte des harten ▸Gaumens, sichtbar als Längsfalte der ▸Schleimhaut	
Raspatorium raspatory, elevator	▸chirurgisches ▸Instrument zum Lösen des ▸Mukoperiostlappens vom ▸Knochen	
Raster-Elektronen-Mikroskop scanning electron microscope	auch **Elektronenmikroskop** Abkürzung: **REM** im Gegensatz zum Lichtmikroskop sehr viel stärkere Vergrößerung möglich	Zahnheilkunde: ▸Bakterien, z. B. ▸Plaquebakterien, können im REM sichtbar gemacht werden.
Rattenschwanzfeile rat-tail file	▸Handinstrument mit Widerhaken zur Aufbereitung des ▸Wurzelkanals	zur Erweiterung und Säuberung
Räumer reamer	Reamer ▸Handinstrument zur Aufbereitung und Erweiterung des ▸Wurzelkanals ▸Kerr-Räumer	
RDA Relative Dentin Abrasion	auch **RDA-Wert**	Abkürzung für ▸Relative Dentin Abrasion oder Radioactive Dentin Abrasion
RDG	Abkürzung für ▸Reinigungs- und Desinfektionsgerät ▸Thermodesinfektor	
Re..., re... re	Wortbestandteil mit der Bedeutung: wieder, noch einmal	siehe nachfolgende Fachbegriffe
REA Relative Enamelum Abrasion	auch **REA-Wert**	Abkürzung für ▸Relative Enamelum Abrasion oder Radioactive Enamelum Abrasion
Reanimation resuscitation	Wiederbelebung ▸CAB-Schema	Sofortmaßnahmen, z. B. bei Atem- und Herz-Kreislauf-Stillstand
reanimieren resuscitate, revive	wiederbeleben	Maßnahmen ergreifen zur ▸Reanimation
Reattachment reattachment	auch ▸**New Attachment** Wiederbefestigung von ▸Gewebe an der Wurzeloberfläche nach durchgeführter ▸Parodontalbehandlung	▸Attachment

M
N
O
P
Q
R
S

Stichwort	Erklärung	Vertiefung
Recall recall	auch **Recall-System** regelmäßige schriftliche oder telefonische Erinnerung des ▸Patienten an den nächsten zahnärztlichen Kontrolltermin	Anwendung: z. B. bei ▸Parodontaltherapie, Propylaxeprogrammen, ▸Kfo-Behandlung, Patient mit ▸Implantat
Recapping recapping	das Zurückstecken der gebrauchten ▸Injektionskanüle in die Schutzkappe Verboten ist das Wiederaufsetzen mit beiden Händen, da durch mögliche Stichverletzungen ein hohes ▸Infektionsrisiko besteht; die Entsorgung von ▸Kanülen erfolgt direkt in einen durchstichsicheren Abwurfbehälter.	
rechtfertigende Indikation justifying indication	Vor der Anfertigung einer ▸Röntgenaufnahme muss der Behandler schriftlich begründen, warum das Bild notwendig ist, z. B. ▸Karies-diagnostik, Verdacht auf ▸Fraktur. ▸Indikation	Röntgenverordnung § 23: „Die rechtfertigende Indikation erfordert die Feststellung, dass der gesundheitliche Nutzen der Anwendung am Menschen gegenüber dem Strahlenrisiko überwiegt."
Rechtwinkeltechnik right-angle technique	auch ▸**Paralleltechnik**	▸Mundfilm und Bissblock im ▸Röntgen-filmhalter sind rechtwinklig angeordnet.
Referenzaufnahme reference exposure	auch **Referenzbild** ▸Röntgenaufnahme mit einem ▸Prüfkörper angefertigt im Rahmen der ▸Abnahme-prüfung eines ▸Röntgengerätes ▸Qualitätssicherung	zur Festlegung der Ausgangsqualität einer Röntgenaufnahme dient als Vergleichswert für die später regelmäßig durchzuführenden ▸Konstanzprüfungen ▸Röntgenverordnung
Referenzpunkt reference value	Messpunkt, Bezugspunkt auf den sich z. B. Berechnungen beziehen	Zahnheilkunde: • bei der Auswertung von Kiefermodellen • bei ▸Wachsbissnahme zur Herstellung neuer ▸Totalprothesen • auf ▸Röntgenbildern in der ▸Kfo zur Vermessung des ▸Schädels • auf ▸Zahnflächen zur Festlegung der Eindringtiefe von ▸Wurzelkanalinstru-menten
Reflex reflex, jerk	▸unwillkürliche Reaktion des Körpers auf einen äußeren ▸Reiz	Reflex eines ▸Muskels durch Bewegung, z. B. ▸Würgereflex Reflex einer ▸Drüse durch Aktivierung/Steigerung, z. B. von ▸Speichelfluss
Reflux reflux, gastroesophageal reflux	Rückfluss z. B. von Magensäure in die ▸Speiseröhre ▸Erosion	Zahnheilkunde: durch Reflux von Magensäure entstehende erosionsbedingte Zahnschäden, vor allem an den ▸palatinalen Zahnflächen
refraktär refractory	unempfindlich, nicht zu beeinflussen	Zahnheilkunde: refraktäre ▸Parodontitis schwere Form der ▸chronischen Paro-dontitis, welche durch ▸konventionelle ▸Behandlung kaum/nicht zu beeinflussen ist
Regelbiss normal bite	▸Neutralbiss	▸Eugnathie

M
N
O
P
Q
R
S

Stichwort	Erklärung	Vertiefung
Regeneration regeneration, reconstitution	Erholung, Wiederherstellung	**Zahnheilkunde:** z. B. ›Gesteuerte Geweberegeneration (GTR), Aufbau von verloren gegangenem ›Gewebe des ›Zahnhalteapparates
regenerieren regenerate	erneuern, wiederherstellen, gesund werden	›Regeneration
Region area, zone	Regio, Bereich, Gebiet	**Zahnheilkunde:** z. B. Regio 36: Gebiet um den ›Zahn 36
Registrat record, registration	Aufzeichnung, Registrierung **Zahnheilkunde:** bei der ›Bissnahme/Bissregistrierung hergestelltes Hilfsmittel zur Erkennung und ›Fixierung von Kieferstellungen und Kieferkontakten, z. B. ›Wachsbiss, ›Quetschbiss ›Stützstiftregistrierung	
Registrierschablone jaw relation record	›Bissschablone zur ›Kieferrelationsbestimmung	
regulär regular	der Regel entsprechend, normalerweise	Gegenteil: irregulär
regular body regular body	auch **mittelviskös** mittelfließende ›Konsistenz von ›Abformmaterial	›Elastomere ›Viskosität
Rehabilitation rehabilitation, oral rehabilitation	auch **orale Rehabilitation** Wiederherstellung	**Zahnheilkunde:** Maßnahmen nach Zahnverlust, um die ursprüngliche Gebisssituation wiederherzustellen, z. B. durch ›Zahnersatz
Reimplantation reimplantation	auch **Replantation** Wiedereinpflanzen eines ›extrahierten oder ausgeschlagenen ›Zahnes/›Implantates in die ›Alveole	
reimplantieren reimplant	wiedereinpflanzen, wiedereinsetzen	›Reimplantation
Reinfektion reinfection	auch **Reinfekt** erneute Ansteckung mit dem gleichen ›Krankheitserreger	erfolgt nach der Ausheilung einer ›Infektion
reinfizieren reinfect	wieder anstecken, sich erneut anstecken	›Reinfektion
Reinigungs- und Desinfektionsgerät	auch ›**Thermodesinfektor** Abkürzung: **RDG** „Praxisspülmaschine" zur Reinigung und physikalischen ›Desinfektion von ›kontaminierten zahnärztlichen ›Instrumenten Gerät arbeitet mit einer Temperatur von ca. 90–93 °C	

M
N
O
P
Q
R
S

Stichwort	Erklärung	Vertiefung
Reiz stimulation	Anregung, Einwirkung auf den Körper, die eine bestimmte Reaktion hervorruft	Zahnheilkunde: • chemisch: Säuren • osmotisch: Süßigkeiten • taktil: Sondierung, Berührung • ▸thermisch: kalte, heiße Getränke
Reizdentin irritation dentin, tertiary dentin	auch ▸**Tertiärdentin**	▸Dentin/Dentinarten
Rekonstruktion reconstruction, restoration	Wiederherstellung **Zahnheilkunde:** z. B. von zerstörten Gebissstrukturen, Zahnhartgewebe	
Rekontamination recontamination	erneute Verseuchung, Verunreinigung mit ▸Krankheitskeimen ▸Kontamination	Zahnheilkunde: wenn z. B. unverpackte, nicht ▸sterile ▸Instrumente in Kontakt mit ▸Mikroorganismen aus Luft/Staub und Händen des Personals kommen
Rekonvaleszenz recovery, onvalescence	Genesungszeit	Zeitraum nach einer ▸Krankheit bis zur Wiederherstellung der ▸Gesundheit
rektal rectal	zum Mastdarm/Enddarm gehörend, den Mastdarm betreffend ▸Rektum	z. B. ▸Applikation von ▸Medikamenten/ ▸Suppositorien; Messung der Körpertemperatur (Fieberthermometer)
Rektum rectum	auch **Rectum** Mastdarm, Enddarm	Endstück des Dickdarms
Relation ratio	Verhältnis/im Verhältnis zueinander, in Bezug zu etwas, Zuordnung	Zahnheilkunde: z. B. ▸Kieferrelationsbestimmung
relativ comparative	verhältnismäßig, eingeschränkt	z. B. ▸ relative Trockenlegung Gegenteil: absolut/vollkommen
Relative Dentin Abrasion	auch **Radioactive Dentin Abrasion** Abkürzung: **RDA** oder **RDA**-Wert Wert in ▸Zahnpasten, welcher die Stärke des Abriebs von ▸Dentin beim Zähneputzen durch die enthaltenen ▸Putzkörper angibt abhängig von der Härte und Größe der zugesetzten Abrasivstoffe: • bis 30: geringe ▸Abrasivität • ab 100: hohe Abrasivität • mittlere Abrasivität: international stark abweichende Beurteilung	▸Abrasion
Relative Enamelum Abrasion	auch **Radioactive Enamelum Abrasion** Abkürzung: **REA** oder **REA**-Wert	Der Abrieb des ▸Zahnschmelzes kann mit dem REA-Wert angeben werden. ▸Enamelum
relative Trockenlegung	▸Trockenlegung	Gegenteil: absolute Trockenlegung
Relikt relict	Rest, Überrest, Übriggebliebenes	Zahnheilkunde: ▸Radix relicta

M
N
O
P
Q
R
S

Stichwort	Erklärung	Vertiefung
REM	Abkürzung für ‣Raster-Elektronen-Mikroskop	
Remineralisation remineralization	Verkalkung von ‣Zahnschmelz durch Wiedereinlagerung von ‣Mineralstoffen nach einer vorausgegangenen ‣Demineralisation ‣Mineralisation Gegenteil: ‣Demineralisation	Durch Mineralbestandteile aus dem ‣Speichel kann somit ‣Karies im Anfangsstadium verhindert werden. Zusätzlich wird dieser Vorgang durch ‣Fluoride unterstützt und beschleunigt.
remineralisieren remineralise	‣Mineralien wieder zuführen, die davor entzogen wurden	‣Remineralisation
Remontage remounting	Überprüfung des fertigen ‣Zahnersatzes nach einigen Wochen Tragezeit durch Wiedereinsetzen in einen ‣Artikulator	bei Bedarf Feinabstimmung von ‣Okklusion und ‣Artikulation durch ‣Einschleifen ‣Resilienz
remontieren remount	Durchführen einer ‣Remontage	
Remotivation remotivation	erneute ‣Motivation	Zahnheilkunde: erneutes, wiederholendes Erklären und Demonstrieren z. B. von Maßnahmen zur ‣Mundhygiene
reparabel repairable	wiederherstellbar, ein Schaden kann repariert werden	Gegenteil: ‣irreparabel
Reparatur repair	Wiederherstellung	Zahnheilkunde: z. B. die Funktionstüchtigkeit einer gebrochenen ‣Prothese
Replantation replantation	auch ‣**Reimplantation**	
reponieren reduce, set	wiedereinrichten, einrenken, zurückversetzen in die ursprüngliche Lage/Normallage z. B. von einem ausgekugelten ‣Gelenk/ ‣Kiefergelenk, Knochenbruch/‣Kieferbruch, ‣luxierten Zahn Gegenteil: ‣luxieren	 *Schienung der reponierten Zähne 11 und 21*
Resektion resection	‣operative Entfernung von kranken ‣Geweben, ‣Organen, Organteilen oder Körperteilen	z. B. ‣Wurzelspitzenresektion ‣Resektionsprothese, ‣Amputation
Resektionsprothese resection prosthesis	auch ‣**Defektprothese** An der ‣Prothese sind entfernte Körperteile durch ‣Kunststoff ersetzt.	‣Epithese, ‣Obturator
resezieren resect	Durchführen einer ‣Resektion	
Resilienz resilience	Nachgiebigkeit von Gewebe bei Druck-belastung, z. B. der ‣Mundschleimhaut	Zahnheilkunde: Nach Eingliederung von ‣Prothesen wird aufgrund einer hohen Schleimhautresilienz nach einiger Zeit oft eine ‣Remontage notwendig.
resistent resistant	widerstandsfähig	‣Resistenz ‣multiresistente Erreger
Resistenz resistance	Widerstandsfähigkeit z. B. des Körpers gegen die Entstehung bestimmter ‣Krankheiten/‣Infektionen	auch ‣Bakterien, die gegen ‣Antibiotika ‣resistent geworden sind, z. B. ‣MRSA

M
N
O
P
Q
R
S

Stichwort	Erklärung	Vertiefung
resorbierbar absorbable	kann vom Körper aufgenommen werden	z. B. ▸Nahtmaterial
resorbieren resorb	etwas aufnehmen, aufsaugen	▸Resorption

Resorption
resorption,
resorbence

Aufnahme von Stoffen durch den Körper in die ▸Blut- oder ▸Lymphbahnen

Zahnheilkunde:

- ▸Milchzahnresorption, Abbau und Aufnahme der Milchzahnwurzeln, ▸Odontoklasten
- ▸Nahtmaterial, löst sich z. T. selbst auf und wird vom Körper resorbiert, z. B. ▸Catgut

Restauration
restoration

Überbegriff für alle Wiederherstellungs-maßnahmen

Zahnheilkunde:

- Zahndefekte: ▸konservierend, z. B. durch ▸Füllungen
- fehlende Zähne: ▸prothetisch, z. B. durch ▸Kronen, ▸Brücken

| **restaurieren**
restore | etwas wiederherstellen | ▸Restauration |

Retainer
retainer

Kieferorthopädie:
festsitzender ▸Bogen, welcher auf der Innenseite der Zähne ▸adhäsiv befestigt wird

zur Stabilisierung der erreichten Gebissumformung nach Abschluss der ▸Kfo-Behandlung

▸Retention

Retention
retention

Zurückhalten, Zurückhaltung, Verankerung

▸retiniert

Zahnheilkunde:

- Behinderung des ▸Zahndurchbruchs; häufig bei ▸Weisheitszähnen durch ihre Lage und Platzmangel; ▸Dentitio difficilis
- Anhaftungsbereiche von ▸Plaque, die schwer für eine Zahnreinigung zugänglich sind; ▸Retentionsstellen
- künstliche ▸Retentionsstellen wie z. B. Rillen zur mechanischen Ver-ankerung von ▸Klammern oder ▸Füllungsmaterial; ▸Retentionsform
- Stabilisierung der Zähne nach Abschluss einer ▸Kfo-Behandlung; ▸Retainer

Zahn 18, 48 retiniert

Retentionselement
retainer, snaps

auch **Verbindungselement, Verankerungselement**

▸Halteelement an herausnehmbarem ▸Zahnersatz zur Befestigung im teil-bezahnten ▸Gebiss

z. B. durch ▸Klammern, ▸Bügel, ▸Geschiebe, ▸Stege, ▸Teleskop- oder ▸Konuskronen

Stegreiter in provisorischer Vollprothese

M
N
O
P
Q
R
S

Stichwort	Erklärung	Vertiefung
Retentionsform retention form	materialabhängig präparierte ›Kavität, um das Füllungsmaterial sicher zu verankern	Z. B. ist für eine ›Amalgamfüllung die ›Präparation der ›Kavität am Kavitäten-boden breiter als am Füllungsrand.
Retentionsleiste retention ridge	überhängende Metallwulst an den Rändern von ›Abformlöffeln	›Rim-Lock-Löffel
Retentionsmuster retention pattern	›Ätzmuster, das durch die Anwendung der ›Säure-Ätz-Technik entsteht	Das Einfließen von flüssigem Komposit/Bonding in das Ätzmuster verbessert die Haftung/Verankerung von ›Komposit-Füllmaterial.
Retentionsspange retention brace	herausnehmbares ›Kfo-Gerät zum regelmäßigen Tragen	nach Abschluss der Kfo-Behandlung zur Stabilisierung der erreichten Gebissumformung
Retentionsstellen retention points	auch **Prädilektionsstellen** Stellen am ›Zahn, an denen sich ›Plaque besonders gut anlagern kann	
retiniert retained, impacted	zurückgehalten ›Retention	z. B. ›Zähne im Kieferknochen ›impaktiert
Retraktion retraction	Zurückziehen, Schrumpfung	z. B. ›Retraktionsfäden
Retraktionsfäden retraction cords, retraction rings	auch **Retraktionsringe** meist mit einer blutstillenden Lösung getränkte Fäden oder Ringe **Zahnheilkunde:** werden vor der ›Abformung des präparierten ›Zahnstumpfes in den ›Sulcus gedrückt, um die ›subgingivale ›Präparationsgrenze in der Abformung deutlich erkennbar zu machen auch zum Abdrängen von störendem ›Zahnfleisch bei der ›Präparation, z. B. bei Füllungslegung	
Retrognathie retrognathism	Rückverlagerung des ›Oberkiefers oder ›Unterkiefers	Unterteilung: • ›mandibuläre Retrognathie • ›maxilläre Retrognathie
retrograd retrograde, moving backward	von hinten her, rückwärts, zurück liegend Gegenteil: ›orthograd	**Zahnheilkunde:** ›retrograde Wurzelkanalfüllung
retrograde Wurzelkanalfüllung retrograde root filling	Nachdem die ›Wurzelspitze ›operativ freigelegt wurde, wird der ›Wurzelkanal von der Wurzelspitze aus gefüllt.	›Wurzelspitzenresektion
retrudiert retruded	zurückverlagert	›Retrusion
Retrusion retrusion of the teeth, maxillary retrognathia	Biss- und Kieferanomalien: • Rückverlagerung, Kippung eines ›Zahnes nach hinten • Verlagerung des ›Unterkiefers nach ›dorsal	Gegenteil: ›Protrusion
Revelator revelator	auch **Plaquerevelator** ›Färbemittel	Flüssigkeit oder Kautablette zum Anfärben von ›Plaque auf ›Zahnflächen

M
N
O
P
Q
R
S

Stichwort	Erklärung	Vertiefung
reversibel reversible	umkehrbar, wieder rückgängig machen	**Zahnheilkunde:** z. B. Ausheilen von ▸ Gingivitis simplex, ▸ Abformmaterial / reversibel-elastisch Gegenteil: ▸ irreversibel
revidieren revise	nachprüfen, beurteilen, berichtigen	▸ Revision
Revision review, revision	Nachprüfung, Überprüfung, erneute Durchführung einer ▸ Behandlung z. B. die Entfernung und Erneuerung einer ▸ Füllung oder ▸ Wurzelkanalfüllung *zu erneuernde Füllung mit Sekundärkaries*	
Rezept prescription	schriftliche Anweisung eines Arztes/Zahn- arztes/Tierarztes an einen Apotheker, ein bestimmtes ▸ Medikament abzugeben	Ein Rezept muss bestimmte Angaben enthalten und stellt eine Urkunde dar.
Rezeption reception	Anmelde- und Informationsbereich einer Praxis / Klinik	
Rezeptor receptor, sensor	spezialisierte Körperzelle zur Aufnahme von äußeren und inneren ▸ Reizen und deren Weiterleitung an das ▸ Gehirn	Die ▸ Haut / ▸ Schleimhaut enthält z. B. Rezeptoren für ▸ Schmerz, Druck, Kälte und Wärme.
Rezession recession	Rückgang, Schwund **Zahnheilkunde:** Rückgang von ▸ Gewebe z. B. von ▸ Zahnfleisch mit Freilegung der ▸ Zahnhälse ▸ Gingivaatrophie	
Rezidiv relapse	Rückfall, erneutes Auftreten einer ▸ Krankheit z. B. bei einer ▸ Tumorerkrankung	**Zahnheilkunde:** z. B. nach einer ▸ Kfo-Behandlung, was durch einen ▸ Positioner oder ▸ Retainer verhindert werden soll
rezidivierend relapsing	wiederkehrend, sich in Abständen wiederholend	z. B. ▸ Aphten, ▸ Entzündungen, ▸ Krankheiten
Rhagade angular cheilitis rhagad	▸ Faulecke	eingerissener, entzündeter ▸ Mundwinkel
Rhesusfaktor rhesus factor	Abkürzung: **Rh-Faktor** Merkmal auf den roten ▸ Blutkörperchen, welches vererbt wird und bei ▸ Bluttransfusion oder Schwangerschaft ebenso beachtet werden muss wie die ▸ Blutgruppe	Unterteilung in • Rh-positiv (Rh+) • Rh-negativ (Rh-) abhängig davon, ob dieses Merkmal auf den ▸ Erythrozyten vorhanden ist oder nicht
Rh-Faktor Rh factor	Abkürzung für ▸ **Rh**esusfaktor	
Riegel bolt	▸ Halteelement zwischen ▸ festsitzendem und herausnehmbarem Teil des ▸ Zahnersatzes, welches zum Einsetzen und Entfernen der ▸ Prothese vom ▸ Patienten selbst betätigt werden kann Riegelarten: Drehriegel, Steckriegel, Schwenkriegel	

Stichwort	Erklärung	Vertiefung
Rim-Lock-Löffel Rim-Lock impression tray	konfektionierter, nicht ▸perforierter ▸Abformlöffel	mit Metallwulst an den Rändern zur Verbesserung der Materialhaftung ▸Retentionsleiste
Ringbandmatrize circumferential matrix	ringförmig um den ▸Zahn anzulegende ▸Matrize aus Metall ermöglicht gleichzeitig den Aufbau mehrerer Zahnwände z. B. ▸Toffelmire-Matrize ▸Matrizenband ▸Matrizenhalter	
Risiko risk, danger	Gefahr, Möglichkeit, dass ein unerwünschtes, negatives Ereignis eintritt	▸Kariesrisiko ▸Risikopatient
Risikobewertung risk assessment	Vor der ▸Aufbereitung von zahnärztlichen ▸Instrumenten muss der für die Praxishygiene verantwortliche ▸Zahnarzt beurteilen und einteilen, in welche Gruppe die einzelnen Instrumente einzustufen sind.	▸RKI-Richtlinien: Grundlage für praxisbezogenen ▸Hygieneplan, ▸Instrumentenaufbereitung ▸Medizinprodukte, ▸Medizinprodukte-Betreiberverordnung
Risikopatient high-risk patient	▸Patient, bei dem während der ▸Behandlung mit dem Auftreten von ▸Komplikationen zu rechnen ist	Risikofaktoren: z. B. ▸Diabetes mellitus, ▸Allergien, ▸Herz-Kreislauf-Erkrankungen, Schwangerschaft
RKI	Abkürzung für Robert-Koch-Institut Einrichtung der Bundesregierung auf dem Gebiet der Krankheitsüberwachung und Krankheitsbekämpfung	Aufgaben: Erkennung, Verhütung und Bekämpfung von ▸Krankheiten, insbesondere der ▸Infektionskrankheiten
röntgen take an x-ray	eine ▸Röntgenaufnahme anfertigen	▸analog ▸digital
Röntgen, Wilhelm Conrad	deutscher Physiker (1845–1923); Entdecker der unsichtbaren X-Strahlen (1895)	Bezeichnung: • Deutschland: ▸Röntgenstrahlen • international: ▸x-rays (englisch)
Röntgenaufnahme roentgenogram, radiograph	beim Durchgang von ▸Röntgenstrahlen durch Körpergewebe erzeugte Veränderung/ Schwärzung der fotografischen Schicht des ▸Röntgenfilms	Aufnahmetechniken: ▸analog/konventionell auf ▸Röntgenfilmen oder ▸digital auf ▸Speicherfolie
Röntgenaufnahme, extraoral extraoral radiograph	▸Röntgenfilm befindet sich außerhalb des ▸Mundes: ▸Fernröntgenseitenaufnahme ▸Handaufnahme ▸Orthopantomogramm ▸Schädelaufnahme ▸Teilschädelaufnahme	
Röntgenaufnahme, intraoral intraoral radiograph	▸Röntgenfilm befindet sich innerhalb des ▸Mundes: ▸Mundfilmaufnahme ▸Bissflügelaufnahme ▸Übersichtsaufnahme	

M
N
O
P
Q
R
S

Stichwort	Erklärung	Vertiefung
Röntgendosimeter dosimeter	auch ▸ Dosimeter dient zur regelmäßigen Überprüfung der ▸ Strahlenbelastung bei beruflich ▸ strahlenexponierten Personen	Das Tragen des Messgerätes ist keine Vorschrift in der Zahnarztpraxis.
Röntgenfilm x-ray film, dental film	fotografischer Film zur Aufzeichnung von ▸ Röntgenaufnahmen bei ▸ analoger/konventioneller Aufnahmetechnik **Röntgenfilm, ▸ extraoral:** ▸ Folienfilm für Filmkassetten mit ▸ Verstärkerfolien auf beiden Seiten, Format z. B. 12 x 30 cm **Röntgenfilm, ▸ intraoral:** ▸ Zahnfilm ohne ▸ Verstärkerfolie; in unterschiedlichen Empfindlichkeitsstufen; verschiedene Formate, z. B. Standardfilm 3 x 4 cm	**Filmaufbau:** Schutzschicht, lichtempfindliche ▸ Emulsionsschicht (▸ Silberbromidkristalle), Haftschicht, Schichtträger (meist aus Polyester), Haftschicht, lichtempfindliche Emulsionsschicht, Schutzschicht **Filmverpackung/Mundfilm:** Kunststoffverpackung (feuchtigkeitsdicht), Metallfolie (Schutz vor ▸ Streustrahlen), schwarzes Papier (lichtundurchlässig), Röntgenfilm, schwarzes Papier
Röntgenfilmentwicklung x-ray film developing	Sichtbarmachung der Abbildung auf dem ▸ Röntgenfilm durch Schwärzung der belichteten Stellen ▸ Entwicklungsvorgang	Die Filmentwicklung erfolgt als Handentwicklung oder im ▸ Entwicklungsautomat. ▸ Entwickler ▸ Fixierer
Röntgenfilmhalter film mount, x-ray mount	▸ Filmhalter	Einstellhilfe für ▸ intraorale Aufnahmetechniken
Röntgengerät x-ray generator	auch **Röntgenapparat** ▸ Diagnosegerät zur Herstellung von ▸ intraoralen oder ▸ extraoralen ▸ Röntgenaufnahmen	Aufnahmen werden zur zahnärztlichen ▸ Diagnostik verwendet.
Röntgenkontrollaufnahme check x-ray	auch ▸ **Kontrollaufnahme** ▸ Röntgenaufnahme im Rahmen der ▸ Wurzelkanalfüllung	zur Kontrolle nach dem Einbringen des ▸ Wurzelfüllmaterials
Röntgenmessaufnahme measuring picture	auch **Messaufnahme** ▸ Röntgenaufnahme im Rahmen der ▸ Wurzelkanalaufbereitung zur Längenbestimmung (Arbeitslänge eines ▸ Wurzelkanals) mit eingeführtem Aufbereitungsinstrument Auf der Röntgenaufnahme kann am sichtbaren ▸ Wurzelkanalinstrument die exakte Länge des ▸ Wurzelkanals abgemessen werden.	
Röntgenologie roentgenology	▸ Radiologie	
Röntgenpass x-ray passport	Nachweisheft, in das alle am ▸ Patienten durchgeführten ▸ Röntgenaufnahmen eingetragen werden Die ▸ Dokumentation soll unnötige Untersuchungen/Doppeluntersuchungen vermeiden helfen.	Eintragungen: Datum, untersuchte Körperregion, Untersuchungsart, Praxisstempel, Unterschrift

M
N
O
P
Q
R
S

Stichwort	Erklärung	Vertiefung
Röntgenröhre x-ray tube	Bauteil in einem ›Röntgengerät; luftleerer Glaskolben, in welchem sich ›Kathode/Minuspol und ›Anode/Pluspol befinden, umgeben von einem Schutzmantel aus ›Blei ›Fokus	Funktion: Zwischen ›Kathode und ›Anode bewegen sich freigesetzte ›Elektronen, die beim Aufprall auf Materie ›Röntgen- strahlen erzeugen.

Aufbau einer Röntgenröhre

❶ Anschluss an der Kathode (-)

❷ Glüh-Kathode

❸ Weg der Elektronen

❹ Anschluss an der Anode (+)

❺ Strahlenaustritt der Röntgenstrahlen

❻ Vakuum

❼ Glaskolben

❽ Schutzmantel

Röntgenschürze lead gown	›Bleischürze	›Strahlenschutz, ›Keimdrüsen ›Bleigleichwert
Röntgenstatus roentgen status full mouth x-ray	Mundfilmaufnahmen zur Darstellung aller Zähne des ›Oberkiefers und ›Unterkiefers	›PA-Status

Röntgenstatus

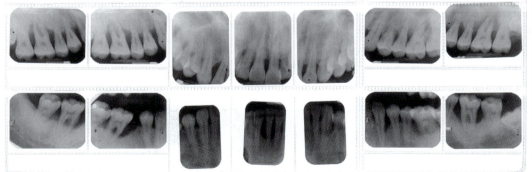

Röntgenstrahlen x-rays, roentgen rays	elektromagnetische Wellen ›ionisierende Strahlung	Eigenschaften: z. B. unsichtbar, energiereich; können Materie durchdringen Anwendung: ›Diagnostik, ›Strahlentherapie

M
N
O
P
Q
R
S

Röntgenstrahlenschäden

Stichwort	Erklärung	Vertiefung
Röntgenstrahlen-schäden radiation injury	Durch die Einwirkung von ▸Röntgenstrahlen entstehende Gesundheitsschäden.	Strahlenschäden: • ▸somatischer Schaden • ▸genetischer Schaden • ▸teratogener Schaden
Röntgentechniken radiotechnology	auch **Röntgenaufnahmetechniken**	▸Paralleltechnik, ▸Rechtwinkeltechnik, ▸Halbwinkeltechnik
Röntgentherapie x-ray therapy, radiotherapy	auch **Radiotherapie, Strahlentherapie** Behandlung mit ▸Röntgenstrahlen oder anderen ▸ionisierenden Strahlen	z. B. Bestrahlung bei bestimmten ▸Tumorerkrankungen
Röntgentubus x-ray cone	Röhre, die am ▸Röntgengerät vor dem ▸Strahlenaustrittsfenster aufgesetzt ist und die austretenden ▸Röntgenstrahlen bündelt	Funktionen: • Einstellhilfe für den Strahlenverlauf/ ▸Zentralstrahl • Abgrenzung des Strahlenfeldes durch eine Blende (Ø höchstens 6 cm) • Abstandhaltung von ▸Fokus-Haut durch einen Langtubus (10–20 cm) • Rückhaltung weicher ▸Röntgenstrahlen (Verbrennungen) durch ▸Filter aus Aluminium
Röntgenverordnung x-ray regulation	Abkürzung: **RöV** „Verordnung über den Schutz vor Schäden durch Röntgenstrahlung"	gesetzliche Grundlage zur Anwendung von ▸Röntgenstrahlen
RöV	Abkürzung für ▸**Röntgenverordnung**	
Root Planing root planing	▸Wurzelglättung	▸Parodontalbehandlung
Rosenbohrer bud bur, round bur	kugelförmiger Bohrerkopf mit Schneiden für niedrige Drehzahlen meist zur Entfernung von ▸Karies und zur Bearbeitung von ▸Dentin	
Rotation rotation	Drehung Drehbewegung eines Körpers, z. B. eines ▸Zahnes	
Rotationstechnik nach Fones rotation movement technique	auch ▸**Fones-Methode**	▸Zahnputzmethode für Kinder
rote Blutkörperchen erythrocyte	▸Erythrozyten	▸Blutkörperchen
Rote Liste	Arzneimittelverzeichnis für Deutschland kurze Arzneimittelinformation für Ärzte, ▸Zahnärzte und Apotheker	erscheint jährlich aktualisiert als Buchausgabe oder halbjährlich elektronisch
rotieren rotate	drehen, im Kreis bewegen	z. B. rotierende zahnärztliche ▸Instrumente

M
N
O
P
Q
R
S

Stichwort	Erklärung	Vertiefung
Rot-Weiß-Methode red to white toothbrushing technique	▸ Zahnputzmethode: Auswischmethode, bei der von rot / ▸ Zahnfleisch nach weiß / Zähne ausgewischt wird Nachteil: unzureichende Zahnreinigung in der ▸ Zahnfleischfurche	
Rp	Abkürzung für **Re**ci**p**e Einleitungsformulierung auf einem Rezeptformular mit der Bedeutung „nimm"	Angabe auf einem ▸ Rezept, welche den Apotheker auffordert, das angegebene ▸ Medikament abzugeben
Rubber dam rubber dam	▸ Kofferdam	zur absoluten ▸ Trockenlegung
Rubor rubor	Rötung	eines der 5 ▸ Entzündungszeichen
Rückbiss disto-occlusion	auch ▸ **Distalbiss**	Fehlstellung des ▸ Unterkiefers
Rückenmark spinal marrow	Bestandteil des ▸ Zentralnervensystems/ZNS	Lage im Wirbelkanal der Wirbelsäule
Rückenschutzplatte back palate	▸ Modellgussprothese, bei welcher der ▸ linguale Teil von ersetzten ▸ Frontzähnen in dünnem Metall gearbeitet wird im sichtbaren Bereich mit ▸ Verblendung/Kunststoff	Gestaltung dadurch stabil und zierlich, höherer Tragekomfort
Rückstellvermögen resilience, resetting	Fähigkeit von ▸ Abformmaterial, sich nach der Entnahme aus dem ▸ Mund in die im Mund abgebundene Form zurückzustellen	für die Passgenauigkeit von ▸ Zahnersatz unbedingt erforderlich ▸ elastisch, ▸ Elastomere
Ruhelage resting position	auch **Ruheposition** Stehen ▸ Unterkiefer und ▸ Oberkiefer in entspannter, unbewusster Haltung zueinander, so besteht zwischen den ▸ Zahnreihen ein Abstand von wenigen Millimetern.	
Rüttler cap vibrator	▸ Mischgerät	für ▸ Kapseln, ▸ Abformmaterialien

M
N
O
P
Q
R
S

Stichwort	Erklärung	Vertiefung
Saccharide saccharide	‣Kohlenhydrate	Überbegriff für ‣Zucker: ‣Monosaccharide, ‣Disaccharide, ‣Polysaccharide
Saccharin saccharin	‣Süßstoff ‣Zuckerersatzstoff	künstlicher ‣Zucker mit hoher Süßkraft für ‣Diabetiker geeignet nicht ‣kariogen
Saccharose sugar, saccharid	‣Disaccharid Zweifachzucker aus ‣Fruktose/Fruchtzucker und Glukose/‣Traubenzucker	‣Zucker/Haushaltszucker aus Zuckerrüben/Zuckerrohr
Sachverständigen- prüfung expert monitoring	technische Überprüfung der Röntgeneinrichtung	‣Röntgenverordnung §18: erfolgt alle fünf Jahre durch einen behörd- lich bestimmten Sachverständigen
Sägemodell saw model	**Zahntechnik:** Arbeitsmodell, welches aus ‣Zahnkranz und Sockel besteht wird vom Zahntechniker an den präparierten Zähnen aufgesägt, um den einzelnen ‣Kronenstumpf besser bearbeiten zu können ‣Modellstumpf	
sagittal sagittal	in Pfeilrichtung, in Längsrichtung	Lage-/Richtungsbezeichnung im Körper und in der ‣Mundhöhle z. B. die Ausdehnung eines ‣Kiefers in Längsrichtung
Salbe salve, ointment	streichfähige, meist fetthaltige ‣Paste mit ‣Medikament als Inhaltsstoff	umgangssprachlich auch Creme; ‣Gel
Saliva saliva, spittle	‣Speichel	‣Salivation
Salivation salivary flow	Speichelabsonderung/Speichelsekretion, ‣Speichelmenge	‣Hypersalivation ‣Hyposalivation
Salzfluoridierung salt fluoridation	‣Fluoridprophylaxe 1 kg Speisesalz (‣NaCl) wird mit 250 mg ‣Fluorid angereichert.	‣systemische/enterale ‣Fluoridierung über die Nahrungsaufnahme; wirkt vor allem über die Körperflüssig- keiten auf ‣Knochen und Zähne
Sandwichabformung composite impression, putty-wash impression	auch ‣**Doppelmischabformung** einzeitig/zweiphasige ‣Abformung eines ‣Kiefers	‣Abformtechnik
Sanierung dental sanitation	Überbegriff für alle Maßnahmen zur Wiederherstellung z. B. von gesunden Gebissverhältnissen	Methoden: z. B. ‣chirurgisch, ‣konservierend, ‣parodontologisch, ‣prothetisch
Sapientes wisdom teeth	Kurzform für ‣**Dentes sapientes** ‣Weisheitszähne	die dritten ‣Molaren
Sarkom sarcoma	bösartiger ‣Tumor	geht von Stützgewebe aus; z. B. vom ‣Bindegewebe

M
N
O
P
Q
R
S

Stichwort	Erklärung	Vertiefung

Sauerstoff

oxygen

Oxygenium

chemisches ►Element mit dem Symbol **O**

farb- und geruchloses Gas; meist in Verbindung aus zwei Sauerstoff-Atomen (O_2) vorkommend

Zahnheilkunde:

- O_2 wirkt bei der chemischen Freisetzung desinfizierend/►bakterizid, z. B. in ►Desinfektionsmitteln.
- ►Ozon (O_3); dreiatomiges Sauerstoff-Molekül; wirkt stark desinfizierend.

Sauger

sucker, dental aspirator

zahnmedizinische Saugkanülen, mit denen Körperflüssigkeiten und ►Aerosole aus der ►Mundhöhle abgesaugt werden

Saugerarten:
kleiner Sauger/►Speichelsauger, großer Sauger, ►chirurgischer Sauger

---

Saumepithel

dental/gingival epithelium

verbindet das ►Zahnfleisch mit der Zahnoberfläche

ist am ►Sulkusboden mit dem ►Zahnhartgewebe oder ►Implantat verwachsen und verhindert das Eindringen von ►Bakterien

---

Säure

acid

►Acidum

►organische oder ►anorganische chemische ►Verbindung mit ►pH-Wert unterhalb von 7

schmeckt sauer, wirkt ätzend, greift andere Stoffe an

Gegenteil: ►Base

Zahnheilkunde:

- **direkte Säure**
  durch saure Lebensmittel (z. B. unverdünnte Obstsäure) wird der ►Zahn entkalkt
- **indirekte Säure**
  Vergärung von ►Zucker durch ►Bakterien; verursacht ►Karies
- **Ätzgel**
  ►Phosphorsäure (20–40%ig)

direkte Säure

Ätzgel

Säure-Ätz-Technik

adhesive bonding technique

erster Teilschritt der ►Adhäsivtechnik

Abkürzung: **SÄT**

SBI

Abkürzung für ►**S**ulkus-**B**lutungs-**I**ndex

zur Beurteilung einer ►Zahnfleischentzündung

---

s.c.

Abkürzung für ►**s**ub**c**utan oder subkutan

►Injektionsarten

Scaler

scaling curet

►Handinstrument zur Entfernung von ►supragingivalem ►Zahnstein

spitzer Schaber mit beidseitig scharfen Kanten; dreieckiger Querschnitt

Formen: z. B. ►Haken-Scaler, Sichel-Scaler

►Schallscaler

Scaling

scaling

Überbegriff für das Entfernen von ►Plaque, ►Zahnstein und ►Konkrementen

kann ►subgingival und ►supragingival durchgeführt werden

Das Abschaben, Abkratzen erfolgt mit ►Handinstrumenten und/oder ►Ultraschallgeräten.

gereinigte Zahnoberfläche

Stichwort	Erklärung	Vertiefung
Scanner scanner, scintiscanner	Gerät zum optischen Abtasten und Vermessen eines Objektes	Zahnheilkunde: ▸intraoraler Scanner/Mundscanner für die ▸optische Abformung ▸CAD/CAM
Schablone template	individuell hergestelltes oder vorgefertigtes Muster, das als Vorlage zur Vervielfältigung, Wiederholung und Weiterbearbeitung dient	Zahnheilkunde: • ▸Operationsschablone • ▸Bissschablone/Registrierschablone • ▸Kofferdam/Lochschablone
Schädel cranium, skull	Cranium knöcherner Teil des Kopfes	Unterteilung: ▸Hirnschädel, ▸Gesichtsschädel
Schädelaufnahme skull radiograph	▸Fernröntgenseitenaufnahme/FRS	seitliche, ▸extraorale ▸Röntgenaufnahme des Kopfes
Schädelbasis base of skull	untere Begrenzung des ▸Hirnschädels	Auflagefläche für das ▸Gehirn
Schädeldach roof of skull	auch **Schädelkalotte** obere Begrenzung des ▸Hirnschädels	beteiligte Knochen: ▸Stirnbein, ▸Scheitelbein, ▸Hinterhauptsbein, ▸Schläfenbein
Schädelnaht cranial suture	▸Sutur	▸Knochennaht
Schaft shank	Teil eines ▸Bohrers, der zur Befestigung in das ▸Übertragungsinstrument eingesetzt wird	• Schaft mit glatter Oberfläche: FG-Schaft (▸Friction Grip), z. B. für ▸Schnellläufer, ▸Turbine • Schaft mit ringförmiger Vertiefung: RA-Schaft (Right Angle), z. B. für ▸Winkelstück
Schall resonance	mechanische Schwingungen mit 16.000 bis 20.000 ▸Hertz/Schwingungen pro Sekunde	entspricht der ▸Frequenz des menschlichen Hörens ▸Ultraschall
Schallscaler sonic scaler	Gerät zur ▸maschinellen ▸Zahnsteinentfernung Über eine Metall-Arbeitsspitze werden Schwingungen von bis zu 8.000 ▸Hertz (Hz) erzeugt.	Antrieb mit Druckluft; direkter Kontakt der Arbeitsspitze mit der zu bearbeitenden Zahnoberfläche; Kühlung erforderlich ▸Scaler
Schallzahnbürste sonic tooth brush	auch **Sonic-Zahnbürste** elektrische ▸Zahnbürsten mit Bewegungen des Bürstenkopfes von ca. 30.000 Schwingungen pro Minute	
Schaltdaten	Röntgenkunde: Oberbegriff für • Stromstärke/▸Volt • Spannung/▸Ampere • Zeit/Sekunde	müssen bei der Anfertigung von ▸Röntgenaufnahmen angegeben werden ▸Dokumentation

Stichwort	Erklärung	Vertiefung
Schaltlücke interdental space	▸Zahnlücke, die beidseitig von natürlichen Zähnen begrenzt wird ▸prothetische Versorgung mit einer ▸Schaltprothese Gegenteil: ▸Freiendlücke	
Schaltprothese interdental insertion prosthesis	▸Teilprothese mit ▸Schaltlücken zum Ersetzen der fehlenden Zähne Verankerung an den benachbarten Zähnen einer Lücke Gegenteil: ▸Freiendprothese	
Schaltsattel interdental saddle	▸Prothesensattel, welcher die fehlenden Zähne in einer ▸Schaltlücke ersetzt	▸Teilprothese Gegenteil: ▸Freiendsattel
scharfer Löffel surgical curet	▸chirurgisches löffelförmiges ▸Handinstrument zur Entfernung von ▸Granulationsgewebe nach ▸Extraktion oder ▸Osteotomie ▸Exkochleation	
Scharnierachse hinge axis	Achse, um welche sich die ▸Kiefergelenke bei der Öffnungs- und Schließbewegung des ▸Unterkiefers drehen	Bezugspunkt bei der ▸Bissnahme zur ▸Kieferrelationsbestimmung wird mit einem ▸Übertragungsbogen/Gesichtsbogen am ▸Patienten ermittelt
Scheibenträger disc mandrel	▸Mandrell	zur Befestigung für Polier- oder Schleifscheiben
Scheitelbein parietal bone	Os parietale paariger ▸Knochen des ▸Hirnschädels	▸Schädeldach
Schichttechnik layer technique	Verarbeitungstechnik bei lichthärtenden ▸Komposit-Füllungen Schrittweises Auftragen und Lichtaushärten des Kompositmaterials führt zur vollständigen Durchhärtung/Aushärtung des Füllmaterials und verhindert dadurch das Schrumpfen.	▸Lichtpolymerisation ▸Polymerisationsschrumpfung
Schiene splint	meist als ▸Miniplastschiene • Aufbissbehelf zur Entlastung der ▸Kiefergelenke oder zur Bisskorrektur, z. B. ▸Aufbissschiene, ▸Knirscherschiene • Träger für ▸Medikamente, z. B. ▸Fluoride, Bleichmittel/▸Bleaching	 *Medikamentenschiene*
Schienung splinting	▸Fixation und Stabilisierung; auch durch Einbringen von ▸Schienen bei: • ▸Kieferbruch • ▸Zahnfraktur • ▸Zahnlockerung/▸Trauma • ▸Reimplantation	

M
N
O
P
Q
R
S

Stichwort	Erklärung	Vertiefung
Schläfenbein temporal bone	▸ Os temporale paariger ▸ Knochen des ▸ Hirnschädels	bildet die Gelenkpfanne und den Gelenkhöcker des ▸ Kiefergelenks ▸ Schädelbasis, ▸ Schädeldach
Schläfenmuskel temporal muscle	Musculus temporalis Funktion: Kieferschluss, Rückbewegung des ▸ Unterkiefers ▸ Mundschließer-Muskeln, ▸ Kaumuskeln	Ansatz: ▸ Muskelfortsatz des ▸ Unterkiefers Ursprung: ▸ Schläfenbein, ▸ Stirnbein, ▸ Scheitelbein
Schlafmittel hypnotics	Hypnotika ▸ Medikamente gegen Störungen beim Einschlafen und Durchschlafen	Wirkstoffe sind pflanzlichen oder chemischen Ursprungs
Schlagader artery	▸ Arterie	führt das ▸ Blut vom Herzen weg
Schlaganfall apoplexy	Apoplexie Gehirnschlag spontaner Gefäßverschluss bzw. Gefäßblutung im ▸ Gehirn	Folge: Ausfallserscheinungen in Teilen des ▸ zentralen Nervensystems/ZNS
Schleifen grinding	**Zahnheilkunde:** Beschleifen von ▸ Zahnhartgewebe/ ▸ Schmelz bei der ▸ Präparation einer ▸ Krone oder ▸ Füllung erfolgt mit Hilfe von ▸ Schleifmitteln	
Schleifer grinder	▸ Instrument zum Beschleifen eines ▸ Zahnes oder zum groben Abtrag von Substanz an einem Werkstück	mit rauer Oberfläche durch einen Belag aus ▸ Diamant- oder ▸ Korundteilchen ▸ Schleifmittel
Schleifmaschine grinding machine	Gerät zum ▸ maschinellen Aufschleifen/ Schärfen	z. B. von ▸ Handinstrumenten für die ▸ Parodontalbehandlung
Schleifmittel abrasive	Materialien zum ▸ Schleifen/Beschleifen z. B. ▸ Diamant, ▸ Korund, Quarz, Siliciumdioxid	Sie besitzen eine größere Härte und gröbere Oberfläche als das zu beschleifende Werkstück.
Schleiftrauma grinding trauma	auch ▸ **Präparationstrauma**	Schädigung der ▸ Pulpa
Schleim mucus	Mucus oder Mukus Absonderung der ▸ Schleimdrüsen; farblose, zähe Flüssigkeit	Hauptbestandteil sind ▸ Muzine, Verbindungen aus ▸ Eiweißstoffen und ▸ Mehrfachzuckern; sie sorgen für die ▸ Viskosität des ▸ Speichels.
Schleimdrüsen mucous glands	▸ Drüsen in den ▸ Schleimhäuten produzieren und sondern ▸ Schleim ab	▸ muköse Drüse
Schleimhaut mucous membrane	▸ Mukosa kleidet Hohlorgane/Körperhöhlen aus ▸ Mundschleimhaut	besitzt ▸ Schleimdrüsen, welche ▸ Sekrete zur Feuchthaltung abgeben
Schleimhautband mucosal frenulum	▸ Lippenbändchen, ▸ Wangenbändchen, ▸ Zungenbändchen	können z. B. den Sitz von ▸ Vollprothesen beeinträchtigen und werden ▸ chirurgisch entfernt

M
N
O
P
Q
R
S

Stichwort	Erklärung	Vertiefung
Schleimhaut-desinfektion mucosal disinfection	auch **Schleimhautantiseptik** ‣Desinfektion der ‣Mundschleimhaut vor ‣invasiven Eingriffen oder bei ‣Patienten mit ‣Infektionskrankheiten zur Verminderung der Mundbakterien dient der Vorbeugung von ‣Infektionen bei Patienten und Behandlungsteam	Desinfektionsmittel: meist ‣CHX (0,1–0,2%ig) als ‣Mund-spüllösung, ‣Spray oder zum Auftragen mit ‣Tupfer Die ‣Full-Mouth-Disinfection ist die wirkungsvollste Art der Schleimhaut-desinfektion.
Schleimhautkapuze mucous hood	auch ‣**Zahnfleischkapuze**	Unvollständig durchgebrochene Zähne sind meist mit einer Schleimhautkapuze bedeckt.
Schleimhaut-Knochenhaut-Lappen mucoperiosteal flap	‣Muko-Periost-Lappen	‣Mukosa ‣Periost
Schleimhaut-transplantat mucosal graft	‣Gewebe wird von der ‣Gaumen- oder ‣Wangenschleimhaut auf den Defekt übertragen. z. B. zur Abdeckung eines freiliegenden Wurzelbereiches ‣Gingivatransplantat	
Schlifffacette abrasion facet	glatt geschliffene ‣Zahnfläche meist auf der ‣Okklusionsfläche oder ‣Inzisalkante entstanden durch ‣Parafunktionen, falsches Kauen oder ‣Fehlstellung der Zähne ‣Abrasion, ‣Attrition	
Schlotterkamm flappy ridge	verschiebbare, weiche ‣Schleimhaut auf dem zahnlosen ‣Kieferkamm entstanden durch Ab- und Umbau des Kieferknochens oder schlecht sitzenden ‣Zahnersatz/‣Vollprothese Folge: erschwerter Halt von ‣Zahnersatz Therapie: ‣operative Entfernung des beweglichen Weichgewebes	
Schluckreflex swallowing reflex	unwillkürlich ablaufender Vorgang durch die Berührung bestimmter Bereiche des ‣Gaumens	‣Reflex
Schlund throat	auch ‣**Rachen**	‣Pharynx
Schlussbiss terminal occlusion, hinge position	auch **Schlussbisslage** Berührung der ‣Zahnreihen bei Kieferschluss ‣habituelle ‣Okklusion/Interkuspidation	
Schmalkiefer narrow jam	‣Anomalie des ‣Oberkiefers mit zu schmalem Kieferbogen ‣Dysgnathie	entstanden z. B. durch ‣Mundatmung

M
N
O
P
Q
R
S

Stichwort	Erklärung	Vertiefung
Schmelz dental enamel, adamantine layer	auch ▸ Zahnschmelz ▸ Enamelum, Substantia adamantina sichtbarer Teil des ▸ Zahnes / der ▸ Zahnkrone	aus ▸ Schmelzprismen aufgebaute, härteste Substanz des Körpers ▸ Schmelzbildner
Schmelz-Ätz-Technik adhesive bonding technique	auch **Säure-Ätz-Technik** Abkürzung: **SÄT** heute: ▸ Adhäsivtechnik	
Schmelzbildner amyloblasts	▸ Ameloblasten, ▸ Adamantoblasten ▸ Zahnschmelz bildende ▸ Zellen	Sterben nach der Ausformung des ▸ Schmelzes ab; eine ▸ physiologische Reparatur von Schmelzschäden ist deshalb nicht möglich.
Schmelz-Dentin-Grenze enamel-dentin-junction	Übergang vom ▸ Schmelz / ▸ Zahnschmelz zum ▸ Dentin	▸ Schmelzprismen verlaufen von der Schmelz-Dentin-Grenze zur Zahnoberfläche.
Schmelzfluorose enamel fluorosis	auch ▸ **Fluorose, Dentalfluorose, Zahnfluorose** Veränderung von ▸ Zahnschmelz durch eine ▸ chronische Überdosierung von ▸ Fluoriden ▸ mottled enamel, ▸ mottling	 *Zahnschmelz ist verfärbt und spröde*
Schmelzhypoplasie enamel hypoplasia	Fehlentwicklung von ▸ Zahnschmelz während der ▸ Mineralisation in der Entwicklungsphase ▸ Rachitis (Vitamin-D-Mangel) ▸ Dysplasie	 *rauer, kariesanfälliger Zahnschmelz*
Schmelzkaries enamel caries	auch ▸ **Initialkaries** ▸ Karies superficialis beginnende, oberflächliche ▸ Karies, welche das ▸ Dentin noch nicht erreicht hat	▸ white spot / weißer Schmelzdefekt
Schmelzoberhäutchen enamel cuticle	auch **Zahnoberhäutchen** Pellikel, Cuticula dentalis	erworbener, dauerhafter, dünner Überzug der Zähne, der durch ▸ Speichel gebildet wird
Schmelzprismen enamel prism	kleine Kristalle, welche den ▸ Zahnschmelz bilden Die regelmäßig angeordneten Kristalle bestehen zu 97 % aus ▸ anorganischem ▸ Hydroxylapatit und verlaufen senkrecht zur ▸ Schmelz-Dentin-Grenze.	
Schmelzreifung enamel maturation	Zeit nach der Schmelzbildung, in welcher der ▸ Schmelz seine eigentliche Härte entwickelt.	Der Vorgang beginnt bereits vor dem ▸ Zahndurchbruch und endet erst einige Zeit danach.

M
N
O
P
Q
R
S

Stichwort	Erklärung	Vertiefung

Schmelzriss
enamel crack

auch **Schmelzsprung**

feine Risse in der Schmelzstruktur

Ursache:
z. B. Gewalteinwirkung oder ►thermische Spannungen

Schmelzriss an Zahn 11

Schmelz-Zement-Grenze
cement-enamel-junction

im Bereich ►Zahnhals

Übergang vom glänzenden ►Zahnschmelz zum gelblich/►opaken ►Wurzelzement

normalerweise vom ►Zahnfleisch bedeckt

►Gingivaatrophie

Schmerz
ache, pain

►Dolor

durch Reizung von Schmerzrezeptoren ausgelöste Empfindung; wird über ►sensible Nervenfasern dem ►Gehirn zugeleitet

►Rezeptoren

Zahnheilkunde:
- ►Nachschmerz/►Dolor post
- ►Phantomschmerz
- ►Trigeminus-Neuralgie

Schmerzausschaltung
anaesthesia

►Anästhesie

►Analgesie

Schmerzmittel
painkiller

►Analgetikum

Schmierinfektion
smear infection

►Kontaktinfektion

Ansteckung durch Berührung von ►Krankheitserregern

►Infektionswege:

- **direkt**; durch das Eindringen der Erreger in verletzte ►Haut oder ►Schleimhaut
- **indirekt**; durch Berührung z. B. von ►kontaminierten Gegenständen

---

Schmierschicht
smear-layer

an den Kavitätenwänden haftende Verbindung aus ►Dentinteilchen, ►Dentinliquor, ►Speichel:

- Bei der ►Kavitätenpräparation wird sie durch die Dentinätzung entfernt.
- Bei der ►Wurzelkanalbehandlung wird sie bei der Aufbereitung des ►Wurzelkanals entfernt.

Schmierschicht vor Dentinätzung

Schmutznische
dirt niche

Bereiche in der ►Mundhöhle, welche durch die ►Selbstreinigung schlecht bzw. nicht erreicht werden

z. B. tiefe ►Fissuren, ►Zahnfleischtaschen, ►Zahnfehlstellungen, ►Brackets und Bänder

►Retentionsstelle, ►Prädilektionsstelle

Schnarchschiene
snorer splint

►Miniplastschiene; Aufbissschiene für ►Ober- und ►Unterkiefer

wird während des Schlafens getragen, hält den Unterkiefer vorne und dadurch die Atemwege frei

Schnarchen:
laute Atemgeräusche der oberen Luftwege während des Schlafes

verursacht durch ein Flattern des ►Gaumensegels

Stichwort	Erklärung	Vertiefung
Schneidekante incisal edge, cutting edge	auch ▸**Inzisalkante** gerade, scharfe ▸Schmelz-Oberkante der ▸Schneidezähne Eine Unterscheidung/Zuordnung der Schneidezähne kann durch das ▸Schneidekantenmerkmal/Winkelmerkmal erfolgen.	bei jugendlichen Zähnen meist unterteilt durch zwei kleine Schmelzeinschnitte, die später durch ▸Abrasion eingeebnet werden
Schneidekanten-merkmal incisal edge characteristic	▸distale Kante ist stärker abgerundet als ▸mesiale Kante dient außerhalb des Mundes der Unterscheidung zwischen rechtem und linkem ▸Oberkiefer-Schneidezahn ▸Zahnmerkmal	
Schneidezahn incisor tooth	Dens incisivus, Dentes incisivi (Mehrzahl) jeweils die mittleren vier ▸Frontzähne mit ▸Schneidekanten zum Abbeißen von Nahrung gehören zusammen mit den ▸Eckzähnen zum ▸Frontzahngebiet Merkmale: schaufelförmig, einwurzelig, ▸Wurzeln leicht nach ▸distal geneigt Schneidezähne im ▸Oberkiefer sind größer als im ▸Unterkiefer.	▸Frontzahnstufe, ▸Foramen caecum
Schneidezahnloch incisor foramen	▸Foramen incisivum	▸Nervenaustrittspunkt im ▸Gaumen hinter den ▸Schneidezähnen
Schnellläufer	▸Winkelstück; schnell drehend, rot gekennzeichnet, mit Wasserkühlung geeignet zur Bearbeitung von ▸Zahnschmelz Arbeitsdrehzahl max. 200.000 Umdrehungen pro Minute ▸Übertragungsinstrumente	
Schnuller comforter	▸Nuckel/Nuckelsauger	Gummisauger auf Baby-Trinkflaschen
Schock shock	▸akutes Versagen des ▸Kreislaufes Die Herzleistung ist vermindert, der ▸Blutdruck sinkt ab und die Blutversorgung des Körpers ist nicht mehr ausreichend. Symptome: Blässe, Schwäche, Schweißausbruch, hohe Pulsfrequenz, Kältegefühl, evtl. ▸Bewusstlosigkeit, Versagen von ▸Organen, Tod ▸Notfall, ▸Notfallmeldung	Entstehung durch unterschiedliche körperliche oder psychische Gründe, z. B.: • ▸anaphylaktischer Schock; durch ▸Allergie ausgelöst • hypoglykämischer Schock; durch ▸Diabetes mellitus ausgelöst; ▸Hypoglykämie • ▸psychischer Schock; durch schweres Erlebnis ausgelöst
Schocklage shock position	**Erste Hilfe:** ▸Patienten flach lagern; Beine höher als den Kopf.	Sofortmaßnahme bei ▸Ohnmacht, ▸Kollaps

M
N
O
P
Q
R
S

Stichwort	Erklärung	Vertiefung

Schraubenaufbau
screw mounting filling

Metallschraube zur Stabilisierung eines Zahnaufbaus

Verankerung:
- bei ▸devitalen Zähnen im ▸Wurzelkanal
- bei ▸vitalen Zähnen im ▸Dentin
- ▸Stiftaufbau

Schraubenimplantat
screw-type implant

▸Implantat mit Schraubgewinde

übliche Form der aus ▸Titan gefertigten Zahnimplantate

Schröder'sche Lüftung
cortical trephination

auch ▸**apikale Lüftung**

▸Trepanation des Kieferknochens zur ▸Drainage eines Entzündungsherdes

dient der ▸chirurgischen Druckentlastung z. B. an der ▸Wurzelspitze eines ▸akut entzündeten Zahnes

nur noch selten angewandte ▸Behandlungsmaßnahme

Schrubbtechnik
scrub technique

▸Zahnputztechnik

einfache, ▸horizontale Zahnputzmethode, die Kleinkindern vorbehalten ist

Im späteren Alter entstehen dadurch bei zu hohem Druck ▸Rezessionen und ▸keilförmige Defekte im Bereich des ▸Zahnhalses.

Schutzausrüstung
protective equipment

▸Persönliche Schutzausrüstung/PSA

Schutzbrille
protective eyeglasses

Kunststoffbrille zum Schutz vor:
- ▸Infektionen durch ▸Aerosol
- Verletzungen des Auges durch feste Teile beim Beschleifen (Zahnpartikel, Materialsplitter)
- Umgang mit ▸Desinfektionsmitteln
- ▸Laser/Laserstrahlung (für Patient und Behandlungsteam)
- Licht der ▸Polymerisationslampe

▸Persönliche Schutzausrüstung/PSA

Schutzhandschuhe
protective gloves

▸Handschuhe

▸Persönliche Schutzausrüstung/PSA

Schutzimpfung
vaccination

auch ▸**Impfung**

▸Immunisierung

Schutzkleidung
protective clothing

Arbeitskleidung, die bei Gefahr der ▸Infektion oder ▸Kontamination getragen wird

▸Persönliche Schutzausrüstung/PSA

Schutzkrone
protective crown, temporary crown

▸provisorische Krone

zeitlich begrenzter Schutz für einen beschliffenen Zahn durch ein ▸Provisorium

M N O P Q R **S**

Stichwort	Erklärung	Vertiefung
Schwangerschaft pregnancy	Gravidität Zeitraum zwischen Befruchtung und Geburt	intensive ▸Mundhygiene erforderlich ▸Primär-Primärprophylaxe, ▸Schwangerschaftsgingivitis
Schwangerschafts-gingivitis pregnancy gingivitis	▸hormonell bedingte ▸Zahnfleischentzündung; manchmal verbunden mit ▸Gingiva-hyperplasie Verstärkung durch unzureichende ▸Mundhygiene ▸Gingivitis	
Schwebebrücke self cleansing bridge	Brückenkonstruktion, bei welcher das ▸Brückenglied als ▸Schwebeglied nicht auf der ▸Schleimhaut aufliegt Sie ist dadurch unterspülbar, ähnlich wie bei einem ▸Steg.	
Schwebeglied sanitary bridge span	▸Brückenglied zwischen ▸Brückenankern, welches nicht auf der ▸Schleimhaut aufliegt Verwendung nur im ▸Seitenzahngebiet	unterspülbar, dadurch Erleichterung der ▸Mundhygiene schleimhautschonend
Schwebetisch suspension plate	freiendender, beweglicher Metallarm an vielen Behandlungsstühlen	zur Ablage von ▸Trays und zahnärztlichen ▸Instrumenten
Schweigepflicht medical confidentiality	Pflicht des Arztes/Zahnarztes und des Praxisteams, über alles Verschwiegenheit zu wahren, was ihnen in der Ausübung ihres Berufes bekannt wird	Grundlage: Strafgesetzbuch (StGB), §300
Schweizer Kreuz	Hilfsmittel zur exakten Platzierung von ▸Brackets an den Zähnen	▸Kieferorthopädie
Schwellung swelling	▸Tumor Flüssigkeitsansammlung im ▸Gewebe durch ▸Entzündung	▸Entzündungszeichen, ▸Hyperämie, ▸Zahnen
Schwund atrophy, shrinkage	▸Atrophie	Rückbildung eines ▸Organs oder von ▸Gewebe
Screening screening	Vortest, Suchtest z. B. als Reihenuntersuchung zur Früherkennung von ▸Krankheiten und einem dadurch möglichst frühen Behandlungsbeginn	**Zahnheilkunde:** z. B. im Kindergarten zur ▸Prävention bei ▸Karies, ▸Anomalien auch zur Früherkennung von ▸Krankheiten des ▸Parodontium/▸Parodontaler Screening-Index (PSI)
SDA-Komposit-Technik	Abkürzung für **S**chmelz-**D**entin-**A**dhäsiv-Technik	Verwendung bei Schmelz-Dentin-Adhäsiv-Kompositfüllung
Sealer sealer	Versiegler, flüssiger ▸Kunststoff **Zahnheilkunde:** bei ▸Füllungen, ▸Fissurenversiegelung	Material zur ▸Wurzelkanalfüllung in Kombination mit ▸Guttaperchastiften ▸laterale Kondensation
Sechsjahrmolar sixth-year molar, first molar	auch „6-er" erster großer ▸Backenzahn, der im Alter von ca. 6 Jahren durchbricht erster bleibender Zahn; ohne ▸Milchzahn als Vorläufer ▸Zuwachszahn	 1. Molar 5. - 7. Jahr

Stichwort	Erklärung	Vertiefung
Sedativum sedative agent	Beruhigungsmittel wirkt dämpfend auf das ▸ZNS; vermindert z. B. Angstgefühle ▸Sedierung	▸Medikament z. B. zur Vorbereitung auf eine ▸Operation ▸Prämedikation ▸Psychopharmaka
Sedierung sedation	Beruhigung eines ▸Patienten vor einer ▸Behandlung	z. B. durch ▸Medikamente ▸Analgosedierung
Segelklappen atrioventricular valves	Herzklappen, zwischen Herzvorhöfen und Herzkammern, die den Rückstrom von ▸Blut in die falsche Richtung verhindern	▸Mitralklappe (zwei Segel), ▸Trikuspidalklappe (drei Segel)
Segment section, part	Teil eines Ganzen, Ausschnitt	z. B. ▸Modellstumpf in der Zahntechnik
Seitenkanal lateral canal	starke Verzweigungen der ▸Pulpa im Bereich der ▸Wurzelspitze, die nicht/kaum aufbereitet werden können ▸apikales Delta/Dreieck ▸Ramifikation	
Seitenschneider side-cutting pliers	starke, scharfe Zange zur Durchtrennung von Drahtmaterial im Mundraum	z. B. bei Kieferbruchschienung, ▸Kieferorthopädie
Seitenzahn posterior tooth	Überbegriff für alle großen und kleinen ▸Backenzähne im ▸Oberkiefer und ▸Unterkiefer bilden jeweils den ▸Seitenzahnbereich ▸Prämolaren, ▸Molaren Gegenteil: ▸Frontzähne	
Seitenzahnbereich lateral tooth area, posterior region	Bereich von ▸Zahn 4 bis Zahn 8 jeweils in ▸Ober- und ▸Unterkiefer umfasst die ▸Prämolaren und ▸Molaren	Im ▸Mundvorhof wird der Seitenzahnbereich von den ▸Backen begrenzt.
Sekret secretion, discharge	Flüssigkeit, welche der Organismus in ▸Drüsen produziert und an innere und äußere Oberflächen oder in Körperflüssigkeiten abgibt	z. B. Gallenflüssigkeit, ▸Hormone, Magensaft, Schleim, ▸Speichel, Schweiß ▸Sekretion
Sekretion secretion	Absonderung von ▸Sekreten aus ▸Drüsen	
sekundär secondary	an zweiter Stelle, nachfolgend Gegenteil: ▸primär	siehe die nachfolgenden Fachbegriffe
Sekundärdentin secondary dentin	nach Abschluss der ▸Zahnentwicklung lebenslang an der Grenzfläche zur Pulpa gebildetes ▸Dentin	Bildung erfolgt durch ▸Odontoblasten; verengt im Lauf des Lebens die ▸Pulpahöhle. ▸Tertiärdentin wird dagegen nur als ▸Reizdentin gebildet.
Sekundärheilung healing by second intention	Bei gestörter, verzögerter ▸Wundheilung heilt die ▸Wunde von der tiefsten Stelle aus.	z. B. nach der ▸Infektion einer Wunde Gegenteil: ▸Primärheilung

M N O P Q R **S**

Stichwort	Erklärung	Vertiefung
Sekundärinfektion secondary infection	Auf eine erste ›Infektion erfolgt durch Schwächung der Widerstandsfähigkeit des Körpers eine weitere Infektion durch andere ›Krankheitserreger.	›Superinfektion
Sekundärkaries secondary caries	auch **Randkaries** An einer bereits bestehenden ›Restauration (›Füllung, ›Krone) entsteht am Rand erneut eine ›Karies. Ursachen: z. B. breiter ›Randspalt, ungenügende ›Mundhygiene ›Kariesrezidiv	
Sekundärkrone telescopic coping	auch **Sekundärteleskop** ›Außenteleskop bei einer ›Teleskopkrone ›abnehmbare zweite ›Krone Gegenteil: ›Primärkrone	
Sekundärprophylaxe secondary prophylaxis	Am ›Zahn droht ein Schaden zu entstehen, z. B. durch ›Demineralisation und ›Erosion; durch gezielte ›Prophylaxemaßnahmen kann der Schaden abgewendet werden.	›Primärprophylaxe ›Tertiärprophylaxe
Sekundärstrahlung scattered rays	›Streustrahlung	›Röntgenstrahlen
Selbstreinigung self purification	›Speichel sorgt mit dem Speichelfluss für eine gewisse Reinigung von Zähnen und ›Mundhöhle. Das Entfernen von losen Speiseresten wird dabei durch die Bewegung von ›Zunge und ›Backen unterstützt.	Bei reduzierter ›Speichelmenge besteht ein erhöhtes Risiko von ›Kariesentstehung und ›Entzündungen der ›Mundschleimhaut.
Semi…, semi… semi	Wortbestandteil mit der Bedeutung: halb	siehe die nachfolgenden Fachbegriffe
semikritisch semi-critical	›RKI-Richtlinien: ›Instrumente, die bei der Behandlung mit veränderter ›Haut oder ›Schleimhaut in Berührung kommen, diese aber nicht durchbrechen ›kritisch, ›unkritisch	›Instrumentenaufbereitung: **semikritisch A:** ohne besondere Anforderungen an die ›Aufbereitung **semikritisch B:** mit besonderen Anforderungen an die ›Aufbereitung
semipermanent semi-permanent	länger als normal, aber nicht auf Dauer ›permanent	**Zahnheilkunde:** z. B. das Tragen einer ›Schiene oder eines ›Langzeitprovisoriums
semipermeabel semi-permeable	halbdurchlässig ›permeabel	Eine ›Membran ist an ihren Grenzflächen nur durchlässig für bestimmte Stoffe oder nur in eine Richtung. ›Osmose

M
N
O
P
Q
R
S

Stichwort	Erklärung	Vertiefung
sensibel sensory	empfindsam, empfindlich ▸ sensitiv ▸ Sensibilität	**Zahnheilkunde:** • Sensible ▸ Nerven leiten bei freiliegenden ▸ Zahnhälsen durch ▸ Reize ausgelöste Schmerzempfindungen zum ▸ Zentralnervensystem. • ▸ Zahnpasten mit geringem ▸ RDA-Wert werden als sensibel oder ▸ sensitiv gekennzeichnet.
Sensibilisierung sensitization	Bildung von ▸ Antikörpern (körpereigene Eiweißstoffe) als Reaktion auf den Erstkontakt mit ▸ Antigenen (körperfremde Eiweißstoffe) ▸ Desensibilisierung	kann zu einer ▸ Immunisierung gegen ein spezielles Antigen führen ▸ Allergie ▸ Allergen
Sensibilität sensibility	Empfindsamkeit, Empfindlichkeit	Wahrnehmung von ▸ Reizen über ▸ Rezeptoren; z. B. Berührung, ▸ Schmerz, Temperatur, Vibration
Sensibilitätsprüfung vitaly or sensibility test, pulp test	auch ▸ **Vitalitätsprüfung** Überprüfung, ob eine ▸ Pulpa auf ▸ Reize empfindsam reagiert und damit ▸ vital ist	Diagnosemethoden: • Kälte (Kältespray, ▸ Kohlensäureschnee) • Wärme • elektrischer Pulpatester • ▸ Probetrepanation (Anbohren)
sensitiv sensitive	auch **sensibel** sehr empfindsam	**Zahnheilkunde:** Bezeichnung von ▸ Zahnpasten mit geringem ▸ RDA-Wert
Sensor sensory receptor	auch **Röntgensensor** Der elektronische Fühler wird beim ▸ digitalen Röntgen an Stelle eines ▸ Röntgenfilms in den Mund des Patienten eingebracht. ▸ digitales Röntgen, ▸ Radiographie	Der Sensor ist über ein Kabel direkt mit dem PC verbunden, welcher die angefertigte ▸ Röntgenaufnahme auf den Monitor überträgt. Gegenteil: ▸ Speicherfolie
sensorisch sensory	auch ▸ **sensibel** die Sinnesorgane oder die Aufnahme von Sinneswahrnehmungen betreffend: Hören, Riechen, Schmecken, Sehen	z. B. ▸ Nerven, ▸ Muskeln
Separation tooth separation	**Zahnheilkunde:** Auseinanderdrängen der Zähne im ▸ Approximalraum; z. B. zur Bebänderung (▸ Kfo), Füllungslegung (▸ interdental), Präparation des ▸ Kontaktpunktes	Hilfsmittel: • ▸ Interdentalkeile (z. B. Holzkeile) • Separierringe / Gummiringe • ▸ Kofferdam
separieren tooth separation	trennen, auseinanderdrängen ▸ temporär: z. B. ▸ Interdentalkeil ▸ permanent: durch Wegschleifen von ▸ Zahnhartgewebe

temporäres Separieren mit Interdentalkeil |

M
N
O
P
Q
R
S

Stichwort	Erklärung	Vertiefung
Separierscheibe separating disc	scheibenförmiger ▸Schleifer aus Metall oder ▸Karborund Verwendung: z. B. Abtrennen gegossener ▸Klammern oder ▸Brückenglieder; Durchtrennen von ▸Restaurationen	
Separierstreifen separating strip	Stahlstreifen beschichtet mit ▸Schleifmittel	zur ▸manuellen Gestaltung von ▸Füllungen und ▸Zahnschmelz im ▸Approximalraum
Sepsis blood poisoning, sepsis	▸Blutvergiftung	Ausbreiten einer ▸Infektion über die ▸Blutgefäße im gesamten Körper
septisch septic	durch ▸Krankheitserreger infiziert	Gegenteil: ▸aseptisch
Septum septum, partition	Scheidewand, Trennwand	z. B. ▸Nasenscheidewand, ▸Septum interalveolaria, ▸Septum interradicularia
Septum interalveolaria	knöcherne Trennwand zwischen den ▸Zahnfächern im ▸Kiefer	▸Interdentalseptum
Septum interradicularia	knöcherne Trennwand zwischen den ▸Wurzeln eines ▸mehrwurzeligen ▸Zahnes	▸interradikuläres Septum
Sequester bone sequestrum	abgestorbenes, abgegrenztes Gewebeteil; z. B. ein Knochenstück ▸Osteonekrose	häufig entstanden als Folge einer ▸Osteomyelitis
Sequestrotomie sequestrotomy	operative Entfernung eines ▸Sequesters/ Knochensequesters	
serös serous	vom ▸Blutserum abstammend, zum Blutserum gehörend Serumartige Flüssigkeiten sind wässrig, dünnflüssig.	Seröse ▸Drüsen sondern dünnflüssige ▸Sekrete ab, z. B. serösen ▸Speichel (▸Speicheldrüsen). Gegenteil: ▸mukös (▸Schleimdrüsen)
Serum, Seren (Mehrzahl) serous fluid	▸Blutserum: flüssiger Anteil des Blutes ohne ▸Blutkörperchen und ▸Fibrinogen ▸Blutplasma/Plasma	**Impfserum:** ▸Medikament zur ▸Immunisierung/ Schutzimpfung; enthält ▸Antigene und/oder ▸Antitoxine ▸Impfung, ▸Impfstoff, ▸Simultanimpfung
Set-up set-up	**Kieferorthopädie:** Zähne in ▸Wachs aufstellen zur Demonstration der geplanten Behandlungsmaßnahmen/Zahnbewegungen ▸Wax up/▸Prothetik	

M
N
O
P
Q
R
S

Stichwort	Erklärung	Vertiefung
Sextanten sextants	Einteilung des ▸ Gebisses in sechs Abschnitte: ▸ Oberkiefer und ▸ Unterkiefer jeweils in ein ▸ Frontzahngebiet und zwei ▸ Seitenzahngebiete Anwendung: Erhebung des PSI/▸ Parodontaler Screening-Index, bei welchem das ▸ Gebiss zur Untersuchung in Sextanten eingeteilt wird	
Sharpey-Fasern sharpey fibres	Fasern aus ▸ Bindegewebe, die den größten Teil des ▸ Desmodonts / Periodontiums bilden	Sie verbinden das ▸ Wurzelzement des ▸ Zahnes mit dem ▸ Alveolarknochen und federn den Kaudruck ab.
Sicherheitsdatenblatt material safety data sheet	Abkürzung: **SDB** Informationen für den sicheren Umgang mit ▸ Gefahrstoffen	▸ Gefahrstoffverordnung
Sickerblutung hemorrhagic oozing	leichte, länger andauernde Blutung aus dem Wundgewebe; z. B. aus einer ▸ Extraktionswunde	Ursache: ▸ Entzündung, ▸ Blutgerinnungsstörung Therapie: ▸ Drucktamponade, ▸ Naht
Siebbein ethmoid bone	▸ Os ethmoidale ▸ Knochen des ▸ Gesichtsschädels; enthält mit Luft gefüllte Knochenkammern / ▸ Siebbeinhöhle	Abgrenzung der ▸ Nasenhöhle nach oben bildet zusammen mit dem ▸ Pflugscharbein die ▸ Nasenscheidewand
Siebbeinhöhle ethmoidal sinuses	auch **Siebbeinzellen** steht mit der ▸ Nasenhöhle in Verbindung	▸ Nasennebenhöhle ▸ Siebbein
SI-Einheiten	Abkürzung für **S**ystème **I**nternational d'Unités Bezeichnungen für international verbindliche Maßeinheiten	z. B. ▸ Hertz, ▸ Joule, ▸ Sievert
Sievert sievert	Abkürzung: **Sv** ▸ physikalische Maßeinheit für die ▸ Äquivalentdosis von ▸ Röntgenstrahlen wird meist angegeben in ▸ Millisievert (mSv)	entspricht auch der Maßeinheit ▸ Gray (Gy) für die ▸ Energiedosis (1 Gy = 1 Sv)
Silane silane	Haftvermittler zwischen ▸ Keramik und Metalllegierungen, ▸ Kunststoffen und ▸ Befestigungszementen	▸ Silanisierung
Silanisierung silanization	Oberflächen, z. B. von Keramikrestaurationen, werden durch ▸ Silane so vorbereitet, dass eine bessere Haftung am ▸ Zahn beim anschließenden Einsetzen möglich wird. ▸ Konditionierung	
Silber silver	chemisches ▸ Element mit dem Symbol **Ag** (Argentum) weiches ▸ Edelmetall, hellweiße Farbe, stark glänzend	**Zahnheilkunde:** Bestandteil vieler ▸ Legierungen / Dentallegierungen z. B. in ▸ Amalgam / Silberamalgam
Silberbromid silver bromide	chemische Formel: **AgBr** Silberbromidkristalle / Körnchen bilden die strahlenempfindliche / lichtempfindliche ▸ Emulsionsschicht auf dem ▸ Röntgenfilm.	▸ Röntgenfilm / Aufbau, ▸ Röntgenfilmentwicklung
Silberknopfsonde bulb-headed probe	auch **Silbersonde**	▸ Knopfsonde

Stichwort	Erklärung	Vertiefung
Silikone silicon	▸Abformmaterialien; ▸irreversibel-elastisch; gehören zur Gruppe der ▸Elastomere Eigenschaften: detailgenaue, präzise Abformung auch von unter sich gehenden Stellen; gutes ▸Rückstellvermögen Anwendung: ▸Funktionsabformung, ▸Situationsabformung	 *Zusammenkneten von Basis- und Katalysatorpaste*
Silness-Löe-Index	Maßangabe für die Menge an ▸Plaque im ▸Zahnhalsbereich unter Berücksichtigung des ▸Sulkus, der Zahnoberfläche und des ▸Gingivalrandes ▸Plaqueindex	Unterscheidung in 4 Schweregrade: 0 = keine Plaque 1 = dünner Plaquefilm; nicht sichtbar 2 = mäßiger Plaquebelag; füllt den ▸Interdentalraum nicht aus 3 = dicke Plaqueablagerung; füllt den ▸Interdentalraum aus
simplex simple	einfach	▸Herpes simplex
Simulator simulator	Gerät zur Nachahmung	Zahnheilkunde: ▸Artikulator als Simulator von Bewegungen des ▸Kiefergelenks
Simultanimpfung serovaccination	Kombination aus ▸aktiver und ▸passiver ▸Impfung ▸Immunisierung	gleichzeitige Gabe von ▸Antigenen und ▸Antikörpern mit dem Vorteil eines sofortigen und eines dauerhaften Impfschutzes (z. B. bei ▸Tetanus)
Sinus sinus	Höhle ▸Antrum	▸Sinus maxillaris
Sinus frontalis frontal sinus	▸Stirnhöhle	Teil der ▸Nasennebenhöhlen
Sinus maxillaris maxillary sinus	auch ▸**Antrum highmori** ▸Kieferhöhle	Teil der ▸Nasennebenhöhlen ▸Sinusitis maxilaris
Sinus sphenoidalis sphenoidal sinus	▸Keilbeinhöhle	Teil der ▸Nasennebenhöhlen
Sinusitis sinusitis	Entzündung der ▸Nasennebenhöhlen	▸akute oder ▸chronische Form
Sinusitis maxillaris maxillary sinusitis	Entzündung der ▸Kieferhöhle	z. B. nach ▸Mund-Antrum-Verbindung
Sinuslift sinus lift	▸chirurgische Anhebung des Bodens der ▸Kieferhöhle z. B. zur Gewinnung von genügend Knochendicke zum Setzen von ▸enossalen ▸Implantaten ▸Augmentation	

M
N
O
P
Q
R
S

Stichwort	Erklärung	Vertiefung
Situationsabformung anatomic impression	auch ▸**anatomische Abformung** ▸Erstabformung von Zähnen und umgebendem ▸Gewebe (▸Schleimhaut, Bänder) im Ruhezustand/ohne Muskelbewegungen dient der Erstellung von Situationsmodellen für ▸Dokumentation, ▸Diagnose, Planung, ▸individuelle Löffel ▸Abformmaterial meist ▸Alginat	
Situationsmodell situation model	▸Dokumentation der anatomischen Gegebenheit im ▸Mund ▸Situationsabformung	▸Modell
Situationsnaht retention suture	Zusammennähen der Wundränder in gewünschter Stellung; meist nach zahnärztlich-▸chirurgischen Eingriffen; zur schnelleren ▸Wundheilung	
Skala scale	Einteilung zu Messzwecken	▸Graduierung
Skalpell scalpel	▸chirurgische Messer in unterschiedlichen Größen und Formen z. B. als Stich- oder Schnittskalpelle Modellarten: • Skalpelle mit Metallhalter und auswechselbarer Klinge • Einmalskalpelle, die nach Gebrauch in einer Abwurfbox entsorgt werden	
Skelett skeleton	Knochengerüst, Gerippe	verleiht dem Körper Stabilität; bildet Schutz für ▸Organe
Skelettmuskulatur skeletal muscular system	▸Muskulatur/quergestreift willkürliche Muskulatur	z. B. ▸Kaumuskulatur
Skorbut scurvy	Erkrankung aufgrund von ▸Vitamin C-Mangel über einen längeren Zeitraum	Symptome: z. B. ▸Zahnfleischbluten, ▸Zahnlockerung
Slot slot	**Kieferorthopädie:** horizontale Vierkantfräsung Schlitz in den ▸Brackets, durch welche der Behandlungsdraht/Metallbogen gezogen wird	
s.m.	Abkürzung für ▸sub**m**ukös	▸Injektionsarten, ▸Mukosa, ▸mukös
Smear-layer smear-layer	▸Schmierschicht	
Sockelformer rubber base former	Hilfsmittel zur Formung der Grundplatte (aus ▸Gips) an einer ausgegossenen ▸Abformung ▸Modellsockel	Die ▸Abformung wird dadurch so ausgerichtet, dass die ▸schädelbezogenen Ebenen berücksichtigt sind.

M
N
O
P
Q
R
S

Stichwort	Erklärung	Vertiefung
sockeln box an impression	einer ausgegossenen ▸ Abformung einen Gipssockel/eine Grundplatte unterlegen	Die Nachbearbeitung des ▸ Modells am ▸ Gipstrimmer (Gipsschleifer) wird dadurch einfacher.
Sofortimplantat immediate implantation	▸ Implantat wird sofort nach ▸ Zahnentfernung in die frische ▸ Extraktionswunde eingesetzt.	
Sofortprothese immediate denture	vorbereitete ▸ Vollprothese wird sofort nach der ▸ Extraktion eingesetzt	▸ Immediatprothese
somatisch somatic	auch **physisch** körperlich, den ▸ Körper betreffend	▸ somatischer Schaden
somatischer Schaden somatic trauma	auch **somatischer** ▸ **Röntgenstrahlenschaden** den eigenen Körper betreffende Zellschädigung, z. B. Hautveränderung/Verbrennung; Strahlenkrebs/▸ Tumorbildung	▸ Strahlenschaden; ausgelöst z. B. durch ▸ ionisierende Strahlung wie ▸ Röntgenstrahlung Schäden sind zum Teil noch ▸ reparabel.
Sonde dental explorer, sound	zahnärztliches ▸ Handinstrument zur ▸ Untersuchung von ▸ Zähnen und ▸ Zahnfleisch aus ▸ Stahl mit spitzen oder stumpfen Arbeitsenden gehört zum ▸ Grundinstrumentarium/Grundbesteck *zahnärztliche Sonde* 	Sondenarten: • ▸ Kuhhornsonde • Distal- oder Häckchensonde spitze Sonde mit nach ▸ distal abgebogener Spitze; z. B. zur Überprüfung von ▸ Dentin auf ▸ kariöse Beschädigung, Randschluss von ▸ Füllungen • ▸ Parodontalsonde stumpfe Sonde mit Messeinteilung zur Untersuchung von ▸ Zahnfleischtaschen • ▸ Silberknopfsonde dünnes Silberstäbchen zur Feststellung einer ▸ Mund-Antrum-Verbindung • ▸ Furkationssonde, Naber-Sonde
Sondermüll special waste	Abfall, der nicht zusammen mit Behandlungsmüll/Restmüll entsorgt werden darf Durch behördliche Auflagen geregelt, erfolgt die Beseitigung durch Entsorgungsfirmen oder Aufbereitungsfirmen zur Rückgewinnung von Wertstoffen.	Zahnheilkunde: • ▸ Amalgam: Reste aus Amalgamverarbeitung, Zähne mit Amalgamfüllung • Röntgen-Chemikalien: ▸ Entwickler-, ▸ Fixierlösungen • Metallfolie: ▸ Röntgenfilm • Reste von ▸ Gefahrstoffen • ▸ Medikamente mit überschrittenem Haltbarkeitsdatum

M
N
O
P
Q
R
S

Stichwort	Erklärung	Vertiefung
Sondierung probing	Abtasten, Ertasten z. B. mit einer ▸ Sonde im Rahmen der ▸ Diagnostik	
Sondierungsblutung bleeding on probing	▸ Bleeding on Probing	Hinweis auf ▸ Entzündung im ▸ Zahnhalteapparat
Sonic-Zahnbürste sonic toothbrush	Begriff für ▸ Schallzahnbürsten	
Sonographie sonography, echography	bildgebendes Verfahren durch die Anwendung von ▸ Ultraschallwellen	**Zahnheilkunde:** z. B. zur Darstellung von ▸ Kiefergelenken, ▸ Nasennebenhöhlen
Soor candida mycosis, trush	▸ Candidose ▸ Mykose	Pilzerkrankung im ▸ Mund
Sorbit sorbitol	auch **Sorbitol** ▸ Zuckeraustauschstoff	Verwendung in ▸ zahnfreundlichen Süßigkeiten
Spaltbildung cleftformation	Fehlbildung im Gesichtsbereich / ▸ Oberkiefer Entstehung während der ▸ Schwangerschaft	▸ Lippenspalte, ▸ Lippen-Kieferspalte, ▸ Lippen-Kiefer-Gaumenspalte
Spasmus, **Spasmen** (Mehrzahl) spasm	Krampf, Verkrampfung	▸ Kontraktion der ▸ Muskulatur; kann mit ▸ Schmerzen verbunden sein
Spatel spatula	zahnärztliches ▸ Handinstrument mit unterschiedlichen Einsatzmöglichkeiten z. B. ▸ Heidemannspatel als Füllungs-instrument, ▸ Anmischspatel für Werkstoffe, ▸ Zungenspatel zum Abhalten	 *Heidemannspatel*
Speichel saliva, spittle	Saliva ▸ Sekret / Absonderung der großen und kleinen ▸ Speicheldrüsen im ▸ Mund ▸ **pH-Wert:** ca. 6,7 Einteilung: • ▸ seröser, wässriger Speichel • ▸ muköser, schleimhaltiger Speichel ▸ Salivation	Zusammensetzung: Wasser, ▸ Mineralstoffe (z. B. Calcium, Natrium, Phosphat), ▸ Enzyme Funktion: Befeuchtung der ▸ Mundhöhle, ▸ Remineralisation von ▸ Zahnschmelz, ▸ Pufferung / Neutralisation von Säuren, ▸ antibakterielle Wirkung, Vorverdauung der Nahrung / ▸ Amylase
Speichelbakterien caries bacteria	▸ Speichel enthält ▸ apathogene und ▸ pathogene ▸ Mikroorganismen.	▸ Kariesentstehung: besonders durch ▸ Streptokokkus mutans und ▸ Laktobazillen
Speicheldrüse salivary glands	▸ Glandula, Glandulae speichelbildende ▸ Drüsen der ▸ Mundhöhle	• **große Speicheldrüsen** ▸ Ohrspeicheldrüse ▸ Unterzungenspeicheldrüse ▸ Unterkieferspeicheldrüse • **kleine Speicheldrüsen** am ▸ Gaumen und auf der ▸ Zunge

M
N
O
P
Q
R
S

Stichwort	Erklärung	Vertiefung
Speichelersatz saliva substitute	auch **Speichelersatzstoff** industriell hergestellter, künstlicher ▸Speichel als ▸Spray, ▸Gel, ▸Mundspüllösung	Anwendung bei ▸Mundtrockenheit ▸Hyposalivation ▸Xerostomie
Speichelmenge quantity of saliva	auch **Speichelfluss, Speichelfließrate** ca. 0,75 bis 1,5 Liter/Tag ▸Salivation	▸Hypersalivation: ▸Stimulation/Anregung kann die Speichelmenge/▸Fließrate steigern, z. B. durch Kauen (Nahrungsmittel, Kaugummi) ▸Hyposalivation: Reduktion der Speichelmenge z. B. bei Nacht; durch Lebensalter, ▸Medikamente, ▸Mundatmung
Speichelsauger saliva ejector, aspirator	auch ▸**Absaugkanüle, Speichelzieher** zur Entfernung von ▸Speichel aus der ▸Mundhöhle	kleines biegsames Kunststoffröhrchen, das an die ▸Absauganlage angeschlossen wird meist Verwendung als Einmalartikel
Speichelstein salivary calculus	Ablagerung aus Kalkbestandteilen in den Ausführungsgängen der ▸Speicheldrüsen	kann zu schmerzhaftem Speichelstau führen und muss dann ▸operativ entfernt werden
Speicheltest saliva analysis	Überprüfung von ▸Speichelmenge, Vorkommen und Menge von karieserregenden ▸Bakterien wie ▸Streptokokkus mutans und ▸Laktobazillen Messung des ▸pH-Wertes Durch diese Daten soll das ▸Kariesrisiko besser bestimmt werden können.	
Speicherfolie storage foil	auch **Röntgenspeicherfolie** wird beim ▸digitalen Röntgen an Stelle eines ▸Röntgenfilms in den ▸Mund des ▸Patienten eingebracht ▸digitales Röntgen ▸Radiographie	Die kabellose Speicherfolie wird nach der Belichtung in ein Auslesegerät eingeführt. Über den PC kann das angefertigte Röntgenbild auf den Monitor übertragen werden. Die Speicherfolie kann danach erneut verwendet werden. Gegenteil: ▸Sensor
Speiseröhre esophagus, gullet	Ösophagus Muskelschlauch zum Nahrungstransport zwischen Rachenraum und ▸Magen	▸Reflux
spezifisch specific	speziell, charakteristisch, arteigen Gegenteil: ▸unspezifisch	z. B. spezifische ▸Symptome einer bestimmten ▸Krankheit
Spongiosa spongy bone	Kurzform für **Substantia spongiosa** schwammiges Knochengewebe im Inneren des ▸Knochens; von dünnen Knochenbälkchen/▸Trabekel durchzogen	In den Hohlräumen des lockeren ▸Gewebes befindet sich das ▸Knochenmark. ▸Knochenaufbau
spontan spontaneous	von selbst, ohne äußere Einwirkung entstanden	z. B. ▸Spontanfraktur
Spontanfraktur pathologic fracture	Bruch eines ▸Knochens ohne Einwirkung von außen ▸Fraktur	z. B. bei Belastung von erkranktem, geschwächtem ▸Knochen ▸Zyste
Spontanschmerz pathologic pain	▸Schmerz, der ohne nachvollziehbaren Auslöser/▸Reiz auftritt	z. B. bei ▸Pulpitis am bisher symptomlosen ▸vitalen ▸Zahn

M
N
O
P
Q
R
S

Stichwort	Erklärung	Vertiefung
Sporen spores	Dauerformen von ›Mikroorganismen, z. B. ›Bakterien, deren Vermehrung zum Teil über die Bildung von Sporen erfolgt.	überleben auch bei ungünstigen Bedingungen ›Sporenpäckchen, ›Wundstarrkrampf
Sporenpäckchen	auch **Sporenerde** für die Überprüfung von ›Sterilisatoren vorgesehene ›Indikatoren, die ungefährliche Erdsporen enthalten	Anwendung: Noch üblich bei ›Sterilisatoren, die nicht ›validiert werden können; die Auswertung erfolgt halbjährlich, z. B. durch Hygieneinstitute.
sporizid sporicide	›Sporen/Bakteriensporen abtötend, durch chemische ›Desinfektion	z. B. mit Oxidationsmitteln, Aldehyden, ›Halogenen wie Chlor, ›Jod
Spray spray	Sprühregen, Flüssigkeitsnebel **Zahnheilkunde:** • Entwicklung von ›Aerosol durch die Wasserkühlung beim ›Bohren, ›Schleifen, ›Polieren • Zerstäuben von in Gas fein verteilten Substanzen, z. B. als Träger von ›Arzneimitteln Anwendung: • ›CHX-Spray • ›Gewebekleber-Spray • ›Sprühdesinfektion • Spray zur ›Oberflächenanästhesie	
Spreader spreader	bei der ›Wurzelkanalfüllung angewandtes, spitzes Spreizinstrument zur ›Applikation von ›Guttapercha-Stiften ›Kondensation/lateral	
Spritze syringe	›Instrument zum Einbringen/Einspritzen von Flüssigkeit ins ›Gewebe besteht aus ›Kanüle und Spritzenkörper ›Injektion	›Spritzensysteme
Spritzensysteme syringe systems	**Zahnheilkunde:** • ›**Karpulenspritze** oder ›**Zylinderampullenspritze**; mit Metallkörper, sterilisierbar • ›**Einmalspritze**; aus Kunststoff, steril Anwendung: für ›Lokalanästhesie und ›Leitungsanästhesie	Sonderform der Karpulenspritze für ›intraligamentäre ›Anästhesie: mit Pistolengriff oder in Federhalterform zur hohen Druckerzeugung
Sprühdesinfektion spray disinfection	Das ›Desinfektionsmittel wird als ›Spray aufgesprüht.	›Oberflächendesinfektion
Spurenelemente trace elements	chemische ›Elemente, die für den ›Stoffwechsel des Körpers ›essenziell sind werden nur in sehr kleinen Mengen benötigt	müssen dem ›Organismus regelmäßig zugeführt werden z. B. ›Calcium, Eisen, ›Fluorid, ›Jod, Kupfer, Magnesium, ›Zinn, ›Zink ›Mineralstoffe
Stadium phase	Abschnitt einer Entwicklung, Zustand	›Kariesverlauf

M
N
O
P
Q
R
S

Stichwort	Erklärung	Vertiefung
Stahl steel	metallischer Werkstoff, ›Legierung korrosionsfest	Zahnheilkunde: z. B. für ›chirurgische ›Nadeln, rotierende zahnärztliche ›Instrumente, ›Stahlkrone
Stahlkrone steel crown	auch ›**Kinderkrone**	Milchzahnkrone
Staphylokokken staphylococcus	kugelförmige ›Bakterien, ›Eitererreger ›Kokken	bilden traubenförmige Haufen, grampositiv/›Gram-Färbung › Staphylokokkus aureus
Staphylokokkus aureus staphylococcus aureus	›Mutationsform: ›Methicillin-Resistenter- Staphylokokkus-Aureus Abkürzung: **MRSA**	›Staphylokokken, ›Hospitalismuskeime, ›Nosokomialkeime
Stärke starch	›organische ›Verbindung ›Kohlenhydrate mit der Struktur von ›Polysacchariden	Vorkommen: • pflanzlich: z. B. in Kartoffeln, Reis, Mehl • tierisch: ›Glykogen/Speicherform der ›Glukose
state of the art state of the art	Bezeichnung für den aktuellen wissenschaft- lichen Stand eines Fachgebietes ›lege artis	Zahnheilkunde: Die ›Deutsche Gesellschaft für Zahn-, Mund- und Kieferheilkunde erarbeitet Leitlinien für die zahnmedizinische ›Behandlung.
stationär hospitalized	an einen bestimmten Ort gebunden Gegenteil: ›ambulant	z. B. stationäre Behandlung: Der ›Patient verbleibt zur ›Behandlung in der medizinischen Einrichtung/Praxis, z. B. im Krankenhaus.
Status state	aktueller Zustand z. B. bei einer zahnärztlichen ›Untersuchung	›Zahnstatus, ›Röntgenstatus, ›PA-Status/Parodontalstatus
Steg continuous beam	›Halteelement, ›Verbindungselement bei kombiniert ›festsitzend-herausnehmbarem ›Zahnersatz	
Stenose stenosis	Einengung, Blutgefäßverengung	z. B. ›Angina pectoris
steril sterile, free from germs	auch ›**aseptisch** keimfrei	›Sterilisation Gegenteil: ›unsteril
Sterilgut	auch **Sterilisiergut** Überbegriff für alles, was ›sterilisiert wird	z. B. ›Instrumente nach ›Desinfektion und Reinigung
Sterilgutverpackung sterile goods packaging	auch **Sterilisiergutverpackung** Überbegriff für Möglichkeiten, ›Sterilgut fachgerecht zu verpacken, um eine erneute ›Kontamination zu vermeiden z. B. ›Verbundverpackung, ›Container ›Sterilisationspapier	*Verbundverpackung*

Stichwort	Erklärung	Vertiefung
Sterilisation sterilization	Verfahren zur Abtötung aller ›Mikro-organismen einschließlich ›Sporen Keimfreimachen; z. B. von Gegenständen, Materialien ›Asepsis	Zahnheilkunde: erfolgt durch Erhitzen; meist Dampf-sterilisation im ›Autoklav, selten mit Heißluft/›Heißluftsterilisator Weitere Sterilisationsverfahren sind für die Zahnarztpraxis ungeeignet.
Sterilisationskontrolle sterilization control	›Chargenkontrolle	
Sterilisationspapier sterilization paper	Spezialpapier, dessen Poren sich nach dem Eindringen von Dampf bei der ›Sterilisation verschließen ›Autoklav	Verpackungspapier für sichere Lagerungs-eigenschaften von ›sterilen Artikeln
Sterilisationszeit sterilization time	Gesamtbetriebszeit im Dampfsterilisator/›Autoklav für einen Sterilisiervorgang	Ablauf des Sterilisationsvorganges: Anheizzeit –> Entlüftungszeit –> Steige-zeit –> Ausgleichszeit –> Abtötungszeit (reine Sterilisationszeit) –> Abkühlzeit
Sterilisator sterilizer	Gerät zur Durchführung der ›Sterilisation	›Autoklav, ›Heißluftsterilisator
sterilisieren sterilize	einen Gegenstand ›keimfrei machen	›Sterilisation
Sterilität sterility	auch ›**Asepsis**	›Keimfreiheit
Stevia rebaudiana	Süßblatt natürlicher ›Zuckerersatzstoff	sehr hohe Süßkraft, keine Kalorien seit 2011 in Deutschland als natürlicher ›Süßstoff zugelassen
Stichverletzung stab wound	Stichwunde meist verursacht mit ›Kanüle oder spitzem ›Instrument	Aufsuchen des Durchgangsarztes/D-Arztes notwendig, da hohes ›Infektionsrisiko ›Recapping
Stiftaufbau post and core, root pin	als Ersatz für verloren gegangenes ›Zahnhartgewebe; zur Befestigung von ›festsitzendem ›Zahnersatz • **Schraubenaufbau/konfektioniert** aus Metall; Verankerung in oder neben der ›Pulpenhöhle ›parapulpär	• **Stiftaufbau** aus ›Gold ›gegossen oder aus mit Glasfaser verstärktem ›Komposit; Verankerung in der ›Pulpenhöhle
	Schraubenaufbau intrapulpär	*Glasfaserstift intrapulpär*
Stiftkrone collar crown	›Krone mit angegossenem ›Stiftaufbau zur Verankerung im aufbereiteten ›Wurzelkanal	

M
N
O
P
Q
R
S

Stichwort	Erklärung	Vertiefung
Stiftverankerung pin retention	zusätzliche Verankerung von ▸Füllungen im ▸Dentin	erfolgt mit ▸parapulpären Stiften
Stillmann-Technik Stillman's method	schonende ▸Zahnputzmethode vor allem bei ▸Patienten mit ▸Rezessionen, ▸keilförmigen Defekten am ▸Zahnhals	**modifizierte Stillmann-Technik:** Ansetzen der ▸Zahnbürste auf der ▸Gingiva im Winkel von 45 Grad in Richtung ▸apikal; eventuell sachte Rüttelbewegungen und anschließendes Auswischen über die ▸Zahnfläche gute Massagewirkung auf das ▸Zahnfleisch
Stimulation stimulation	Anregung, Anreiz	▸Speichelmenge
stimulieren stimulate	anregen	z. B. die ▸Fließrate des ▸Speichels steigern durch Kauen
Stippelung gingival stippling	„Tüpfelung" der gesunden befestigten ▸Gingiva Winzige Eindellungen auf der Oberfläche des ▸Epithels erinnern an die Schale einer Orange. ▸Gingiva propria	
Stirnbein frontal bone	Os frontale Knochen des ▸Hirnschädels	Sitz der beiden ▸Stirnbeinhöhlen
Stirnfortsatz frontal process, frontal process of maxilla	auch **Stirnbeinfortsatz** Processus frontalis Fortsatz des ▸Oberkieferkörpers	verbindet den ▸Oberkiefer mit dem ▸Stirnbein
Stirnhöhle frontal sinus	▸Sinus frontalis liegt im ▸Stirnbein; begrenzt die ▸Augenhöhlen von oben	▸Nasennebenhöhlen
Stoffwechsel metabolism	Gesamtheit aller Vorgänge, die an der Aufnahme, der chemischen Umwandlung und der Abgabe von Stoffwechselprodukten durch den ▸Organismus beteiligt sind	▸Milchsäure
Stoma stoma	▸Mund/Mundöffnung	siehe die nachfolgenden Fachbegriffe
Stomatitis, Stomatiden (Mehrzahl) stomatitis	▸Entzündung der ▸Mundschleimhaut	▸Mundschleimhauterkrankungen
Stomatitis ulcerosa ulcerative stomatitis	Mundfäule	geschwürige ▸Entzündung der ▸Mundschleimhaut
stomatogen stomatogenic	vom ▸Mund, von der ▸Mundhöhle ausgehend ▸Stoma	auch von der ▸Mundschleimhaut ausgehend, im Zusammenhang mit ▸Krankheiten
stomatognathes System stomatognathic system	Überbegriff für das Zahn-Mund-Kiefersystem	▸Kauorgan

M
N
O
P
Q
R
S

Stichwort	Erklärung	Vertiefung
Stomatologe dentist	➤Zahnarzt	Fachbezeichnung in den neuen Bundesländern
Stomatologie stomatology	Lehre von den Zahn-, Mund- und Kieferkrankheiten	Fachbezeichnung in den neuen Bundesländern
Strahlen rays, beams	auch **elektromagnetische Wellen** breiten sich mit Lichtgeschwindigkeit aus	Medizin/Zahnheilkunde: z. B. ➤Infrarotstrahlung, ➤Mikrowellen, ➤ionisierende Strahlung/➤Röntgenstrahlen, ➤Gamma-Strahlung
Strahlenaustritts-fenster	Öffnung im Schutzgehäuse der ➤Röntgenröhre, durch welche das ➤Nutzstrahlenbündel austritt	Mit einer vorgesetzten Bleiblende wird das ➤Nutzstrahlenbündel auf einen Durchmesser von 6 cm begrenzt.
Strahlenbelastung exposure to radiation	auch **Strahlenexposition** Einwirkung von ➤ionisierenden Strahlen/➤Röntgenstrahlen auf den ➤Organismus ➤strahlenexponierte Person	• natürliche Strahlenbelastung: z. B. durch Weltall, Erdreich, Nahrung • künstliche/zivilisatorische Strahlenbelastung: z. B. durch Medizin/Zahnmedizin, Röntgendiagnostik, Kernkraftwerke
strahlenexponierte Person person exposed to radiation	Wer beruflich ➤ionisierender Strahlung/➤Röntgenstrahlung ausgesetzt ist, z. B. im ➤Kontrollbereich, gehört zur Gruppe der strahlenexponierten Personen (entsprechend der Strahlenschutzverordnung bzw. der Röntgenverordnung), z. B. Röntgenärzte, Radiologieassistenten. Zahnmedizinische Fachangestellte gehören in der Regel nicht dazu.	• beruflich strahlenexponierte Personen der Kategorie A Es kann folgende Dosisangabe im Jahr überschritten werden: eine effektive ➤Dosis von 6 mSv • beruflich strahlenexponierte Personen der Kategorie B Es kann folgende Dosisangabe im Jahr überschritten werden: eine effektive ➤Dosis von 1 mSv
Strahlenexposition exposure to radiation	➤Strahlenbelastung	➤strahlenexponierte Person
Strahlenschäden radiation trauma	auch ➤**Röntgenstrahlenschäden**	Schädigungen: ➤genetischer Schaden, ➤somatischer Schaden, ➤teratogener Schaden
Strahlenschutz radiation protection	alle Maßnahmen, die ➤Patient und Personal vor unnötiger ➤Strahlenbelastung schützen	• ➤Strahlenschutzbereiche • ➤rechtfertigende Indikation • ➤Röntgenpass • ➤Bleischürze, ➤Bleischild • ➤Röntgenfilm/hohe Empfindlichkeit
Strahlenschutz-beauftragter radiation protection commissioner	Arzt/➤Zahnarzt/auch Assistenzarzt mit Fachkunde im ➤Strahlenschutz	wird vom ➤Strahlenschutzverantwortlichen schriftlich benannt und muss die für den Strahlenschutz erforderliche Fachkunde nachweisen
Strahlenschutz-bereiche radiation protection areas	➤Kontrollbereich und der sich daran anschließende ➤Überwachungsbereich	Regelung in der ➤Röntgenverordnung/RöV § 19
Strahlenschutz-plakette film badge	auch **Personendosimeter**	➤Röntgendosimeter ➤Dosimeter

M
N
O
P
Q
R
S

Stichwort	Erklärung	Vertiefung
Strahlenschutz-verantwortlicher radiation protection supervisor	Arzt/Zahnarzt mit Fachkunde im ▸Strahlenschutz der Betreiber der Röntgeneinrichtung; meist der Praxisinhaber selbst	**Röntgenverordnung (RöV), §13–15:** … ist verantwortlich für die Bereitstellung der erforderlichen Schutzmaßnahmen für Patienten und Mitarbeiter und die Beaufsichtigung des Praxisbetriebes auf der Grundlage der ▸RöV.
Strahlentherapie radiation therapy	▸Röntgentherapie	Die Strahlentherapie ist eine der wichtigsten Methoden zur ▸Therapie ▸bösartiger Erkrankungen.
Strahlungsenergie radiation energy	▸Energiedosis	▸Gray
Straight-wire-Technik	Kieferorthopädie: „Gerader-Draht-Technik" oder „Gerade-Bögen-Technik" festsitzende ▸Multiband-Apparatur mit geraden ▸Vierkantbögen	Weiterentwicklung der ▸Edgewise-Technik in der ▸Kfo
Streptokokken streptococcus	kugelförmige ▸Bakterien ▸Eitererreger ▸Kokken	kettenförmige Anordnung grampositiv/▸Gram-Färbung, ▸Streptokokkus mutans
Streptokokkus mutans Streptococcus mutans	Karies verursachende ▸Bakterien ▸Streptokokken	
Streustrahlung scattered radiation	auch **Sekundärstrahlung** durch das Auftreffen auf Materie (Körper, Gegenstände, Wände) abgelenkte/gestreute ▸Röntgenstrahlen	Verringerung der Streustrahlung durch Verwendung eines ▸Langtubus
Strip strip	Streifen durchsichtige Kunststofffolie zur Formung ▸approximal gelegener ▸Kunststofffüllungen Fixierung mit ▸Stripklemmen	
Stripklemme strip clamp	Hilfsmittel zur Fixierung von ▸Matrizenbändern aus ▸Kunststoff	▸Matrizenhalter
Stufenpräparation shoulder preparation, ledge	auch ▸**zirkuläre Stufenpräparation** ▸Präparationsform, bei der an der ▸Präparationsgrenze eine Stufe/ein Absatz in den ▸Zahnstumpf präpariert wird Gegenteil: ▸Hohlkehlpräparation	
Stumpf stump	auch ▸**Zahnstumpf** beschliffene/präparierte ▸Zahnkrone	
Stützstiftregistrierung bearing device registration	zur ▸Kieferrelationsbestimmung vor allem im zahnlosen oder wenig bezahnten ▸Kiefer	Der Stützstift wird an einer Platte im ▸Ober- oder ▸Unterkiefer fixiert und zeichnet Bewegungen des ▸Unterkiefers auf.

M
N
O
P
Q
R
S

Stichwort	Erklärung	Vertiefung
Stützzone supporting area	‣ Seitenzahnbereiche beider ‣ Kiefer	bestimmt die Bisshöhe
Sub…, sub… sub, infra	Wortbestandteil mit der Bedeutung: unter	siehe die nachfolgenden Fachbegriffe
subgingival subgingival	unter dem ‣ Zahnfleischsaum gelegen	beim ‣ Implantat: ‣ submukosal Gegenteil: ‣ supragingival
subkutan subcutaneous	auch **subcutan** Abkürzung: **s.c.** unter der ‣ Haut gelegen	‣ Injektionsarten
Subkutis hypoderm	auch **Subcutis** ‣ Unterhaut, ‣ Haut	liegt unterhalb der ‣ Cutis, bildet das Unterhautfettgewebe
sublingual sublingual	unter der ‣ Zunge gelegen	z. B. ‣ Glandula sublingualis/ ‣ Unterzungenspeicheldrüse
Sublingualbügel sublingual bar	auch ‣ **Unterzungenbügel,** ‣ **Lingualbügel**	verbindet die beiden Seiten einer ‣ Teilprothese im ‣ Unterkiefer
submandibulär submandibular	unter dem ‣ Unterkiefer gelegen	z. B. Glandula submandibularis/ ‣ Unterkieferspeicheldrüse
submental submental	unter dem ‣ Kinn gelegen	z. B. submentaler ‣ Abszess
submukös submucous	Abkürzung: **s.m.** unter der ‣ Schleimhaut gelegen	‣ Injektionsarten
Submukosa submucous layer	lockeres ‣ Bindegewebe unter der ‣ Schleimhaut/‣ Mundschleimhaut	‣ Mukosa
submukosal submucous	unter der ‣ Schleimhaut gelegen, welche das ‣ Implantat umgibt	beim natürlichen ‣ Zahn: ‣ subgingival
subperiostal subperiosteal	unter der ‣ Knochenhaut gelegen	z. B. subperiostaler ‣ Abszess
Substantia adamantina enamelum, dental enamel	‣ Schmelz/Zahnschmelz	‣ Enamelum
Sulkus sulcus	auch **Sulcus, Sulcus gingivae** ‣ Zahnfleischfurche	Spalt zwischen ‣ Gingiva marginalis und Zahnoberfläche
Sulkus-Blutungs-Index sulcus bleeding index	Abkürzung: **SBI** ‣ Blutungsindex zur Beurteilung der ‣ Zahnfleischentzündung durch vorsichtige ‣ Sondierung des ‣ Sulkus mit einer stumpfen ‣ Sonde Messpunkte: 1. Quadrant = ‣ bukkal 2. Quadrant = ‣ palatinal 3. Quadrant = ‣ bukkal 4. Quadrant = ‣ lingual	Beurteilung: meist als Ja/Nein-Entscheidung; oft in Verbindung mit dem ‣ API

M
N
O
P
Q
R
S

Stichwort	Erklärung	Vertiefung
Sulkusbürste sulcus brush	zweireihige, schmale ▸Zahnbürste z. B. zur Säuberung der Zähne bei ▸kieferorthopädischer Bebänderung	
Sulkusfluid sulcus fluid	auch **Sulkusflüssigkeit** Absonderung, die über den ▸Sulkus austritt	Gradmesser für ▸Entzündungsvorgänge im ▸Sulkus stark erhöhte Fließrate bei ▸Gingivitis und ▸Parodontitis
Super..., super... super, hyper	Wortbestandteil mit der Bedeutung: über	siehe die nachfolgenden Fachbegriffe
superficialis superficial	oberflächlich, an der Oberfläche	z. B. ▸Karies
Superfloss®	Spezialzahnseide mit flauschigem Mittelteil	▸Zahnseide
Superinfektion superinfection	Zweitinfektion/erneute Ansteckung mit dem gleichen ▸Krankheitserreger	Gegenteil: ▸Sekundärinfektion
Suppositorium suppository	Zäpfchen Darreichungsform eines ▸Medikamentes, welches über den Enddarm zugeführt wird	▸Applikation
Supra..., supra... supra, above	Wortbestandteil mit der Bedeutung: oberhalb von	siehe die nachfolgenden Fachbegriffe Gegenteil: ▸Infra...
supragingival supragingival	oberhalb des ▸Zahnfleischraums gelegen	Gegenteil: ▸subgingival
Suprakonstruktion (implant) superstructure, framework	Überbegriff für ▸Zahnersatz, der auf einem ▸Implantat verankert ist Aufbauteile: ▸Brücke, ▸Krone, ▸Prothese	
supraorbital supraorbital	oberhalb der ▸Augenhöhle gelegen	▸Foramen supraorbitale Gegenteil: ▸infraorbital
Süßstoff sweetener	auch ▸**Zuckerersatzstoff** meist künstlich hergestellter ▸Zucker; höhere Süßkraft als Zucker nicht ▸kariogen	z. B. ▸Saccharin, ▸Aspartam, ▸Cyclamat, ▸Stevia rebaudiana
Sutur suture, bony suture	auch **Sutura** ▸Knochennaht, Schädelnaht	verknöcherte, unbewegliche Nahtstelle zwischen zwei Schädelknochen, z. B. ▸Gaumennaht/Sutura palatina mediana
Sv	Abkürzung für ▸Sievert	▸Äquivalentdosis
Symbol symbol, sign	Zeichen, Erkennungsmerkmal	▸Gefahrstoffsymbol ▸chemisches Symbol

M
N
O
P
Q
R
S

Stichwort	Erklärung	Vertiefung
Sympathikus sympathetic nervous system	Kurzform für **Nervus sympathikus** gehört zum ›vegetativen/›autonomen ›Nervensystem und ist nicht dem Willen unterworfen Gegenspieler: ›Parasympathikus	Funktion: Steigerung der Leistungsfähigkeit des Körpers; z. B. durch Beschleunigung des Herzschlages, Blutdruckanstieg, tiefere ›Atmung gleichzeitige Hemmung z. B. von ›Speichel, Verdauung
Symptom symptom	Anzeichen, Krankheitszeichen ›spezifisch, ›unspezifisch	z. B. Zahnfleischbluten bei ›Gingivitis
symptomatisch symptomatic	kennzeichnend	z. B. typische Merkmale einer ›Krankheit
Synapse synapse	Kontaktstelle für die Erregungsübertragung eines ›Nerven	z. B. Muskelzelle, Sinneszelle
Synkope faint	kurze Bewusstseinstörung Bewusstlosigkeit	›Ohnmacht
Synovia synovial fluid	›Kiefergelenkschmiere, Gelenkschmiere farblose Flüssigkeit; Bildung durch die Innenhaut der Gelenkkapsel	ermöglicht die Gleitfähigkeit der beweglichen Gelenkanteile ›Kiefergelenk
synthetisch synthetic	künstlich	z. B. ›Korund, ›Süßstoffe
System system	eine Einheit, die aus mehreren Teilen besteht, welche miteinander in Beziehung stehen	z. B. ›stomatognathes System
systematisch systematic	planmäßig, nach einem ›System ablaufend	z. B. ›Parodontalbehandlung, ›IP-Programm
systemisch systemic	den ganzen Körper betreffend, auf den ganzen Körper einwirkend	z. B. ›Fluoridierung: Fluoridtabletten, Salzfluoridierung Gegenteil: ›lokal
Systole systole	Austreibungsphase des ›Herzens Das ›Blut wird aus den Herzkammern in die großen ›Blutgefäße gepumpt. ›Blutkreislauf	Blutdruckmessung: Der 1. Wert bei der Angabe des ›Blut- drucks entspricht dem systolischen Blutdruckwert. Gegenteil: ›Diastole

M

N

O

P

Q

R

S

Stichwort	Erklärung	Vertiefung
Tablette tablet	Darreichungsform eines ▸Medikamentes; pulverförmig und in eine Form gepresst	Tablette mit einem glatten Überzug: ▸Dragee
Tablettenfluoridierung tablet fluoridation	Fluoridaufnahme in Form von Fluoridtabletten ▸Fluoridierung/▸systemisch ▸Tablette	Die ▸Dosierung ist abhängig vom Alter des Kindes und zusätzlicher, ▸interner Fluoridierungsmaßnahmen, z. B. über Trinkwasser, Mineralwasser, Speisesalz.
Tamponade tamponade, tamponage	auch **Tampon** ▸Gazestreifen; zum Einbringen in eine ▸Wunde oder Körperhöhle	Anwendung: ▸Blutstillung/▸Aufbissstupfer, Medikamententräger
Tamponadenstopfer	auch **Tamponstopfer** zahnärztliches ▸Instrument zum Einbringen einer ▸Tamponade ▸Luniatschek	
Tangentialpräparation tangential preparation	▸Präparation eines ▸Zahnes zur Aufnahme einer ▸Krone meist Metallkrone (▸Gold, ▸NEM-Krone) ohne Stufe/▸Stufenpräparation oder Hohlkehle/▸Hohlkehlpräparation ▸Präparationsformen

NEM-Brücke |
Tannerella forsythensis	alter Name: **Bacteroides forsythus** ▸Keim, der eine schwere ▸Parodontitis auslösen kann	▸Markerkeime, ▸Leitkeime ▸Anaerobier
Tasche pocket	▸Zahnfleischtasche, ▸Knochentasche	▸Parodontologie
Taschenabszess periodontal abscess	▸Parodontalabszess	▸Abszess, ausgehend von einer tiefen ▸Zahnfleischtasche
Taschenklappe semilunar cusp	Semilunarklappe Herzklappen zwischen den Herzkammern und den großen Gefäßen Die Klappen verhindern den Rückfluss des ▸Blutes in die Herzkammern.	▸Aortenklappe: zwischen linker Herzkammer und ▸Aorta ▸Pulmonalklappe: zwischen rechter Herzkammer und ▸Lungenarterie
Taschenmessung pocket measuring	Mit der ▸Parodontalsonde kann die Tiefe einer ▸Zahnfleischtasche ertastet werden. ▸Graduierung	
Taschentiefe pocket depth	Abstand zwischen ▸Zahnfleischrand und Boden einer ▸Zahnfleischtasche	ermöglicht Aussagen über die Schwere einer ▸Zahnfleischentzündung ▸Bleeding on Probing/BOP
Tb tuberculosis	auch **Tbc, Tbk** Abkürzung für ▸Tuberkulose	▸Tuberkelbazillen
Teilabformung partial denture impression	▸Abformung von nur einem Teil des ▸Kiefers	Anwendung: Abformung von ▸Provisorien

T
U
V
W
X
Y
Z

Stichwort	Erklärung	Vertiefung
Teilkrone partial crown	Bei nur teilweiser Zerstörung der ‣Zahnkrone wird dieser Teil der natürlichen Zahnkrone beschliffen und überkront. Gesundes ‣Zahnhartgewebe bleibt somit erhalten.	
Teilprothese partial denture dental prosthesis	auch **partielle Prothese** herausnehmbarer ‣Zahnersatz zur Versorgung eines ‣Lückengebisses Aufbau: ‣Metallbasis mit ‣Prothesensättel, auf denen Prothesenzähne (Kunststoff) befestigt sind Befestigung an den Restzähnen durch ‣Verankerungselemente; z. B. ‣Klammern, ‣Geschiebe, ‣Stege, ‣Teleskopkronen ‣Freiendprothese, ‣Schaltprothese, ‣Prothesenlagerung	 *Metallbasis mit gegossenen Klammern*
Teilschädelaufnahme partial skull radiograph	Teilaufnahmen des ‣Schädels; z. B. ‣Orthopantomogramm/‣Panoramaaufnahme, Aufnahme des ‣Kiefergelenks	‣Röntgenaufnahme, extraoral
Teleskopbrücke telescopic bridge	‣Brücke, bei der ‣Teleskopkronen als ‣Brückenanker verwendet werden	‣Teleskopkrone
Teleskopkrone telescopic crown	auch **Doppelkrone**, ‣**Konuskrone** ‣Verankerungselement für herausnehmbaren ‣Zahnersatz • ‣**Innenteleskop** oder ‣**Primärkrone**; ‣**Patrize**: überkronter ‣Zahnstumpf (Metallhülse) • ‣**Außenteleskop** oder ‣**Sekundärkrone**; ‣**Matrize**: mit dem herausnehmbaren ‣Zahnersatz fest verbunden	 *Außenteleskop mit herausnehmbarem Zahnersatz*
Teleskopprothese telescopic prosthesis	Überbegriff für ‣Teilprothesen, die über ‣Teleskopkronen an vorhandenen Restzähnen verankert sind	‣**Cover-Denture-Prothese:** Deckprothese; gestaltet wie eine ‣Vollprothese und an Restzähnen (meist 1–3) oder ‣Implantaten über ‣Teleskopkronen verbunden
Temporalis temporalis muscle	Kurzform für **Musculus temporalis**	‣Schläfenmuskel
temporär temporary	auch ‣**provisorisch** zeitlich begrenzt, vorübergehend	Gegenteil: ‣definitiv, ‣permanent
Tenside surfactants	**Zahnheilkunde:** Zusatz in ‣Zahnpasta als Schaumbildner ‣Natriumlaurylsulfat	Wirkungsweise: Tenside setzen die Oberflächenspannung von Wasser herab und umschließen ‣Plaque und Speisereste, welche dadurch besser ausgespült werden können.
teratogener Schaden teratogenic damage	auch **teratogener** ‣**Röntgenstrahlenschaden** Fehlbildungen, Schäden bei der Entwicklung des ungeborenen Kindes während der ‣Schwangerschaft	‣Strahlenschaden; ausgelöst z. B. durch ‣ionisierende Strahlung wie ‣Röntgenstrahlung

T
U
V
W
X
Y
Z

Stichwort	Erklärung	Vertiefung
terminale Anästhesie terminal anaesthesia	▸Betäubung an den Endverzweigungen von ▸sensiblen Nerven	▸Infiltrationsanästhesie
Terminologie terminology	Gesamtheit der Begriffe und Benennungen in einem Fachgebiet	z. B. die Fachsprache der ▸Zahnheilkunde
Terminus, **Termini** (Mehrzahl) term	Wort der Fachsprache, Fachausdruck, Fachbegriff	▸Nomenklatur
Tertiärdentin tertiary dentin	auch **Reizdentin** Reparaturdentin	Die ▸Odontoblasten werden aufgrund von bakteriellen, chemischen, physikalischen, medikamentösen oder thermischen ▸Reizen zur Dentinbildung angeregt.
Tertiär-Prophylaxe tertiary prophylaxis	▸Prophylaxemaßnahmen zur Schadensbegrenzung Ein Schaden, der bereits entstanden ist, wird so schonend wie möglich behoben.	Gleichzeitig werden vorbeugende Maßnahmen ergriffen, damit kein Folgeschaden entsteht, z. B. durch ▸Recall nach Karies- oder Parodontaltherapie.
Tetanus tonic spasm	▸Wundstarrkrampf	▸Infektionskrankheit
Tetrazyclin tetracycline	▸Antibiotikum	Nebenwirkung: kann in der ▸Schwangerschaft Störungen der ▸Mineralisation beim ungeborenen Kind auslösen
Therapeutikum, **Therapeutika** (Mehrzahl) therapeutic	auch ▸**therapeutische Maßnahme** ▸Arzneimittel, Heilmittel	trägt im Rahmen einer ▸Therapie zur Besserung oder Heilung bei
therapeutisch therapeutical	die ▸Behandlung, Heilbehandlung betreffend	▸Therapie
Therapie therapy	▸Behandlung, Heilbehandlung	von ▸Krankheiten und Verletzungen
thermisch thermal, thermic	durch Wärme bedingt, auf Wärme bezogen	z. B. thermischer ▸Reiz, Reaktionen auf Kälte oder Wärme
Thermodesinfektor thermodisinfector	▸Reinigungs- und Desinfektionsgerät	auch „Praxisspülmaschine"
Thermokauter electrotome	auch ▸**Elektrotom**	▸Elektrotomie
thermoplastisch thermoplastic	durch Wärme verformbar	Zahnheilkunde: z. B. thermoplastische ▸Abformmassen, ▸Tiefziehfolie, ▸Wachs, ▸Wurzelfüllmaterial
Thorax chest	▸Brustkorb	
Thoraxmassage cardiac massage	auch **Thoraxkompression** ▸Herzdruckmassage	Notfall-Maßnahme bei Herzstillstand ▸CAB-Schema, ▸Reanimation
Thrombin thrombin, thrombase	wichtiges ▸Enzym, das zur ▸Blutgerinnung benötigt wird	entsteht aus der Vorstufe ▸Prothrombin

T
U
V
W
X
Y
Z

Stichwort	Erklärung	Vertiefung
Thrombose thrombosis	►Blutgerinnung im Blutgefäßsystem mit Gefäßverschluss	►Thrombus
Thrombozyten blood platelet	Blutplättchen kleine, kernlose Blutzellen/Zellbruchstücke ►Blutkörperchen	werden zur ►Blutgerinnung benötigt verschließen bei Verletzung das ►Blutgefäß von innen
Thrombus clot, thromb	►Blutgerinnsel, das sich bei einer ►Thrombose im ►Blutgefäß bildet	►Infarkt ►Embolie
tiefer Biss deep bite, deep overbite	Die ►Frontzähne im ►Oberkiefer beißen zu tief über die ►Frontzähne im ►Unterkiefer (mehr als 3 mm). ►Frontzahnstufe	Die Unterkiefer-Frontzähne können in die ►Gaumenschleimhaut des Oberkiefers einbeißen. ►Deckbiss
Tiefziehfolie deep drawing foil	►thermoplastische Kunststoff-Folie Ausgangsmaterial zur Herstellung von ►Schienen	►Tiefziehverfahren
Tiefziehverfahren deep drawing press	Zahnheilkunde: Herstellung/Formung z. B. von Kunststoffschienen, ►Abformlöffel, ►Bissschablonen, ►Provisorien Folie in speziellem Tiefziehgerät erwärmen/erweichen und über das individuelle Gipsmodell pressen; abkühlen und je nach Anwendung zuschneiden ►Schiene	
Tinktur tincture	Lösung von pflanzlichen oder tierischen Wirkstoffen in ►Alkohol	z. B. ►Nelkenöl/Eugenol
Tinnitus tinnitus	Ohrgeräusche werden nur vom Betroffenen selbst wahrgenommen	z. B. Pfeifen, Rauschen, Zischen, Summen **Ursache:** z. B. ►Craniomandibuläre Dysfunktion/CMD
Tissue engineering	lebende ►Zellen aus einem ►Organismus entnehmen, sie vermehren und danach demselben Organismus ►implantieren Zahnheilkunde: Verwendung als ►Transplantat von ►Mundschleimhaut oder als Anregung zur Bildung von neuem ►Knochen ►Gesteuerte Geweberegeneration	
Titan titanium	chemisches ►Element mit dem Symbol **Ti** Metall; leicht, sehr fest, korrosions- und temperaturbeständig, hohe Körperverträglichkeit	Verwendung: in ►Legierungen für ►Implantate und ►Zahnersatz ►Titan-Trauma-Schiene (TTS)
Titan-Trauma-Schiene titanium-trauma-splint	Abkürzung: **TTS** nach ►Avulsion und ►Replantation angelegte Metallschiene aus ►Titan zur Stabilisierung des ►Zahnes Die Befestigung erfolgt an den Nachbarzähnen mit ►Komposit.	 *Stabilisierung von Zahn 12*

Stichwort	Erklärung	Vertiefung
Tochtergeschwulst metastasis	▸Metastase	bösartiger ▸Tumor
Tofflemire-Matrize Tofflemire Matrix	▸Ringbandmatrize ▸Matrizenhalter mit unterschiedlichen ▸Matrizenbändern für den ▸Seitenzahnbereich	
Toleranz tolerance, toleration to	Eigenschaft, etwas zu ertragen, zu dulden bei Abweichungen vom Normalzustand keine Gegenmaßnahme ergreifen	**Zahnheilkunde:** z. B. Toleranz des ▸Patienten für neuen ▸Zahnersatz Gegenteil: ▸Intoleranz
Toleranzdosis tolerance dose	Höchstmenge eines ▸Arzneimittels oder einer ▸Bestrahlung, welche vom ▸Organismus noch vertragen wird	
Tomes-Faser Tomes-fibre	auch **Tomes´sche Fasern** ▸Odontoblastenfortsätze im ▸Dentin	
Tomographie tomography	auch ▸**Computertomographie** Abkürzung: **CT** ▸Röntgentechnik für Schichtaufnahmen; Erstellung von dreidimensionalen Abbildungen	**Zahnheilkunde:** Weiterentwicklung der Computertomographie in Form der ▸digitalen/dentalen Volumentomographie (DVT)
Tonsilla palatina palatine tonsil	▸Gaumenmandel	
Tonsilla pharyngae pharyngeal tonsil	▸Rachenmandel	
Tonsille tonsil	auch **Tonsilla** ▸Mandel	▸Tonsilla palatina, ▸Tonsilla pharyngae
Tonsillektomie tonsillectomy	▸operative Entfernung der ▸Gaumenmandeln	bei ▸chronischer ▸Tonsillitis oder starker Vergrößerung der ▸Mandeln mit Behinderung der ▸Atmung
Tonsillitis inflammation of the tonsil, tonsillitis	▸Mandelentzündung	▸Tonsillektomie
Torsion twisting, turning	Drehung, Verwindung, Verdrehung	**Zahnheilkunde:** z. B. Bewegung eines ▸Zahnes in der ▸Kieferorthopädie
tot dead	**Zahnheilkunde:** ▸marktot, ▸pulpatot	▸avital, ▸devital Gegenteil: ▸vital
Totalprothese complete dental prosthesis	auch ▸**Vollprothese** ▸Zahnersatz, der alle Zähne eines ▸Kiefers ersetzt	

T
U
V
W
X
Y
Z

Stichwort	Erklärung	Vertiefung
touchieren coat	bestreichen, einpinseln	z. B. ▸Zahnflächen mit ▸Fluoridlack zur ▸Kariesprophylaxe Behandlung überempfindlicher ▸Zahnhälse
Toxin, **Toxine** (Mehrzahl) poison	Gift	z. B. ▸Stoffwechselprodukte von ▸Bakterien
toxisch poisonous, toxicant	giftig	z. B. Dämpfe von ▸Quecksilber/ ▸Amalgam
Toxizität toxicity	Giftigkeit	giftige Wirkung einer Substanz
Trabekel trabecula	auch **Trabekula** kleiner Balken, Knochenbälkchen	▸Spongiosa (bälkchenartiges ▸Gewebe) ▸Knochenaufbau
Trachea windpipe	▸Luftröhre	Verbindung zwischen ▸Kehlkopf und ▸Bronchien
Trachealtubus tracheal tube	auch **Trachealkanüle** Gummirohr zum Einbringen in die ▸Luftröhre	Einführen über den Nasen- oder Mundbereich; z. B. zur Durchführung einer ▸Intubationsnarkose
Tränenbein lacrimal bone	Os lacrimale ▸Knochen des ▸Gesichtsschädels	Teil der ▸Augenhöhle, der Nasenhöhlenwand und des Tränen-Nasen-Kanals
Tranquilizer psychosedative	Beruhigungsmittel, beruhigendes ▸Medikament	▸Sedativa
trans… trans	Wortbestandteil mit der Bedeutung: über, hinüber	siehe die nachfolgenden Fachbegriffe
transdental transdental	über die ▸Wurzelspitze hinaus ▸transdentale Fixation	Lage-/Richtungsbezeichnung am Zahn
transdentale Fixation diadontic implant, intra-radicular splinting	auch **Transfixation** über die ▸Wurzelspitze hinausgehende Befestigung von gelockerten, ▸einwurzeligen Zähnen im ▸Kieferknochen	Verankerung durch den ▸Wurzelkanal hindurch mit Metall- oder Keramikstiften
Transfusion transfusion	auch ▸**Bluttransfusion** Blutübertragung	z. B. bei ▸akutem Blutverlust oder ▸chronischen Blutkrankheiten/▸Anämie
transluzent translucent	durchschimmernd, durchscheinend ▸Transluzenz Gegenteil: ▸opak	**Zahntechnik:** ermöglicht große Natürlichkeit der Materialien für ▸Brücken und ▸Kronen (Keramikrestaurationen)
Transluzenz translucency	auch **Transparenz** Durchschimmern, Durchscheinen Grad der Lichtdurchlässigkeit eines Stoffes ▸transluzent	 *Transluzenz bei Keramikkronen*
Transparenz transparency	▸Transluzenz	Gegenteil: ▸Opazität

Stichwort	Erklärung	Vertiefung
Transplantat transplant, graft	verplanztes Körpergewebe, z. B. ▸Schleimhauttransplantat	▸Transplantation
Transplantation transplantation	Übertragung/Verpflanzung von lebenden ▸Geweben, ▸Organen/Organteilen, ▸Zellen ▸Transplantate: ▸Haut, ▸Schleimhaut, ▸Knochen, ▸Knorpel, ▸Zahn, ▸Zahnkeim	
transversal transverse, crosswise	quer verlaufend	Richtungsbezeichnung
Transversalbügel transpalatal bar	quer verlaufender Metallbügel einer ▸Teil- prothese als Verbindung der ▸Prothesensättel	als ▸Gaumenbügel oder ▸Unterzungenbügel
Traubenzucker grape sugar	Glukose, Dextrose Glukoseanteil im ▸Blut: ▸Blutzucker	gehört zu den ▸Einfachzuckern/ Monosacchariden
Trauma, Traumen, Traumata (Mehrzahl) trauma, traumatism	**körperliches Trauma:** Verletzung; ▸Wunde durch äußere Gewalt- einwirkung wie Schlag, Stoß ▸Frontzahntrauma, ▸Zahnfraktur **psychisches Trauma:** seelische Verletzung; nicht verarbeitetes, verdrängtes Erlebnis; häufig Kindheitserlebnis	 *Zustand nach Versorgung eines Frontzahntraumas*
traumatisch traumatic	durch ein ▸Trauma entstanden, ein Trauma betreffend	
Tray tray	auch **Dentaltray** Schale, Tablett **Zahnheilkunde:** offener oder verschließbarer Behälter, in dem sich ▸Instrumente für eine bestimmte ▸Behandlung befinden	
TRBA	Abkürzung für **T**echnische **R**egeln für ▸**b**iologische **A**rbeitsstoffe	wird von den ▸Berufsgenossenschaften erstellt
Trema anterior diastema	▸Diastema	natürliche ▸Zahnlücke zwischen den oberen mittleren ▸Schneidezähnen
Trepanation trepanation, trephination	**Zahnheilkunde:** Aufbohren; Eröffnen eines ▸Zahnes bis zur ▸Pulpenhöhle ▸Probetrepanation, ▸Wurzelkanalbehandlung Trepanation des Kieferknochens/ ▸Schrödersche Lüftung	
trepanieren trepan, trephine	aufbohren, eröffnen	▸Trepanation

T U V W X Y Z

Stichwort	Erklärung	Vertiefung
Trepanbohrer trepan drill	auch **Hohlbohrer** Hohlzylinderbohrer Anwendung: • Herstellung/Ausbohrung eines Implantatbettes • ▸Biopsien von ▸Knochenmaterial, ▸Transplantation • Entfernung von Fremdkörpern im ▸Wurzelkanal (▸Masseran-Besteck)	
Treponema denticola	▸Bakterien; schraubenförmig können eine schwere ▸Parodontitis auslösen	▸Markerkeime, ▸Leitkeime
TRGS	Abkürzung für Technische Regeln für ▸Gefahrstoffe	wird von den ▸Berufsgenossenschaften erstellt
Tri..., tri... tri	Wortbestandteil mit der Bedeutung: drei, dreifach	siehe die nachfolgenden Fachbegriffe
Triclosan	chemische Stoffgruppe mit ▸bakterio-statischer Wirkung	**Zahnheilkunde:** Inhaltsstoff von einigen ▸Zahnpasten und ▸Mundspüllösungen
Trifurkation trifurcation	Gabelung/Wurzeltrennstelle eines dreiwurzeligen ▸Zahnes	bei den ▸Molaren im ▸Oberkiefer
Trigeminus trigeminal nerve	Kurzform für ▸**Nervus trigeminus** dreigeteilter ▸Nerv; führt ▸sensible und ▸motorische Fasern	Unterteilung: ▸Nervus ophtalmikus, ▸Nervus maxillaris, ▸Nervus mandibularis
Trigeminusneuralgie trigeminal neuralgia	▸Gesichtsschmerz im Versorgungsgebiet des ▸Nervus trigeminus ▸Neuralgie	anfallartig auftretender, starker ▸Schmerz; meist einseitig; häufig im Bereich der Oberkiefer- und Unterkieferäste
triggern trigger off	durch Druck ▸Schmerz ausüben	▸Triggerpunkt
Triggerpunkt trigger point	Auslösepunkt, Druckpunkt Stellen am Körper, an denen durch Druck ▸Schmerz ausgelöst werden kann	wird zur ▸Diagnose herangezogen; z. B. bei ▸Trigeminusneuralgie
Trikuspidalklappe right atrioventricular valve, tricuspid valve	▸Segelklappe (drei Segel) im ▸Herz zwischen rechtem Herzvorhof und rechter Herzkammer	Die Herzklappe verhindert den Rückfluss des ▸Blutes in den Herzvorhof. ▸Mitralklappe oder Bikuspidalklappe
Trimmer trimmer	▸Gipstrimmer zahntechnisches Gerät zum Beschleifen von ▸Modellen aus ▸Gips	
Trinkwasser-fluoridierung water fluoridation	Abkürzung: ▸**TWF** Anreicherung von Trinkwasser/Leitungswasser mit 1 mg ▸Fluorid pro Liter systemische ▸Fluoridierung	wird in manchen Ländern/Gebieten als ▸kariesprophylaktische Maßnahme in der ▸Gruppenprophylaxe/Kolle<tivprophylaxe angewandt In Deutschland wird Trinkwasser nicht fluoridiert.

T
U
V
W
X
Y
Z

Stichwort	Erklärung	Vertiefung
Trisomie 21 trisomy 21	› Down-Syndrom	› genetisch bedingte › Krankheit
Trituration trituration, tripsis	Zerreibung, Verreibung, Vermischen von verschiedenen Anteilen	**Zahnheilkunde:** das Vermischen von › Feilung / Alloy mit › Quecksilber bei der Herstellung von › Amalgam erfolgt meist in einem automatischen Mischgerät (Triturator)
Trockenlegung dry working field, dry field dentistry	Maßnahmen zur Herstellung eines trockenen Arbeitsfeldes, z. B. der › Kavität, durch Abhalten von › Speichel, › Blut, Atemfeuchtigkeit **relative Trockenlegung:** feuchtigkeitsarm z. B. durch › Watterollen, › Speichelsauger, › Luftbläser, › Minidam 	**absolute Trockenlegung:** feuchtigkeitsfrei z. B. durch › Kofferdam
Tröpfcheninfektion droplet infection	Inhalationsinfektion Ansteckung durch › Inhalation / Einatmen der › Krankheitserreger	z. B. über › Aerosole aus dem Sprühwasser, Husten, Niesen, Sprechen › Infektionswege
Tuber tuber, tuberosity	Erhebung, Höcker, Vorsprung	**Zahnheilkunde:** › Tuber maxillae
Tuberculum articulare articular tubercle	Gelenkhöckerchen Vorsprung am › Schläfenbein beidseitig begrenzt das › Kiefergelenk nach vorn	
Tuberfraktur tuber fracture	auch **Tuberabriss** Bei der › Extraktion von › Weisheitszähnen im › Oberkiefer kann es zum Bruch des › Tuber maxillae kommen.	Gefahr der Eröffnung der › Kieferhöhle
Tuberkel tubercle	auch **Tuberculum** kleiner Höcker, Vorsprung	z. B. Zahnhöckerchen; › palatinal im › Zahnhalsbereich der › Frontzähne
Tuberkelbazillen tubercle bacilli	auch **Tuberkelbakterien** Erreger der › Tuberkulose	stäbchenförmige › Bakterien
Tuberkulose tuberculosis	Abkürzungen: **Tb, Tbc, Tbk** meist durch › Tröpfcheninfektion verbreitete › Infektionserkrankung, vor allem der › Lunge **offene Tuberkulose:** bei Nachweis von › Bakterien im Auswurf / Sputum	Tuberkulose gehört in Deutschland zu den meldepflichtigen › Krankheiten (Gesundheitsamt). › Tuberkelbazillen

T
U
V
W
X
Y
Z

Stichwort	Erklärung	Vertiefung
Tuber maxillae maxillary tuber	auch **Tuber maxillaris** knöcherne Vorwölbung am Ende des ▸Alveolarfortsatzes im zahnlosen ▸Oberkiefer; beidseitig	Die Ausprägung des Tubers ist mit entscheidend für den Halt einer ▸Vollprothese im Oberkiefer. eventuell ▸chirurgische Formung
Tubus tube	Röhre, Schlauch	▸Intubationsnarkose, ▸Trachealtubus, ▸Röntgentubus
Tumor, **Tumore, Tumoren** (Mehrzahl) tumor, swell	• ▸Geschwulst durch krankhafte Neubildung von ▸Gewebe ▸**benigne/gutartige Tumore:** mit verdrängendem Wachstum ▸**maligne/bösartige Tumore:** mit zerstörender Ausbreitung, z. B. ▸Carcinom, ▸Melanom, ▸Sarkom; Bildung von ▸Metastasen ▸Krebs	• ▸Schwellung Zeichen einer ▸Entzündung
Tunnelierung through and through furcation involvement	▸parodontal-chirurgische Maßnahme bei freiliegender ▸Bifurkation im Bereich der ▸Molaren im ▸Unterkiefer Die Wurzeltrennstelle wird ▸chirurgisch so freigelegt, dass für den ▸Patienten eine Reinigung mit ▸Interdentalbürstchen möglich wird.	
Tupfer swab	weiches, grobmaschiges Baumwollgewebe	Verwendung als Verbandsmaterial
Turbine turbine	**Zahnheilkunde:** hochtourige Bohrmaschine; abgewinkeltes Präparationsinstrument; Antrieb erfolgt mit Druckluft/Pressluft Arbeitsdrehzahl bis 400.000 Umdrehungen pro Minute ▸Übertragungsinstrumente	
TWF	Abkürzung für ▸Trinkwasserfluoridierung	
Twinkler twinkle	Zahnschmuck	wird auf den ▸Zahn aufgeklebt, ohne Schäden wieder entfernbar ▸Dazzler

Stichwort	Erklärung	Vertiefung
Überbelastung overuse	Zahnheilkunde: zu starke Belastung von Zähnen über längere Zeit; kann zu Veränderungen am ▸ Parodontium führen ▸ Parafunktionen	Folgen: z. B. ▸ Wurzelresorption; erhöhte ▸ Zahnbeweglichkeit; Verdickung von ▸ Wurzelzement/ ▸ Hyperzementose
Überbiss overbite, overjet	Überbiss der ▸ Frontzähne in **vertikaler** Ebene; wird auch als ▸ tiefer Biss bezeichnet ▸ Overbite	Überbiss der ▸ Frontzähne in **horizontaler** Ebene; ergibt eine ▸ sagittale, horizontale ▸ Frontzahnstufe ▸ Overjet
Überempfindlichkeit sensitivity of tooth, irritability	Hypersensibilität, ▸ Hyperästhesie	Zahnheilkunde: Durch Reizung ▸ sensibler Zahnnerven bei freiliegendem ▸ Dentin entstehen überempfindliche Zähne/▸ Zahnflächen oder ▸ Zahnhälse.
Überkappung pulp capping	auch **Pulpenüberkappung** ▸ medikamentöse Versorgung der eröffneten/ freiliegenden oder noch durch eine dünne ▸ Dentinschicht bedeckten ▸ Pulpa ▸ Calciumhydroxidpräparat	Unterteilung: ▸ direkte Überkappung, ▸ indirekte Überkappung
Überkronung crowning	den natürlichen, erkrankten ▸ Zahn mit einer künstlichen ▸ Krone versehen	▸ Kronenarten
Übersichtsaufnahme standard radiography	auch ▸ **Panorama-Schichtaufnahme** Bezeichnung z. B. für ein ▸ Orthopantomogramm	▸ Röntgenaufnahme/extraoral
Überstopfen overfill	auch **Überfüllen** Wurzelkanalfüllung: versehentliches Einpressen von ▸ Wurzelfüllmaterial über das ▸ Foramen apicale hinaus in das ▸ Desmodont Folge: eventuell Notwendigkeit einer ▸ Wurzelspitzenresektion	Amalgamfüllung: beabsichtigtes Überfüllen der ▸ Kavität bei der Verarbeitung von ▸ Amalgam Durch das ▸ Kondensieren des Füllungsmaterials wird das überschüssige ▸ Quecksilber herausgepresst und anschließend abgesaugt. ▸ Amalgamkondensation
Übertragungsbogen face bow	▸ Gesichtsbogen	zur Übertragung der Kieferstellungen auf die ▸ Modelle im ▸ Artikulator
Übertragungsinstrumente transfer instruments	Geräte mit unterschiedlichen Umdrehungszahlen/Arbeitsdrehzahlen wie ▸ Handstück, ▸ Winkelstück, ▸ Schnellläufer, ▸ Turbine übertragen die Drehbewegung des Motors auf ▸ rotierende ▸ Instrumente wie ▸ Bohrer, ▸ Schleifer, ▸ Polierer	

Stichwort	Erklärung	Vertiefung

Überwachungsbereich
supervised area

▸Röntgenverordnung (RöV):

Bereich, in dem Personen im Kalenderjahr eine ▸effektive ▸Dosis von mehr als 1 ▸Millisievert (mSv) erhalten können

Der Überwachungsbereich schließt sich an den Kontrollbereich an.

Der betriebliche Überwachungsbereich muss nicht gekennzeichnet werden.

▸Kontrollbereich

**Ulkus,
Ulzera** (Mehrzahl)
ulcer

auch **Ulcus**

▸Geschwür

Ultraschall
ultrasound

mechanische Schwingungen mit über 20.000 ▸Hertz/Schwingungen pro Sekunde

entspricht nicht mehr der ▸Frequenz des menschlichen Hörens

▸Schall

Ultraschallgerät
ultrasonograph,
sonograph

Gerät zur Erzeugung von Ultraschallwellen mit Schwingungen von bis zu 45.000 ▸Hertz

▸Zahnstein-, ▸Konkremententfernung: mit ▸Schallscaler/Ultraschallscaler, welche über eine zierliche Metall-Arbeitsspitze Schwingungen von 6.000–8.000 bzw. 20.000–45.000 ▸Hertz erzeugen

Beläge werden ohne direkten Kontakt abgesprengt; Wasserkühlung erforderlich.

▸**Ultraschallzahnbürste:** ▸Zahnbürste mit Schwingungen von bis zu 1,6 Millionen ▸ Hertz

Ultraschallreinigung: Ultraschallbad mit Lösungsmitteln; zur leichteren ▸Instrumenten- oder ▸Prothesenreinigung bei hartnäckigen Verschmutzungen

Für die häusliche Prothesenreinigung werden auch kleinere Geräte im Handel angeboten.

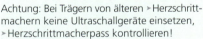

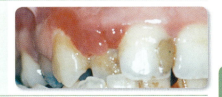

Achtung: Bei Trägern von älteren ▸Herzschrittmachern keine Ultraschallgeräte einsetzen, ▸Herzschrittmacherpass kontrollieren!

Ulzeration
ulceration

Entstehung eines ▸Geschwürs, Geschwürbildung

▸Ulkus

---

ulzerös
ulcerous

geschwürig verändert

▸Ulkus

Umschlagfalte
mucolabial fold,
mucobuccal fold

Fornix

Schleimhautfalte im Übergang vom ▸Alveolarfortsatz in die Wangenschleimhaut bzw. Lippenschleimhaut

tiefster Punkt zwischen ▸Alveolarfortsatz und ▸Mundvorhof

Prothetik:
Die exakte ▸Abformung der Umschlagfalte beim ▸Funktionsabdruck ist mit entscheidend für die Haftung von ▸Vollprothesen im ▸Oberkiefer.

▸Mukogingivalgrenze

T
U
V
W
X
Y
Z

Stichwort	Erklärung	Vertiefung
Umstechungsnaht suture ligation/ligature	Umstechung von blutendem ›Gewebe mit einem Faden, der anschließend zusammen-gezogen wird	Anwendung, wenn ein blutendes Gefäß nicht gefasst und z. B. abgebunden werden kann. ›Blutstillung/zahnärztliche Maßnahmen
Unfallverhütungs-vorschrift accident prevention regulation	Abkürzung: **UVV**	›Berufsgenossenschaft
unkritisch uncritical	ohne genaue Prüfung und stenge Beurteilung ›**RKI-Richtlinien:** ›Instrumente, die ohne Kontakt mit ›Haut oder ›Schleimhaut verwendet werden, z. B. Serviettenkette	›Instrumentenaufbereitung, ›kritisch, ›semikritisch
unspezifisch unspecific	nicht gezielt	z. B. ›Krankheitszeichen, ›Körperabwehr, ›Phagozytose
unsteril unsterile	nicht keimfrei, ›kontaminiert	Gegenteil: ›steril, ›aseptisch
Unterbiss mesioclusion, anteroclusion	auch **Vorbiss** ›Mesialbiss	›Gebissanomalie
Unterfüllung underfilling, cavity base	Schutzschicht zwischen ›definitivem ›Füllungs-material und ›Dentin/›Kavitätenboden ›Schutz der Pulpa vor ›bakteriellen, chemischen oder ›thermischen ›Reizen (z. B. bei metallischen Füllungen wie ›Amalgam, ›Gold) Materialien: z. B. ›Glasionomerzement, ›Phosphatzement/Zinkoxid-Phosphatzement, ›Zinkoxid-Eugenol-Zement	
Unterfütterung denture relining	Methode zur Anpassung von schlecht sitzen-dem ›Zahnersatz an veränderte Kieferverhältnisse erfolgt durch vollständiges oder teilweises Auftragen von Prothesenkunststoff auf die ›Prothesenbasis **direkte Unterfütterung:** Nach dem Auftrag von weichem ›Kunststoff auf die ›Prothesenbasis härtet dieser nach dem Einsetzen ›extraoral oder ›intraoral aus. **indirekte Unterfütterung:** Nach einer ›Abformung mit Hilfe der eigenen ›Prothese wird diese im Zahn-techniklabor mit ›Kunststoff unterfüttert. **weichbleibende Unterfütterung:** mit nicht erhärtendem ›Kunststoff, z. B. ›Silikon, Akrylat; bei empfindlichen Kieferbereichen zum Schutz vor Bildung von Druckstellen/›Decubitus	 *Prothesen mit weichbleibender Unterfütterung*
Unterhaut hypoderm	Subkutis ›Haut	bildet das Unterhautfettgewebe

T
U
V
W
X
Y
Z

Stichwort	Erklärung	Vertiefung

Unterkiefer
lower jaw, mandible

›Mandibula

hufeisenförmig gebogener ›Knochen im ›Gesichtsschädel

durch das ›Kiefergelenk beweglich mit dem ›Schädel verbunden

Unterkieferast
ramus of mandible

auch **aufsteigender Unterkieferast**

Ramus mandibulae

beginnt am ›Unterkieferwinkel und zieht beidseitig aufwärts Richtung ›Schläfenbein

teilt sich im oberen Bereich in ›Unterkiefermuskelfortsatz und ›Unterkiefergelenkfortsatz mit dem ›Unterkiefergelenkkopf

---

Unterkiefergelenkfortsatz
condylar processus

Processus articularis, Processus condylaris

Gelenkfortsatz am ›distalen Teil des aufsteigenden ›Unterkieferastes

besteht aus ›Unterkieferhals und ›Unterkiefergelenkkopf

Unterkiefergelenkkopf
mandibular head/condyle

Condylus, Caput mandibulae

walzenförmige Verdickung am Ende des ›Unterkiefergelenkfortsatzes

bildet mit der ›Gelenkpfanne des ›Schläfenbeins das ›Kiefergelenk

---

Unterkieferhals
mandibular neck

Collum mandibulae

dünnste Stelle des ›Unterkiefergelenkfortsatzes, an welcher der ›Unterkiefergelenkkopf ansetzt

Teil des aufsteigenden ›Unterkieferastes

Unterkieferkanal
mandibular canal

Canalis mandibularis, Canalis mandibulae

Kanal im ›Unterkiefer, durch welchen ›Nerven und ›Blutgefäße verlaufen

Lage: vom ›Unterkieferloch an der Innenseite des ›aufsteigenden Astes bis zum ›Kinnloch an der Außenseite des ›Unterkieferkörpers

---

Unterkieferkörper
lower jaw base, mandibular body

auch **Unterkieferbasis**

Corpus mandibulae

kompakter, waagerechter Teil des Kieferknochens mit dem ›Alveolarfortsatz

wird vom ›Unterkieferkanal durchzogen

❶ Muskel-/Kronenfortsatz
❷ Gelenkkopf
❸ Gelenkfortsatz
❹ Aufsteigender Ast
❺ Kinnloch (Foramen mentale)
❻ Alveolarfortsatz
❼ Unterkieferloch
❽ Unterkieferkörper

Unterkieferloch
mandibular foramen

Foramen mandibulare, ›Foramen mandibulae

Eintrittsstelle des ›Nervus alveolaris inferior in den ›Unterkieferkanal

---

Unterkiefermuskelfortsatz
mandibular muscle process

Processus muscularis

Muskelfortsatz am vorderen Teil des aufsteigenden ›Unterkieferastes

Ansatz des ›Schläfenmuskels

Unterkiefernerv
inferior alveolar nerve

›Nervus mandibularis

dritter Ast des ›Nervus trigeminus

enthält ›sensible und ›motorische Nervenfasern

T
U
V
W
X
Y
Z

Unterkieferspeicheldrüse

Stichwort	Erklärung	Vertiefung
Unterkiefer-speicheldrüse submandibular gland	Glandula submandibularis ▸paarig angelegt; produziert ▸mukösen und ▸serösen ▸Speichel Lage: unter der ▸Mundbodenmuskulatur Ausführungsgang: jeweils neben dem ▸Zungenbändchen/ ▸Caruncula sublingualis ▸Speicheldrüsen	

Unterkieferwinkel
 	
 mandibular angle
	Angulus mandibulae
	 Übergangsbereich vom horizontalen ▸Unter-kieferkörper zum ▸vertikal aufsteigenden ▸Unterkieferast
		Muskelansätze am ▸Kieferwinkel:
		 • an der Außenfläche:
		   großer ▸Kaumuskel
		 • an der Innenfläche:
		   innerer ▸Flügelmuskel

Unterkiefer-Zungenbein-Muskel mylohyoid muscle	▸Musculus mylohyoideus gehört zur ▸Mundbodenmuskulatur und zu den ▸Mundöffner-Muskeln	Ansatz: am ▸Zungenbein Ursprung: Innenseite des ▸Unterkiefers Funktion: Mundöffnung, Anhebung des ▸Zungenbeins
unterspülbar hygienic (pontic)	z. B. unterspülbare ▸Brücke ▸Brückenglieder haben keinen Kontakt zur ▸Schleimhaut des ▸Kieferkamms und können dadurch vom ▸Speichel unterspült und gereinigt werden.	Anwendung: ▸Schwebebrücke oder ▸Steg im nicht sichtbaren ▸Seitenzahnbereich
Untersuchung examination, inspection, check-up	**zahnärztliche Untersuchung** Durch ▸Inspektion und ▸Palpation wird innerhalb und außerhalb des ▸Mundes ein ▸Befund erhoben.	▸**extraorale Untersuchung** z. B. von ▸Kaumuskeln, ▸Kiefergelenken, ▸Lymphknoten ▸**intraorale Untersuchung** z. B. von ▸Zunge, ▸Zähnen, ▸Zahn-halteapparat, ▸Mundschleimhaut, ▸Restaurationen
Unterzungenbügel sublingual bar	auch **Lingualbügel, Sublingualbügel** Metallbügel, der an einer ▸Teilprothese im ▸Unterkiefer die ▸Prothesensättel der rechten und linken ▸Kieferhälfte miteinander verbindet ▸Transversalbügel	
Unterzungen-speicheldrüse sublingual gland	Glandula sublingualis ▸paarig angelegt produziert ▸mukösen und ▸serösen ▸Speichel ▸Speicheldrüsen	Lage: auf der ▸Mundbodenmuskulatur; beidseitig seitlich unter der ▸Zunge Ausführungsgänge: jeweils neben dem ▸Zungenbändchen/ ▸Caruncula sublingualis
Uvula uvula	▸Gaumenzäpfchen, Zäpfchen Schleimhautausbuchtung, in der Mitte des ▸Gaumensegels gelegen	bildet den Abschluss des weichen ▸Gaumens zur ▸Mundbodenmuskulatur
UVV	Abkürzung für **U**nfall**v**erhütungs**v**orschriften	▸Berufsgenossenschaft

Stichwort	Erklärung	Vertiefung
V	Abkürzung für ▸Vene	
Vagus vagus nerve	Kurzform für ▸**Nervus vagus**	X. ▸Hirnnerv
Vakuum vacuum	luftleerer Raum **Zahnheilkunde:** • ▸**Autoklav:** Beim Sterilisationsvorgang wird zunächst ein Vakuum geschaffen, damit anschließend die Hitze überall gleichmäßig verteilt wird. • ▸**Röntgenröhre:** luftleerer Glaskolben	**Zahntechnik:** Vakuum-Anmischgerät für ▸Gips und Einbettmassen dient der luftblasenfreien Durchmischung von Materialien
Vakzination vaccination	▸Impfung, Schutzimpfung	▸Immunisierung
validieren validate	durch Überprüfen eines Vorgangs die Richtigkeit feststellen	z. B. die geforderte Funktion des ▸Sterilisators
Validierung validation	Ein Verfahren wird auf seine wiederholbare, gleichmäßig gute Leistung getestet und bewertet.	z. B. die Überprüfung von Sterilisationsprozessen im ▸Sterilisator, Einschweißgerät und ▸RDG ▸Verifizierung
variabel variable	veränderlich, unbeständig	Gegenteil: ▸konstant
Vaseline petrolatum	Grundlage bei der Herstellung von ▸Salben	**Zahnheilkunde:** als Fett- und Schmiermittel; z. B. zum Einfetten des Mundbereichs vor der ▸Abformung oder dem Anfärben beim ▸Plaque-Index
Vasokonstringens vasoconstrictor	auch **Vasokonstriktor, Vasopressor** ▸Medikament, welches ▸Blutgefäße verengt ist den meisten ▸Lokalanästhetika zugesetzt ▸Adrenalin	**Zahnheilkunde:** Durch die Verengung von ▸Blutgefäßen ist die Verweildauer/Wirkungszeit des ▸Anästhetikums verlängert und das betroffene ▸Gewebe blutet nicht so stark.
vegetativ vegetative	unbewusst, unwillkürlich	z. B. das ▸vegetative Nervensystem betreffend
vegetatives Nervensystem vegetative nervous system	auch ▸**autonomes, unwillkürliches** ▸**Nervensystem**	steuert ohne willentliche Beteiligung verschiedene Körperfunktionen, z. B. ▸Atmung, Herzschlag, Verdauung, ▸Stoffwechsel
Velum palatinum soft palate	▸Gaumensegel	Ansatzlinie des Gaumensegels ist die ▸Ah-Linie
Velumspalte cleft palate	angeborene Spaltung des weichen ▸Gaumens	▸Velum palatinum
Vena pulmonalis pulmonary vein	▸Lungenvene verläuft jeweils aus der linken und rechten ▸Lunge zum linken Herzvorhof ▸Blutkreislauf	transportiert als einzige ▸Vene sauerstoffreiches ▸Blut Die Anreicherung mit ▸Sauerstoff erfolgt bei der ▸Lungenatmung.

T
U
V
W
X
Y
Z

Stichwort	Erklärung	Vertiefung
Vene vein, vena	auch **Vena** Abkürzung: V ▸Blutgefäß, welches das ▸Blut zum ▸Herzen führt ▸Blutkreislauf	Die Venen des Körperkreislaufs führen sauerstoffarmes ▸Blut, die Venen des Lungenkreislaufs führen sauerstoffreiches Blut.
Veneer veneer	sehr dünne ▸Verblendschale aus ▸Keramik, welche die sichtbaren oder geschädigten ▸Zahnflächen bedeckt zur kosmetischen Verbesserung im ▸Frontzahnbereich, z. B. ▸Zahnfarbe, ▸Zahnform, leichte ▸Zahnfehlstellung ▸Diastema	 *Zahnschutz / Bisshebung nach Erosionsschaden*
Venole venule	kleinste ▸Vene	sammelt den Blutstrom aus den ▸Kapillaren
venös venous	die ▸Venen betreffend, auf die Venen bezogen	z. B. venöses ▸Blut
Ventilrand valve border	▸Funktionsrand einer ▸Vollprothese	erzeugt durch einen möglichst dichten Abschluss zur ▸Schleimhaut eine gute Saugwirkung der ▸Prothese
Ventrikel ventricle	Herzkammer	Jede Herzhälfte besteht aus zwei Vorhöfen und zwei Hauptkammern mit vier Herzklappen. ▸Segelklappen, ▸Taschenklappen
Verankerungselement prosthetic attachment	▸Retentionselement ▸Halteelement, Verbindungselement	z. B. ▸Bügel, ▸Geschiebe, ▸Klammern, ▸Riegel, ▸Stege, ▸Teleskop- oder ▸Konuskronen, ▸Gelenk
Verband bandage	auch **Wundverband** Abdeckung einer ▸Wunde; z. B. mit Mullkompressen, Pflaster	Schutz vor ▸Infektionen, Schutz vor mechanischer Belastung, als Blutstillungsmaßnahme
Verbandplatte cradle	auch ▸**Abdeckplatte, Bluterplatte**	Schutz einer ▸Wunde vor mechanischer Belastung/Kaubelastung bei der Gefahr von ▸Nachblutung
Verbindung compound	auch **chemische Verbindung** Stoff, der aus mindestens zwei verschiedenen chemischen ▸Elementen besteht	Die kleinste Einheit ist ein ▸Molekül.
Verbindungselement prosthetic attachment	auch **Verankerungselement** ▸Retentionselement ▸Halteelement	z. B. ▸Bügel, ▸Geschiebe, ▸Klammern, ▸Riegel, ▸Stege, ▸Teleskop- oder ▸Konuskronen, ▸Gelenk
Verblendkrone veneer crown	auch **Verblend-Metall-Keramik-Krone** Abkürzung: VMK-Krone ▸Metallkrone, die im sichtbaren Bereich mit zahnfarbenem ▸Kunststoff oder mit ▸Keramik (▸labial, evtl. ▸okklusal) verblendet ist ▸Metallkeramik	
Verblendschale veneer	▸Veneer	Herstellung im zahntechnischen Labor Befestigung durch ▸Adhäsivtechnik

T
U
V
W
X
Y
Z

Stichwort	Erklärung	Vertiefung
Verblendung facing, facade	zahnfarbene Beschichtung des ▸Metall-gerüstes einer ▸Krone/▸Brücke mit ▸Kunststoff oder ▸Keramik **Teilverblendung:** zahnfarbener Teil nur an sichtbaren ▸Zahnflächen **Vollverblendung:** zahnfarbener Teil an allen ▸Zahnflächen ▸Verblendkrone	
Verblockung interlock	Zur Stabilisierung von überkronten Zähnen werden die künstlichen ▸Zahnkronen miteinander verlötet oder durch ▸Stege verbunden.	
Verbundverpackung composite packaging	▸Sterilgutverpackung aus ▸Sterilisations-papier und Kunststofffolie als Tüten oder Endlosrollen	
Verdichten condensation	Verbesserung von Materialeigenschaften	**Zahnheilkunde:** ▸Kondensation, ▸Politur
Verfärbung discoloration	Abweichung von der normalen ▸Zahnfarbe	▸Zahnverfärbung
Verifizierung verification	auch **Verifikation** Nachweis aufgrund einer Überprüfung, dass ein Vorgang oder ein Sachverhalt den Erwartungen entspricht	▸Validierung
Verkalkung calcification	Die Einlagerung von Kalksalzen/▸Calciumsalzen führt zur Verhärtung von ▸Gewebe (z. B. ▸Zahnhartgewebe) und von ▸Plaque	**Zahnheilkunde:** • ▸Mineralisation • ▸Obliteration • ▸Ossifikation
Verknöcherung ossification	▸Ossifikation	
Verlagerung translocation, transposition	▸Zahnverlagerung	häufig bei ▸Weisheitszähnen und oberen ▸Eckzähnen
Verrenkung dislocation	▸Luxation	z. B. ▸Kiefergelenkluxation
Verschattung shading	auf einer ▸Röntgenaufnahme deutlich aufgehellter Bereich z. B. durch ▸Füllung, ▸Metallkrone, ▸Wurzelrest, nicht durchgebrochenen ▸Zahn Gegenteil: ▸Aufhellung	

Verschiebelappen

Stichwort	Erklärung	Vertiefung
Verschiebelappen advancement flap, sliding	Operationsmethode zur Deckung von ‣Defekten der ‣Haut/‣Schleimhaut Eigenes, gesundes Körpergewebe aus der Nähe wird ‣chirurgisch bewegt und der ‣Defekt damit abgedeckt.	Anwendung: z. B. nach Eröffnung der ‣Kieferhöhle oder im Bereich der ‣Parodontalchirurgie zur Abdeckung freiliegender ‣Zahnhälse ‣Schleimhauttransplantat
verschlucken deglutition	aufnehmen von Flüssigkeiten oder festen Stoffen in ‣Luftröhre oder ‣Speiseröhre	‣Aspiration
Versiegelung sealing	Verschließen von ‣Fissuren zur ‣Kariesvorbeugung ‣Fissurenversiegelung	auch bei ‣überempfindlichen Zahnflächen, z. B. durch ‣Dentinadhäsive
Versiegler sealer	Materialien zur ‣Fissurenversiegelung ‣Versiegelung	meist dünnfließende, lichthärtende ‣Komposits ‣Sealer
Verstärkerfolie intensifying foil	‣fluoreszierende Folien auf der Innenseite von Filmkassetten Bei ‣extraoralen Aufnahmen wird durch zusätzliches Aufleuchten die benötigte Röntgenstrahlen-Dosis stark reduziert. ‣Fluoreszenz	Die Belichtung des ‣Folienfilms erfolgt zu 95 % über das Aufleuchten der Verstärkerfolien und nur gering durch die ‣Röntgenstrahlung. ‣Folienfilm
versteckte Karies hidden caries	‣Hidden Caries	
versteckte Zucker hidden sugar	Bezeichnung für ‣Zucker, die in Lebensmitteln vorkommen, in denen man sie nicht vermutet dienen als Geschmacksverbesserer bzw. zur natürlichen Konservierung	Zuckeranteil in: Tomaten-Ketchup 19–25 % Trockenfrüchten 58–89 % Kakao-Instantpulver 70–80 %
vertikal vertical, perpendicular	senkrecht	Gegenteil: ‣horizontal
vestibulär vestibular	zum ‣Mundvorhof hin, zum Mundvorhof gehörend ‣Vestibulum	Lage-/Richtungsbezeichnung am Zahn entspricht im ‣Frontzahnbereich ‣labial, im ‣Seitenzahngebiet ‣bukkal
Vestibulum oris oral vestibule	‣Mundvorhof	
Vestibulumplastik vestibuloplasty	‣Mundvorhofplastik	
Via falsa via falsa	‣Fausse route ‣Perforation	
Vierkantbogen square arch	Kieferorthopädie: ‣Bogen, welcher bei der ‣Multiband-Apparatur in ‣Brackets eingesetzt wird	mit quadratischem oder rechteckigem Querschnitt
virulent virulent	bezeichnet die Schädlichkeit eines ‣Krankheitserregers	‣Virulenz
Virulenz virulence	Ansteckungsfähigkeit/Ansteckungskraft von ‣Krankheitserregern	‣virulent ‣Ansteckung
Virus, **Viren** (Mehrzahl) virus	Viren sind extrem kleine ‣Krankheitserreger, die ‣Infektionen auslösen. Sie können sich nur in einem lebenden ‣Organismus (Wirtszellen) vermehren.	Krankheitsauslöser von: z. B. ‣Aids, ‣Herpes, ‣Mumps, ‣Hepatitis/Virushepatitis

T
U
V
W
X
Y
Z

Stichwort	Erklärung	Vertiefung
Virustatika virostatic	▸Arzneimittel zur Behandlung von virus-bedingten ▸Infektionskrankheiten	hemmen das Wachstum von ▸Viren
viruzid virucide	▸Viren abtötend	z. B. durch ▸Desinfektionsmittel
Visierring	Zubehör für ▸Filmhalter	Anwendung bei der ▸Paralleltechnik
viskös viscid	zäh, zähflüssig ▸Viskosität	Einteilung der Viskosität von ▸Elastomeren: • niedrigviskös/dünnflüssig • mittelviskös/mittelfließend • hochviskös/zähflüssig
Viskosität viscosity	Fließfähigkeit von Stoffen: von dünnflüssig bis zähflüssig ▸viskös	**Zahnheilkunde:** von Bedeutung bei ▸Abformmaterialien und ▸Füllungsmaterialien ▸Speichel: z. B. zähfließend, ▸mukös
vital vital	lebend, lebendig z. B. vitale ▸Pulpa	▸Vitalität Gegenteil: ▸avital, ▸devital, ▸mortal
Vitalamputation vital amputation	auch ▸**Pulpotomie** Entfernung der ▸vitalen, erkrankten ▸Kronenpulpa mit ▸sterilem ▸Rosenbohrer oder ▸Exkavator Behandlungsziel: Vitalerhaltung der gesunden ▸Wurzelpulpa Durchführung: bei ▸Milchzähnen und Zähnen mit noch nicht abgeschlossenem Wurzelwachstum ▸Pulpaamputation Gegenteil: ▸Mortalamputation	
Vitalexstirpation vital extirpation	auch ▸**Pulpektomie** Entfernung der gesamten ▸vitalen, aber er-krankten, durch ▸Entzündung geschädigten ▸Pulpa unter ▸Lokalanästhesie	Folgebehandlung: ▸Wurzelkanalaufbereitung, ▸Wurzelkanalfüllung Gegenteil: ▸Mortalexstirpation
Vitalfunktionen vital functions	lebenswichtige Grundfunktionen des Körpers wie Bewusstsein, ▸Atmung, Kreislauf ▸CAB-Schema	Alle Sofortmaßnahmen im Rahmen der ersten Hilfe bei einem Notfall dienen der Sicherstellung der Vitalfunktionen.
Vitalität vital force	Lebenskraft, Lebensfreude	▸vital
Vitalitätsprüfung pulp (vitality) test	auch ▸**Sensibilitätsprüfung**	Untersuchungsverfahren zur Überprüfung der ▸Vitalität der ▸Pulpa
Vitamine vitamins	lebensnotwendige ▸organische Verbindungen, die über die Nahrung aufgenommen werden müssen, da der Körper sie nicht selbst her-stellen kann	Ungenügende Aufnahme führt zu ▸Avitaminose, wie z. B. ▸Rachitis oder ▸Skorbut.
VMK-Krone veneer crown	Abkürzung für ▸**V**erblend-**M**etall-**K**eramik-Krone	
Vollgusskrone cast crown	▸Krone, die vollständig aus Metall ▸gegossen ist; meist aus ▸Edelmetall-Legierungen oder ▸NEM-Legierung ▸Metallkrone	

T
U
V
W
X
Y
Z

Vollkeramikkrone

Stichwort	Erklärung	Vertiefung
Vollkeramikkrone all-ceramic crown	auch **Keramikmantelkrone** ▸ Krone, die vollständig aus ▸ Keramik hergestellt ist kann z. B. aus einem stabilen Gerüst aus ▸ Zirkonoxidkeramik und einer Verblendkeramik bestehen; Verwendung vor allem im Frontzahnbereich, da hohe ▸ Ästhetik ▸ Mantelkrone, ▸ Jacketkrone	
Vollnarkose narcosis, general anaesthesia	▸ Narkose	▸ Intubationsnarkose
Vollprothese complete dental prosthesis	auch ▸ **Totalprothese** ▸ Zahnersatz, der alle Zähne ersetzt	meist aus ▸ Kunststoff gearbeitet; herausnehmbar; schleimhautgetragen
Volumentomographie digital volume tomography	▸ digitale Volumentomographie	Abkürzung: DVT
Volt volt	▸ physikalische Maßeinheit der elektrischen Spannung mit Formelzeichen V Zahnheilkunde: Angabe in kV = Kilovolt	Röntgenkunde: Gehört zu den drei ▸ Schaltdaten, die bei der Anfertigung einer ▸ Röntgenaufnahme angegeben werden müssen.
Vomer vomer bone	▸ Pflugscharbein	

Vorabformung
precast
	• ▸ **Erstabformung**
	  vor späterer ▸ Korrekturabformung
	  ▸ Abformtechnik zweizeitig-zweiphasig
		• ▸ anatomische ▸ Abformung
		  zur Erstellung eines ▸ individuellen ▸ Abformlöffels
		  ▸ Situationsabformung

Vorbehandlung preparative treatment	▸ Initialbehandlung	im Rahmen der systematischen ▸ Parodontalbehandlung
Vorbeugung prevention	gezielte Verhütung von ▸ Krankheiten	▸ Prophylaxe ▸ Prävention
Vorbiss mesio-occlusion, anterocclusion	▸ Mesialbiss	▸ horizontale ▸ Gebissanomalie
Vordesinfektion preliminary disinfection	▸ Instrumente werden vor der ▸ manuellen Reinigung in ein Desinfektionsbad eingelegt.	▸ Instrumentendesinfektion
Vorgeschichte anamnesis	auch **Krankengeschichte**	▸ Anamnese
Vorkontakt premature contact	auch ▸ **Frühkontakt**	
Vormahlzahn premolar tooth	auch kleiner ▸ **Backenzahn**	▸ Dens praemolaris, Dens bicuspidatus

T
U
V
W
X
Y
Z

Stichwort	Erklärung	Vertiefung
Wachs wax	**Zahnheilkunde:** Bisswachs, Gusswachs, Klebewachs, Modellierwachs	Eigenschaften: bei Raumtemperatur fest, bei Erwärmung ▸ plastisch bis flüssig
Wachsaufstellung wax-up	Kunststoffzähne für eine ▸ Prothese werden im zahntechnischen ▸ Labor ▸ provisorisch in ▸ Wachswällen aufgestellt, um Änderungen vor der Fertigstellung in ▸ Kunststoff zu ermöglichen. Die Überprüfung erfolgt am ▸ Patienten bei der ▸ Wachseinprobe. ▸ Aufstellung, ▸ Wax-up	
Wachsbiss wax-bite	auch ▸ **Quetschbiss**	einfache Form der ▸ Bissnahme bei kleinen Zahnersatzarbeiten wie z. B. ▸ Kronen, ▸ Brücken
Wachseinprobe wax-try-in	Einprobe der in ▸ Wachs aufgestellten Prothesenzähne Überprüfung von ▸ Artikulation, ▸ Okklusion, Lautbildung, ▸ Zahnstellung, ▸ Zahnfarbe, ▸ Zahnform ▸ Wachsaufstellung	Veränderungen in der ▸ Zahnstellung können bereits vom Zahnarzt durch Erwärmen des ▸ Wachses und später durch den Zahntechniker vorgenommen werden.
Wachstumsanalyse growth analysis	▸ **Kieferorthopädie:** systematische ▸ Untersuchung des voraussichtlichen Wachstums des kindlichen ▸ Schädels und ▸ Gesichtes ▸ Hand-Röntgenaufnahme	Ziel: Fehlentwicklungen des ▸ Skeletts rechtzeitig erkennen und bei Bedarf ▸ kieferorthopädisch behandeln
Wachswall wax-wall	▸ Bissschablone für den Bereich der fehlenden Zähne, welche auf der ausgearbeiteten ▸ Basisplatte aus ▸ Kunststoff montiert wird dient dem Zahntechniker zur ▸ Fixation der Zähne des ▸ Modells im Gegenkiefer	Herstellung: ▸ individuell mit Wachsplatten (rosa) oder vorgefertigt im Dentalhandel ▸ Wachsaufstellung
Wange cheek	▸ Backe, Bucca	▸ bukkal
Wangenbändchen buccal frenum	Frenulum buccale Schleimhautfalte von der ▸ Wange zum ▸ Alveolarfortsatz Lage: im Bereich der ▸ Prämolaren ▸ Schleimhautbänder	
Wangennerv buccal nerve	Nervus buccalis versorgt die Wangenschleimhaut in der ▸ Wange	Ast des ▸ Nervus mandibularis
Wasserstoff hydrogen	Hydrogenium chemisches ▸ Element mit dem Symbol **H**	farbloses, geruchloses Gas; meist gebunden in Form von Wasser
Wasserstoffionen-konzentration hydrogen ion concentration	▸ pH-Wert	Der pH-Wert beschreibt die ▸ Konzentration der Wasserstoffionen einer Lösung.

T
U
V
W
X
Y
Z

Stichwort	Erklärung	Vertiefung
Wasserstoffperoxid hydrogen peroxide	auch **Wasserstoffsuperoxid** chemische Formel: H_2O_2 ▸Verbindung von Wasserstoffatomen und Sauerstoffatomen	zerfällt bei Licht- und Luftzutritt in aggressives Sauerstoffgas und Wasser **Zahnheilkunde:** ▸Bleaching, ▸Blutstillung, ▸Desinfektion
Watterolle cotton roll	auch **Zahnwatterolle** Hilfsmittel zur relativen ▸Trockenlegung Rolle aus Baumwolle und Zellstoff mit hohem ▸Absorptionsvermögen Positionierung: ▸Oberkiefer: ▸Umschlagfalte, buccal ▸Unterkiefer: ▸Umschlagfalte, buccal ▸Mundboden, ▸lingual ▸Parotis-Watterolle ▸dry-tips	
Wax up wax up	**Prothetik:** Gipsmodell, auf dem in ▸Wachs eine größere Zahnersatzarbeit geplant, aufgestellt und dem ▸Patienten demonstriert wird ▸Set-up/▸Kieferorthopädie	
Wechselgebiss mixed dentition	Übergangzeit, in der sowohl ▸Milchzähne wie auch bleibende Zähne im ▸Kiefer vorhanden sind Beginn: ca. 6. Lebensjahr; ▸Zahndurchbruch der ersten bleibenden ▸Backenzähne/▸Sechsjahrmolaren Ende: ca. 13. Lebensjahr; Ersatz der Milcheckzähne und Milchmolaren (ohne ▸Weisheitszähne) ▸Dentition, ▸Ersatzzähne	
Weingart-Zange Weingart pliers	**Kieferorthopädie:** Spezialzange für ▸festsitzende Apparaturen: • zum Entfernen von ▸Brackets • zum Einbringen von ▸Bögen bei der ▸Multibandapparatur	
Weisheitszahn wisdom tooth, third molar	▸Dens sapientiae, Dens serotinus dritter ▸Molar, der als letzter ▸Zahn in der ▸Zahnreihe durchbricht; zwischen 17. und 35. Lebensjahr und später	Folge bei Platzproblemen oder falscher ▸Lage des Zahnes: • ▸impaktiert • ▸retiniert/▸Retention • ▸Zahnverlagerung • ▸Dentitio difficilis
weiße Blutkörperchen leucocyte	▸Leukozyten	gehören zum ▸Immunsystem
Weltgesundheits-organisation World Health Organisation	Aufgabe: Bekämpfung von Erkrankungen/ ▸Infektionskrankheiten sowie Förderung der allgemeinen ▸Gesundheit auf der Welt	Abkürzung: **WHO**

Stichwort	Erklärung	Vertiefung
wetjets wetjets	dünne, runde Gummistreifen, die ›approximal zum ›Separieren oder Fixieren von ›Kofferdam eingebracht werden	
white spot white spot lesions	›Kreidefleck weiße Verfärbung von ›Schmelz, die meist auf eine beginnende, oberflächliche ›Karies hinweist ›Initialkaries Durch Farbeinlagerungen kann sich der white spot auch zum ›brown spot verändern.	
whitestrips whitestrips	Bleichfolien dünne flexible Kunststoffstreifen, die mit einem Aufhellungsgel (Aktiv-Sauerstoff) beschichtet sind ›Bleaching	Anwendung: zum häuslichen ›Bleichen der Zähne ›Bleaching/›Homebleaching
WHO	Abkürzung für **W**orld **H**ealth **O**rganisation	›Weltgesundheitsorganisation
WHO-Sonde WHO-probe	›Parodontalsonde weltweit standardisierte, stumpfe ›Sonde mit ›Markierungen Die Sondierungstiefe von 3,5 bis 5,5 mm ist mit einem schwarzen Band markiert; weitere Markierungen bei 8,5 mm und 11,5 mm. ›Sondierung	
willkürliche Muskulatur striped muscles	auch **quergestreifte Muskulatur**	›Muskulatur
Winkelhaken-Zahnschema chart system of teeth	auch **Winkelhaken-System** Winkelsystem nach Zsigmondy **Kennzeichnung der Zähne:** Der ›Quadrant wird gekennzeichnet: • durch eine waagrechte Linie, welche die Begrenzung von ›Oberkiefer und ›Unterkiefer bezeichnet • durch eine senkrechte Linie, welche die ›Mittellinie bezeichnet In dieses Winkelzeichen wird der ›Zahn eingetragen: • Zähne von der ›Mittellinie aus durchnummerieren • bleibende Zähne in arabischen Ziffern von 1 bis 8 • ›Milchzähne in römischen Ziffern von I bis V ›Zahnbezeichnungssysteme, ›Zahnschema	 Beispiel: ‖‖‖ = Milcheckzahn, oben links 3‖ = bleibender Eckzahn, unten rechts

Stichwort	Erklärung	Vertiefung

Winkelhalbierende
bisection

Röntgenkunde:
gedachte Linie bei der ▸Winkelhalbierungstechnik, auch als ▸Halbwinkeltechnik bezeichnet

Bei der Halbwinkeltechnik liegen ▸Zahnachse und ▸Filmebene/Filmachse nicht parallel, sondern bilden einen Winkel.

Der ▸Zentralstrahl wird senkrecht auf die Winkelhalbierende eingestellt.

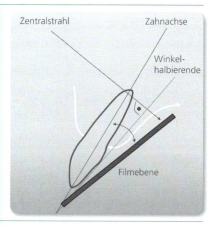

Winkelhalbierungstechnik
bisection line of an angle technique

auch ▸**Halbwinkeltechnik**

▸Isometrieregel

Winkelhoff-Cocktail

auch **van Winkelhoff-Cocktail**

▸Arzneimittel zur ▸Behandlung von ▸akuter, aggressiver ▸Parodontitis

Kombinationspräparat aus verschiedenen ▸Antibiotika

Winkelmerkmal
angle characteristic

auch ▸**Schneidekantenmerkmal**

Die ▸mesiale Kante des ▸Zahnes bildet einen spitzeren, die ▸distale Kante einen stumpferen, stärker abgerundeten Winkel; vor allem an den ▸Schneidezähnen zu erkennen.

Kennzeichen zur ▸Unterscheidung von ▸Frontzähnen der linken und rechten Kieferhälfte

▸Zahnmerkmal

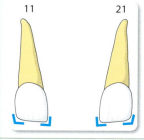

Winkelstück
contra-angle/
right-angle handpiece

▸Übertragungsinstrument

abgewinkelt; hochtourig drehend mit ▸Spray zur Wasserkühlung

Kennzeichnung der Umdrehungszahl: roter Ring als ▸Schnellläufer; bei abnehmender Umdrehungszahl mit blauem, grünem, doppelgrünem Ring

Wipes

Feuchtwischtücher zur ▸Oberflächendesinfektion

Trocken gelieferte Vliestücher im Spendergefäß; können mit jeder beliebigen Oberflächen-Desinfektionslösung aufgefüllt werden;
nach 20 Minuten sind die Tücher durchtränkt und damit verwendbar.

Wischdesinfektion
wipe disinfection

▸Desinfektionsmittel wird durch Wischen auf Oberflächen verteilt.

Die richtige ▸Dosierung und eine ausreichend lange Einwirkzeit des ▸Desinfektionsmittels ist zu beachten.

▸Oberflächendesinfektion

T
U
V
W
X
Y
Z

Stichwort	Erklärung	Vertiefung
Wolfsrachen roger's grap	umgangssprachlich für ▸Lippen-Kiefer-Gaumenspalte	angeborene Fehlbildung
WSA	Abkürzung für ▸Wurzelspitzenamputation	
WSR	Abkürzung für ▸Wurzelspitzenresektion	
Wunde wound	Verletzung von Körpergewebe entsteht durch Gewalteinwirkung oder ▸physikalisch bedingte Zellschädigung ▸Trauma ▸Geschwür	
Wundhaken retractor	zahnärztliches ▸Instrument zum Abhalten von Wundrändern, ▸Mukoperiostlappen, ▸Wangen, ▸Lippen ▸Haken	Wundhaken nach **Langenbeck**: ▸Langenbeck-Wundhaken Wund-/Mundhaken nach **Middeldorpf**: ▸Middeldorpf-Wundhaken
Wundheilung wound healing	▸physiologischer Prozess, der dazu führt, dass sich eine ▸Wunde durch die Neubildung von beschädigtem ▸Gewebe und ▸Blut- gefäßen wieder verschließt	▸Primärheilung ▸Sekundärheilung
Wundinfektion wound infection	Störung der ▸Wundheilung durch ▸pathogene ▸Keime ▸Alveolitis	mögliche Ursachen: • ▸Infektion und Zerfall des ▸Blutkoagulums • Verlust des ▸Blutkoagulums/ ▸Alveole, trocken • Einbeißen, z. B. von Essen
Wundkleber cutis adhesive	auch **Gewebekleber**	▸Fibrinkleber
Wundrevision wound examination, wound toilet	auch **Wundkontrolle, Wundtoilette** Überprüfung einer nicht normal heilenden ▸Wunde evtl. mit anschließender ▸chirurgischer Säuberung, Anfrischen der Wundränder, desinfizierender Spülung und evtl. Legen einer ▸Tamponade in die Wunde	mögliche Ursachen: • ▸Wundinfektion • Fremdkörper in der ▸Wunde (röntgeno- logisch nachgewiesen), z. B. ▸Sequester ▸Revision
Wundstarrkrampf tetanus	Tetanus ▸Infektionskrankheit durch ▸Sporen bildende ▸Bakterien/Clostridium tetani Infektionsweg: ▸Wundinfektion	Tetanus-Prophylaxe: durch aktive ▸Immunisierung/Schutz- impfung; regelmäßige Auffrischung alle 10 Jahre erforderlich
Würgereflex gag reflex	Auslösen von Brechreiz durch Berührungs- reize des weichen ▸Gaumens bzw. das Herunterdrücken der ▸Zunge im hinteren Bereich ▸Würgereiz, ▸Reflex	mögliche Auslöser: ▸Abformung; zu lange ▸Prothesenbasis; Einbringen von ▸Röntgenfilmen Unterdrückung: z. B. durch ▸Oberflächenanästhesie

T
U
V
W
X
Y
Z

Stichwort	Erklärung	Vertiefung
Würgereiz gag irritation	Schutzreflex im ▸Rachenraum verhindert reflexartig das Eindringen von Fremdkörpern in die ▸Luftröhre und das umgebende ▸Gewebe ▸Würgereflex, ▸Reiz	Bei manchen Menschen morgens stärker ausgeprägt; dadurch können Probleme beim Zähneputzen entstehen.
Wurzel root, radix	auch ▸**Zahnwurzel**	Teil des ▸Zahnes, der im ▸Kiefer/in der ▸Alveole verankert ist
Wurzelamputation root amputation, radiectomy	Entfernung **einer** ▸Zahnwurzel bei ▸mehrwurzeligen, ▸devitalen Zähnen Die verbleibende ▸Wurzel wird wurzelkanalbehandelt, damit der ▸Zahn erhalten werden kann. Verwendung meist als ▸Brückenpfeiler ▸Hemisektion, ▸Amputation	 *Amputation der palatinalen Wurzel*
Wurzelbehandlung root treatment	auch ▸**Wurzelkanalbehandlung**	
Wurzeldentin radicular dentin	▸Dentin	▸Zahnbein im Bereich der ▸Zahnwurzel
Wurzelfraktur root fracture	Bruch der ▸Zahnwurzel Je nach Bruchstelle kann die ▸Wurzel erhalten bleiben oder muss ▸extrahiert werden. Ursachen: z. B. Gewalteinwirkung/Schlag oder während der ▸Extraktion des Zahnes ▸Fraktur ▸Trauma	
Wurzelfüller lentulo	▸Lentulo zahnärztliches ▸Instrument zur maschinellen ▸Wurzelkanalfüllung	
Wurzelfüllmaterial root canal cement, endodontic sealer	▸Wurzelkanalfüllung	▸Guttaperchaspitzen ▸Sealer/Wurzelfüllpaste
Wurzelfüllung root filling	auch ▸**Wurzelkanalfüllung**	▸Kondensation, vertikal ▸Kondensation, lateral
Wurzelglättung root planing	▸**Parodontologie:** Im Anschluss an eine ▸Kürettage zur Entfernung von ▸Konkrementen, wird das ▸Wurzeldentin in der ▸Zahnfleischtasche abgetragen und geglättet, z. B. mit Feilen, ▸Küretten. ▸Root planing	dient im Rahmen einer ▸Parodontalbehandlung dem verbesserten Wiederanwachsen des ▸Zahnhalteapparates ▸Reattachment
Wurzelhaut periodontal ligament	Periodontium, Desmodont Verbindung zwischen ▸Zahn und Kieferknochen	Teil des ▸Zahnhalteapparates, der mit den ▸Sharpey-Fasern die Zähne federnd im Kieferknochen aufhängt ▸Parodontium

T
U
V
W
X
Y
Z

Stichwort	Erklärung	Vertiefung
Wurzelhaut-entzündung apical periodontitis	Periodontitis ▸ Entzündung der ▸ Wurzelhaut Ursache: meist durch fehlende oder nicht gelungene ▸ Wurzelkanalbehandlung oder eine ▸ Gangrän	Der ▸ Zahn wird durch die Entzündung „angehoben"/länger und verursacht starke ▸ Schmerzen beim Zusammen-beißen. ▸ Parodontitis apicalis
Wurzelkanal root canal	Canalis radicis dentis in den ▸ Zahnwurzeln gelegener Hohlraum, welcher die ▸ Wurzelpulpa enthält im Bereich der ▸ Wurzelspitze oft mit stark verzweigten ▸ Seitenkanälen ▸ Ramifikation, ▸ apikales Delta/Dreieck	
Wurzelkanal-aufbereitung root canal debridement	Erweiterung, Glättung des ▸ Wurzelkanals, damit ein kreisrunder, ▸ konisch zulaufender Hohlraum entsteht **manuelle** Aufbereitung: mit ▸ Reamer/Räumer und Feile/ ▸ Hedström-Feile **maschinelle** Aufbereitung: mit ▸ Winkelstück und dazu passenden Wurzelkanalbohrern **Anschlussbehandlung:** ▸ Wurzelkanalfüllung	Wurzelkanal-Instrument
Wurzelkanal-behandlung root canal treatment	auch **Wurzelbehandlung** Behandlung eines ▸ Zahnes, dessen ▸ Pulpa erkrankt oder bereits abgestorben ist, mit dem Ziel, den Zahn im ▸ Mund erhalten zu können Behandlungsmaßnahmen: ▸ Wurzelkanalaufbereitung mit anschließender ▸ Wurzelkanalfüllung, Verschluss der Zugangsöffnung (▸ Füllung), zusätzlich verschiedene Röntgenaufnahmen	*Wurzelkanaleingänge*
Wurzelkanaleinlage root canal medical filling	auch **medikamentöse Einlage** z. B. zur ▸ Desinfektion des infizierten ▸ Wurzelkanals, Schmerzlinderung, Beruhigung ▸ Einlage	
Wurzelkanalfüllung root canal filling	auch **Wurzelfüllung** Verschluss des gereinigten und ▸ desinfizierten ▸ Wurzelkanals nach der ▸ Wurzelkanalaufbereitung ▸ **orthograde** Wurzelkanalfüllung: von der ▸ Zahnkrone aus ▸ **retrograde** Wurzelkanalfüllung: von der ▸ Wurzelspitze aus; meist im Zusammen-hang mit der ▸ Wurzelspitzenresektion	▸ Füllungsmaterial: meist ▸ Guttaperchaspitzen (genormt und ungenormt), in Kombination mit ▸ Sealer (root filling paste) Die ▸ Kondensation erfolgt ▸ lateral oder ▸ vertikal.

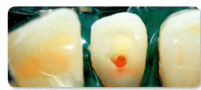

T
U
V
W
X
Y
Z

Wurzelkanalinstrumente

Stichwort	Erklärung	Vertiefung
Wurzelkanal- instrumente root canal instruments, endodontic instruments	Präzisionsinstrumente aus Nickel- und Titan- legierungen zur ▸Wurzelkanalaufbereitung und ▸Wurzelkanalfüllung mögliche Instrumente: • ▸Kerr-Feilen • ▸Hedström-Feile • ▸Rattenschwanzfeile • ▸Räumer • ▸Lentulo	
Wurzelkanalspülung canal/endodontic irrigation	Spülung zur vollständigen Reinigung und ▸Desinfektion der Haupt- und ▸Seitenkanäle im Rahmen der ▸Wurzelkanalaufbereitung Verwendung finden folgende desinfizierende Lösungen: ▸CHX, ▸EDTA, ▸NACL, ▸NAOCL	
Wurzelkanalstift cone, metal cone	auch ▸**Wurzelstift** Metallstift oder ▸Glasfaserstift zur Verankerung eines ▸Stiftaufbaus im ▸Wurzelkanal Vorteil Glasfaserstift: Die Elastizität entspricht der des ▸Dentins, dadurch geringere Bruchgefahr.	
Wurzelkanalstopfer plugger	▸Plugger zahnärztliches ▸Instrument zum Verdichten von ▸Wurzelfüllmaterial	▸Kondensation/vertikal
Wurzelkappe endodontic or root pin or cap	auch **Wurzelstiftkappe** Die ▸Zahnwurzel wird durch eine ▸gegos- sene Kappe mit ▸Wurzelstift abgedeckt. Die Wurzelkappe dient zur ▸Abstützung oder Befestigung von ▸Zahnersatz, z. B. über ▸Stege oder ▸Kugelknopfanker.	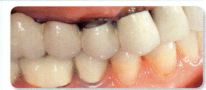
Wurzelkaries root caries	▸Karies an freiliegenden Bereichen der ▸Zahnwurzel meist an der ▸Schmelz-Zement-Grenze gelegen	
Wurzelmerkmal root characteristic	Achsenmerkmal Die ▸Zahnwurzeln sind in ihrer Achse nach ▸distal geneigt. im Gegensatz zu den ▸Zahnkronen	Unterscheidung der Zähne nach linker und rechter ▸Kieferhälfte ▸Zahnmerkmale
Wurzelperforation root perforation	▸Fausse route	▸Perforation
Wurzelpulpa root pulp	Teil der ▸Pulpa, der sich in den ▸Wurzelkanälen befindet Gegenteil: ▸Kronenpulpa	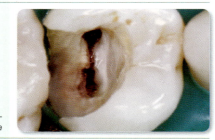

Aufgebohrter Zahn mit zwei Wurzel- kanaleingängen und Wurzelpulpa

Stichwort	Erklärung	Vertiefung
Wurzelresorption root resorption	Abbau der ▸Zahnwurzeln normaler, ▸physiologischer Vorgang an den ▸Milchzähnen durch die darunter liegenden ▸Odontoklasten der ▸bleibenden Zähne ▸Milchzahnresorption ▸Resorption	weitere ▸pathologische Ursachen: • ▸chronische ▸Entzündung • ▸Parodontitis • ▸Trauma der Zähne • ▸Tumoren • Verkürzung der Wurzeln im Rahmen einer ▸Kfo-Behandlung
Wurzelrest retained root	Radix relicta bei einer ▸Extraktion oder ▸Operation unbeabsichtigt in der ▸Alveole zurückgelassene Teile der ▸Zahnwurzel/Wurzelspitze, z. B. durch ▸Fraktur entstanden	
Wurzelspitze root apex, root tip	▸Apex dentis Wurzelspitze eines ▸Zahnes	▸Wurzelspitzenloch
Wurzelspitzen-amputation root resection	auch **Wurzelspitzenresektion** Abkürzungen: **WSA, WSR** ▸operative Entfernung einer erkrankten ▸Wurzelspitze und des Entzündungsherdes, z. B. ▸Abszess, Eiterherd, ▸Zyste ▸Amputation	meist bei ▸akuter oder ▸chronischer ▸apikaler ▸Parodontitis, wenn der Entzündungsprozess nicht durch ▸medikamentöse ▸Einlagen in den ▸Wurzelkanälen beseitigt werden kann ▸weitere ▸Indikationen: z. B. entzündliche Prozesse an wurzelkanalbehandelten Zähnen, bei denen die gelegte ▸Wurzelkanalfüllung nicht entfernt werden kann
Wurzelspitzenloch apical foramen	Foramen apicale Öffnung des ▸Wurzelkanals als Durchtrittstelle für ▸Blutgefäße, ▸Lymphgefäße, ▸Nerven zur Versorgung der ▸Pulpa	Über das ▸Foramen apicale steht die Pulpa jedes ▸Zahnes in Verbindung mit dem ▸Oberkiefernerv bzw. ▸Unterkiefernerv.
Wurzelspitzen-resektion root resection, apicoectomy	auch ▸**Wurzelspitzenamputation** Abkürzungen: **WSR, WSA**	▸Resektion
Wurzelstift root pin	auch ▸**Wurzelkanalstift**	▸Stiftaufbau
Wurzelzange root-tip forceps	auch ▸**Wurzelrestzange** speziell geformte ▸Extraktionszange zur Entfernung von ▸Zahnwurzeln oder ▸Wurzelresten aus der ▸Alveole	▸Bajonettzange ▸Rabenschnabelzange
Wurzelzement root cementum	Cementum dünner Überzug aus knochenähnlichem Material auf dem ▸Wurzeldentin, in welchem die Fasern der ▸Wurzelhaut (▸Sharpey-Fasern) verankert sind	Bildung erfolgt durch ▸Zementoblasten ▸Hyperzementose, ▸Zahnhalteapparat, ▸Zement
Wurzelzyste radicular cyst	▸Zyste, radikuläre	▸Radix

T U V **W** X Y Z

Stichwort	Erklärung	Vertiefung
xenogen xenogenic	von einer fremden Art stammend, z. B. von Tieren (Schwein, Rind)	► Knochenersatzmaterial
Xerostomie dryness of the mouth	► Mundtrockenheit	► Hyposalivation ► Oligosalie
X-Strahlen X-rays	► Röntgenstrahlen	im englischen Sprachraum übliche Bezeichnung für Röntgenstrahlung
Xylit	auch **Xylitol** natürlicher ► Zuckeraustauschstoff; wird aus Pflanzen gewonnen die Süßkraft ist mit der von ► Zucker vergleichbar Verwendung: • als ► zuckerfreier, ► zahnfreundlicher Ersatz; z. B. in zahnschonenden Kaugummis, Süßigkeiten, ► Zahnpasten • auch als ► Diabetiker-Zucker geeignet, da keine Erhöhung des ► Blutzuckerspiegels Kennzeichnung: ► Zahnmännchen	Wirkung: • kann von ► Streptokokkus-mutans-Bakterien nicht zu ► Säure vergoren werden und besitzt daher keine ► kariogene Wirkung • hemmt in hoher ► Dosierung den ► Stoffwechsel der ► Plaquebakterien, wodurch diese absterben • hindert die ► Plaquebakterien daran, sich an der Zahnoberfläche anzuheften • regt die Produktion von ► Speichel an und fördert dadurch die ► Remineralisation • wirkt in großen Mengen abführend, bei mehr als 0,5 g Xylitol pro kg Körpergewicht
Y-Klammer Y-clamp	einfache Einarm-Prothesenklammer; weist eine Y- oder Y-ähnliche Form auf ► Klammer	nur als ► Provisorium, da die ► Klammerzähne bei längerer Tragedauer geschädigt werden ► Interimsprothese
Y-Platte Y-plate	► kieferorthopädisches Behandlungsgerät im ► Oberkiefer ► aktive Platte	Y-förmig geteilte Platte; mit einer oder zwei schrägstehenden ► Dehnschrauben versehen

T
U
V
W
X
Y
Z

Stichwort	Erklärung	Vertiefung
Zahn tooth, teeth	▸Dens, Dentes (Mehrzahl) Teil des ▸Kauorgans Zahnarten: ▸Milchzähne bleibende Zähne Gliederung: ▸Frontzähne ▸Seitenzähne	Funktion: Zerkleinerung von Nahrung Beteiligung an der Lautbildung Aufbau: ▸Zahnaufbau
Zahnachse tooth axis	gedachte Verbindungslinie (Längsachse) durch einen ▸Zahn bei **einwurzeligen** Zähnen: von der ▸Wurzelspitze bis zur ▸Schneidekante bei **mehrwurzeligen** Zähnen: von der ▸Bifurkation oder ▸Trifurkation bis zur Mitte der ▸Kaufläche	Bezugslinie bei der Herstellung einer Röntgen-Zahnaufnahme nach der ▸Halbwinkeltechnik
Zahnanlage tooth germ, tooth bud	▸Zahn im Entwicklungsstadium ▸Zahnkeim, ▸Zahnentwicklung	Vorstufe des ▸Zahnes, in welcher die ▸Zahnkrone schon ausgebildet ist und das Wachstum der ▸Wurzel noch folgen muss
Zahnanomalie dental abnormality	Überbegriff für Fehlbildungen der Zähne ▸Anomalie	mögliche Anomalien: ▸Zahnüberzahl (Hyperdontie) ▸Zahnunterzahl (Hypodontie) ▸Zahndysplasie (Zahnfehlbildung) ▸Zahnform (Zapfenzahn) ▸Zahnfarbe (Farbabweichungen) Zahngröße (Makrodontie, Mikrodontie)
Zahnaplasie dental aplasia	▸Aplasie	Fehlen eines oder mehrerer Zähne
Zahnäquator anatomic equator	Bereich der ▸Zahnkrone mit dem größten Umfang	auch anatomischer Äquator
Zahnarzt dentist	Odontologe Arzt für ▸Zahnheilkunde	zusätzliche Fachzahnarztausbildung: Kieferorthopäde, Oralchirurg, Mund-Kiefer-Gesichtschirurg
Zahnarzthelferin dental assistant	▸Zahnmedizinische Fachangestellte	Mit der Umgestaltung des Berufsbildes wurde 2001 die Berufsbezeichnung von Zahnarzthelferin in Zahnmedizinische Fachangestellte (ZFA) umbenannt.
Zahnaufbau dental anatomy	▸anatomisch ▸Zahnkrone ▸Zahnhals ▸Zahnwurzel ▸histologisch harte Bestandteile: ▸Zahnschmelz ▸Zahnbein weicher Bestandteil: ▸Zahnmark	

T
U
V
W
X
Y
Z

Stichwort	Erklärung	Vertiefung
Zahnaufhellung tooth whitening	‣Bleaching Bleichen von Zähnen	‣Chairside-Bleaching ‣Home-Bleaching
Zahnaufstellung tooth set-up	‣Aufstellung	‣Wachsaufstellung
Zahnbein dentine	‣Dentin Dentinarten: ‣Primärdentin ‣Sekundärdentin ‣Tertiärdentin	 *Vergrößerung im Raster-Elektronen-Mikroskop*
Zahnbehandlungs-angst dental phobia	Dentalphobie, Oralphobie ‣Symptome: Herzrasen, Übelkeit, Brechreiz, Schwitzen, Panik ‣Phobie	Menschen, die eine ‣Behandlung beim ‣Zahnarzt benötigen und auch wollen, aber auf Grund ihrer ‣Phobie nie zu einer zahnärztlichen Behandlung gehen können
Zahnbelag accretion, plaque, tooth film	**weiche Beläge** ‣Food debris: Anlagerung von Speiseresten auf dem ‣Pellikel ‣Materia alba: entsteht aus der ‣Food debris, kann noch mit Wasser abgespült werden ‣Plaque: entsteht aus der ‣Materia alba; dieser ‣Biofilm ist wasserunlöslich *Plaque*	**eingefärbte Beläge** ‣extrinsisch; z. B. durch Nahrungs-bestandteile, Genussmittel, ‣Medikamente **harte Beläge** ‣Zahnstein: ‣supragingivale ‣Plaque ‣Konkremente: ‣subgingivaler ‣Zahnstein *Zahnstein*
Zahnbett socket of a tooth, periodontium	auch ‣**Zahnhalteapparat** ‣Parodontium	
Zahnbettentzündung inflammation of the periodontium	‣Parodontitis	‣Parodontitis apicalis
Zahnbeweglichkeit tooth mobility	Jeder ‣Zahn hat eine natürliche Eigen-beweglichkeit durch die ‣Sharpey-Fasern, wodurch der Kaudruck abgefedert wird. ‣Wurzelhaut/Desmodont	Durch den Abbau des ‣Zahnhalteappa-rates, ‣Überbelastung oder ein ‣Trauma kann sich die Zahnbeweglichkeit krank-haft erhöhen. ‣Zahnlockerung
Zahnbezeichnungs-system chart system of teeth	‣Zahnschema zum Benennen eines ‣Zahnes in seiner Stellung im ‣Kiefer und ‣Zahnbogen für ‣Milchzähne und bleibende Zähne	‣FDI-System ‣Haderup-System ‣Winkelhaken-System

Stichwort	Erklärung	Vertiefung

Zahnbogen
dental arch

Arcus dentalis

bogenförmige Stellung der Zähne in den ▸Alveolen von ▸Ober- und ▸Unterkiefer; der Oberkieferbogen ist größer als der Unterkieferbogen

wird in der ▸Kieferorthopädie bei der Erhebung des ▸Befundes benötigt

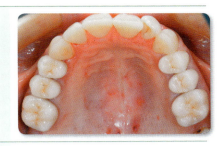

Zahnbürste
tooth brush

▸Mundhygienehilfsmittel zur Reinigung der Zahnoberflächen

• **Handzahnbürste,**
auch ▸manuelle Zahnbürste
Griff:
meist ▸Kunststoff, gerade oder abgewinkelt, gut zu halten, kompakter Griff für Kinder

▸Borsten:
▸Kunststoff/keine Naturborsten, abgerundet, unterschiedliche Härte (weich, mittel, hart), ▸Filamente

▸Borstenfeld/Bürstenkopf:
unterschiedliche Größen, mit Borstenbündeln aus einzelnen ▸Borsten oder ▸Filamenten, ▸multitufted

• **elektrische Zahnbürste**
Bürstenkopf mit ▸rotierenden, schwingenden oder vibrierenden Bewegungen

▸**Schallzahnbürste,**
auch Sonic-Zahnbürste;
elektrische Bürste auf ▸Schallbasis, Bürstenkopf mit ▸oszillierend-rotierenden Bewegungen

▸**Ultraschallzahnbürste**
elektrische Bürste auf Ultraschallbasis; erzeugt 1,6 Millionen Schwingungen pro Sekunde

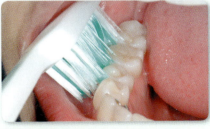

Handzahnbürste

elektrische Zahnbürste

Spezialbürsten, z. B.
▸Einbüschelbürste, ▸Interdentalbürste, ▸Prothesenbürste, ▸Sulcusbürste

Zahnbürsttrauma
trauma of
tooth brushing

Schädigungen durch:

• zu hohen Anpressdruck der ▸Zahnbürste

• falsche ▸Zahnputzmethode, z. B. ▸Schrubbtechnik

• ▸Zahnpaste mit zu hohem ▸RDA-Wert/▸Abrasivität

mögliche Folgen: z. B.
▸keilförmige Defekte,
▸Rezession von ▸Zahnfleisch,
Verletzungen der ▸Schleimhaut

▸Trauma

Zahncreme
toothpaste, dentifrice

auch ▸Zahnpasta

T
U
V
W
X
Y
Z

Stichwort	Erklärung	Vertiefung
Zahndurchbruch tooth eruption, toothing, teething	▸Dentition ein im Kieferknochen liegender ▸Zahn bricht in die ▸Mundhöhle durch • **erste Dentition:** Durchbruch der ▸Milchzähne; vom ca. 6. Lebensmonat bis zum 30.–36. Lebensmonat • **zweite Dentition:** Durchbruch der bleibenden Zähne (▸Ersatz- und ▸Zuwachszähne); vom ca. 6. Lebensjahr bis ca. 17.–24. Lebensjahr	
Zahndurchbruch, erschwert difficult dentition, pericoronitis	▸Dentitio difficilis	auch ▸Perikoronitis
Zahndurchbruch, natürlich toothing, teething	▸Dentition ▸Milchzähne und bleibende Zähne brechen nach einem bestimmten Zeitschema in die ▸Mundhöhle durch.	 *Durchbruchszeiten der bleibenden Zähne*
Zahndurchbruch, verzögert retarded dentition	▸Dentitio tarda	Ursache: normalerweise durch Allgemeinerkrankungen bedingt
Zahndurchbruch, vorzeitig predeciduous tooth	▸Dentitio praecox	meist Milchschneidezähne im ▸Unterkiefer ▸Dentes natales
Zahndysplasie tooth dysplasie	Zahnfehlbildung, ▸Zahnmissbildung von ▸Schmelz oder ▸Dentin	▸Dysplasie
Zähneknirschen teeth gritting	auch ▸**Knirschen** ▸Bruxismus meist unbewusstes Aufeinanderreiben der Zähne, auch nachts Ursachen: z. B. ▸Habits, ▸Parafunktionen, ▸Stress Folge: ▸Abrasion	
Zahnen teething	Zeitspanne, in der Zähne in die ▸Mundhöhle durchbrechen ▸Dentition	Die dadurch entstehende ▸Entzündung kann ▸Schmerzen, Schwellung, Rötung und ▸Fieber auslösen.
Zahnengstand crowding of teeth	▸Engstand	
Zahnentfernung extraction	auch **Zahnextraktion** ▸operativer Eingriff z. B. mit Hilfe von ▸Zahnzangen	▸Extraktion, ▸Osteotomie, ▸Germektomie

T
U
V
W
X
Y
Z

Stichwort	Erklärung	Vertiefung
Zahnentwicklung odontogenesis	Odontogenese Ablauf der Zahnentstehung von der ersten Anlage der ‣Milchzähne bis zum Durchbruch/zur ‣Dentition der bleibenden Zähne ‣Zahnanlage ‣Zahnkeim	Ab dem 2. Schwangerschaftsmonat entwickelt sich eine ‣Zahnleiste, an der zunächst die ‣Milchzähne, später die bleibenden Zähne in einer ‣Zahnglocke gebildet werden. Kurz vor dem ‣Zahndurchbruch ist die ‣Zahnkrone vollständig ausgebildet, das Wurzelwachstum aber noch nicht abgeschlossen.
Zahnerosion dental erosion	Abnutzung des ‣Zahnhartgewebes durch ‣Säureeinwirkung	‣Erosion
Zahnersatz denture, dental prosthesis	Abkürzung: **ZE** Überbegriff für alle zahntechnisch hergestellten, fehlenden natürlichen Zähne, die im ‣Mund eingegliedert werden Aufgabe: dient bei Zahnverlust zur Wiederherstellung von Kaufunktion, Sprache/‣Phonetik und Aussehen/‣Ästhetik	Unterteilung: • **‣festsitzender ZE** meist ‣Kronen, ‣Teilkronen, ‣Brücken • **‣abnehmbarer/herausnehmbarer ZE** meist ‣Prothesen/Teil- und Vollprothesen • **‣kombinierter ZE** teils ‣festsitzend, teils herausnehmbar mit ‣Verbindungselementen • **implantatgetragener ZE** ‣festsitzend auf ‣Implantaten
Zahnfach alveolus	Knochenfach im ‣Kiefer, in dem die ‣Zahnwurzel verankert ist	‣Alveole
Zahnfarbe tooth color	Der ‣Zahnschmelz selbst ist weiß/ ‣transparent, wird aber ‣individuell durch Farbstoffe im ‣Dentin bestimmt, welche durchschimmern. **natürliche Zähne:** weiß, beige, gelblich; im ‣Schmelzbereich (‣inzisal, ‣approximal) meist heller und ‣transparent, im ‣Zahnhalsbereich dunkler und ‣opak **Milchzähne:** milchig-weiß **abgestorbene Zähne:** dunkel, grau	Farben von Füllungskunststoffen, ‣Verblendungen oder Kunststoffzähnen werden nach vorgegebenem Farbring (auch ‣digital) ausgesucht.
Zahnfäule dental caries, tooth decay	Zerstörung von ‣Zahnhartgewebe durch ‣Säure, welche von ‣Kariesbakterien produziert wird	‣Karies
Zahnfehlbildung tooth malformation	‣Zahnanomalie	
Zahnfehlstellung tooth malposition	Überbegriff für ‣Zahnstellungen, die von der normalen/‣physiologischen Stellung im ‣Zahnbogen abweichen z. B. Kippung, ‣Rotation/Drehung, ‣Engstand	

T
U
V
W
X
Y
Z

Stichwort	Erklärung	Vertiefung
Zahnfilm dental film	auch ▸**Mundfilm**	▸Röntgenfilm, intraoral
Zahnflächen tooth surfaces	Oberflächen der ▸Zahnkronen; kennzeichnen die verschiedenen Flächen am ▸Zahn	dienen auch als ▸Lage-/ Richtungsbezeichnungen: z. B. ▸approximal, ▸buccal, ▸distal, ▸labial, ▸lingual, ▸mesial, ▸okklusal
Zahnfleisch gum, gingiva	▸Gingiva Unterteilung: ▸Gingiva marginalis ▸Gingiva propria	• Bestandteil des ▸Zahnhalteapparates • gehört zur ▸Mundschleimhaut • umschließt den ▸Zahn wie eine Manschette • bildet am ▸Zahnhals den Abschluss des ▸Zahnbetts
Zahnfleischbluten gingival bleeding	häufigstes Anzeichen einer ▸Entzündung ▸Zahnfleischentzündung	
Zahnfleisch-entzündung gingivitis, inflammation of the gums	▸Gingivitis oberflächliche ▸Entzündung des ▸Zahnfleischrandes Symptome: Rötung, ▸Schwellung, ▸spontane Blutung des Zahnfleisches, ▸Mundgeruch, evtl. Bildung von ▸Pseudotaschen Ursachen: • meist ▸bakteriell/▸Plaque bei mangelhafter ▸Mundhygiene • ▸hormonell, z. B. als ▸Schwangerschaftsgingivitis • bei ▸Krankheiten des ▸Stoffwechsels, z. B. ▸Diabetes mellitus	Entzündungsformen: ▸Gingivitis simplex ▸Gingivitis ulcerosa ▸ANUG *Gingivitis simplex*
Zahnfleischepithese gingival epithesis	▸Zahnfleischmaske	▸Epithese
Zahnfleischfurche sulcus	▸Sulkus ▸physiologischer Spalt von 0,1–2 mm zwischen Zahnoberfläche und ▸Zahnfleischrand; im Bereich ▸Zahnhals gelegen	Durch Entzündungsvorgänge am ▸Zahnhalteapparat wird die Furche vertieft und entwickelt sich zur ▸Zahnfleischtasche.
Zahnfleischkapuze mucosal hood, tooth hood	auch ▸**Schleimhautkapuze** Schleimhautbedeckung über einem durchbrechenden bzw. noch nicht vollständig durchgebrochenen ▸Zahn ▸Dentitio difficilis, auch ▸Perikoronitis	muss bei teilweise durchgebrochenem ▸Weisheitszahn im ▸Unterkiefer häufig ▸chirurgisch entfernt werden bildet eine ▸Schmutznische für ▸Bakterien, was zu einer ▸akuten ▸Infektion führen kann

T
U
V
W
X
Y
Z

Stichwort	Erklärung	Vertiefung
Zahnfleischmaske gum mask, gingival mask	auch **Zahnfleischepithese** Ersatz von fehlendem ▸Zahnfleisch im ▸Frontzahnbereich, ▸abnehmbar; meist aus gummiähnlichem, weichbleibendem ▸Kunststoff Funktion: ästhetische Verbesserung, z. B. bei starkem ▸Zahnfleischschwund oder nach dem Einbringen von ▸Implantaten ▸Epithese	
Zahnfleischpapille gingival papilla	auch **Interdentalpapille** spitz auslaufender Teil des ▸Zahnfleisches zwischen zwei benachbarten Zähnen	▸Papille ▸Approximalraum
Zahnfleischrand gingival margin, gingival line, gum line	auch **Zahnfleischsaum** liegt den Zähnen im Bereich der ▸Zahnhälse girlandenförmig an	▸Gingiva marginalis
Zahnfleischschere gum scissors	zahnärztliches ▸Instrument kleine spitz zulaufende Schere mit ▸grazilen Scherenblättern	Anwendung: zur ▸chirurgischen Entfernung von ▸Schleimhaut, z. B. ▸Parodontalbehandlung
Zahnfleischschwund gingival atrophy	▸Gingivaatrophie	Rückgang von ▸Zahnfleisch; z. B. durch ▸Krankheit oder Alter bedingt
Zahnfleischtasche periodontal pocket, gingival sulcus	▸pathologische Vertiefung der ▸Zahnfleischfurche Ursachen: • entzündliche Prozesse mit Ablösung des ▸Saumepithels vom ▸Zahn ▸Parodontitis • ▸Schwellung des ▸Zahnfleischrandes bei entzündeter ▸Gingiva ▸Gingivitis, ▸Pseudotasche	
Zahnfleischverband periodontal pack	auch **Parodontalverband** zum Schutz der empfindlichen ▸Mundschleimhaut nach Zahnfleischoperationen: ▸Gingivektomie, ▸Gingivoplastik, ▸Lappenoperation, ▸Gesteuerte Geweberegeneration	Material: aushärtende oder weichbleibende Masse, z. B. ▸Verband auf ▸Zinkoxid-Eugenol-Basis, Verband auf Kunststoffbasis, evtl. mit ▸CHX
Zahnfleischwucherung gingival proliferation	▸Gingivahyperplasie	▸Hyperplasie
Zahnfluorose fluorosis, mootled enamel	auch ▸**Schmelzfluorose** weiße Flecken im ▸Zahnschmelz; Entstehung bei der ▸Zahnentwicklung	▸Fluorose, ▸mottled enamel, ▸Mottling
Zahnformel dental formula	auch **Gebissformel** zahlenmäßige Zusammenfassung der verschiedenen ▸Zahngruppen ▸**Milchgebiss:** 8 I, 4 C, 8 MM (20 Zähne) ▸**bleibendes Gebiss:** 8 I, 4 C, 8 P, 12 M (32 Zähne)	I = Incisivus (Schneidezahn) C = Caninus (Eckzahn) P = Prämolar (Vormahlzahn) M = Molar (Mahlzahn) MM = Milchmolar

Stichwort	Erklärung	Vertiefung

Zahnfraktur
tooth fracture

Bruch von ▸Zahnkrone und/oder ▸Zahnwurzel; meist durch äußere Gewalteinwirkung (Sturz, Schlag); auch bei ▸Zahnextraktion

▸Trauma,
▸Fragment,
▸Fraktur,
▸Frontzahntrauma

Frontzahntrauma

---

zahnfreundlich
toothfriendly

▸Zahnmännchen mit Schirm

▸Aktion zahnfreundlich

Zahnglocke
enamel organ

▸Zahnschmelz bildendes ▸Organ, welches sich glockenförmig aus der ▸Zahnleiste entwickelt

bildet das spätere ▸Zahnsäckchen, in dem sich der ▸Zahnkeim entwickelt

▸Zahnanlage

Zahngruppen
classes of teeth

Einteilung der Zähne nach Form und Aufgabe
▸Zahnformel

▸**Frontzähne:**
▸Schneidezähne, ▸Eckzähne

▸**Seitenzähne:**
▸Prämolaren, ▸Molaren

Zahnhals
neck of tooth,
dental neck

Cervix dentis, auch Collum dentis

Übergangsbereich vom ▸Zahnschmelz zum ▸Wurzelzement

verbindet die ▸Zahnkrone mit der ▸Zahnwurzel und ist normalerweise vom ▸Zahnfleisch bedeckt

---

**Zahnhals,
überempfindlicher**
hypersensitive
dental neck

Überbegriff für alle empfindlichen Flächen im ▸Zahnhalsbereich, die nicht von ▸Zahnschmelz oder ▸Zahnfleisch bedeckt sind

Das dadurch freiliegende ▸Dentin reagiert schmerzempfindlich auf ▸Reize wie Kälte, Hitze, Berührung, Lebensmittel (süß/sauer).

Zahnhalsfüllung
cervical filling

▸zervikale ▸Füllung nahe dem ▸Zahnfleisch

Durch unterschiedliche Haftungsvoraussetzungen der ▸Füllungsmaterialien an ▸Schmelz und ▸Dentin besonders schwer zu ▸applizieren

Kavitätenklasse: ▸Black-Klasse V

Zahnhalskaries
cervical caries

Entstehung:
• durch ▸Plaquebelag am Übergang vom ▸Zahnfleischrand zum ▸Zahn
  ▸Prädilektionsstelle
• durch freiliegendes Wurzeldentin im ▸Zahnhals-/Zahnwurzelbereich bei Rückgang/▸Rezession von ▸Zahnfleisch
  ▸Wurzelkaries

Stichwort	Erklärung	Vertiefung

Zahnhalteapparat
alveolar periosteum, periodontium

auch **Zahnbett**
‣Parodontium
Überbegriff für die Strukturen, welche gemeinsam den ‣Zahn im Kieferknochen halten:
‣Zahnfleisch,
‣Alveolarknochen,
‣Wurzelhaut,
‣Wurzelzement
Erkrankungen: ‣Parodontopathien

Zahnhartgewebe
hard tooth structure

auch **Zahnhartsubstanz**
Oberbegriff für ‣Zahnschmelz/Schmelz, ‣Dentin/Zahnbein

Zahnweichgewebe: ‣Pulpa
‣Zahnaufbau

Zahnheilkunde
dentistry, odontology

auch **Zahn-, Mund- und Kieferheilkunde**
Odontologie
umfasst die ‣Diagnose und ‣Therapie aller ‣Krankheiten im Zahn-, Mund- und Kieferbereich und die ‣Prophylaxe

Teilbereiche der Zahnheilkunde:
- zahnärztliche ‣Chirurgie mit ‣Oralchirurgie
- ‣konservierende Zahnheilkunde/ Zahnerhaltungskunde mit ‣Prävention/‣Prophylaxe, Füllungstherapie, ‣Endodontie, ‣Kinderzahnheilkunde
- ‣Parodontologie
- ‣Prothetik, prothetische Zahnheilkunde/ Zahnersatzkunde und Werkstoffkunde
- ‣Implantologie
- ‣Kieferorthopädie

Zahnhöcker
cusp

Erhebungen auf den ‣Backenzähnen
Höcker greifen beim Kauen in die ‣Grübchen der ‣Gegenzähne und zermahlen die Nahrung.

Einteilung:
Stützhöcker = tragende Höcker
Scherhöcker = nicht tragende Höcker

Zahnhölzer
tooth picks

auch **medizinische Zahnhölzer**
‣Interdentalhölzer

‣Prophylaxe-Hilfsmittel zur Interdentalreinigung und Massage der ‣Interdentalpapille

---

Zahnimplantat
dental implant

künstliche ‣Zahnwurzel

‣Implantat

Zahnkeim
tooth germ, tooth bud

Germ
ein im Kieferknochen liegender ‣Zahn in der Entwicklung

‣Zahnentwicklung,
‣Zahnleiste,
‣Zahnanlage

Zahnkeimentfernung
germectomy

‣Germektomie

‣Zahnkeim

Zahnkranz
basing arch

Zahntechnik: ‣Sägemodell
‣Modell, welches aus Zähnen/‣Zahnstümpfen und ‣Kieferkamm besteht, aus dem einzelne ‣Segmente zur Bearbeitung herausgesägt werden

T
U
V
W
X
Y
Z

Stichwort	Erklärung	Vertiefung

Zahnkrone
dental crown

Corona dentis

sichtbarer Teil des ›Zahnes, der in die ›Mundhöhle ragt

natürliche Zahnkrone: mit ›Zahnschmelz bedeckt

künstliche Zahnkrone: stellt den zerstörten Teil eines Zahnes wieder her

›Kronenarten

Zahnleiste
dental lamina, toothed lath

erstes Stadium der ›Zahnanlage, in dem die ›Milchzähne entstehen

›Zahnentwicklung

Zahnlockerung
tooth loosening, odontoseisis

krankhaft erhöhte ›Zahnbeweglichkeit aufgrund des Abbaus des ›Zahnhalteapparates oder durch ein ›Trauma

kann zum Verlust des ›Zahnes führen

Bei der Erstellung des ›Parodontalstatus erfolgt die ›Dokumentation des ›Lockerungsgrades.

Zahnlosigkeit
anodontia, edentia, toothlessness

Fehlen von Zähnen

durch ›Nichtanlage der ›Zahnkeime

›Anodontie

Zahnlücke
gap

Zwischenraum zwischen zwei Zähnen; z. B. entstanden durch ›Diastema, ›Trema, ›Wechselgebiss, Nichtanlage, ›Zahnentfernung, Zahnunfall

Prothetik:
›Schaltlücke,
›Freiendlücke
›Lückengebiss

Zahnmännchen mit Schirm
sign for toothfriendly sweets

Erkennungszeichen für zahnfreundliche Süßigkeiten, bei denen der ›pH-Wert von ›Speichel nicht unter den für den ›Schmelz kritischen Wert von 5,7 fällt

›Zuckeraustauschstoff
›Aktion zahnfreundlich

Zahnmark
dental pulp

auch **Zahnnerv**
›Pulpa

füllt die ›Pulpahöhle und die ›Wurzelkanäle aus

Zahnmedizinische Fachangestellte
dental assistant

Abkürzung: **ZFA**

Berufsbezeichnung für zahnmedizinische Mitarbeiter/in mit dreijähriger, staatlich anerkannter Berufsausbildung

Mit der Umgestaltung des Berufsbildes wurde 2001 die Berufsbezeichnung von Zahnarzthelferin in Zahnmedizinische Fachangestellte (ZFA) umbenannt.

Möglichkeiten der Weiterbildung und Teilnahme an Aufstiegsfortbildungen auf der Grundlage der ZFA-Ausbildung, z. B.

- ›Zahnmedizinische Fachassistentin
- ›Zahnmedizinische Prophylaxeassistentin
- ›Zahnmedizinische Verwaltungsassistentin
- ›Dentalhygienikerin

Zahnmedizinische Fachassistentin

Abkürzung: **ZMF**

›Zahnmedizinische Fachangestellte mit Zusatzqualifikation in den Bereichen Prophylaxe, Praxismanagement, Abrechnung

---

Zahnmedizinische Prophylaxeassistentin

Abkürzung: **ZMP**

›Zahnmedizinische Fachangestellte mit Zusatzqualifikation im Bereich Prophylaxe

T
U
V
W
X
Y

Z

Stichwort	Erklärung	Vertiefung
Zahnmedizinische Verwaltungs-assistentin	Abkürzung: **ZMV**	▸Zahnmedizinische Fachangestellte mit Zusatzqualifikation im Bereich Praxis-management, Assistenz bei der Aus- und Fortbildung der ▸ZFA
Zahnmerkmal tooth signature	Erkennungsmerkmale einzelner ▸Zähne und ▸Zahngruppen, denen dadurch ein bestimmter Platz in der ▸Zahnreihe zugeordnet werden kann	• ▸Wurzelmerkmal, auch Achsenmerkmal genannt • ▸Krümmungsmerkmal, auch Bogenmerkmal genannt • ▸Winkelmerkmal, auch Schneidekantenmerkmal genannt • ▸Kronenflucht
Zahnmissbildung tooth malformation	▸Missbildung	▸Dysplasie
Zahnoberhäutchen enamel cuticle	auch ▸**Schmelzoberhäutchen**	
Zahnpasta toothpaste, dentifrice	auch **Zahnpaste, Zahncreme** Zahnreinigungs- und Pflegemittel, das im Zusammenwirken mit der ▸Zahnbürste die Entfernung von ▸Zahnbelägen auf der Zahnoberfläche und dem ▸Zahnfleischrand unterstützt ▸RDA-Wert ▸Kinderzahnheilpasta ▸Mundhygienehilfsmittel	Inhaltsstoffe: z. B. ▸Putzkörper, ▸Tenside (Schaumbildner), Bindemittel, Feuchthaltemittel, Konservierungsstoffe, Aromastoffe, Farbstoffe, Wirkstoffe wie ▸Fluoride, ▸CHX, ▸Kochsalz, ätherische Öle
Zahnpflege dental care	▸Mundhygiene	auch ▸Prothesenreinigung
Zahnpflegekaugummi dental care gum	zuckerfreier Kaugummi meist mit ▸Zuckeraustauschstoff, evtl. mit ▸Fluoriden	regt die ▸Speichelmenge an und fördert die ▸Remineralisation speziell für die (begrenzte) Reinigung gedacht, wenn keine Möglichkeit für ▸Zahnpflege (▸Zahnbürste) besteht
Zahnputzmethode method of dental cleaning	▸Zahnputztechnik	
Zahnputzsystematik	Beim Putzen der Zähne ist es sinnvoll, immer in der gleichen Reihenfolge vorzugehen, um keine Zahnflächen zu vergessen. Kinder: ▸KAI/Putz-Lernmethode	
Zahnputztechnik brushing technique, method of toothbrushing	auch **Zahnputzmethode, Zahnbürstmethode** Es gibt verschiedene Zahnputztechniken, welche sich im Ansetzen der ▸Zahnbürste sowie der Bewegungsrichtung und dem Bewegungsmuster unterscheiden. Bei der Wahl der Putzmethode sind das Alter des ▸Patienten, die ▸manuelle Geschick-lichkeit und eventuell vorhandene Problem-bereiche am ▸Zahn bzw. ▸Zahnhalteapparat zu beachten.	bekannte Zahnputztechniken: • ▸Basstechnik • ▸Fones-Methode, auch Rotationsmethode • ▸Rot-Weiß-Methode • ▸Schrubbtechnik • ▸Stillman-Technik

T
U
V
W
X
Y
Z

Stichwort	Erklärung	Vertiefung

Zahnreihe
dental arch

Bezeichnung der nebeneinander stehenden ▸Zähne im ▸Zahnbogen

vollständige Zahnreihe
= geschlossene Zahnreihe

unvollständige Zahnreihe
= lückenhafte Zahnreihe (▸Schaltlücke)

verkürzte Zahnreihe
= fehlende ▸Backenzähne in einer ▸Kieferhälfte (▸Freiendlücke)

vollständige Zahnreihe in regelgerechter Verzahnung

Zahnreinigung
tooth cleaning

Reinigung der ▸Zahnoberflächen und ▸Zahnzwischenräume

erfolgt durch den ▸Patienten selbst mit ▸Zahnbürste, ▸Zahnpasta und weiteren ▸Mundhygienehilfsmitteln

Durchführung in der Zahnarztpraxis:
▸Professionelle Zahnreinigung/PZR
▸Zahnputztechniken

Zahnrettungsbox
tooth rescue box

Behälter mit einer Zellnährlösung, in der ausgeschlagene ▸Zähne oder Zahnteile ▸hygienisch, sicher und ▸physiologisch bis zur Zahnbehandlung aufbewahrt werden können

Verwendung:
Notfallset z. B. in Schulen, Sportstätten, Schwimmbädern, bei Verkehrsunfällen

---

Zahnsäckchen
tooth follicle,
tooth sac

▸Follikel

sackartiges Gebilde im ▸Kiefer, in dem sich der ▸Zahnkeim entwickelt

▸Zahnentwicklung, ▸Zahnglocke
▸Zyste/▸follikuläre Zyste

Zahnschema
dental chart,
chart system of teeth

auch ▸**Zahnbezeichnungssystem**

System zur Bestimmung der Stellung eines ▸Zahnes im ▸Kiefer und ▸Zahnbogen

▸Quadrant

▸FDI-System,
▸Haderup-System,
▸Winkelhaken-System

Zahnschmelz
dental enamel,
tooth enamel

auch ▸**Schmelz**

Enamelum, Substantia adamantina

äußere Schicht/Schutzschicht der anatomischen ▸Zahnkrone

härtestes ▸Gewebe des menschlichen Körpers

aufgebaut aus ▸Schmelzprismen/ ▸Hydroxylapatit

▸Schmelzbildner: ▸Adamantoblasten

Zahnschmerz
toothache

Dentalgie, Odontalgie

unterschiedlich starker, andauernder ▸Schmerz; vom ▸Zahn ausgehend

meist als ▸Symptom einer ▸Entzündung von ▸Pulpa oder ▸Zahnhalteapparat; z. B. ▸Pulpitis, ▸apikale Ostitis

---

Zahnschmuck
tooth jewellery

Oberbegriff für modische Verzierungen der Zahnoberfläche

z. B. ▸Dazzler, ▸Twinkler

wird mit ▸Adhäsivtechnik aufgeklebt; ohne Schäden am ▸Zahn wieder entfernbar

---

zahnschonend
friendly to teeth,
tooth friendly

auch ▸**zahnfreundlich**

▸Aktion zahnfreundlich

Zahnschutz
mouth guard,
gumshield

individuell angepasster Mundschutz aus flexiblem ▸Kunststoff

zur ▸Prävention von Zahnunfällen

Anwendung:
vor allem bei Sportarten wie Boxen, Eishockey, Mountainbiking, Rollerskating, Wintersport

Stichwort	Erklärung	Vertiefung

Zahnseide

dental floss,
waxed dental floss,
unwaxed dental floss

‣Mundhygienehilfsmittel zur Reinigung der ‣Zahnzwischenräume

- **Zahnseide, gewachst**
  gleitet gut durch den ‣Kontaktpunkt im ‣Approximalraum, dadurch geringere Verletzungsgefahr; Reinigung weniger gut, da ‣Wachs in engen Zwischenräumen haften bleibt

- **Zahnseide, ungewachst**
  höhere Verletzungsgefahr; für geübte Benutzer geeignet; Reinigung gut durch Auffächerung des Fadens

- **Superfloss®**
  Spezialzahnseide zur Reinigung von ‣kieferorthopädischen Apparaturen, ‣Brücken, breiten ‣Zahnzwischenräumen; bereits vorgefertigter Faden mit flauschigem Mittelteil, verstärktem Anfang als Einfädelhilfe und ungewachstem Endteil

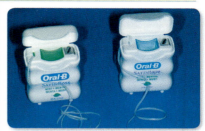
Zahnseide

Superfloss®

Zahnseidehalter

dental floss holder

Hilfsmittel zur leichteren Handhabung von ‣Zahnseide

als Einmalartikel mit eingespannter ‣Zahnseide oder zum Neubespannen

Zahnstatus

dental chart

Erfassung des aktuellen ‣Gebisszustandes mit schriftlicher ‣Dokumentation

‣Status

erfasst werden z. B. fehlende/ersetzte Zähne, ‣Karies, ‣Füllungen, ‣Kronen, ‣Implantate, ‣Zahnfehlstellung, sonstige Zahnerkrankungen

Zahnstein

tartar, odontolith,
dental calculus,
calcified plaque

harter ‣Zahnbelag durch ‣Mineralisation von ‣Plaque; weißlich bis gelb-braune Farbe; Lage ‣supragingival

Vorkommen:
verstärkt an den Austrittsstellen der großen ‣Speicheldrüsen
- Unterkiefer: ‣lingual im ‣Frontzahnbereich
- Oberkiefer: ‣bukkal im vorderen ‣Molarenbereich

‣Konkrement, Lage ‣subgingival

‣Zahnsteinentfernung

Folgen:
‣Entzündungen an der ‣Gingiva/ am ‣Gingivalrand, den ‣Papillen und dem gesamten ‣Zahnhalteapparat

Zahnsteinentfernung

scaling of calculus

‣prophylaktische Maßnahme:
- Erhaltung von gesundem ‣Zahnhartgewebe
- Vorbeugung von ‣Zahnfleischentzündung/ Zahnfleischschwund
- ästhetische/kosmetische Gründe

Die Entfernung erfolgt ‣manuell mit ‣Handinstrumenten oder ‣maschinell mit ‣Schallgeräten/‣Ultraschallgeräten.

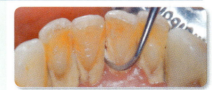
Zahnsteinentfernung mit Scaler

T
U
V
W
X
Y
Z

Zahnstein-Entfernungsgeräte

Stichwort	Erklärung	Vertiefung

Zahnstein-Entfernungsgeräte
scaling devices

zur ▸**maschinellen** Entfernung:

▸**Schallscaler** mit Schwingungen bis 8.000 ▸Hertz; arbeiten ▸oszillierend

Ultraschallscaler mit Schwingungen bis 50.000 ▸Hertz

Unterteilung:

▸piezoelektrische Geräte; arbeiten mit linearer Schwingungsform

▸magnetostriktive Geräte; arbeiten mit elliptischer Schwingungsform

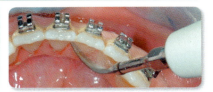

Zahnsteinentfernung maschinell

Zahnstein-Entfernungs-instrumente
scaling instruments

zur **manuellen** Entfernung:

▸Handinstrumente wie ▸Scaler und ▸Küretten

Anwendung:
Entfernung von ▸supragingivalem und ▸subgingivalem ▸Zahnstein und von ▸Konkrementen

Kürette und Scaler

Zahnstellung
tooth position

Stellung der Zähne im ▸Oberkiefer und ▸Unterkiefer

▸Eugnatie,
▸Zahnstellungsanomalien

Eine ▸physiologische Zahnstellung in regelmäßiger ▸Zahnreihe ermöglicht das korrekte Ineinandergreifen der Zähne von ▸Oberkiefer und ▸Unterkiefer.

Zahnstellungs-anomalien
anomaly of tooth position

Stellung der Zähne im ▸Kiefer entspricht nicht der ▸Norm.

▸Dysgnathie,
▸Habits,
▸Kieferorthopädie

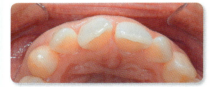

Zahnstumpf
tooth stump

auch **Stumpf**

beschliffene ▸Zahnkrone, über die eine künstliche ▸Krone gesetzt wird

Zahntechnik
denture prosthetics, prosthetic dentistry

Anfertigung oder Reparatur z. B. von ▸Zahnersatz, ▸Kfo-Behandlungsgeräten; erfolgt nach Angaben des ▸Zahnarztes

Arbeitsplatz:
▸Dentallabor,
zahntechnisches Labor

Zahnüberzahl
polyodontia, supernumerary teeth

Hyperdontie

▸Zahnanomalie, bei der ▸genetisch mehr Zähne als normal (max. 32) angelegt sind

meist nur im bleibenden ▸Gebiss

Gegenteil: ▸Zahnunterzahl

Vorkommen:
z. B. als zusätzlicher ▸Schneidezahn im ▸Oberkiefer (▸Mesiodens) oder als zusätzlicher ▸Backenzahn

▸Zapfenzahn

T
U
V
W
X
Y
Z

Stichwort	Erklärung	Vertiefung

Zahnunterzahl
hypodontia

Hypodontie

▸Zahnanomalie, bei der ▸genetisch weniger Zähne als normal angelegt sind (28).

Die ▸Weisheitszähne werden nicht mitgezählt.

Gegenteil: ▸Zahnüberzahl

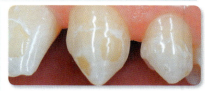

Zahn 22 ist nicht angelegt

Zahnverfärbung
tooth discoloration, staining of teeth

Abweichung von der normalen ▸Zahnfarbe

Ursachen:

▸**intrinsisch**
aus dem ▸Zahn stammende Verfärbung, die während der ▸Zahnentwicklung entsteht; z. B. durch ▸Medikamente (▸Tetrazyclin) oder als Folge einer ▸Wurzelkanalbehandlung

▸**extrinsisch**
von außen stammende Verfärbung von Belägen auf der Zahnoberfläche; z. B. durch Farbstoffe aus der Nahrung, Genussmittel (Nikotin, Tee, Rotwein), ▸Medikamente

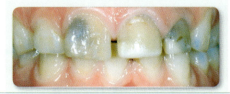

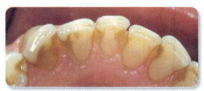

Zahnverlagerung
tooth shift

Ein ▸Zahnkeim oder ▸Zahn liegt in einer ▸anomalen Position im Kieferknochen, wodurch der ▸Zahndurchbruch behindert sein kann.

häufig bei ▸Weisheitszähnen und oberen ▸Eckzähnen

Therapie:
Nach ▸chirurgischer Freilegung der ▸Zahnkrone wird diese mit Hilfe ▸kieferorthopädischer Apparaturen in die ▸Zahnreihe eingeordnet; sonst ist eine ▸chirurgische Entfernung notwendig.

Zahnwanderung
tooth migration

Veränderung der Position von Zähnen durch Drehen, Kippen, Herauswachsen

• Bei Verlust von ▸Antagonisten kann es zum Herauswachsen von Zähnen in die Lücke im ▸Gegenkiefer kommen.
  ▸Elongation

• Bei Zahnverlust kann es zur Verschiebung/Kippung der Nachbarzähne in die entstandene ▸Zahnlücke kommen, auch z. B. bei zu früh entfernten ▸Milchzähnen.

• **Kieferorthopädie:**
beabsichtigte ▸Zahnbewegung durch ▸kieferorthopädische Behandlungsgeräte

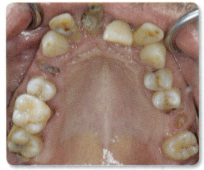

Zahnwechsel
exfoliation

zweite ▸Dentition

Übergangszeit, in welcher die ▸Milchzähne durch bleibende Zähne/▸Ersatzzähne ersetzt oder durch ▸Zuwachszähne ergänzt werden

▸Wechselgebiss

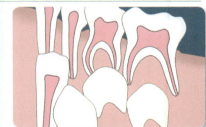

Stichwort	Erklärung	Vertiefung

Zahnwurzel

dental root

Radix dentis

Teil des ▸Zahnes, der im ▸Kieferknochen/ in der ▸Alveole verankert ist

besteht aus ▸Dentin/Wurzeldentin und ist mit ▸Wurzelzement überzogen

▸**Frontzähne:** 1 Zahnwurzel
▸**Seitenzähne:** 1–3 Zahnwurzeln

▸Wurzelspitzenloch
▸Wurzelpulpa

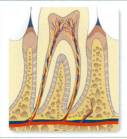

Zahnzange

dental forceps, dental extracting forceps

auch ▸**Extraktionszange**

▸chirurgisches ▸Instrument zur Entfernung von Zähnen oder ▸Zahnwurzeln/▸Wurzelresten

je nach ▸Zahn und ▸Zahngruppe unterscheidet man für ▸Oberkiefer und ▸Unterkiefer verschieden geformte Zangen.

Unterschied: Winkel zwischen Zangengriff, ▸Branchen und Form des ▸Zangenmauls

Aufbau:
Zangengriff mit zwei Schenkeln, die über das ▸Zangenschloss mit den ▸Branchen des ▸Zangenmauls verbunden sind

Zahnzement

tooth cement

▸Wurzelzement, Cementum

▸Parodontium

Zahnzwischenraum

interdentium

Interdentalraum, Approximalraum

Raum zwischen zwei benachbarten Zähnen

Reinigung:
▸Zahnseide,
▸Interdentalbürstchen

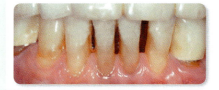

Zangenmaul

beak of (the) forceps

Öffnung zwischen den zwei ▸Branchen, die je nach Zangenart mit oder ohne Zacke ausgestattet sind

▸Zahnzange

Das Zangenmaul ist gebogen:
- über die Kante des ▸Zangenschlosses bei der ▸Rabenschnabelzange
- über die Fläche des ▸Zangenschlosses bei der Oberkiefer-Seitenzahnzange

---

Zangenschloss

lock of (the) forceps

Kreuzungspunkt der beiden Schenkel des Zangengriffs mit den ▸Branchen

▸Zahnzange

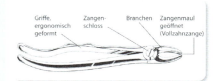

Zäpfchen

palatine uvula

auch **Gaumenzäpfchen**

▸Uvula

▸Suppositorium

Zapfenzahn

peg-shaped tooth

▸Zahn mit unvollkommen ausgebildeter ▸Zahnkrone

meist an den kleinen ▸Schneidezähnen im ▸Oberkiefer

▸Mesiodens
▸Zahnanomalie

Zapfenzähne 12, 22

Stichwort	Erklärung	Vertiefung
Zellatmung cell respiration	›Gasaustausch	
Zelle cell	kleinste lebensfähige Einheit des Körpers	besteht aus ›Zellkern, Zellleib, Zellwand
Zellfortsatz cell extension, cell process	Fortsätze einer ›Nervenzelle zur Aufnahme oder Übertragung von ›Reizen	›Dendrit, ›Neurit
Zellkern cell nucleus	Nukleus Bestandteil der ›Zelle; enthält die gesamte Erbinformation des Menschen	›Chromosomen, ›Desoxyribonukleinsäure/DNS
Zement cement, cementum	›Wurzelzement: ›Zahnhartgewebe, welches das ›Wurzeldentin umgibt ›Befestigungszement: ›Zinkoxid-Phosphatzement, ›Glasionomer- zement, ›Kompositkleber/Kompositzement Füllungszement: ›Glasionomerzement, ›Zinkoxid-Phosphatzement; nur als ›Unterfüllung	 *Zementfüllung*
Zementoblasten cementoblasts	›Zellen zur Bildung von ›Wurzelzement	Die ›Zellen arbeiten lebenslang, wenn keine Schädigung des ›Zahnhalteapparates eintritt.
zentral central	in der Mitte gelegen	Lage-/Richtungsbezeichnung am Zahn; z. B. ›Füllung auf der ›Kaufläche (auch ›okklusal)
Zentralnervensystem central nervous system	Abkürzung: **ZNS** Teil des ›Nervensystems, welches ›Gehirn und ›Rückenmark umfasst	bildet die Schaltstelle des gesamten Nervensystems, in welchem ›Reize ver- arbeitet und umgesetzt werden, z. B. in Bewegung, Verhalten, Organtätigkeit.
Zentralstrahl central beam, central ray	auch **Hauptstrahl** gedachter ›Röntgenstrahl in der Mitte/ im Zentrum des ›Nutzstrahlenbündels, welches den ›Röntgentubus verlässt	Röntgenkunde: dient als Orientierungshilfe zur Ein- stellung des rechten Winkels bei der ›Paralleltechnik und zur Festlegung der ›Winkelhalbierenden bei der ›Halb- winkeltechnik
Zentrierstange	auch **Führungsstange** Bestandteil des Haltersystems für ›intraorale ›Röntgenfilme	weitere Halterteile: Bissplatte, ›Filmhalter/Sensorhalter
zervikal cervical	auch **cervical** am ›Zahnhals, zum Zahnhals hin gelegen	Lage-/Richtungsbezeichnung am Zahn
Zervix neck, collum	auch ›**Cervix** Hals	›Cervix dentis/›Zahnhals
Zink zinc	chemisches ›Element mit dem Symbol **Zn** bläulich-weißes, unedles Metall ›Zinkoxid	lebensnotwendiges ›Spurenelement; beteiligt an ›Stoffwechselvorgängen; besitzt ›entzündungshemmende Wirkung; wird über die Nahrung aufgenommen

T
U
V
W
X
Y
Z

Stichwort	Erklärung	Vertiefung

Zinkoxid
zinc oxide

chemische Formel: **ZnO**
‣ Verbindung aus ‣ Zink und ‣ Sauerstoff, pulverförmig
Wirkung:
‣ bakteriostatisch, ‣ entzündungshemmend

Anwendung:
als provisorisches ‣ Füllungsmaterial; bei ‣ Wundinfektionen, zur ‣ Wurzelkanalfüllung; in ‣ Zahnpasta, ‣ Mundspüllösung

---

Zinkoxid-Eugenol-Zement
zinc oxide-eugenol cement

Mischung aus ‣ Zinkoxid und ‣ Eugenol
‣ Nelkenöl

Anwendung:
z. B. als ‣ provisorisches ‣ Füllungs- und Befestigungsmaterial

---

Zinkoxid-Phosphat-Zement
zinc oxyphosphate cement

auch **Phosphatzement**
zur Befestigung von ‣ Kronen, ‣ Brücken und ‣ Inlays sowie als ‣ Unterfüllung

Verarbeitung:
Anmischen mit wässriger ‣ Phosphorsäure auf Glasplatte (gekühlt zur Ableitung der Reaktionswärme)

Zinn
tin

chemisches ‣ Element mit dem Symbol **Sn** (lateinisch: Stannum)
silbriges, sehr weiches Metall
‣ Zinnfluorid

Zahnheilkunde:
• schützt vor ‣ Erosionen (‣ Säuren)
• wirkt ‣ antibakteriell in ‣ Mundspüllösungen (z. B. auf ‣ Plaquebakterien)
• Bestandteil von ‣ Legierungen / ‣ Feilung

Zinnfluorid
tin-fluoride

chemische Formel: SnF_2
‣ Verbindung aus ‣ Zinn und ‣ Fluor

Zahnheilkunde:
Verwendung in der ‣ Kariesprophylaxe zur lokalen ‣ Fluoridierung, z. B. in ‣ Zahnpasta, ‣ Mundspüllösungen

---

Zirkoniumoxid
zirconia oxide

auch **Zirkonoxid**
Spezialkeramik als Ausgangsmaterial für ‣ Zahnersatz
Anwendung:
‣ Gerüst für vollkeramischen ‣ Zahnersatz wie ‣ Kronen, ‣ Brücken
auch für ‣ Veneers, ‣ Implantate, ‣ Wurzelkanalstifte
Eigenschaften:
‣ Biokompatibilität, geringe Anlagerung von ‣ Plaque
Verarbeitung:
‣ CAD/CAM-Technik

Industriell hergestellter Block aus Zirkonoxidkeramik zur Bearbeitung im zahntechnischen Labor oder chairside in der Zahnarztpraxis

---

Zirkonkrone
zircon crown

metallfreie ‣ Krone auf der Basis von ‣ Zirkoniumoxid
Werkstoffe aus mineralischen Massen:
‣ Glaskeramik
‣ Oxidkeramik
‣ Keramik
Eigenschaften:
• Zahnfarbe einfärbbar
• Biegefestigkeit ähnlich wie Zahngewebe
• Beständigkeit gegen Säuren/Laugen

---

zirkulär
circular, annular

kreisförmig um etwas herum

Zahnheilkunde:
• zirkuläre ‣ Karies, die sich meist im ‣ Wurzeldentin um den ‣ Zahn / ‣ Zahnhals herum ausbreitet
• zirkuläre ‣ Stufenpräparation beim ‣ Beschleifen eines Zahnes

T
U
V
W
X
Y
Z

Stichwort	Erklärung	Vertiefung

zirkumskript
circumscribed

eng begrenzt, auf einen Bereich beschränkt

Zahnheilkunde:
z. B. ein entzündeter Bereich auf der
▸Mundschleimhaut, Flecken auf der
Zahnoberfläche/▸Fluorose
Gegenteil: ▸diffus

Zn

Symbol für das chemische Element ▸**Z**ink

ZnO

chemische Formel für ▸**Z**i**n**k**o**xid

ZNS

Abkürzung für ▸**Z**entral**n**erven**s**ystem

umfasst ▸Gehirn und ▸Rückenmark

Zucker
sugar,
saccharid

Handelsbezeichnung für ▸Saccharose;
haushaltsüblicher ▸Doppelzucker/
▸Disaccharid aus Zuckerrüben/Zuckerrohr

weitere Zuckerarten:
▸Einfachzucker/Monosaccharid
▸Mehrfachzucker/▸Polysaccharid

Zahnheilkunde:
Die Zucker gehören zu den ▸Kohlenhy-
draten, welche von den ▸Kariesbakterien
im ▸Mund verdaut/verstoffwechselt
werden,
dabei entsteht ▸kariogene ▸Säure,
welche den ▸Zahnschmelz angreift.
▸versteckte Zucker

Zuckeraustauschstoffe
substituted sugar

Zuckeralkohole, die dem ▸Zucker in Geschmack,
Kalorienzahl und Aufbau sehr ähnlich sind

Da sie kaum ▸Karies erzeugen können,
werden sie in ▸zahnfreundlichen Süßigkeiten
verwendet.
Vertreter:
z. B. ▸Xylit, ▸Sorbit, ▸Mannit, ▸Isomalt
Kennzeichnung:
▸Zahnmännchen mit Schirm
Zuckeraustauschstoffe können bei über-
mäßigem Verzehr abführend wirken.
▸Zuckerersatzstoffe

Zuckeraustauschstoffe Zuckeralkohole (Polyole)	Zuckerersatzstoffe Süßstoffe
Sorbit (0,5)	Saccharin (300)
Xylit (1,0)	Cyclamat (30)
Mannit (0,7)	Aspartam (200)
Isomalt (0,5)	Acesulfam-K (200)
(Palatinit)	Monellin (2.500)
Laktit (0,4)	Thaumatin (2.500)
Lycasin (0,7)	Miraculin (3.500)
Maltit (0,4)	u.a.
u.a.	

*Die Werte in Klammer geben die Süßkraft
im Vergleich zu Zucker (1,0) an.*

Zuckerersatzstoffe
sweetener

▸Süßstoffe

meist künstlich hergestellte Stoffe;
mit vielfach höherer Süßkraft als ▸Zucker
Vertreter:
z. B. ▸Saccharin, ▸Aspartam, ▸Cyclamat, ▸Stevia

können von ▸Kariesbakterien im ▸Mund
nicht verdaut/verstoffwechselt werden
und sind daher nicht ▸kariogen

werden meist zum Süßen von Getränken
verwendet und sind für ▸Diabetiker
geeignet

Zuckerkrankheit
diabetes

▸Diabetes mellitus

▸Stoffwechselkrankheit

Zunge
tongue

Glossa, Lingua
von ▸Schleimhaut bedeckter, sehr beweg-
licher ▸Muskel in der ▸Mundhöhle
Funktion:
hilft beim Kauen, Schlucken, Sprechen;
als Saugorgan, Tastorgan, Geschmacksorgan
(z. B. süß, sauer, salzig, bitter)
▸Geschmack, ▸Geschmacksknospen

T U V W X Y **Z**

339

Zungenbändchen

Stichwort	Erklärung	Vertiefung

Zungenbändchen

lingual frenulum

Frenulum linguae

dient der Befestigung der ▸Zunge im vorderen Abschnitt des ▸Mundbodens

▸Schleimhautbänder

Zungenbein

hyoid bone

Os hyoideum, Schädelknochen

Lage:
zwischen ▸Unterkiefer und ▸Kehlkopf; aufgehängt an ▸Muskeln und Bändern; keine Verbindung zu anderen ▸Knochen

Funktion:
Ansatz für ▸Muskeln im ▸Mundboden, Zungen- und Halsbereich

Zungenbein und Zungenbeinmuskulatur

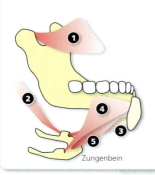

1. M. pterygoideus lateralis
2. M. digastricus (hinterer Bauch)
3. M. digastricus (vorderer Bauch)
4. M. mylohyoideus
5. M. geniohyoideus
6. M. geniohyoideus
7. M. mylohyoideus

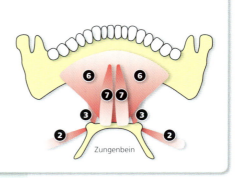

Zungenbein

Zungenbelag

furred tongue, tongue plaque

natürlich:
Auf der oberflächlich stark zerklüfteten ▸Zunge lagern sich Zell- und Nahrungsmittelbestandteile als Beläge ab.

Beseitigung durch Kau- und Schluckbewegungen

krankhaft:
zusätzliche Ablagerung von ▸Bakterien; verbunden mit ▸Mundgeruch als ▸Symptom bestimmter Erkrankungen, z. B. ▸Candidose/▸Soor

Empfehlung:
bei der ▸Mundhygiene auch Säuberung der Zunge mit einer ▸Zungenbürste, vor allem bei ▸Mundgeruch

Zungenbrennen

glossopyrosis

auch **Mundbrennen**

brennende ▸Schmerzen im Bereich von ▸Zunge und ▸Mundschleimhaut

wird auch als eigenständiges Krankheitsbild gesehen und als ▸Burning-Mouth-Syndrom/ **BMS** bezeichnet

Ursachen:
z. B. ▸Symptom für ▸Krankheiten wie ▸Druckstellen, ▸Herpesinfektionen, ▸HIV, ▸Diabetes mellitus

häufig auch ▸psychisch bedingt

Zungenbürste

tongue scraper, glossa scraper

auch **Zungenschaber**

▸Mundhygienehilfsmittel zur Reinigung der ▸Zunge von ▸Belägen; dadurch soll ▸Mundgeruch beseitigt bzw. verhindert werden

Anwendung:
nur mit geringem Druck, um Verletzungen der Zungenoberfläche zu vermeiden

▸Zungenbelag

T
U
V
W
X
Y
Z

Stichwort	Erklärung	Vertiefung
Zungenpressen tongue thrust	starkes Drücken mit der ▸Zunge gegen die Zähne, was deutliche Abdrücke/Dellen von den Zähnen am Zungenrand oder an der Zungenspitze hinterlässt	Folgen: kann zu ▸Zahnwanderung und damit zu Bissveränderungen führen, z. B. ▸offener Biss Ursachen: z. B. durch Stress, im Schlaf, als ▸Habit/Angewohnheit
Zusatzgeräte additional equipment	weitere Geräte an der ▸Behandlungseinheit, die neben den ▸Übertragungsinstrumenten zum Einsatz kommen	Unterscheidung: • Geräte mit Austritt von Flüssigkeit und/oder Luft oder ▸Partikeln: z. B. ▸Mehrfunktionsspritze, ▸Zahnstein-entfernungsgerät, ▸Pulverstrahlgerät • Geräte ohne Austritt von Flüssigkeit, Luft, ▸Partikeln: z. B. ▸Polymeri-sationslampe, ▸Kaltlicht, ▸Laser, ▸Intraoralkamera, ▸CAD/CAM-Gerät
Zuwachszähne accessorial teeth, accedaneous teeth	bleibende Zähne (jeweils die Zähne 6–8), die bei der zweiten ▸Dentition keine ▸Milchzähne als Vorläufer haben ▸Sechsjahrmolar	▸Zahnentwicklung ▸Ersatzzähne
Zwangsbiss forced bite	Durch ▸Fehlstellung der Zähne kann es zu einer ungünstigen Verschiebung des ▸Unter-kiefers nach ▸dorsal, ▸lateral kommen.	Folge: Der ▸Unterkiefer wird zu einem fehlerhaften ▸Schlussbiss gezwungen. ▸Therapie: frühe ▸kieferorthopädische Behandlung
zweibäuchiger Muskel biventral/digastric muscle	▸Musculus digastricus gehört zu den ▸Mundöffner-Muskeln und zur ▸Mundbodenmuskulatur Funktion: Anhebung des ▸Zungenbeins, Mundöffnung	Ansatz: Innenseite des ▸Unterkiefers im ▸Kinnbereich; zieht vom ▸Zungenbein weiter bis zum ▸Schläfenbein Ursprung: ▸Schläfenbein
Zweiphasen-abformung two phase impression	auch **Zweikomponentenabformung** ▸Abformung erfolgt mit zwei verschiedenen ▸Abformmaterialien von unterschiedlicher ▸Konsistenz. **Erstabformung** mit zähfließender Konsistenz **Zweitabformung** mit dünnfließendem Material, das die prä-parierten Stellen noch genauer abbildet Gegenteil: ▸Einphasenabformung	Anwendung: • ▸Doppelmischabformung, ▸Abformtechnik: einzeitig-zweiphasig • ▸Korrekturabformung, ▸Abformtechnik: zweizeitig-zweiphasig
Zweitmeinung second opinion	zweite ärztliche/zahnärztliche Begutachtung eines ▸Befundes	zur Absicherung der ▸Diagnose und ▸Therapieentscheidung für den ▸Patienten
Zwischenglied interlink, intermediate	auch ▸**Brückenglied, Brückenzwischenglied** Teil einer ▸Brücke, welcher die fehlenden ▸Zähne ersetzt Brückenglieder bilden den ▸Brückenkörper.	

T
U
V
W
X
Y
Z

Stichwort	Erklärung	Vertiefung
Zwischenkiefer incisive bone, premaxilla	Os incisivum ▸ Knochen des ▸ Gesichtsschädels; im vorderen Teil des ▸ Oberkiefers gelegen trägt die ▸ Frontzähne und ist mit dem Oberkiefer verwachsen	Bei Störung des Zusammenwachsens entsteht eine ▸ Kieferspalte.
Zwischenraumbürste interdental brush	auch **Zahnzwischenraumbürstchen,** ▸ **Interdentalbürste** ▸ Mundhygienehilfsmittel	
Zwischenwässerung stop bath	Vor dem Eintauchen der entwickelten ▸ Röntgenaufnahme in das ▸ Fixierbad muss die ▸ Entwicklerlösung abgespült werden, um den ▸ Fixierer nicht zu verschmutzen (sonst Farbschleier).	Der Vorgang entfällt im Entwicklungsautomaten; die Flüssigkeit wird dort über Walzen abgepresst. ▸ Entwicklungsvorgang
Zyanose cyanosis	bläuliche Verfärbung der ▸ Haut, ▸ Schleimhaut, ▸ Lippen häufig als Kennzeichen einer ▸ Herz-Kreislauf-Erkrankung	Ursache: Sauerstoffmangel im ▸ Blut
Zylinderampulle cartridge	auch **Karpule** röhrenförmiges Glasgefäß, welches am vorderen Ende mit einer dünnen ▸ Membran und am anderen Ende mit einem Gummistopfen verschlossen ist	Verwendung in der ▸ Zylinderampullenspritze als Flüssigkeitsbehälter; z. B. für Anästhesielösung, Fluoridlack, ▸ Medikament
Zylinderampullenspritze cartridge syringe	auch **Karpulenspritze** zahnärztliches ▸ Instrument; meist zur ▸ Injektion von ▸ Anästhesielösungen unter Verwendung einer ▸ Zylinderampulle/Karpule mit stumpfer ▸ Kanüle auch Verwendung zur ▸ Applikation von Fluoridlack oder ▸ Medikament  *Karpulenspritze mit Zylinderampulle*	Vorgehen bei Injektion: • Einlegen der ▸ Zylinderampulle in den Metallkörper der ▸ Spritze • Aufstecken der dünnen Einmalkanüle, welche dabei die Membran zur Injektionslösung durchsticht • Verankern des Gummistopfens der ▸ Ampulle mit dem Spritzenkolben; dies dient zum Ansaugen von Flüssigkeit (▸ Aspiration). ▸ Spritzensysteme
Zyste cyst	mit ▸ Zystenflüssigkeit gefüllter, abgekapselter Hohlraum im ▸ Gewebe; ausgekleidet mit ▸ Epithelgewebe, dem ▸ Zystenbalg ▸ **odontogene Zyste** meist in Folge eines Entzündungsprozesses • als ▸ radikuläre Zyste an der ▸ Wurzelspitze eines ▸ marktoten ▸ Zahnes • als ▸ follikuläre Zyste, die sich aus dem ▸ Zahnsäckchen bildet ▸ **parodontale Zyste** bildet sich in der ▸ Zahnfleischtasche am ▸ Zahnhals oder an der ▸ Zahnwurzel	Kennzeichen: meist langsames, schmerzloses Wachstum mit Verdrängung und Abbau des Kieferknochens evtl. ▸ Spontanfraktur bei großen Zysten Röntgenbild: scharf abgegrenzte ▸ Aufhellung im Kieferknochen Therapie: ▸ Zystektomie ▸ Zystostomie

T
U
V
W
X
Y
Z

Stichwort	Erklärung	Vertiefung
Zystektomie zystectomy	▸Operation nach der ▸**Partsch II-Methode:** ▸operative Entfernung der gesamten ▸Zyste einschließlich des ▸Zystenbalgs; anschließend dichter Nahtverschluss der ▸Wunde Nach Entfernung der Zyste bildet sich neuer ▸Knochen, welcher die Zystenhöhle füllt. Die Methode ist geeignet zur Entfernung von kleineren Zysten. ▸Zystostomie	
Zystenbalg cyst belly	Auskleidung der Zystenhöhle mit ▸Epithelgewebe	▸Zyste
Zystenflüssigkeit cyst liquid	Inhalt einer ▸Zyste; dünn- oder dickflüssig; mit gelblicher Farbe Zusammensetzung: ähnlich wie ▸Blutserum; bei ▸akuter ▸Entzündung auch mit ▸Eiter, ▸Blut	Durch die Produktion von Zystenflüssigkeit und dem fehlenden Abfluss vergrößert sich die Zyste und übt Druck auf das umliegende ▸Gewebe aus, wodurch sich der ▸Knochen abbaut.
Zystenobturator cyst obturator	individuell durch ▸Abformung hergestellter Verschluss der Zystenöffnung	Die Anwendung erfolgt nach durchgeführter ▸Zystostomie und Abheilung der Wundflächen, um ein zu schnelles Zuheilen der Zystenhöhle zu verhindern.
Zystostomie cystostomy	▸Operation nach der ▸**Partsch I-Methode:** ▸operative Eröffnung/Fensterung der ▸Zyste, ohne die vollständige Entfernung des ▸Zystenbalgs; anschließend Offenhaltung der Zystenhöhle durch ▸Tamponade oder ▸Zystenobturator Die Methode ist geeignet zur Entfernung von großen Zysten, um das umliegende ▸Gewebe nicht zu gefährden, z. B. geschwächte Kieferknochen, ▸Zahnwurzeln, ▸Nerven. Nach teilweiser Entfernung der Zyste erfolgt die Heilung vom Zystenboden aus bzw. der umgebende ▸Knochen wird neu gebildet. ▸Zystektomie	
Zytodiagnostik cytodiagnosis	▸mikroskopische Untersuchung einzelner isolierter ▸Zellen, um Veränderungen festzustellen; z. B. zur Frühdiagnose/Krebsvorsorge von ▸Karzinomen ▸Zytologie	Zahnheilkunde: z. B. durch Gewinnung von ▸Zellen der ▸Mundschleimhaut mit einem ▸Bürstenabstrich ▸Biopsie
Zytologie cytology	Lehre von den ▸Zellen, ihrem Aufbau und ihrer ▸Funktion	
Zytostatikum, **Zytostatika** (Mehrzahl) cytostatic	▸Medikament zur Hemmung von Zellwachstum und Zellteilung	▸Chemotherapeutikum

T
U
V
W
X
Y
Z

Abbildungsverzeichnis

(nach Quelle und Fachbegriffen)

Aesculap AG, Tuttlingen:

Amalgamstopfer, Bajonettzange, Bandsetzer, Bein-Hebel, Carver, Elevatorium, Exkavator, Extraktionszange, Gingivalrandschräger, Gracey-Küretten, Graduierung, Heidemannspatel, Hirtenstab, Klemme, Knopfsonde, Krallenhebel, Kugelstopfer, Kuhhornsonde, Langenbeck-Wundhaken, Mideldorpf-Haken, Oberkieferzange, Pinzetten, Raspatorium, Sonde, Spatel, Spreader, Tamponandenstopfer

„Behandlungsassistenz in der Zahnarztpraxis", 2. Auflage (©2008 Cornelsen Verlag, Berlin):

Aufbissaufnahme (Mair, J., München), Bissflügelaufnahme (Cornelsen Verlagsarchiv), Black-Klassen (Mair, J., München), Blutkörperchen (Cornelsen Verlagsarchiv), Blutkreislauf (Mair, J., München), Branchen und Zangenschloss (Cornelsen Verlagsarchiv), Daumenlutschen (Mair, J., München), Fausse route (Mair, J., München), Ganglion trigeminale (Mair, J., München), Gasaustausch (Mair, J., München), Haderup-Zahnschema (Cornelsen Verlagsarchiv), Kariesverlauf (Mair, J., München), Kronenflucht (Mair, J., München), Krümmungsmerkmal (Mair, J., München), Leitungsanasthäsie (Mair, J., München), lutschen (Mair, J., München), Mesialbiss (Mair, J., München), Nadeln (Mair, J., München), Oberkieferkörper (Mair, J., München), Progenie (Mair, J., München), Prognatie (Mair, J., München), Winkelhakenschema (Cornelsen Verlagsarchiv), Winkelmerkmal (Mair, J., München), WHO-Sonde (Cornelsen Verlagsarchiv), Zylinderampullenspritze (Eble, Dr. J., Mittelbiberach), Zystektomie (Mair, J., München), Zystostomie (Mair, J., München)

Dr. Jens Johannes Bock, Kieferorthopäde, Fulda:

Lippenretainer, Lipbumber, Headgear, Funktionskieferorthopädisches Gerät, Pelotte

Hager und Meisinger GmbH, Neuss:

Knochenfräse

Helmut Zepf Medizintechnik GmbH, Seitingen-Oberflacht:

Periotom

Ivoclar Vivadent GmbH, Ellwangen:

OptraDam, Lippenhalter

KaVo Dental GmbH, Biberach/Riss:

Mikromotor, Handstück, Schnellläufer, Winkelstück

Andreas Neumann